밈

MEME

The Meme Machine

MEME

수전 블랙모어 지음 | 리처드 도킨스 서문 | 김명남 옮김

문화를 창조하는 새로운 복제자

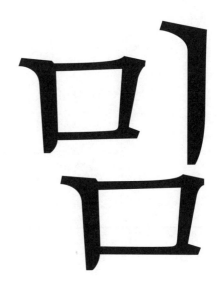

바다출판사

드디어 《밈》이 한국에서 번역이 된다니 정말로 기쁘다. 한국어판은 《밈》의 15번째 번역본이다. 그동안 이 책은 프랑스어, 독일어, 중국어, 크로아티아어, 폴란드어 등으로 번역되었다. 10년 전에 출간된 원래의 영어판도 꾸준히 널리 읽히고 있으며, 여러 차례 다시 찍기도 했다. 이 책이 왜 전 세계 독자들의 마음을 끌었는지, 그리고 첫 출간 이후 10년이 훌쩍 지난 지금까지도 왜 계속 번역되는지 궁금한 독자가 있을지도 모르겠다.

그것은 밈이라는 개념이 이제 널리 유통되기 때문일까? 즉, 밈학이라는 연구 분야가 융성했기 때문일까? 아니면 밈학이 제기했던 개념들로부터 훌륭한 과학적 진보가 이뤄졌기 때문일까? 그렇다고 말할 수 있으면 얼마나 좋을까마는, 진실은 그 반대에 가깝다.

'밈meme' 이라는 단어는 대중문화에서 몹시 성공한 밈이 되었다. 리처드 도킨스가 1998년에 '밈적memetic' 이라는 단어를 검색 엔진에 입력해 보았을 때는 검색 결과가 5,042건이 나왔다. 2010년 현재는 그 수가 231,000건쯤 된다. 밈학을 이야기하는 블로그, 토론 그룹, 온라인 커뮤니

티가 수도 없이 많다. 하지만 과학자들 사이에서는 밈학이 각광을 받기는 커녕 널리 받아들여지지도 않았다.

오래 전에, 나는 과학자들이 "밈"이라는 단어를 언급할 때마다 양손을 머리 옆으로 들어 그 단어를 가두고 싶다는 듯이 따옴표 표시를 하는 모습을 보고 깜짝 놀랐다. 그들은 그 단어를 입에 올리는 것조차 부끄럽게 느끼는 듯했다. 이상하게도 그 현상은 요즘까지도 이어지고 있다. 문화 진화를 다룬 논문들을 읽어 보면, 과학자들은 밈학의 개념에 연루되지 않으려고 갖은 애를 쓰는 것 같다. 그들은 문화가 진화한다는 것은 인정하지만, '밈'이라는 용어와 자신들이 연루되는 것은 싫다고 말하는 듯하다.

어째서 사람들은 밈이라는 개념에 그토록 적대감을 드러낼까? 일단, 기초적인 발상 자체를 제대로 이해하지 못하는 사람이 많은 게 분명하다. 그들은 무심한 정보 조각들이 인간의 문화와 마음을 현재 상태로 이끌어 왔다는 주장을 이해하지 못한다. 아니, 이해하려 들지 않는다. 또 어떤 사람들은 밈학에 숨겨진 의미들에 겁을 먹는 듯하다. 우리의 자아는 귀중한 영혼이 아니라 밈들의 집합일 뿐이라는 것, 우리와 다른 동물종들을 구별 짓는 것은 우리의 지능이 아니라 우리의 모방 능력이라는 것, 우리 인간은 밈 머신meme machine일 뿐이라는 것. 이런 함의들에 대해서 말이다.

밈학에 대한 정당한 비판도 많이 있었다. 복제자 이론이 유효하지 않다는 비판, 밈들은 복제된다기보다는 재구성된다고 보아야 한다는 비판, 밈은 복제자replicator로서 기능하기에는 복사 충실도가 너무 떨어진다는 비판 등이다. 그런 건설적 비판들은 밈학의 구축을 도와주었다. 하지만 과학자들 중에서는 밈에 관한 진지한 토론에 기꺼이 동참하려는 사람이 아주, 아주 적었다. 실제 연구를 수행하려는 사람은 그보다 더 적었다.

그렇다면 사람들은 왜 이 책을 읽는 것일까? 저자로서 내가 선입견이 있는 입장이라는 것은 자명하지만, 그래도 나는 이렇게 말하고 싶다. 밈학이 미래 과학에서는 정말로 한 자리를 차지할 것이기 때문이라고 말이다. 많은 독자가 이 책을 읽고 남들에게도 일독을 권하는 것은 이 책 속의 생각들이 그들의 마음에 조응하는 바가 있어서라고 말이다.

나는 거기서 한 발짝 더 나아간 주장을 할까 한다. 이 책을 쓸 때, 월드 와이드웹World Wide Web은 아직 초창기였다. 나는 전화 회선을 통해서 느린 속도로 웹에 접속했고, 웹의 정보량은 얼마 되지 않았다. 그런데 그 짧은 기간 동안에 세상은 알아볼 수 없을 정도로 바뀌었다. 요즘은 몇 년 전만 해도 상상할 수 없었던 속도로 막대한 양의 디지털 정보가 복사되고 있으며, 그 속도는 지금도 계속 빨라진다. 우리가 서버나 컴퓨터에 투자하는 에너지 소비량은 가파르게 상승하고 있다. 혹시, 그 모든 정보가 우리를 부추겨서 갈수록 더 크고 더 훌륭한 기계를 만들어 내게끔 하는 건 아닐까? 우리의 이익보다 그들의 이익을 추구하도록 만들고 있는 건 아닐까?

현재의 상황은 정확하게 그런 실정인 듯하다. 유전자는 지구에 등장한 최초의 복제자였고, 밈은 두 번째 복제자였다. 그리고 이제 우리는 세 번째 복제자의 탄생을 목격하고 있다. 기술에 의존한 이 밈들을 나는 '팀 teme' 또는 '트림treme'이라고 부른다. 이것들은 진정 또 하나의 새로운 복제자다. 그것들은 새로운 종류의 정보이고, 새로운 종류의 장치에 의해서 복제되고 변이하고 선택되기 때문이다. 우리 사람들은 이 상황이 우리 지구에 어떤 의미인지 깨달아야 하고, 인간의 역할이 지금도 그렇고 앞으로도 계속 변화할 것임을 깨달아야 한다. 밈학은 우리로 하여금 이런 상황을 잘 이해하도록 도와준다.

나는 여러분이 이 책을 읽음으로써 밈의 시각에서 세상을 바라보게 되기를 바란다. 인간 본성에 관한 생각을 철저히 뒤바꾸게 되기를 바란다. 진화의 창조성에 대해 더욱 깊이 있게, 새롭게 이해하게 되기를 바란다.

그리고 무엇보다도, 이 책을 즐겁게 읽기를 바란다.

모방이 우리를 다른 생명체들과 다른 존재로 만들어 준다고 믿으며,
2010년 3월 영국 데번에서 수전 블랙모어

내가 대학생일 때의 일이다. 어느 날, 옥스퍼드 대학교 베일리얼 칼리지 학생 식당의 점심 줄에 서서 친구와 잡담을 나누고 있었다. 친구가 자꾸만 알 수 없다는 듯 호기심 어린 눈초리로 나를 바라보더니, 이렇게 물었다. '너 방금 피터 브루넷 교수 만나고 왔니?' 사실이었다. 나는 친구가 어떻게 그 사실을 알아차렸는지 알 수가 없었다. 피터 브루넷은 학생들이 무척 좋아하는 교수였고, 나는 막 그에게 개인지도를 받은 뒤에 서둘러 식당으로 온 참이었다. '그럴 줄 알았지.' 친구가 웃음을 터뜨렸다. '네 말투가 브루넷 교수를 닮았더라고. 네 목소리가 딱 교수님 목소리야.' 비록 잠깐이긴 해도, 나는 당시에 아주 존경했던, 지금은 몹시 그리운 선생님의 억양과 대화 태도를 '물려받았던' 것이다. 세월이 흘러 내가 교수가 된 뒤, 특이한 습관이 있는 한 여학생을 만났다. 그녀는 깊게 생각한 뒤에 대답해야 하는 질문을 받으면, 눈을 꼭 감고 고개를 가슴 쪽으로 당긴 자세로 족히 30초쯤 꼼짝 않고 생각하다가 갑자기 눈을 뜨고 고개를 들면서 지적인 대답을 술술 풀어놓곤 했다. 나는 그녀의 태도가 재미

있게 여겨져서, 어느 날 저녁 식사 후에 동료들을 즐겁게 해줄 요량으로 그녀의 태도를 모방해 보았다. 함께한 동료들 중에는 저명한 옥스퍼드 철학교수가 있었는데, 그는 내 몸짓을 보자마자 대번에 이렇게 말했다. '그건 비트겐슈타인이잖습니까! 그 여학생의 성이 혹시 ~아닌가요?' 나는 깜짝 놀라서 그렇다고 했다. '내 그럴 줄 알았지요.' 동료의 말이었다. '여학생의 부모가 둘 다 철학자인데, 헌신적인 비트겐슈타인 추종자들이지요.' 그 몸짓은 위대한 철학자로부터 내 학생의 부모 중 한쪽이나 둘 다에게로 전달되었던 것이다. 내 모방은 장난에 지나지 않았지만, 그래도 나는 당당히 그 몸짓의 4세대 전수자로 자처한다. 비트겐슈타인이 또 어디로 전달되었을지는 누구도 모를 일이다.

우리가 무의식중에 남을 모방한다는 것, 특히 부모나 유사 부모의 역할을 맡은 사람, 또는 자신이 존경하는 사람을 많이 모방한다는 것은 아주 친숙한 사실이다. 그런데 모방이 인간의 마음과 폭발적인 뇌 성장의 진화를 설명하는 기본 원리가 될 수 있을까? 심지어 의식적 자아의 진화를 설명할 수도 있을까? 우리 조상을 다른 동물들과 갈라놓은 핵심적 요소가 혹시 모방이었을까? 나는 한 번도 그렇다고 생각해 보지 않았지만, 수전 블랙모어가 이 책에서 펼친 강력한 주장은 우리의 마음을 혹하게 하는 데가 있다.

아이가 다른 언어가 아니라 제 모국어를 배우게 되는 것은 모방 때문이다. 사람들이 남의 부모가 아니라 제 부모의 말투를 더 닮는 것도 모방 때문이다. 지역마다 사투리가 존재하는 것, 그보다 더 긴 시간의 차원에서 별개의 언어들이 존재하는 것도 모방 때문이다. 한 가계가 세대마다 새롭게 종교를 선택하는 게 아니라 하나의 종교를 오래 이어가는 것도 모방 때문이다. 이런 현상은 적어도 표면적으로는 유전자가 세대를 따라 종적으로 전달되는 현상이나 바이러스의 유전자가 횡적으로 전달되는 현상과 비슷해 보인다. 이 비유가 유용하냐 아니냐를 따지기 전에, 그런 이야기를 제대로 하기 위해서라도, 우리는 언어, 사상, 신념, 태도, 유행의 전달에서 유전자의 역할을 맡고 있을지도 모르는 그 개체라는 것에 이름을 붙여야 한다. 내가 1976년에 '밈'이라는 단어를 처음 만든 뒤로, 점점 더 많은 사람이 유전자에 상응하는 그 가설적 개체를 밈이라고 부르고 있다.

《옥스퍼드 영어사전》의 편찬자들은 새로운 단어에게 사전에 등재되는 영예를 부여할지 말지를 결정하는 합리적인 기준을 갖고 있다. 후보자 단어는 그 정의나 유래를 매번 언급할 필요 없이 흔하게 사용되어야 한다는 것이 그 기준이다. 그렇다면 메타밈적인 질문을 던져 보자. '밈'은 얼마나 널리 퍼져 있을까? 이상적인 방법과는 거리가 멀지만, 그래도 손쉽고 편리하게 밈풀에 대한 표본조사를 실시하는 방법이 한 가지 있다. 월드와이드웹에서 간단히 검색해 보는 것이다. 내가 이 글을 쓰는 1998년 8월 29일에 '밈'을 검색해 보니, 50만 건 가량의 결과가 나왔다. 터무니없이 높은 이 수치는 여러 두문자어들이나 '똑같은'이라는 뜻의 프랑스어 멤même이 함께 검색된 결과인 게 틀림없다. 그러나 형용사형인 '밈적memetic'이라는 단어는 순수하게 밈에만 해당하는 말일 것이므로, 그것을 다시 검색해 보니 5,042건의 결과가 나왔다. 이 양이 어느 정도인지 가늠하기 위해서, 나는 역시 요 근래에 생긴 신조어나 유행어를 검색해서 비교해 보았다. 스핀닥터spin doctor(정보 왜곡에 능한 홍보전문가라는 뜻 — 옮긴이)는 1,412건, 하향평준화dumbing down는 3,905건, 다큐드라마docudrama는 2,673건, 사회생물학sociobiology은 6,679건, 파국 이론catastrophe theory은 1,472건, 혼돈의 가장자리edge of chaos는 2,673건, 워너비wannabee는 2,650건, 지퍼게이트zippergate(클린턴 미국 전 대통령의 성적 스캔들을 가리키는 표현 — 옮긴이)는 1,752건, 스터드머핀studmuffin(성적으로 매력적인 남성을 가리키는 말 — 옮긴이)은 776건, 후기구조주의poststructural는 577건, 확장된 표현형extended phenotype은 515건, 외적응 exaptation(굴절적응이라고도 하며, 어떤 형질이 원래의 진화 의도와 다른 기능으로 쓰이도록 나중에 적용된 현상 — 옮긴이)은 307건이 검색되었다. '밈적'을 언급한 5,042건 가운데 90퍼센트 이상이 단어의 유래를 따로 설명하지 않았으므로,《옥스퍼드 영어사전》의 기준을 충분히 만족시켰다. 그리고 수전 블랙모어가 알려 주었듯이, 이제는《옥스퍼드 영어사전》에 다음과 같은 정의가 실려 있다.

밈 모방 같은 비非 유전적 방법을 통해 전달된다고 여겨지는 문화의 요소.

인터넷을 더 검색해 보니, 'alt.memetics' 라는 잡담용 뉴스그룹도 있었고, 지난 한 해에 그곳에는 포스팅이 1만 2000건 올라왔다. 그 밖에도 많은 관련 글이 온라인에 게시되어 있었다. 몇 가지만 제목을 꼽아 보자면 '새로운 밈', '밈, 반反 밈', '밈학: 시스템 메타생물학', '밈, 그리고 실실거리는 바보 통신', '밈, 메타밈, 그리고 정치', '냉동보존술, 종교, 그리고 밈', '이기적 밈과 협동의 진화', '밈 추적하기' 등이 있었다. 그리고 '밈학', '밈들', 'C 밈들의 넥서스', '웹상의 밈 이론가들', '이주의 밈', '밈 센트럴', '아르쿠아트의 밈 공방', '밈학에 대한 몇 가지 참고자료와 개요', '밈학 찾아보기', '밈 가꾸기 페이지' 같은 이름의 웹페이지들도 있었다. 심지어 '바이러스 교회' 라는 신흥 종교도 있었는데(농담일 것이라 믿어 의심치 않는다), 그들은 죄와 선에 관한 나름의 계명을 제공하는 것은 물론이고 수호성인도 있었다('현대의 가장 영향력 있는 밈 조작자'로 시성된 성 찰스 다윈이 수호성인이라고 했다). '성 도킨St Dawkin' 이라는 말도 슬쩍 등장하기에 내가 얼마나 놀랐는지 모른다.

한 권을 통틀어 밈이라는 주제만을 다룬 책은 수전 블랙모어의 이 책에 앞서 두 권이 더 있었는데, 각자 다른 방식으로 의미가 있었다. 리처드 브로디가 쓴《마인드 바이러스: 새로운 밈 과학》과 애런 린치의《생각의 전염: 믿음은 어떻게 사회로 퍼지는가》이다. 그러나 기존의 작업들 중에서 무엇보다 중요한 것은 저명한 철학자 대니얼 데닛이 밈 개념을 받아들여서 마음 이론의 초석으로 활용한 것이다. 데닛의 마음 이론은 훌륭한 두 저서《의식을 설명하다》와《다윈의 위험한 생각》에 펼쳐져 있다.

밈은 세대를 따라 종적으로 이동하지만, 전염병 바이러스처럼 횡적으로 이동하기도 한다. 사실 '밈적', '다큐드라마', '스터드머핀' 같은 단어가 인터넷에 얼마나 확산되었는지 알아본다는 것은 주로 수평적인 역학을 살펴보는 것이다. 수평적 전파에 특히 잘 들어맞는 사례로는 학생들 사이의 유행을 들 수 있다. 아홉 살쯤에 나는 아버지로부터 종이로 중국 정크선 접는 법을 배웠다. 그것은 인공적 발생 과정이라고 해도 될 만큼 멋진 기술이었고, 서로 뚜렷이 구분되는 여러 중간 단계들을 거치는 과정이었다. 선체가 둘인 쌍동선 단계, 문이 달린 선반 단계, 액자에 든 그림 단계를 거치면 마지막으로 정크선이 만들어졌다. 깊은 짐칸이 있고 두 개의 평평한 갑판에 각각 커다란 가로돛이 얹혀 있어서 바다를 항해해도 충분할 것 같은, 적어도 욕조를 항해하기에는 부족함이 없는 정크선이었다. 이 이야기의 요지는, 내가 학교로 돌아간 다음에 친구들에게 이 기술을 감염시켰고, 그래서 홍역과 비슷한 전파 속도와 역학 과정을 통해서 기술이 온 학교로 퍼졌다는 것이다. 전염이 다른 학교로까지 훌쩍 뛰어 넘어갔는지 아닌지는 나도 모른다(밈풀에서 기숙학교는 고인 물에 가깝다). 하지만 내 아버지가 정크선 접기 밈을 어디에서 습득했는지는 안다. 그것은 내가 다닌 바로 그 학교에서 25년 전에 거의 같은 전염이 돌았을 때였고, 그때 바이러스를 퍼뜨렸던 것은 당시의 기숙사 사감이었다. 사감이 떠나고도 한참이 지난 후에, 내가 그녀의 밈을 또 다른 조무래기 무리들에게 소개했던 것이다.

정크션 이야기를 마무리하기 전에, 이 예를 통해서 또 하나의 요점을 짚어 보자. 사람들이 밈/유전자 비유에 대해 흔히 제기하는 반대 중에서, 설령 밈이 존재하더라도 그것은 복제 충실도가 극히 낮기 때문에 현실적인 다윈주의적 선택 과정에서 유전자 같은 역할을 맡기는 어려울 것이라는 지적이 있다. 충실도 높은 유전자와 충실도 낮은 밈은 당연히 다르지 않겠느냐는 생각은 유전자는 디지털식으로 작동하지만 밈은 그렇지 않다는 사실 때문에 생긴 듯하다. 인정하건대, 비트겐슈타인을 모방한 부모를 여학생이 모방한 것을 내가 또 모방했을 때, 내 모방은 비트겐슈타인의 세세한 몸짓을 충실하게 재현한 것은 아니었다. 씰룩거리는 동작의 형태나 시점은 틀림없이 세대를 거치면서 변이했을 것이다. 귓속말 잇기 놀이에서 흔히 그렇듯이 말이다.

이런 놀이를 상상해 보자. 아이들을 한 줄로 세운 뒤, 첫 번째 아이에게 정크션 그림을 보여 주고 그것을 그려 보라고 한다. 다음으로는 원래의 그림이 아니라 첫 번째 아이가 그린 그림을 두 번째 아이에게 보여 주고, 두 번째 아이에게 따라 그려 보라고 한다. 두 번째 아이의 그림을 세 번째 아이에게 보여 주어 따라 그리게 한다. 이런 식으로 스무 번째 아이에게까지 이어간 뒤에 스무 번째 아이의 그림을 모두에게 공개하고 첫 번째 그림과 비교해 본다. 우리는 실제로 실험을 해보지 않아도 결과를 쉽게 짐작할 수 있다. 스무 번째 그림은 첫 번째 그림과는 너무나 달라서 같은 그림이라고는 알아보기도 어려울 것이다. 그림들을 순서대로 늘어놓고 보면 각 단계가 바로 앞 단계와 조금은 닮았다는 것을 알 수 있겠지만, 돌연변이율이 너무나 높기 때문에 몇 세대만 지나면 닮은 점이 깡그리 사라질 것이다. 한쪽 끝에서 다른 쪽 끝까지 죽 따라가면서 관찰해 보면 퇴화의 경향이 확연히 드러날 것이다. 진화유전학자들은 돌연변이율이 낮을 때에만 자연선택이 잘 작동한다는 것을 오래 전부터 알고 있었다. 생명이 최초에 어떻게 그 충실도 장벽을 넘어섰을까 하는 문제가 생명의 기원에서 가장 어려운 딜레마로 여겨졌을 정도다. 결국 다윈식 진화는 충실도가 뛰어난 유전자 복제 과정에 의존하게 되었다. 그렇다면 언뜻 보기에 한심할 정도로 충실도가 떨어지는 밈이 어떻게 유사 다윈주의적 과정에서 유사 유전자처럼 기능할 수 있단 말인가?

사실은 밈 복제가 사람들의 생각만큼 형편없는 편은 아니다. 그리고 수전 블랙모어가 주장하듯이, 뛰어난 충실도가 반드시 디지털 방식과 동의어인 것도 아니다. 앞에서 이야기했던 정크선 전달 놀이를 다시 한다고 가정해 보자. 그런데 이번에는 결정적인 차이가 하나 있다. 첫 번째 아이에게 정크선 그림을 베껴 그리라고 하는 대신, 아이에게 시범을 보여 주면서 종이로 정크선 접는 법을 가르친다. 아이가 기술을 익혀서 스스로 정크선을 접을 줄 알게 되면, 두 번째 아이에게로 돌아서서 그 방법을 가르쳐 주라고 한다. 이런 식으로 스무 번째 아이에게까지 기술을 전달한다면, 이 실험의 결과는 어떻게 될까? 스무 번째 아이는 어떤 것을 만들어 낼까? 스무 번의 시도를 순서대로 늘어놓고 관찰하면 어떻게 보일까? 내가 실제로 실험을 해본 적은 없지만, 스무 명의 아이들로 구성된 집단을 여럿 마련하여 이 실험을 여러 번 한다고 가정할 때, 다음과 같은 결과가 나오리라고 자신 있게 예측할 수 있다. 줄 중간의 어느 아이가 앞 아이에게 배웠던 기술의 핵심 단계를 하나쯤 잊어버리는 일이 여러 시도에서 일어날 것이다. 그 계열의 표현형들은 갑자기 큰 돌연변이를 일으킬 것이고, 돌연변이는 아마도 계열의 끝까지, 혹은 또 다른 특징적 실수가 벌어질 때까지 계속 복사될 것이다. 돌연변이를 일으킨 계열의 최종 결과물은 정크선과는 손톱만큼도 닮지 않았을 것이다. 하지만 기술이 끝까지 정확하게 전달되는 시행도 많을 것이고, 그런 경우에는 스무 번째 정크선이 첫 번째 정크선보다 평균적으로 더 못하지도, 더 낫지도 않을 것이다. 그런 계열의 정크선 스무 개를 순서대로 늘어놓고 보면, 개중 좀 더 완벽한 것도 있고 덜 완벽한 것도 있겠지만 그 불완전함이 계열을 따라 복사되지는 않았을 것이다. 다섯 번째 아이가 손재주가 없어서 비대칭적이거나 엉성한 정크선을 만들었더라도, 여섯 번째 아이가 손재주가 야무지다면 다섯 번째 아이의 양적인 실수를 바로잡을 것이다. 먼저 말했던 실험에서는 스무 번째 그림이 틀림없이 퇴화의 진행을 드러내겠지만, 이 실험에서는 스무 번째 정크선이 퇴화를 드러내지 않을 것이다.

왜일까? 두 실험의 결정적 차이는 무엇일까? 그림 그리기 실험은 라마르크식 유전인 반면에(블랙모어는 이것을 '생산물 복사하기'라고 부른다), 종이접기 실험은 바이스만식 유전이라는 점이다(블랙모어의 '지침 복사하기'). 그림 실험에서는 매 세대의 표현형이 유전형으로도 기능한다. 그것이 다음 세대로 그대로 전달되기 때문이다. 한편 종이접기 실험에서는 종이로 된 표현형 자체가 아니라, 그것을 만드는 지침들이 다음 세대로 전달된다. 지침을 수행할 때 실수를 저지르면 완벽하지 못한 정크선이(표현형이) 만들어지지만, 그 불완전함이 다음 세대로까지 넘어가지는 않는다. 불완전함은 밈이 아니다. 바이스만식 계열에서 전수되는 정크선 접기 지침의 첫 다섯 단계는 아래와 같다.

1 정사각형 종이의 네 귀퉁이를 정확하게 한가운데를 향하게 접어 넣는다.
2 그렇게 만들어진 작은 정사각형의 한쪽 절반을 중앙선에 맞춰 접어 넣는다.
3 반대쪽 절반도 중앙선에 맞춰 대칭이 되게 접는다.
4 그렇게 만들어진 작은 직사각형의 양쪽을 마찬가지로 중앙선에 맞춰 접어 넣는다.

5 그렇게 만들어진 작은 정사각형을 반으로 접되, 양 날개가 만나는 선을 따라 뒤로 접는다.

이런 지시들이 20단계에서 30단계쯤 이어진다. 이것을 디지털 지침이라고 말할 수는 없겠지만, 이 과정의 복제 충실도는 디지털 과정만큼이나 높다. 왜냐하면 매 단계가 가령 '네 귀퉁이를 정확하게 한가운데로 접어 넣는다' 같은 이상화된 작업을 묘사하고 있기 때문이다. 종이가 정확한 정사각형이 아니라면, 혹은 아이가 손을 서툴게 놀려서 첫 번째 귀퉁이는 중앙을 넘어서게 접고 네 번째 귀퉁이는 중앙에 못 미치게 접는다면, 말끔하지 않은 정크선이 탄생할 것이다. 하지만 다음 아이가 그러한 실수를 따라 하지는 않을 것이다. 다음 아이는 시범을 보인 아이가 완벽한 정사각형의 네 귀퉁이를 정확하게 중앙으로 접어 넣으려는 의도였다는 것을 알기 때문이다. 지침은 스스로 표준화한다. 암호는 스스로 오류를 수정한다. 이것은 플라톤도 즐겼을 만한 현상이다. 아이들은 정크선의 이상적 본질을 전달하는 것이고, 실제로 매 단계에서 만들어진 정크선은 이상에 대한 불완전한 근사치일 뿐이다.

지침을 전달할 때 말로 설명을 덧붙이면 더욱 효과적이겠지만, 그냥 시범만 보여 주어도 문제는 없다. 일본 아이가 영국 아이에게 가르칠 수도 있다. 둘 다 상대 나라 말을 전혀 몰라도 괜찮다. 마찬가지로, 일본어밖에 모르는 장인이 영어밖에 모르는 제자에게 기술을 전수할 수도 있다. 어쩌다가 스승이 망치로 손가락을 때리면, 제자는 '** **** **!' 라는 스승의 일본어 외침을 전혀 이해하지 못하더라도, 스승의 원래 의도는 못을 때리는 것이었다고 올바르게 짐작할 것이다. 제자는 망치질을 세부사항까지 정확하게 따라 하는 라마르크식 복사를 하는 대신, 짐작을 통해 알아낸 바이스만식 지침을 복사할 것이다. 스승이 달성한 목표, 즉 못의 머리가 나무에 평평하게 박힐 때까지 때려 넣는다는 이상적 결과를 달성하기 위해서, 자신의 팔 힘에 맞는 적절한 횟수만큼 못을 망치로 때리면 된다는 것을 잘 알 것이다.

밈의 복제 충실도가 뛰어나지 않기 때문에 유전자와 비교하기에 무리가 있다는 반대는 위의 설명으로 상당히 누그러질 것이라고 믿는다. 어쩌면 아주 없어질지도 모른다. 내가 볼 때는 언어나 종교적 관습, 전통 풍습이 유사 유전적으로 전수되는 과정을 보아도 같은 교훈을 얻을 수 있다. 수전 블랙모어는 '밈에 관한 세 가지 문제'라는 계몽적인 장에서 이외에도 다른 반대 의견을 다루었는데, 밈이 무엇으로 만들어졌고 어디에 있는지 알 수 없다는 지적이다. 밈 분야에는 아직 왓슨과 크릭이 등장하지 않았다. 사실 아직 멘델조차 등장하지 않았다. 우리는 유전자가 염색체에서 어디에 있는지 정확하게 위치에서 찾을 수 있지만, 밈은 아마 뇌에 있을 것이라고 추측할 뿐이다. 우리가 밈을 직접 보게 될 가능성은 유전자를 볼 가능성보다 낮다(블랙모어가 언급한 신경생물학자 후안 델리우스의 논문을 보면 밈의 생김새를 추측한 대목이 있지만 말이다). 우리가 여러 세대에 걸쳐 밈을 추적하려면 유전자와 마찬가지로 그 표현형을 보는 수밖에 없다. 종이 정크선 밈의 '표현형'은 종이로 만들어졌다. 유전자의 표현형은 비버의 댐이나 날도래 유생의 집 같은 '확장된 표현형' 사례들을 제외하고서는 대개 살아 있는 생물체의 몸이지만, 밈의 표현형이 생물체의 몸인 경우는 거의 없다.

하지만 간혹 실제로 그런 때도 있다. 다시 내 학창시절로 돌아가 보자. 우리는 아침마다 의례적으로 찬물 목욕을 했는데, 화성인 유전학자가 지구에 와서 마침 그 광경을 보았다면, 그는 소년들에게 '확연한' 유전적 다형질성이 존재한다고 서슴없이 진단 내렸을 것이다. 소년들 중 거의 절반은 포피包皮가 절제된 상태였고, 나머지 절반은 그렇지 않았다. 말이 나왔으니 말인데, 소년들 스스로도 이 다형질성을 또렷하게 의식하고 있었다. 자신들을 원두파 대 기사파(영국 찰스 1세 당시 대립했던 의회파와 왕당파에 대한 별칭으로, 당시 유행대로 머리카락을 치렁치렁하게 늘어뜨렸던 기사파와 달리 원두파는 몹시 짧게 잘라 올렸다 — 옮긴이)로 분류하기도 했다(어떤 학교에서는 아이들이 이 기준으로 축구팀을 나누었다는 이야기도 읽은 적이 있다). 물론 이것은 유전적 다형질성이 아니라 밈적 다형질성이다. 하지만 화성인의 실수는 전적으로 이해할 만하다. 이처럼 형태학적으로 불연속적인 차이는 대체로 유전적 차이이기 때문이다.

당시 영국에서는 아기에게 포경수술을 실시하는 것이 의사의 취향에 달린 일이었다. 따라서 우리 학교의 원두파/기사파 다형질성은 종적 밈 전달에 의한 것이라기보다는 횡적 전달에 의한 것, 즉 아이가 태어난 병원마다 유행이 달랐기 때문일 가능성이 높다. 하지만 더 과거에는 대부분의 유아 할례가 종적으로 전달되는 종교적 표지였다(서둘러 표현을 바로잡자면 사실 부모의 종교라고 해야 옳다. 안타까운 일을 당하는 아이 자신은 종교를 알기에는 너무 어릴 때가 많기 때문이다). 할례가 종교나 전통에 기반한 관행일 때에는(야만적인 여성 할례 풍습은 항상 이런 경우다) 밈도 진정한 유전적 전달의 패턴과 아주 비슷하게 종적으로 전수된다. 여러 세대 동안 끊이지 않고 전수되는 경우도 많다. 그러니 우리의 화성인 유전학자는 상당히 애를 먹은 뒤에야 비로소 원두파 표현형에 유전자가 결부되지 않는다는 사실을 밝혀낼 수 있을 것이다.

나아가 인간의 옷과 머리 스타일에서의 유행 전달 패턴을 따져본다면, 화성인 유전학자는 눈이 툭 튀어나올 지경이 될지도 모른다(애초에 툭 튀어나온 모양이 아니라면 말이지만). 정수리만 가리는 검은 모자를 쓰는 표현형은 아버지에게서 아들에게로(혹은 외할아버지에게서 외손자에게로) 종적으로 전달되는 경향성이 뚜렷하다. 그보다는 좀 더 희귀한 경우로서 귀밑

털을 땋아 늘이는 표현형도 있는데, 두 표현형 사이에는 확연한 연관관계가 있다(유대교 신자들을 가리킨다 — 옮긴이). 십자가 앞에서 무릎을 꿇는 행위적 표현형, 하루에 다섯 번 동쪽으로 절하는 표현형도 종적으로 전달되는데, 둘은 서로 강하게 배척하는 관계다. 이들은 앞서 언급한 표현형과도 배척하는 관계이고, 이마에 붉은 점을 찍는 표현형과도, 샛노란 가사를 걸치고 머리를 박박 민 표현형 집단과도 서로 배척한다(기독교 신자, 이슬람교 신자, 힌두교 신자, 불교 신자를 가리킨다 — 옮긴이).

　유전자들은 몸에서 몸으로 복사되며 전달되고, 개중에는 다른 것들보다 더 자주 전달되는 것이 있다. 정의상 그런 유전자가 바로 성공한 유전자다. 이것이 자연선택이고, 생명에 관하여 흥미롭고 주목할 만한 현상들은 대부분 자연선택으로 모두 설명된다. 그러면 밈을 대상으로 하는 자연선택도 있을까? 여기에서도 다시 인터넷을 활용해 보면 어떨까? 우연히도, 내가 '밈' 용어를 만든 무렵에(실제로는 그보다 좀 뒤에) 그 동의어이자 경쟁자인 '문화 유전자culturegen(컬처젠)' 용어도 생겨났다. 현재 월드와이드웹에서 컬처젠을 검색하면 결과가 20건쯤 나온다. '밈적'의 검색 결과는 5,042건이라고 앞서 말했다. 게다가 20건의 결과들 중에서도 17건은 용어의 유래를 함께 이야기했으므로, 《옥스퍼드 영어사전》의 기준에 못 미치는 셈이다. 두 밈이(혹은 두 컬처젠이) 다윈식 생존 투쟁을 벌인다는 상상은 지나친 몽상일지도 모르지만, 왜 한쪽이 훨씬 더 성공했는가 하는 질문은 한심한 물음만은 아닐 것이다. 어쩌면 밈이 진gene(유전자)과 비슷한 단음절이라서 유전자에 대응하는 여러 하위 용어들을 만들기가 쉽기 때문인지도 모르겠다. 예를 들어 밈풀meme pool(352)이나 밈형memotype(58), 밈학자memeticist(163), 밈인간memoid, momoid(28), 레트로밈retromeme(14), 집단 밈학population memetics(41), 밈 복합체meme complex(494), 밈 공학memetic engineering(302), 메타밈metameme(71) 같은 용어들이 ‘밈학 용어집’ 이라는 이름의 웹사이트 http://www.lucifer.com/virus/memlex.html에 올라 있다(괄호 안의 숫자는 같은 날 웹에서 검색을 했을 때의 결과 건수를 나타낸다). 컬처젠을 어근으로 삼아서 이와 비슷한 단어들을 만든다면 그 뜻은 훨씬 명확하겠지만, 입에 잘 붙지 않는다. 아니면, 처음에 밈이 컬처젠을 누르게 된 것은 다윈주의적 이유 때문이 아니라 그저 운이 좋아서였을지도 모른다. 이른바 밈 부동memetic drift(85)이 일어난 뒤에 자기 강화적인 긍정적 피드백 효과가 가해져서 현재 상태에 이른 것일지도 모른다(‘누구든지 가진 자는 더 받아 넉넉해지고, 가진 것이 없는 자는 가진 것마저 빼앗길 것이다’, 마태복음 25장 29절).

자, 지금까지 나는 밈에 대해 흔하게 제기되는 두 가지 반대를 짚어 보았다. 밈의 복제 충실도가 뛰어나지 않다는 지적과 밈이 물리적으로 어떻게 생겼는지 아무도 모른다는 지적이었다. 세 번째로 소개할 문제는, 어떤 크기의 단위라야 ‘밈’ 으로 불릴 자격이 있는가 하는 까다로운 질문이다. 로마 가톨릭 교회는 전체가 하나의 밈일까? 아니면 향합이나 성체검사 같은 구성 단위 하나하나를 밈으로 규정해야 할까? 아니면 그 중간쯤 되는 무언가가 좋을까? 수전 블랙모어도 이 질문에 마땅히 관심을 쏟았는데, 현명하게도 보다 건설적인 접근법을 취하는 데에 집중했다. 그녀는 긍정적인 설명력을 발휘할 수 있는 ‘밈플렉스memeplex’ 개념을 발전시켰다. ‘밈플렉스’ 는 ‘상호 적응한 밈 복합체’ 라는 긴 용어를 줄인 표현인데, 나는 이 책의 출간 이후 언젠가 두 용어의 검색 횟수에서 다윈주의적 역전이 일어나더라도 놀라지 않을 것이다(현재는 전자가 20건, 후자가 494건 검색된다).

유전자와 비슷하게, 밈도 밈풀 내의 다른 밈들을 배경으로 삼은 환경에서 선택된다. 그렇기 때문에 한 사람의 뇌에서는 상호 양립하는 밈들이 무리를 이루게 되는데, 그것이 바로 상호 적응한 밈 복합체, 즉 밈플렉스다. 집단 차원에서 선택이 이뤄진다는 말이 아니다. 한 집단에 속하는 밈은 같은 집단의 다른 구성원들이 환경을 장악하고 있을 때 더 쉽게 선호되는 경향이 있다는 말이다. 이 말은 유전자의 선택에 대해서도 정확하게 적용된다. 유전자풀 내의 각 유전자는 다른 유전자들에게는 선택의 배경을 이루는 환경의 일부인 셈이다. 자연선택은 자연히 서로 '협동'함으로써 생물체라는 고도로 통합된 기계를 만든 유전자들을 더 선호한다. 생물학자들은 이 문제를 놓고서 첨예하게 반으로 갈리는데, 이 논리를 명백한 것으로 받아들이는 사람들이 있는가 하면, (저명한 생물학자들 중에서도) 이 논리를 이해하지 못하여 유전자의 표면적 협동성이나 생물체의 통일성을 '이기적 유전자' 이론에 대한 반대 증거인 양 순진하게 제시하는 사람들도 있다. 수전 블랙모어는 이 논리를 잘 이해하였고, 보기 드물게 명쾌한 방식으로 잘 설명했으며, 그 교훈을 역시나 명쾌하고 설득력 있게 밈에게도 적용했다. 상호 적응한 유전자 복합체와 마찬가지로 밈도 다른 밈들을 배경으로 하여 선택되며, 서로 지지하는 밈들끼리 밈플렉스를 이루어 '협동'한다. 같은 밈플렉스 내에서는 서로 지지하되 경쟁 밈플렉스에게는 적대적인 것이다. 밈플렉스의 사례로 가장 그럴듯한 것은 종교이며, 물론 그 외의 사례들도 많다. 수전 블랙모어는 이 문제에 대해서도 여느 대목과 마찬가지로 아주 논쟁적이면서 통찰력 있는 주장을 펼친다.

밈을 유전자에 비유하는 것이 설득력 있다는 것, 그리고 뻔한 반대들에 대해 우리가 얼마든지 만족스럽게 대답할 수 있다는 것은 이쯤이면 충분히 설명되었으리라고 믿는다. 하지만 그 비유는 과연 유용한 것일까? 강력하고 새로운 이론으로 이어지는 비유일까? 그리하여 여러 중요한 문제들을 실제로 설명해 줄까? 바로 이 대목에서 수전 블랙모어가 진정으로 독자적인 주장을 펼쳐 보인다. 그녀는 먼저 흥미로운 작은 이야기를 몇 가지 꺼냄으로써 독자들을 밈적인 추론 방식에 서서히 적응시킨다. 우리는 왜 이렇게 말을 많이 할까? 우리는 왜 생각을 멈출 수 없을까? 왜 시시한 노랫가락이 자꾸만 머리에 울려 퍼져서 불면의 괴로움을 안길까? 그녀는 각각의 의문에 대해 동일한 사고 기법을 적용하여 답을 찾아본다. '상상해 보자. 세상에는 뇌가 가득하지만, 밈은 그보다 더 많아서 모든 밈이 다 안식처를 찾을 수는 없다. 그렇다면 어떤 밈이 더 쉽게 안전한 집을 찾고 또 다른 곳으로 전달될까?' 이런 식으로 생각해 보면 대답은 쉽게 나온다. 더불어 우리 자신에 대한 이해도 풍성하게 따라 나온다. 그리고 그녀는 동일한 사고 기법을 더욱 심오하고 엄밀한 문제들에도 내처 적용하여 끈기 있고 솜씨 있게 밀고 나간다. 언어의 용도는 무엇일까? 우리는 이성의 어떤 면에 끌릴까? 우리는 왜 착한 행동을 할까? 빠르고, 거대하고, 독특하게 확장된 뇌의 진화 과정도 밈이 이끈 것일까? 또한 그녀는 밈 이론이 미신이나 임사체험 같은 특수한 분야에도 빛을 밝힐 수 있다는 것을 보여 준다. 그녀는 그간 심리학자이자 초정상 현상에 대한 회의적 탐구자로서 학문적 경력을 밟아오면서 이런 분야에 특히 전문성을 쌓았다.

마지막으로, 나로서는 감히 바라지도 못한 정도의 엄청난 용기와 지적 대담성을 갖고서, 그녀는 밈의 설명력을 동원하여 세상에서 가장 심오한 질문들에 대해서도 용감하게 맹공을 퍼붓는다(무모한 시도라고 미리 짐작하지 말고 꼭 직접 읽어 보길 바란다). 자아란 무엇일까? 나는 누구일까? 나는 어디에 있을까? (이런 질문들은 대니얼 데닛이 모든 밈 이론가의 철학적 조언자로 자리매김하기 한참 전부터 제기해왔던 것들이다.) 의식, 창조성, 예측력의 실체는 무엇일까?

나는 간혹 밈에 대해 한 발 물러난 입장을 취하는 것 아니냐는 비난을 듣는다. 내가 혹시 확신을 잃었거나, 야심이 잦아들었거나, 의견을 바꾼 게 아니냐는 것이다. 그러나 사실은 내 최초의 생각이 상당히 소박했던 것뿐이다. 블랙모어 박사를 비롯한 일부 밈학자들은 아마도 그 이상을 바랐겠지만 말이다. 원래 내가 밈에게 맡겼던 임무는 부정적인 것이었다. 나는 이 용어를 《이기적 유전자》의 맨 끝에서 소개했는데, 만약에 내가 그 부분을 덧붙이지 않았다면 그 책은 이기적 유전자야말로 진화의 요체이고, 선택의 근본 단위이고, 생명의 위계 중에서 적응의 이득을 누리는 차원에 해당하는 개체라고 극구 주장하는 내용으로만 점철되었을 것이다. 그렇다면 오로지 DNA 분자로서의 유전자에 대해서만 내 논지가 국한되는 것처럼 독자들이 오해할 우려가 있었다. 사실 DNA는 오히려 부수적인 것이다. 자연선택의 진짜 단위는 복제자다. 종류를 불문하고 복사물이 만들어지는 단위라면 뭐든지 복제자이고, 그것이 복사 중에 간간이 실수를 일으키며, 스스로의 복제 가능성에 약간의 영향력이나 힘을 미칠 수 있으면 그만이다. 신다윈주의는 유전자에 대한 자연선택이야말로 지구상의 진화를 이끌어온 추진력이라고 규정했는데, 그것은 사실 내가 '보편 다윈주의Universal Darwinism'라고 명명한 일반적 과정에 속하는 하나의 사례에 불과하다. 우리가 그 외의 사례를 발견하려면 어쩌면 다른 행성으로 가봐야 할지도 모르지만, 또 어쩌면 그렇게 멀리 갈 필요가 없을지도 모른다. 전혀 새로운 종류의 다윈주의적 복제자가 바로 지금 우리 눈앞에 있을 가능성은 없을까? 이 대목에서 밈이 끼어들었던 것이다.

그렇기 때문에 나는 밈에게 많은 것을 바라지 않았다. 밈이 유전자는 하나의 사례일 뿐이라는 점을 독자들에게 설득시키는 역할을 다해 준다면, 나는 그것으로 만족했을 것이다. 복제자의 정의에 부합하는 다른 어떤 개체가 우리 우주에 존재한다면, 그것도 유전자와 마찬가지로 보편 다윈주의 과정을 실행할 수 있다는 점을 설명하는 것, 그것으로 충분했다. 이처럼 내가 원래 밈을 끌어들였던 것은 이기적 유전자의 존재감을 축소시키려는 부정적인 목적에서였다. 그런 밈을 인류 문화에 대한 독자적 이론으로서 긍정적으로 받아들이는 독자가 많다는 것은 나를 조금 놀라게 했다. 내 개념을 비판하기 위해서 일단 그렇게 받아들인 독자들도 있었고 (내 애초의 의도가 훨씬 소박했다는 것을 감안할 때 그런 비판은 좀 부당하다고 생각한다), 내가 정당하다고 생각했던 한계 너머까지 그 개념을 확장하기 위해서 받아들인 독자들도 있었다. 이런 상황 때문에 나 자신은 도리어 한 발 물러난 것처럼 보였던 것이다.

하지만 나는 언젠가 밈이 인간 마음에 대한 하나의 적절한 가설로 발전될 가능성에 대해 늘 마음을 열어두고 있었다. 그런 시도가 얼마나 야심 찬 것이 될지는 나도 알 수 없었지만 말이다. 어떤 이론이든 한 번쯤은 최선을 다해 추구될 가치가 있고, 수전 블랙모어는 밈 이론에 대해 바로 그런 시도를 했다. 그녀의 작업이 과욕으로 평가될지 어떨지는 나도 모르겠다. 그녀에게 가공할 만한 싸움꾼 자질이 있다는 것을 내가 몰랐다면, 나 역시 그녀를 은근히 염려했을지도 모른다. 하지만 그녀는 당당하고 고집 센 논객이면서, 동시에 가볍고 호감 가는 스타일로 이야기를 한다. 개인의 정체성과 개성이라는 우리의 소중한 망상을(그녀는 그런 것을 망상이라고 본다) 그녀가 와르르 무너뜨리는데도, 그녀는 왠지 친해지고 싶은 사람으로 느껴진다. 나는 한 사람의 독자로서 그녀가 밈 공학이라는 어려운 작업에 용기와 헌신과 재주를 쏟아 준 것에 감사한다. 그리고 기쁜 마음으로 이렇게 그녀의 책을 추천한다.

제1장 **인간이라는 이상한 생물** … 33

우리가 누군가를 모방하면, 그 사람으로부터 내게로 무언가가 전달된다. 그 '무언가' 는 또 다른 사람에게 전달될 수 있고, 거기에서 또 다른 사람에게 전달될 수 있다. 이렇게 계속 전달되면서 저만의 생명을 지니는 것, 그것이 '밈' 이다.

제2장 **인간의 뇌를 재편하라** … 49

모든 밈들이 가닿고자 하는 안식처는 인간의 마음이다. 그런데 인간의 마음 그 자체가 밈들이 인간의 뇌를 재편해서 자신들에게 더 나은 서식처로 만드는 과정에서 탄생한 인공물이다. 우리의 마음과 자아는 밈들의 상호작용에 의해 탄생한다.

제3장 **문화는 어떻게 진화하는가** … 73

밈은 유전자의 복제가 아니라 자신의 복제를 꾀하는 방향으로 사상의 진화를 이끌어간다. 이것이 기존의 문화 진화 이론과 밈학을 가르는 큰 차이점이다. 발명, 전파, 확산, 그리고 문명의 탄생까지, 모든 것이 밈의 힘이다.

제4장 **밈의 눈으로 세상을 보라** … 95

사람에게는 "탁월하고 보편적인 모방 능력"이 있다. 우리가 이렇게 밈을 모방에 의해 전달되는 것이라고 정의한다면, 광범위한 밈 전파를 일으킬 수 있는 것은 사람뿐이라는 결론이 나온다. 밈은 사람의 뇌 자원을 동원해서 자신을 연거푸 재생시킨다.

이 책은 병 덕분에 씌어지게 되었다. 1995년 9월, 나는 성가신 바이러스에 감염되었고, 어떻게든 일을 해보려 발버둥 치다가 결국엔 포기하고 자리보전을 했다. 나는 족히 여러 달 침대에만 머물러야 했다. 몇 발자국 이상 걸을 수 없었고, 몇 분 이상 말할 수 없었고, 컴퓨터도 쓸 수 없었다. 사실상 읽고 생각하는 것 외에는 아무것도 할 수 없었다.

그리고 그 시기에 나는 진작부터 마음의 짐이었던 '이번 주에 급히 읽어야 할 책들' 목록에 손대기 시작했다. 개중에는 대니얼 데닛의 근작인 《다윈의 위험한 생각》도 있었다. 거의 비슷한 시기에, 내 박사과정 학생이었던 닉 로즈가 '밈과 의식' 이라는 에세이를 작성해서 내게 보여 주었다. 어쩐 일인지 나는 밈이라는 밈에 옮아 버렸다. 나는 벌써 수 년 전에 리처드 도킨스의 《이기적 유전자》를 읽었었지만, 그때는 밈이라는 발상을 좀 재미있는 생각으로만 간주하고 넘겨버렸었다. 이제야 나는 이것이 무척 강력한 발상이라는 사실을 문득 깨달았다. 인간의 마음에 대한 이해를 변혁시킬 수 있는 발상이라는 생각이 들었다. 그런데도 이전에는 전혀 눈치를 채지 못했던 것이다. 나는 밈에 관해 구할 수 있는 온갖 자료를 읽기 시작했다. 강연이나 텔레비전 방송 출연 요청을 모두 거절해야 했고 학회에 참석하거나 논문을 쓸 수도 없는 상황이었으므로, 나는 밈 연구에만 제대로 집중할 수 있었다.

이 책에 실린 생각들은 대부분 침대에 누워 있던 그 몇 달 동안 내 머릿속에 떠오른 것이다. 특히 1996년 1월과 3월 사이였다. 차차 몸이 나아지자 나는 광범위하게 메모를 하기 시작했다. 앓기 시작한 지 2년쯤 지난 뒤에야 다시 일할 수 있을 만큼 충분히 나았지만, 그래도 계속 모든 초청을 거절하고 이 책을 쓰기로 결심했다.

나는 이 모든 일을 가능하게 해 준 질병에 감사한다. 그리고 엄마가 쓸모없는 사람처럼 내내 침대에만 누워 있는 것을 이해해 준 딸 에밀리와 아들 졸리언에게 감사한다. 내가 아플 때 돌봐 주었고, 나아가 모든 면에서 밈에 대한 내 열정을 격려해 주고 '책 작업'을 우선으로 배려해 준 내 파트너, 애덤 하트-데이비스에게 감사한다.

대니얼 데닛은 내 생각을 제일 처음 들은 사람들 중 한 명으로서, 그의 '큰아버지 같은 조언'에 감사한다. 그 밖에도 여러 분들이 초고 전체나 일부를 읽고 대단히 유용한 조언을 주었다. 리처드 도킨스, 대니얼 데닛, 데릭 개더러, 애덤 하트-데이비스, 유언 맥페일, 닉 로즈다. 편집자 마이클 로저스도 탄탄한 조언과 격려를 안겨 주었다. 헬레나 크로닌은 내가 밈에 관한 강연을 하도록 주선해 줌으로써, 여러 유익한 비판들을 접할 수 있도록 해주었다. 어마어마한 도움이 되었다. 마지막으로 페롯-워릭 재단에 감사한다. 재단은 14장에 언급된 수면마비 및 초정상 현상들에 대한 연구에 자금을 지원해 주었다. 이 모든 도움이 없었다면, 이 특수한 밈들이 이처럼 한 자리에 모이지 못했을 것이다.

1998년 10월 브리스틀에서, 수전 제인 블랙모어.

제1장

인간이라는
이상한 생물

M E M E

우리가 누군가를 모방하면, 그 사람으로부터 내게로 무언가가 전달된다. 그 '무언가' 는 또 다른 사람에게 전달될 수 있고, 거기에서 또 다른 사람에게 전달될 수 있다. 이렇게 계속 전달되면서 저만의 생명을 지닐 수 있다. 그것을 발상이라고 부를 수도 있고, 지침, 행동, 정보라고 부를 수도 있겠지만…… 그것을 연구하고자 한다면 우선 이름을 통일할 필요가 있다. 다행스럽게도 이미 이름이 있다. 그것이 '밈meme' 이다.

STRANGE CREATURES

인간은 이상한 생물이다. 우리 몸이 다른 동물의 몸처럼 자연선택에 의해 진화했다는 데에는 의심의 여지가 없다. 하지만 인간은 많은 면에서 다른 생물과는 다르다. 일단 우리는 말을 한다. 우리는 우리가 지구에서 가장 지적인 종이라고 믿는다. 우리는 굉장히 널리 퍼져 있고, 지극히 다재다능한 능력을 발휘하여 생활해 나간다. 우리는 전쟁을 하고, 종교를 믿고, 장례를 치르고, 성에 관해 이야기할 때 당혹해 한다. 우리는 텔레비전을 보고, 차를 몰고, 아이스크림을 먹는다. 우리는 지구 생태계에 참으로 파괴적인 영향을 미치고 있어서, 우리 삶이 의존하는 모든 것을 망가뜨릴 위기에 처한 것처럼 보인다. 인간으로 산다는 것의 한 가지 문제는, 인간을 편견 없는 눈길로 바라보기가 어렵다는 것이다.

한편으로 우리는 다른 동물들과 분명 다르지 않은 동물이다. 우리는 살아 있는 세포들로 만들어진 폐와 심장과 뇌를 갖고 있다. 우리는 먹고 숨쉬고 번식한다. 다윈의 자연선택에 의한 진화 이론은 지구에 어떻게 생명이 생겨났는지 말해 주는 것은 물론, 우리가 어떻게 여기에 존재하게 되었는지도 성공적으로 설명해 주고, 모든 생물들이 어떻게 이토록 많은 특징을 공유하게 되었는지도 설명해 준다. 그러나 다른 한편으로 우리는 다른 동물과는 상당히 다르게 행동한다. 오늘날의 생물학은 인간과 다른 생물들의 유사성을 성공적으로 설명해 내고 있으므로, 우리는 오히려 반대의 질문을 던져 볼 필요가 있다. 인간은 왜 이렇게 다를까? 우월한 지능 때문일까? 의식 때문일까? 언어 때문일까? 대체 무엇 때문일까?

한 가지 흔한 대답은 우리가 다른 종들보다 더 지적이기 때문이라는 것이다. 그렇지만 지능이라는 개념은 극히 애매모호하다. 그것을 어떻게 정의하고 측정할지, 그것이 어느 정도로 유전되는지에 관하여 결론 없는 논쟁을 일으키기 쉽다. 인간의 지능이 특별하다고 생각해 온 사람들을 놀라게 하는 여러 발견이 인공지능 연구에서 등장하기도 했다.

인공지능 연구 초기에, 과학자들은 컴퓨터에게 체스를 가르칠 수 있다면 가장 고차원적인 인간 지능을 재현하는 것이 되리라고 생각했다. 당시에는 컴퓨터가 체스를 잘 둘 수 있다는 생각 자체가 상상하기 힘든 일이었다. 하물며 최고 명인을 꺾는다는 것은 언감생심이었다. 하지만 요즘은 대부분의 컴퓨터에 제법 쓸 만한 체스 프로그램이 기본으로 깔려 있다. 1997년에는 딥 블루라는 프로그램이 세계 챔피언 개리 카스파로프를 꺾음으로써 체스에서는 확실히 인간이 우월하다는 그간의 믿음에 막을 내렸다. 컴퓨터가 사람과 같은 방식으로 체스를 두지는 않지만, 어쨌든 컴퓨터가 성공을 거둔 것을 볼 때 우리는 지능에 대해 참으로 잘못 생각하고 있었던 것이다. 우리가 인간만의 특수 능력이라고 생각했던 것은 사실 그렇지 않을지도 모른다.

반면에 겉보기에는 별반 지적인 일로 보이지 않는 것들에 대해서는 정반대의 상황이 벌어진다. 가령 집 청소, 정원 가꾸기, 차 끓이기 등이 그렇다. 인공지능 연구자들은 그런 작업을 하는 로봇을 개발하려고 수없이 시도했지만, 족족 실패했다. 첫 번째 문제는 그 작업들이 모두 시각을 필요로 한다는 점이다. 매사추세츠 공과대학MIT의 마빈 민스키가 대학원생들에게 시각 문제를 여름 학기 프로젝트로 내주었다는 유명한 일화가 있다(아마 거짓 전설일 가능성이 높지만 말이다). 그로부터 수십 년이 지났는데도 컴퓨터 시각 문제는 여전히 그때 그대로다. 즉 아직도 문제 수준을 벗어나지 못했다. 우리 인간은 아무런 수고를 들이지 않고 잘 보기 때문에, 시각 과정이 얼마나 복잡한지 상상하는 것조차 어렵다. 그렇지만 이런 종류의 지능은 우리를 다른 동물들과 가르는 기준이 되지 못한다. 다른 동물들도 볼 수 있기 때문이다.

지능이 간단한 해답이 되지 못한다면, 의식이 해답 아닐까? 많은 사람들이 의식을 인간 특유의 것으로, 우리를 인간으로 만들어 주는 바로 그 요소라고 믿는다. 하지만 과학자들은 '의식'의 정의조차 내리지 못한 형편이다. 누구나 자신의 의식이 어떤 것인지는 대강 알지만, 그 지식을 남들과 나눌 수는 없다. 의식의 주관성이란 이토록 까다로운 문제다. 20세기 거의 대부분의 기간에 의식이라는 주제가 과학 논의에서 금기나 다름없었던 까닭도 그 때문일지 모른다. 이제는 그 주제가 다시 유행하게 되었지만, 과학자들과 철학자들은 의식에 대한 설명이 어떤 형태여야 하는지에 대해서조차 의견을 모으지 못한다. 어떤 사람들은 의식의 주관성이라는 '어려운 문제'는(오스트레일리아 철학자 데이비드 차머스는 의식을 쉬운 문제와 어려운 문제로 나누었는데, 의식의 기능을 설명하는 것은 비교적 쉬운 반면에 의식의 현상학, 즉 경험되는 면을 설명하는 것은 더 어렵다고 했다 ― 옮긴이) 여타의 과학 문제들과는 질이 다르기 때문에 전혀 새로운 종류의 해답이 필요하다고 주장하는 반면, 다른 사람들은 우리가 뇌의 기능과 행위를 완전히 이해하는 순간에 의식 문제는 사라질 것이라고 확신한다.

또 어떤 사람들은 물리적 뇌를 초월하는 인간의 영혼 내지는 정신이 존재한다고 믿으며, 그것이 인간의 독특함을 설명해 준다고 생각한다. 종교를 믿는 사람이 줄어듦에 따라 그런 견해를 지적으로 받아들이는 사람도 갈수록 줄고 있지만, 그래도 대부분의 사람들은 여전히 자신의 뇌 안에 의식을 지닌 작은 '내'가 들어 있다고 생각한다. 그 '내'가 세상을 보고, 결정을 내리고, 행동을 지시하고, 행위에 책임을 진다는 것이다.

앞으로 살펴보겠지만, 이런 견해는 틀린 것일 수밖에 없다. 뇌가 어떤 일을 하든, 마술적인 잉여의 자아로부터 도움을 받을 필요는 없는 듯하다. 뇌의 여러 영역들은 제각기 독립적으로 맡은 일을 수행하고, 언제든 무수히 많은 작업이 동시에 진행된다. 우리는 자신의 머릿속 어딘가에 중심적인 공간이 있어서 그곳으로 모든 감각들이 들어오고, 그곳에서 모든 의식적 결정들이 내려진다는 느낌을 받는다. 그러나 그런 공간은 존재하지 않는다. 의식적 자아에 대한 우리의 일상적 시각에는 분명 심각한 문제가 있다. 게다가 그런 혼란스러운 시각에서 바라보더라도, 다른 동물들에게 의식이 없다고 확실히 말할 수는 없으며, 의식이 인간을 독특하게 만들어 준다고 장담할 수도 없다. 그렇다면 대체 무엇일까?

무엇이 인간을 다르게 만들까?

인간의 독특함은 모방 능력에서 나온다는 것이 이 책의 주제이다.

모방은 사람에게는 자연스러운 행동이다. 아기를 마주보고 앉아서 눈을 깜박이거나, 손을 흔들거나, '추파'를 던지거나, 아니면 그저 미소를 지어본 적이 있는가? 어떻게 되던가? 아기도 눈을 깜박이거나, 손을 흔들거나, 당신에게 마주 웃어 보이는 경우가 많았을 것이다. 우리는 어린 아기일 때부터 아주 쉽게 그렇게 한다. 항상 서로를 따라한다. 보는 것과 마찬가지로 모방하는 것도 너무나 쉽게 되는 일이라서, 우리는 그것에 대해서 딱히 생각하지 않는다. 모방이 대단히 영리한 일이라고 생각하지도 않는다. 하지만 우리가 앞으로 살펴볼 것인 바, 그것은 환상적일 만큼 영리한 일이다.

분명, 다른 동물들은 자연스럽게 모방하는 법을 모른다. 개나 고양이에게 눈을 깜박이거나 손을 흔들거나 미소를 지어 보자. 어떻게 될까? 개나 고양이는 그르렁거리고, 꼬리를 흔들고, 얼굴을 씰룩거리고, 그저 돌아서 가버릴지도 모른다. 어쨌든 당신을 모방하지 않으리라는 것만은 거의 확실하다. 고양이나 쥐에게 점진적인 보상 기법을 써서 먹이를 조르도록 가르칠 수는 있지만, 당신이 먹이 조르는 법을 몸소 시범으로 보임으로써 가르칠 수는 없다. 하물며 다른 고양이나 쥐가 서로 가르치는 것은 더 불가능하다. 과학자들은 동물의 모방을 오랫동안 세세하게 연구한 결과, 그것이 극히 드문 현상이라는 결론에 도달했다(이 이야기는 4장에서 다시 하겠다). 우리는 어미 고양이가 새끼들에게 사냥법이나 털 고르는 법, 혹은 고양이 문 사용법을 가르친다고 생각하지만, 사실 고양이들은 시범과 모방을 통해서 배우는 게 아니다. 부모 새가 새끼들에게 나는 법을 '가르칠' 때도 마찬가지다. 부모 새가 필수 기술을 시범으로 보여 주어서 새끼들에게 따라 하게 한다기보다, 새끼들을 둥지에서 밀어냄으로써 스스로 시도할 기회를 제공하는 쪽에 가깝다.

예외적으로 동물이 사람의 행동을 따라 했다고 주장하는 사례들이 있고, 반려동물을 키우는 사람들은 그런 이야기를 사랑한다. 나는 어느 고양이가 변기 물 내리는 법을 배운 뒤에 그 기술을 다른 고양이에게도 가르쳤다는 이야기를 인터넷에서 읽은 적이 있다. 이제 고양이 두 마리가 나란히 변기에 앉아 볼 일을 본 뒤에 물을 내린다는 것이다. 러트거스 대학교의 심리학자 다이애나 라이스가 들려준 일화는 이보다 더 믿을 만하다. 라이스는 병코돌고래를 연구하는데, 그 돌고래들은 사람의 목소리나 인공적인 호각 소리를 흉내 내는 것은 물론이고 사람의 간단한 행동도 흉내 낸다고 알려져 있다. _{바우어와 존슨 1994; 라이스와 맥코완 1993} 라이스는 돌고래들을 훈련시킬 때 보상으로 생선을 주고, 처벌로는 '잠깐 휴식' 기법을 적용했다. 돌고래들이 잘못된 행동을 하면, 그녀가 물가에서 먼 곳으로 가서 1분간 지체한 뒤에 풀로 돌아오는 방법이었다. 어느 날 그녀는 실수로 까칠까칠한 지느러미를 제거하지 않은 생선을 돌고래에게 던져 주었다. 그러자 돌고래는 즉시 몸을 돌려서 풀 반대편의 멀찌감치 떨어진 데로 가서, 그곳에서 1분간 기다렸다.

이 이야기는 내 심금을 울린다. 돌고래들이 자신의 행동을 이해하고 있으며, 사람과 마찬가지로 지능과 의식과 의도를 지니고 있다고 생각하지 않을 수 없기 때문이다. 하지만 우리는 돌고래가 겉보기에 상호적 행동인 듯한 그 행위를 수행하기 위해 확실히 그런 능력들을 활용했다고는 말할 수 없거니와, 애초에 그런 능력들을 제대로 정의할 수도 없다. 우리가 관찰한 것은 돌고래가 라이스 박사를 적절한 방식으로 모방했다는 사실뿐이다. 우리는 모방이 얼마나 영리한 일인지 잊고 지내기 때문에 다른 동물들에게서는 그것이 얼마나 드문지 눈치 채지 못하고, 우리가 얼마나 자주 그런 행동을 하는지도 깨닫지 못한다.

어쩌면 우리가 천양지차로 다른 여러 종류의 학습들에 대해 별개의 단어를 부여하지 않는다는 사실부터가 그 점을 또렷하게 보여 주는지도 모른다. 우리는 단순한 연합화 또는 '고전적 조건화'에 대해서도(거의 모든 동물들이 이것은 할 줄 안다), 시행착오 학습 또는 '조작적 조건화'에 대해서도(많은 동물이 이것을 할 줄 안다), 모방에 의한 학습에 대해서도(이것을 할 줄 아는 동물은 거의 없다) 죄다 '학습learning'이라는 하나의 단어를 적용한다. 우리는 너무나 수월하게 모방을 하기 때문에, 모방이야말로 인간을 특별하게 만들어 주는 요소라는 단순한 사실을 알아채지 못한다.

모방과 밈

  우리가 누군가를 모방하면, 그 사람으로부터 내게로 무언가가 전달된다. 그 '무언가'는 또 다른 사람에게 전달될 수 있고, 거기에서 또 다른 사람에게 전달될 수 있다. 이렇게 계속 전달되면서 저만의 생명을 지닐 수 있다. 그것을 발상이라고 부를 수도 있고, 지침, 행동, 정보라고 부를 수도 있겠지만…… 그것을 연구하고자 한다면 우선 이름을 통일할 필요가 있다.

  다행스럽게도 이미 이름이 있다. 그것이 '밈meme'이다.

  '밈'이라는 용어는 1976년에 리처드 도킨스의 베스트셀러인 《이기적 유전자》에서 처음 등장했다. 옥스퍼드 대학교의 동물학자인 도킨스는 그 책에서 진화를 유전자들 간의 경쟁으로 보아야 가장 잘 이해된다는 견해를 설파했고, 그 시각은 갈수록 큰 영향력을 발휘하고 있다. 20세기 초반의 생물학자들은 정확한 메커니즘에 대한 언급도 없이 그저 진화가 '종의 이익'을 추구하는 방향으로 진행된다고 태평하게 말했다. 하지만 1960년대에 들어 그 견해에 심각한 문제가 있다는 사실이 인식되기 시작했다. ^{윌리엄스 1966} 예를 들어, 어느 집단 내의 모든 생물체들이 집단의 이익을 위해서 행동한다면, 그러지 않는 개체는 나머지 개체들을 쉽게 착취할 수 있다. 그 개체는 남들보다 더 많은 후손을 남길 테고, 후손들 또한 집단을 위하는 행동을 하지 않을 것이므로, 집단의 편익은 곧 사라지고 말 것이다. 보다 현대적인 '유전자의 관점'에서 표현하자면, 진화는 개체나 종의 이익을 위해서 진행되는 것처럼 보일지도 모르지만 실은 유전자들

간의 경쟁에 의해 추진된다. '이기적 유전자 이론selfish-gene theory'이라고 불리게 된 이 새로운 시각은 진화에 대해 훨씬 강력한 설명력을 발휘했다.

우리는 여기에서 '이기적'이라는 단어가 무슨 뜻인지 철저하고 분명하게 짚고 넘어갈 필요가 있다. 이것은 이기성을 빚어내는 유전자라는 뜻이 아니다. 그런 유전자라면 보유자로 하여금 이기적인 행동을 하도록 만들 텐데, 그것은 우리 이야기와는 상당히 다른 말이다. 지금 말하는 '이기적' 유전자는 유전자가 오직 자신을 위해서 행동한다는 뜻이다. 유전자가 오직 자신의 복제에만 관심이 있다는 뜻이다. 유전자가 오직 자신이 다음 세대로 전달되기만을 바란다는 뜻이다. 물론 유전자는 사람과 같은 방식으로 무언가를 '원하거나' 목표를 세우거나 의도를 품지 않는다. 유전자는 복사가 가능한 화학적 지침일 뿐이다. 그러니 유전자가 무언가를 '원한다'거나 유전자가 '이기적'이라는 등의 표현은 축약인 셈인데, 지지부진한 설명을 피하려면 반드시 축약된 표현을 쓸 수밖에 없다. 유전자는 그저 다음 세대로의 전달에 성공하거나 성공하지 못하거나 둘 중 하나라는 사실을 명심하는 한, 우리가 그런 표현 때문에 헤맬 일은 없을 것이다. '유전자가 x를 원한다'는 말은 'x를 하는 유전자는 전수될 가능성이 더 높다'는 긴 표현으로 항상 풀어서 말할 수 있다. 복제자의 힘, 이것이 유전자가 지닌 유일한 힘이다. 유전자가 이기적이라는 것은 그런 뜻이다.

도킨스는 '복제자'와 '운반자vehicle'를 구분해야 한다는 중요한 개념도 도입했다. 스스로를 복사하는 것이라면 뭐든 복제자라고 불릴 수 있다. 특히 그 복제자의 타고난 속성에 따라서 복사의 가능성이 달라지는 경우라면 그것이 '능동적 복제자active replicator'이다. 한편 운반자는 환경과 상호작용하는 개체를 말한다. 그래서 헐은 비슷한 개념에 대해서 차라리 '상호작용자interactor'라는 표현을 선호했다.[1998a] 운반자 혹은 상호작용자는 내부에 복제자들을 품고 보호해 준다. 최초의 복제자는 아마도 원시 수프primordial soup에 들어 있던 단순한 자기 복제 분자였겠지만, 오늘날 우리에게 가장 친숙한 복제자는 DNA다. DNA의 운반자는 생물체이거나 생물체들의 집단이고, 그들은 바다나 하늘이나 숲이나 평지에서 살아가면서 서로 상호작용을 한다. 지구상에서 생물계의 진화를 이끈 이기적 복제자는 유전자인 것이다. 하지만 도킨스는 더 근본적인 원칙이 바탕에 깔려 있을 것이라고 말한다. 만약에 우주의 다른 어딘가에 생명이 존재한다면, 그 '생명들도 모두 복제하는 개체들의 차별적 생존에 의해 진화했을 것'이라고 그는 주장했다.[1976] 이것이 보편 다윈주의의 기본 원리이다. 다윈주의적 사고가 생물학적 진화의 영역 너머로까지 적용될 수 있다는 발상이다.

도킨스는 책의 마지막 부분에서 도발적이되 분명한 질문을 던졌다. 우리 지구에 다른 복제자가 있을까? 그는 '그렇다'라고 대답한다. 아직은 문화의 원시 수프 속에서 서툴게 떠다니고 있지만, 분명히 우리를 빤히 내다보고 있는 또 다른 복제자가 있다는 것이다. 그것이 바로 모방의 단위다.

새 복제자에게는 이름이 필요하다. 문화 전달의 단위, 혹은 모방의 단위라는 개념을 함축하고 있는 명사의 이름이 필요하다. 그리스어 어원을 제대로 살리자면 '미메메mimeme'라고 해야겠지만, 나는 '진gene(유전자)'과 발음이 비슷한 단음절어를 원한다. 그래서 미메메를 밈meme이라고 줄이려 하니, 고전학자 친구의 관용을 바랄 뿐이다.

밈의 예로서 도킨스는 '노랫가락, 발상, 캐치프레이즈, 복식의 유행, 항아리를 만드는 방법이나 아치를 건설하는 방법' 등을 꼽았다. 과학적 발상 역시 이 사람의 뇌에서 저 사람의 뇌로 건너뛰면서 사람들을 사로잡고 전 세계로 퍼진다고 했다. 종교는 신이나 내세에 대한 믿음으로 전 사회를 감염시키며, 생존력이 아주 높은 밈 집단이다. 옷이나 식습관의 유행, 예식, 관습, 기술 등도 모두 한 사람에서 다른 사람에게로 복사되는 것이다. 밈은 사람들의 뇌에(혹은 책이나 발명품에) 저장되며, 모방을 통해 전달된다.

도킨스는 불과 몇 쪽의 글에서 밈 진화에 대한 이해의 기틀을 닦았다. 그는 밈들이 뇌에서 뇌로 건너뜀으로써 전파된다고 했고, 숙주를 감염시키는 기생생물에 밈을 빗대었고, 마치 물리적으로 구현된 살아 있는 구조인 것처럼 밈을 취급했고, 밈들도 유전자들처럼 서로 도움이 될 경우에는 한데 뭉쳐 다닌다고 말했다. 가장 중요한 점은, 도킨스가 밈을 독자적인 복제자로 취급했다는 것이다. 그는 밈이 유전자의 이익과는 무관하게 오로지 제 이익을 위해서 확산한다는 생각을 받아들이지 못하는 동료가 많다고 불평했다. 인간 행동에 관한 질문들에 답할 때, '그들은 분석의 최종 단계에서는 항상 "생물학적 이점"으로 돌아가려고 한다.' 인간이 생물학적(유전적) 이유들 때문에 뇌를 갖게 되었다는 것은 도킨스도 인정하는 사실이지만, 인간은 이미 새로운 복제자를 세상에 풀어놓았다. '일단 새로운 진화가 시작되면, 이것이 오래된 진화에 반드시 매어 있어야 할 이유는 없다.' 도킨스 1976 달리 말해, 밈 진화는 유전자에 대한 영향과 무관하게 제 길을 갈 수 있다.

도킨스가 옳다면, 밈들의 영향력은 인간의 삶에 갈수록 깊숙이 침투할 것이다. 우리가 모방을 통해 남에게서 배운 것은 뭐든지 밈이다. 하지만 우리는 우선 '모방'이 무슨 뜻인지 확실하게 알아야 한다. 밈학memetics에 대한 이해가 온전히 그 정의에 달려 있기 때문이다. 도킨스는 밈이 '넓은 의미에서 모방이라고 말할 수 있는 어떤 과정을 통해서 뇌에서 뇌로' 건너뛴다고 했다.[1976] 나도 '모방'의 뜻을 넓은 의미에서 사용할 것이다. 가령 한 친구가 당신에게 이야기를 들려주었는데 당신이 그 개요를 기억했다가 다른 사람에게 다시 들려준다면, 그 과정도 모방이다. 당신이 친구의 행동이나 표현을 하나하나 정확하게 모방한 것은 아니다. 하지만 틀림없이 무언가가(이야기의 개요가) 친구로부터 당신에게로, 또 다른 친구에게로 복사되었다. 이것이 내가 말하는 '넓은 의미의 모방'이다. 여러분이 앞으로 간혹 헷갈릴 때가 있으면, 모방은 무언가가 복사되어야 하는 과정이라는 것만 떠올리라.

이런 방식을 통해 한 사람에게서 다른 사람에게로 전달되는 것은 무엇이든 밈이다. 당신의 어휘에 포함된 모든 단어들, 당신이 아는 모든 이야기들, 당신이 남에게 배운 모든 기술들과 습관들, 당신이 좋아하는 모든 놀이들이 밈이다. 당신이 즐겨 부르는 노래들도, 당신이 준수하는 규칙들도 포함된다. 당신이 왼쪽(혹은 오른쪽!) 차선에서 운전을 할 때마다, 당신이 라거 맥주와 카레를 먹거나 코카콜라와 피자를 먹을 때마다, 당신이 드라마 주제가를 휘파람으로 불 때마다, 심지어 남들과 악수를 할 때마다, 당신은 밈을 다루고 있는 것이다. 밈들은 저마다의 역사를 갖고서 저마다 독특한 방식으로 진화했지만, 당신의 행동을 활용해서 스스로를 복사한다는 점은 다들 같다.

'생일 축하합니다' 노래를 생각해 보자. 수백만 명의 사람들이, 전 세계적으로 따지면 아마도 수십억 명의 사람들이 이 노래를 안다. 모르긴 몰라도 내가 이 두 마디를 적은 것만으로도 당신은 속으로 흥얼거리기 시작했을 것이다. 이 단어들은 당신에게 영향을 미친다. 당신은 전혀 의식적으로 의도하지 않았겠지만, 이 단어들이 당신이 갖고 있는 기억을 일깨웠다. 그 기억은 어디에서 왔을까? 수백만 명의 다른 사람들과 마찬가지로, 당신도 모방을 통해서 습득했을 것이다. 정보든 지침이든 하여간 무언가가 사람들의 뇌에 똬리를 틀었기 때문에, 우리는 생일파티에서 다들 같은 행동을 하는 것이다. 그 무언가가 바로 밈이다.

밈은 우리에게 유용한 것이든, 아무런 영향이 없는 것이든, 심지어 해로운 것이든, 무차별적으로 번진다. 훌륭하고 참신한 과학적 발상이나 기술적 혁신은 유용성 때문에 퍼진다. 징글벨 같은 노래는 딱히 유용하달 수는 없고 틀림없이 몇몇 사람에게는 거슬리게 느껴지겠지만, 그래도 썩 괜찮은 노래이기 때문에 널리 퍼진다. 반면에 어떤 밈들은 해롭다. 이른바 행운의 편지나 피라미드식 판매, 신종 사기법, 거짓된 교리, 효과가 없는 다이어트법, 위험천만한 의학적 '요법' 등이 그렇다. 물론 밈은 신경 쓰지 않는다. 밈은 유전자처럼 이기적이기 때문에, 그저 최선을 다해 퍼질 뿐이다.

유전자에게 적용되었던 축약 표현이 밈에게도 적용된다는 것을 잊지 말자. 우리는 밈이 '이기적'이고 '아무것도 신경 쓰지 않으며' 그저 자신의 확산을 '원한다'고 말하지만, 그것은 스스로를 복사하며 퍼지는 밈은 성공하는 밈이고 그러지 못하는 밈은 성공하지 못하는 밈이라는 뜻일 뿐이다. 이런 의미에서 밈은 복사되기를 '원하고', 사람들이 자신을 전달하기를 '원하며', 사람에게나 사람의 유전자에게 자신이 어떤 의미인지 '신경 쓰지 않는다'는 말이다.

이것이 밈의 힘이다. 밈적으로 생각하기 시작하는 순간, 생물학자들이 이기적 유전자의 개념을 받아들이면서 겪었던 커다란 전환이 우리 마음에서 일어난다. 생각을 우리의 창조물로 간주하고 그것이 우리를 위해 일한다고 보는 대신, 생각은 스스로의 복사를 위해 일하는 독자적이고 이기적인 밈이라고 보게 된다. 인간은 모방 능력이 있다는 점 때문에 밈의 이동에 꼭 필요한 물리적 '숙주'가 되었다. '밈의 관점에서' 바라본 세상은 그런 식이다.

밈이 주는 두려움

이것은 실로 무시무시한 생각이다. 사람들이 이 용어를 지칭할 때 마치 유감스럽다는 듯이 따옴표를 달아서 '밈' 이라고 쓰는 이유도 그 때문일 것이다. 나는 저명한 강연자가 '밈' 을 말해야 할 상황이 되자 두 손을 귀 옆으로 들어서 검지와 중지를 까딱 꼽으면서 손으로 따옴표를 만드는 것도 보았다. 어쨌든 이 단어는 차근차근 퍼졌고, 이제 《옥스퍼드 영어사전》에도 등재되었다. 인터넷에는 밈에 관한 토론 그룹들이 있고, 온라인판 '밈학 저널' 도 있다. 사이버 공간에서는 이 개념이 컬트적 추종자들을 거느린 듯하지만, 학계에서는 지금까지 그다지 성공적이지 못했다. 인간의 기원, 언어의 진화, 진화심리학evolutionary psycholopy을 다룬 최근의 훌륭한 책들을 몇 살펴보았더니, 대부분의 책에는 이 단어가 아예 등장하지 않았다. 다음 책들의 찾아보기에는 '밈'이 나오지 않는다. 바코우 외 1991; 다이아몬드 1997; 던바 1996; 미슨 1996; 핀커 1994; 마크 리들리 1996; 터지 1995; 윌스 1993; 라이트 1994 밈 개념은 이런 분야들에 굉장히 적절한 것으로 보이기 때문에, 나는 인간의 삶과 진화에 제2의 복제자가 작동한다는 개념을 학계가 받아들일 때가 되었다고 주장한다.

밈 개념의 한 가지 문제는 그것이 인간의 정체성과 존재 의의에 대한 근원적 가정들을 공격한다는 점이다. 과학에서는 이런 일이 늘 벌어진다. 코페르니쿠스와 갈릴레오 이전 사람들은 신이 인류를 위해 특별히 창조하신 우주의 한 중심에서 인류가 살아간다고 믿었다. 그러나 결국 우리는 태양이 지구 주변을 돌지 않는 것은 물론이고, 우리가 사는 곳은 숱한 은하계들로 수놓인 방대한 우주에서 어느 한 평범한 은하 속 보잘것없는 작은 행성임을 받아들여야 했다.

지금으로부터 140여 년 전, 자연선택에 의한 진화라는 다윈의 이론은 설계자 없는 진화에 대한 최초의 그럴듯한 메커니즘을 제공했다. 그로써 인간이 스스로의 유래를 바라보는 시각이 바뀌었다. 인간은 신의 형상을 따서 특별히 창조된 존재라는 성경 이야기에서 벗어나, 유인원을 닮은 선조로부터 유래한 동물이라는 시각을 갖게 되었다. 이것은 실로 대단한 도약이었고, 이 전환을 일으킨 다윈은 엄청난 조롱과 광신적 반대를 겪어야 했다. 그래도 사람들은 결국 도약을 감내했고, 인간이 진화로 빚어진 동물이라는 사실을 받아들였다. 만약에 밈학이 유효하다면, 우리는 또 한 번 대단한 도약을 겪을 것이다. 인간의 마음과 자아도 비슷한 진화적 메커니즘에 의해 생겨났다는 사실을 받아들여야 할 테니까 말이다.

◆ ◆ ◆

밈 이론이 추구할 만한 가치가 있는지 없는지를 어떻게 판단할까? 요즘도 과학철학자들은 과학 이론의 유효성을 판가름하는 잣대를 놓고 논쟁을 벌이고 있지만, 널리 합의되는 기준이 최소한 두 가지가 있다. 나는 그 기준들을 써서 밈학을 점검해볼 것이다. 첫째, 유효한 이론은 경쟁 이론들보다 현상을 더 잘 설명해야 한다. 보다 경제적인 설명일 수도 있고, 보다 종합적인 설명일 수도 있다. 둘째, 이론은 시험 가능한 예측들을 낳아야 하고, 그 예측들이 사실로 확인되어야 한다. 누구도 기대치 않았던 예측들이라면 더 이상적일 것이다. 밈 이론의 관점에서 보지 않았다면 미처 생각하지 못했을 만한 예측이 좋다는 말이다.

밈 이론이 현존하는 경쟁 이론들보다 인간 본성의 여러 측면을 훨씬 더 잘 설명한다는 것을 보여 주는 게 이 책의 목적이다. 밈 이론은 단 하나의 단순한 메커니즘에서 시작된다. 밈들이 사람의 뇌로 들어와서 다시 다른 뇌로 전달되기 위해 서로 경쟁하는 메커니즘이다. 이렇게 시작된 이론이 사람의 큰 뇌, 언어의 기원, 지나치게 많이 말하고 생각하는 성향, 이타성, 인터넷의 진화 등 참으로 다양한 현상들을 설명해 준다. 밈이라는 새 렌즈를 통해 바라본 인간은 이전과는 사뭇 다른 모습이다.

이 새로운 방식이 더 나은 방식일까? 나는 분명히 그렇다고 생각하지만, 짐작하건대 동의하지 않는 사람도 많을 것이다. 이 대목에서 예측이 개입한다. 나는 가급적 명료한 방식으로 예측을 끌어내고, 그것이 어떻게 밈 이론에서 따라 나오는지 설명할 것이다. 추측을 말할 때도 있겠고, 이따금 증거를 넘어서서 지나치게 앞서 가는 경우도 있겠지만, 시험 가능한 것인 이상 그런 추측도 유용할 것이다. 밈 개념이 한낱 무의미한 비유에 지나지 않는지, 아니면 인간 본성의 이해에 꼭 필요한, 장대하고 새로운 통합 이론인지는 결국 예측들의 성패에 따라 결정될 것이다.

제2장

인간의 뇌를 재편하라

M E M E

우리의 마음과 자아는 밈들의 상호작용에 의해 탄생한다. 밈은 유전자와 비슷한 복제자이고, 인간의 의식 자체도 밈의 산물이다. 데니얼 대닛은 밈들이 우리 뇌에 들어오려고 서로 경쟁을 벌이는 과정에서 인간이라는 독특한 생물체가 탄생한다고 주장했다. 모든 밈들이 가닿고자 하는 안식처는 인간의 마음이다. 그런데 인간의 마음 그 자체가 밈들이 인간의 뇌를 재편해서 자신들에게 더 나은 서식처로 만드는 과정에서 탄생한 인공물이다.

  자연선택에 의한 진화라는 다윈의 이론은, 내가 느끼기에는, 모든 과학 이론들 중에서 가장 아름답다. 그것은 너무나 단순하면서도 그 결과가 너무나 복잡하다는 점에서 참 아름답다. 직관에 반하는 내용이기 때문에 쉽게 파악되지 않지만, 일단 그것을 이해하고 나면 눈앞의 세계가 전혀 다르게 보인다. 생명계의 복잡성을 설명하기 위해서 굳이 위대한 설계자를 끌어들일 필요가 없다. 그저 명징하고도 무심한 하나의 과정이 있을 뿐이고, 우리 모두는 그 과정을 통해서 생겨났다. 아름답다. 그리고 오싹하다.

  이 장은 그 이론을 설명하는 데 대부분을 할애할 것이다. 이 아름답고 단순한 개념이 잘못 이해될 때가 많기 때문이다. 어쩌면 바로 그 단순성 때문에 사람들이 자꾸 그 이상의 무언가가 있으리라고 짐작하는지도 모른다. 혹은 제대로 이해해 놓고서도 요점을 놓쳤다고 생각하는지도 모른다. 자연선택에 의한 진화는 몹시, 몹시 단순한 내용이다. 하지만 결코 자명한 내용은 아니다.

  다윈은 1859년에 처음 출간된 위대한 저서 《자연선택에 의한 종의 기원》에서 그 기초적인 원리를 설명했다. 이전에도 생물들 간의 관계나 화석기록의 점진성에 깊은 인상을 받아서 진화에 대해 숙고했던 사람은 많았다. 찰스 다윈의 할아버지인 이래즈머스 다윈, 장 밥티스트 드 라마르크 등이 그런 사람이었다. 하지만 진화의 메커니즘을 그럴싸하게 설명한 사람은 아무도 없었고, 바로 이 점이 다윈의 위대한 공로였다.

다윈은 다음과 같이 추론했다. 만약에 살아 있는 생물들이 변이를 보인다면(실제로 그러하다), 그리고 생물들의 수가 기하급수적으로 증가하기 때문에 생존을 위해 투쟁해야 하는 시기가 온다면(역시 부인할 수 없는 사실이다), 생물체의 안녕에 도움이 되는 변이가 등장하지 않는 것이 오히려 이상한 일일 것이다. 그런 변이를 지닌 개체는 '생존 투쟁에서 목숨을 보전할' 가능성이 높을 것이고, 자기와 같은 특징을 지닌 후손을 낳을 것이다. 다윈은 이것을 '자연선택' 원리라고 불렀다.

다윈의 주장은 세 가지 주요소들로 구성된다. 변이, 선택, 보유(유전)이다. 첫째로 변이가 있어야 한다. 그래야 생물체들이 다 같지 않게 된다. 둘째, 모든 생물체들이 다 살아남는 게 아니라 어떤 변종이 다른 개체들보다 더 잘 살아남는 환경이 주어져야 한다. 셋째, 후손이 부모로부터 특징을 물려받는 과정이 있어야 한다. 세 요소가 다 존재한다면, 주어진 환경에서 생존에 유리하게 작용하는 특징은 점차 강화될 것이다. 리처드 도킨스의 언어로 표현하면 다음과 같다. 서로 완벽하게 같지 않은 복사물들을 만드는 복제자가 있고, 복사물들 중 일부만 생존한다면, 진화는 반드시 일어난다. 진화의 필연성이야말로 다윈의 통찰을 더없이 현명한 것으로 만드는 요인이다. 적절한 시작 조건들이 주어지기만 하면 진화는 당연히 펼쳐진다는 것이다.

진화 알고리즘

미국 철학자 대니얼 데닛은 진화 과정 전체를 하나의 알고리즘으로 묘사했다.[1995] 알고리즘은 일련의 무심한 절차로서, 그것을 충실히 따를 경우에 반드시 어떤 결과물이 생산되는 과정이다. 요즘 우리는 알고리즘 개념에 익숙하지만, 다윈이나 월리스나 여타 초기의 진화론자들은 그렇지 않았을 것이다. 사람이 수행하는 일 중에서 많은 것이 알고리즘에 기반을 두고 있다. 숫자를 합산하는 일도 그렇고, 전화번호를 누르는 일도, 차를 끓이는 일도 그렇다. 특히 사람과 기계의 상호작용은 전부 알고리즘에 따른다. 요즘은 어디에나 기계가 흔하기 때문에 우리는 그 알고리즘 과정이라는 것이 무엇인지 쉽게 이해할 수 있다. 가령 이런 식이다. 컵을 꺼내서, 기계의 주둥이 밑에 놓고, 음료를 선택한 뒤, 적절한 금액의 동전을 투입하고, 단추를 누르고, 다시 컵을 꺼낸다. 올바른 순서대로 올바른 단계들을 밟으면 그 결과로 카푸치노 한 잔이 나올 것이고, 과정을 잘못 밟으면 바닥이 엉망진창이 될 것이다. 의료 기록을 저장하는 컴퓨터 프로그램이나 컴퓨터 게임에서 그래픽을 담당하는 프로그램 등이 모두 알고리즘이고, 우리가 워드프로세서나 재무 관련 프로그램을 다루는 방식도 역시 알고리즘이다.

알고리즘은 '기질 중립적'이다. 다양한 물질을 써서 수행할 수 있다는 뜻이다. 연필과 종이를 쥔 사람이든, 손잡이를 돌려서 구동시키는 덧셈 기계든, 디지털 컴퓨터든, 모두 특정 수학적 절차에 대한 하나의 알고리즘을 수행할 수 있고, 다들 같은 답을 얻는다. 기질은 문제가 되지 않으며, 절차의 논리만이 문제가 된다. 다윈의 주장에서는 생물체들과 생물학적 환경이 그 기질이었지만, 데닛이 지적한 대로 유전과 변이와 선택이 있는 체계라면 어떤 체계에도 다윈의 논리가 동일하게 적용될 수 있다.

이것이 보편 다원주의 개념이다.

알고리즘은 또한 철저하게 무심하다. 하나의 체계가 구축된 뒤에 그것이 어떤 정해진 절차를 밟아간다면, 그 작동을 위해서 마음이라거나 그 밖의 무언가가 추가로 더해질 필요가 없다. 과정은 그저 무심하게 진행된다. 그렇기 때문에 데닛은 다윈의 이론을 '마음의 도움 없이 카오스에서 설계를 창조해 내는 체제'라고 묘사했다.[1995] 무수히 긴 세월 동안 무수히 많은 생물체들이 생존 가능한 것보다 더 많은 후손을 낳는다면, 자연히 설계가 생겨난다. 살아남는 개체들은 그들이 처한 환경에 더 잘 적응하기 때문에 생존하고, 그 특징을 후손에게 물려줄 것이다. 그런 식으로 이야기는 이어진다. 생물이 발달함에 따라 환경도 끊임없이 바뀌어가므로, 과정은 결코 정적일 수 없다.

같은 지점에서 시작된 알고리즘은 언제나 같은 결과를 낳는다. 그렇다면 진화가 정말로 알고리즘을 따를 경우, 그 결과가 미리 정해져 있어야 하고 예측 가능해야 하는 것 아닐까? 그렇지는 않다. 그 이유는 카오스 이론으로 설명된다. 세상의 단순한 과정들 중에는 가령 수도꼭지에서 흐르는 물, 기체의 확산, 진자가 그리는 경로처럼 카오스적인 것들이 있다. 이들은 단순하고 무심한 알고리즘을 따르지만, 최종적인 결과는 복잡하고, 카오스적이고, 예측 불가능하다. 아름다운 형상이나 패턴이 떠오르는 경우도 있는데, 설령 패턴의 종류가 반복되더라도 그 세부사항들은 그 절차를 끝까지 진행시켜 봐야 알 수 있을 뿐, 미리 예측할 수 없다. 카오스계는 또 시작점의 조건들에 극도로 민감하기 때문에, 처음에 아주 작은 차이만 있어도 전혀 다른 결과를 내기 쉽다. 진화도 마찬가지다.

복잡성 이론가 스튜어트 카우프먼도 생명의 진화를 압축 불가능한 컴퓨터 알고리즘에 비유했다. 우리는 그것이 어떻게 전개될지 정확하게 예측할 수 없고, '물러나서 그 진행을 바라볼 수 있을' 뿐이다. 하지만 우리

가 그 '예측 불가능한 흐름을 관장하는 심오하고 아름다운 법칙들을 발견할 수' 는 있다. 카우프먼 1995

요컨대, 진화는 단순한 알고리즘을 따를 뿐이지만, 그것은 카오스 계이기 때문에 그 결과는 어마어마하게 복잡할 수 있다. 과정을 진행시켜 보기 전에는 결론을 예측할 수 없고, 그 과정은 단 한 차례 진행될 뿐이다. 물론 진화 이론에서 끌어낸 예측을 실험을 통해 시험해 볼 수는 있겠지만, 지구의 생명 진화 자체를 재상영해서 혹시 다음번에는 다른 길로 과정이 진행되는지 알아볼 수는 없다. 진화에 다음번은 없다. 우리가 다른 행성에서 생명을 발견하기 전에는, 진화는 이번 한 번뿐이다.

그래도 여러 흥미로운 논점들이 남는다. 선택이 없는 우주에서도 다소간의 패턴과 질서가 필연적으로 생겨날 것인지, 생명의 경로를 형성하는 데 있어서 역사적 우연들이 어떤 역할을 했는지, 진화가 언제나 특정 종류의 생물을 낳는 경향이 있는지, 가령 앞쪽에 입이 있는 벌레라거나 다리가 쌍으로 있는 대칭형 동물이라거나 눈이 있는 동물이라거나 성별이 있는 동물을 항상 낳는지 등등이다. 우리가 이런 의문들을 해소하면 진화를 이해하는 데 있어서 크나큰 도움이 되겠지만, 진화 알고리즘의 기초적 원리를 파악하는 데 있어서는 사실 이런 것들이 전혀 문제가 되지 않는다. 일단 진화 알고리즘이 굴러가기 시작하면, 무에서 솟아난 듯이 필연적으로 설계가 탄생한다. 하지만 정확하게 어떤 부류의 설계일지 미리 내다볼 수는 없다. 진화가 반드시 인간을 포함하는 현재 상태로 끝나야 했던 것은 절대 아니었다. 진화는 처음 시작했던 것과 다른 무언가를 낳으면 그만이었고, 어쩌다 보니 그 무언가가 바로 인간이 포함된 현재의 세계였다.

진화는 진보일까? 스티븐 제이 굴드는 그렇지 않다고 주장한 것으로 유명하다. 1996a 하지만 나는 굴드의 진보 개념에 동의하지 않는다. 진화가 무언가를 향해 진보하지 않는다고 지적한 점에서는 그가 옳았다. 설계도 나 종착점이나 설계자 따위는 없다는 것이야말로 다윈의 핵심적 통찰이 었고, 그의 이론이 아름다운 이유였다. 하지만 수십억 년 전에는 이 땅에 원시 수프밖에 없었으나, 현재 우리는 온갖 종류의 생물들이 가득한 복잡 한 세상에서 살아가고 있다. 이 점에서는 모종의 진보가 있었다고 봐야 한다. 널리 합의된 복잡성 측정 기준이 없긴 하지만, 생물의 다양성, 개체 들의 유전자 수, 생물의 구조와 행동에서의 복잡성이 모두 증가한 것은 사 실이다. _{메이너드 스미스와 사트마리 1995} 진화는 제 산물을 딛고 올라서며 발전한다.

도킨스는 이것을 '불가능의 산을 오른다'고 표현했다.^{1996a} 자연선택이 아주 조금씩 완만한 경사를 오르기 때문에, 시간이 흐르면 불가능해 보이 는 창조물의 높이에까지 도달할 수 있다는 것이다. 강력한 선택압이 존재 하는 경우라면 수 세대에 걸쳐서 진보가 유지될 수도 있다는 것이다. 데 닛은 이 과정을 '설계 공간에서 높이 들어 올려지는' 것으로 묘사했다. 자연선택의 기중기 혹은 쐐기가 아주 천천히, 몹시 작은 단계들을 밟으면 서 좋은 설계의 비결을 찾아내고, 그것을 그때까지 등정한 노력의 산 위 에 쌓는다는 것이다. 이런 의미에서는 우리가 진보를 말할 수 있다.

진보는 항상 착실히 진행되거나 항상 증가하기만 하는 것은 아니다. 급 속한 변화의 기간들 사이사이에 긴 정체기가 끼어들고는 한다. 급속히 변 하는 동물이 있는가 하면, 악어처럼 긴 세월 동안 거의 똑같이 머무르는 동물도 있다. 가끔은 수백만 년간 축적된 설계가 삽시간에 사라지기도 한 다. 공룡이 멸종했을 때처럼 말이다. 인간이 현재 과거의 멸종 사건들에 서 사라졌던 것만큼의 생물 다양성을 말살시키는 중이라고 보는 사람들 도 있다. 정말로 그렇다면, 진화 알고리즘은 무엇이 되었든 거기에서 남 은 것들을 가지고서 다시금 창조적인 작업을 시작할 것이다.

이런 창조성은 전적으로 복제자의 힘에 의존한다. 이기적 복제자는 스스로를 복사하는 데 필요한 장치와 구성 재료가 주어지기만 한다면 무턱대고, 막무가내로 복제한다. 복제자는 선견지명이 없다. 복제자는 미래를 내다보지 않으며, 마음속에 계획이나 체계를 세워두지 않는다. 복제자는 그저 복제한다. 어떤 개체들은 다른 개체들보다 그 과정을 더 잘 해낸다. 어떤 개체들이 다른 개체들을 제거해버리기도 한다. 진화적 설계는 이런 식으로 만들어진다.

이런 일반 원칙들은 어떤 종류의 진화에도 옳게 적용될 것이다. 밈이 진정한 복제자라면, 그래서 진화 과정을 이끌어갈 수 있다면, 밈에게도 이 원칙들이 적용될 것이다. 그리고 우리는 이 원칙을 기반으로 삼아서 밈 이론을 구축할 수 있을 것이다. 그렇다면 밈은 정말로 복제자일까? 두 개의 중요한 질문으로 나눠서 물어보자. 복제자를 정의하는 기준은 무엇일까? 밈은 그 기준들을 만족시킬까?

복제자로서 밈

무언가가 복제자로 인정받으려면, 변이와 선택과 보유(유전)에 기반한 진화 알고리즘을 수행할 수 있어야 한다. 밈은 틀림없이 변이한다. 이야기가 정확하게 같은 방식으로 두 번 말해지는 경우는 거의 없고, 두 건물이 철저히 같게 지어지는 경우도 거의 없으며, 모든 대화는 독특하다. 밈이 전달되는 복사 과정이 항상 완벽한 것은 아니다. 심리학자 프레더릭 바틀릿 경이 1930년대에 보여 주었듯이, 이야기는 매번 전달될 때마다 조금씩 윤색이 되거나 세부사항들이 누락된다. 그리고 밈에도 선택이 작용한다. 어떤 밈은 사람들의 주의를 잘 끌고, 충실하게 기억되고, 남들에게 잘 전달되는 반면에, 어떤 밈은 아예 복사에 실패한다. 또 밈이 전달될 때에는 그 발상이나 행동의 일부가 보유된다. 원래 밈 중의 무엇인가가 계속 보유되어야만 우리는 그것을 모방 혹은 예시를 통한 학습이라고 부를 수 있다. 따라서 밈은 도킨스의 복제자 개념과 데닛의 진화 알고리즘 개념에 완벽하게 들어맞는다.

간단한 이야기 하나를 예로 들어 보자. 전자레인지에 들어간 푸들 이야기를 들어본 적 있는가? 소문에 따르면, 한 미국 여성은 자기가 기르던 푸들을 목욕시킨 뒤에 오븐에 넣어서 말리곤 했다. 어느 날 최신식 전자레인지를 갖게 된 그녀는 전자레인지로 똑같이 그렇게 했고, 가엾은 푸들은 고통스럽고 때이른 죽음을 맞았다. 그러자 그녀는 '전자레인지에 푸들을 넣어 말리지 마시오'라는 경고문을 부착하지 않았다는 이유로 제작사를 고소했고, 이겼다는 것이다!

이것은 영국에서 아주 유명한 이야기이기 때문에, 수백만 명의 사람들이 들어서 알고 있다. 하지만 사람마다 조금씩 다른 형태로 들었을 것이다. 가령 '전자레인지에 들어간 고양이'라거나 '전자레인지에 들어간 치와와' 형태로 들었을 것이다. 어쩌면 미국 사람들도 비슷한 이야기를 하는지 모른다. 뉴욕의 어느 여자가, 캔자스시티의 어느 여자가, 하는 식으로 말이다. 이것은 이야기의 진실성이나 가치나 중요성과 무관하게 독자적인 생명력을 지닌, 이른바 '도시 전설'의 한 사례다. 이 이야기는 아마 사실이 아니겠지만, 밈의 성공도를 평가함에 있어서 진실성은 필수적인 기준이 아니다. 밈은 퍼질 수만 있다면 무조건 퍼지게 되어 있다.

이런 이야기는 누군가로부터 전수된 게 틀림없다. 수백만 명의 사람이 갑자기 똑같은 이야기를 생각해 내는 우연은 있을 수 없기 때문이다. 우리가 여러 이야기 형태들에 깃든 변이를 조사해 보면, 이야기가 원래 어디에서 유래했고 어떻게 퍼졌는지 알아낼 수도 있다. 여기에는 분명히 변이가 있다. 기본적인 골격은 다 같아 보일지언정, 모든 사람들이 다 같은 형태로 이야기를 듣는 것은 아니다. 마지막으로, 여기에는 선택이 있다. 무수히 많은 사람들이 매일 무수히 많은 이야기를 말하지만, 대부분은 깡그리 잊히고 극소수만이 도시 전설의 지위를 달성한다.

새 밈은 어디에서 올까? 오래된 밈들의 변이와 조합을 통해서 생겨난다. 한 사람의 마음속에서 생겨나기도 하고, 사람에서 사람으로 전달되는 도중에 생겨나기도 한다. 푸들 이야기는 사람들이 원래 알던 언어와 사람들이 원래 품었던 생각이 새로운 방식으로 결합됨으로써 만들어졌을 것이다. 사람들은 그 이야기를 기억한 뒤에 퍼뜨렸고, 그 과정에서 변이가 발생했다. 발명품, 노래, 예술 작품, 과학 이론도 마찬가지다. 인간의 마음은 풍부한 변이를 제공한다. 우리는 머릿속에서 기존의 발상들을 뒤섞어 새 조합으로 바꿔낸다. 꿈속에서는 더욱 기이하고 때때로 창의적이기까지 한 결과물을 빚어낸다. 인간의 창조성은 곧 변이와 재조합의 과정이다.

그런데 생각에 관해서 생각할 때, 모든 생각이 밈은 아니라는 점을 명심해야 한다. 원칙적으로, 개개인이 직접적으로 느끼는 인식과 감정은 밈이 아니다. 그것은 각 개인만이 소유할 수 있고, 남에게 전달할 수 없기 때문이다. 우리가 기억을 되살려 아름다운 장면을 상상하거나 섹스나 음식을 몽상할 때는 남들에게서 복사한 발상을 사용하지 않을 수도 있다. 심지어 누구에게서도 밈을 빌려오지 않은 채 모종의 시행 방법을 완전히 새롭게 스스로 생각해 내는 것도, 원칙적으로는, 가능하다. 하지만 현실에서는 그러기가 어렵다. 우리는 너무나 많은 밈을 사용하기 때문에, 우리의 생각 대부분은 어떤 식으로든 밈으로 물든 상태다. 밈은 이미 생각의 도구가 되었다.

어쩌면 사람의 생각(사실상 모든 생각) 그 자체가 또 다른 종류의 다윈주의적 과정에서 생겨나는지도 모른다. 학습을 다윈주의적 과정으로 바라보려는 시도나, ^{가령 애시비 1960; 영 1965} 뇌를 '다윈 기계'로 바라보려는 시도는 ^{캘빈 1987, 1996; 에델만 1989} 예전부터 많이 있었다. 창조성과 개인적 학습을 선택 과정으로 보는 발상도 새로운 것이 아니다. ^{캠벨 1960; 스키너 1953} 하지만 이런 시각들은 모두 하나의 뇌 안에서 일어나는 과정만을 염두에 두었다. 그러나 밈은 한 뇌에서 다른 뇌로 건너뛰는 복제자다. 뇌 기능과 발달의 여러 측면들에 정말로 다윈주의적 원칙이 적용될지도 모르고, 그것을 이해하는 것도 틀림없이 몹시 중요한 일이지만, 이 책에서는 밈만을 이야기할 것이다.

왜 어떤 밈은 성공하고 어떤 밈은 실패하는가에 대해서는 많은 이유가 있는데, 크게 두 부류로 나뉜다. 첫째는 모방자이자 선택자인 인간이 갖고 있는 어떤 속성들 때문이라는 설명이다. 밈의 관점에서 볼 때, (생각할 줄 아는 똑똑한 뇌를 지닌) 인간은 밈의 복제 장치인 동시에 선택 환경이다. 그리고 인간이 어째서, 왜 그렇게 기능하는가 하는 것은 심리학을 통해서 알아볼 수 있다. 인간 감각 체계의 어떤 특징들 때문에, 어떤 밈은 더없이 명백한 것으로 여겨지는 반면에 어떤 밈은 그렇지 않다. 인간의 주의력 메커니즘 때문에, 어떤 밈은 뇌 속에서 제게 필요한 처리 용량을 쉽게 확보한다. 인간 기억의 어떤 속성들 때문에, 어떤 밈은 더 성공적으로 기억된다. 인간의 모방 능력에도 한계가 있기 때문에, 어떤 밈은 모방될 수 없다. 이런 점들을 고려함으로써 장차 우리가 밈들의 운명을 헤아릴 수 있을지도 모르고, 실제로 아마 그렇게 되겠지만, 그것은 밈학의 영역이라기보다는 심리학과 생리학의 영역이다.

두 번째 종류의 이유들은 밈의 속성에 주목한다. 밈이 활용하는 기교, 밈들이 한데 뭉쳐 움직이는 방식, 어떤 밈이 다른 밈보다 선호되는 밈 진화의 일반적 과정들에 주목한다. 이런 점들은 심리학이 지금까지 다루지 않았던 것이고, 밈학이 치중할 영역이다.

이런 이유들을 모두 결합한다면 우리는 왜 밈마다 성패가 갈리는지 이해할 수 있을지도 모른다. 왜 어떤 이야기는 멀리 퍼지는 반면에 다른 이야기는 두 번 다시 되풀이되지 않는지 말이다. 조리법, 의상의 유행, 인테리어 디자인, 건축 사조, 정치적 공정성의 규칙들, 유리병을 재활용하는 습관 등도 마찬가지다. 모두 한 사람에게서 다른 사람에게로 복사되며, 모방을 통해 번지는 것들이다. 이것들은 복사될 때마다 살짝살짝 변이하며, 개중 몇몇은 다른 것들보다 더 자주 복사된다. 그렇기 때문에 때로 쓸데없는 대중적 유행이 번지곤 하며, 좋은 발상이 절대 추진력을 얻지 못하는 경우도 생긴다. 밈이 복제자라는 사실에는 의문의 여지가 없다고 나는 믿는다. 그렇다면 밈은 필연적으로 진화할 것이다. 우리는 이제야 그점을 이해하기 시작했다.

밈과 유전자는 같지 않다

여기에서 주의해 둘 말이 있다. 나는 밈이 복제자라고 설명했고, 그런 의미에서 유전자와 같다고 했다. 하지만 밈이 다른 측면들에서도 유전자와 같아야 한다고 생각하는 함정에 빠져서는 곤란하다. 그것은 사실이 아니기 때문이다. 최근 수십 년간 유전학은 활짝 꽃을 피웠다. 우리는 개별 유전자를 확인해 내고, 인간 게놈 전체를 지도화하고, 유전공학을 수행하는 경지에 이르렀다. 그러면서 얻어낸 통찰의 일부가 밈을 이해하는 데에도 도움이 될지 모르지만, 그런 통찰의 또 다른 일부는 오히려 우리를 호도할 수 있다.

우리가 염두에 둘 만한 다른 복제자가 유전자뿐인 것도 아니다. 일례로 면역계도 선택에 의해 작동한다고 알려져 있다. 영국 심리학자 헨리 플로트킨은 뇌와 면역계도 '다윈 기계'라고 말했다.[1993] 보편 다윈주의를 연구한 그는 과학 진화를 비롯하여 다른 많은 체계에 대해서도 일반적인 진화 이론을 적용했다. 복제자와 운반자 개념을 적용함으로써(헐의 표현을 따르자면 복제자, 상호작용자, 계통 개념으로) 체계의 진화 방식을 이해할 수 있는 경우가 많다는 것이다.

이런 식으로 생각해 보자. 진화 이론은 복제자들 간의 경쟁으로부터 설계가 탄생하는 과정을 그린다. 유전자는 그런 복제자의 한 사례이고, 밈도 또 하나의 사례다. 진화라는 일반 이론은 둘 다에 적용될 테지만, 각 복제자의 세세한 작동 방식은 서로 상당히 다를 수 있다.

미국 심리학자 도널드 캠벨은 밈 개념이 발명되기 한참 전에 이미 이런 관계를 명확하게 꿰뚫어 보았다.[1960, 1965] 그는 생물의 진화, 창조적 사고의 진화, 문화의 진화는 서로 닮은꼴이고, 그 까닭은 그것들이 모두 진화하는 체계이기 때문이라고 주장했다. 모종의 복제 단위들이 맹목적인 변이를 일으키고, 어떤 변종 단위가 다른 단위들을 누르고서 선택적으로 더 잘 보유되는 체계라는 것이다. 더 중요한 사실은, 그가 문화적 축적을 생물 진화 자체에 비유하는 대신 진화적 변화라는 일반 모형에 빗대었다는 것이다. 생물학적 진화는 일반 모형의 한 사례에 불과하다는 주장이다. 더럼은 이 원칙을 '캠벨의 법칙'이라고 불렀다.[1991]

우리는 밈과 유전자를 비교할 때 캠벨의 법칙을 잊지 말아야 한다. 유전자는 단백질을 만드는 지침이고, 몸의 세포들에 저장되어 있고, 생식을 통해 다른 몸으로 전달된다. 유전자들 간의 경쟁이 생물계의 진화를 이끈다. 밈은 행동을 일으키는 지침이고, 뇌에(혹은 다른 물체들에) 저장되어 있고, 모방을 통해 다른 뇌로 전달된다. 밈들 간의 경쟁은 마음의 진화를 이끈다. 유전자와 밈은 둘 다 복제자이고, 둘 다 진화 이론의 일반 원칙들을 따른다. 그런 면에서는 서로 같다. 하지만 그 점을 넘어서는 둘이 다를 수 있고, 실제로 상당히 다르다. 둘은 오로지 비유적으로만 연관된다.

어떤 비판자들은 밈이 유전자와 같지 않다는 이유에서, 혹은 밈 개념이 '공허한 비유'에 지나지 않는다는 이유에서 밈학을 통째 거부한다. 하지만 이제 우리는 그것이 오해임을 안다. 예를 들어, 메리 미즐리는 밈을 일컬어 독자적인 이해관계를 가질 수 없는 '가공의 개체'이자 '공허하고 그릇된 비유'이며 '쓸모 없고 본질적으로 미신적인 개념'이라고 말했다.[1994] 그러나 미즐리는 복제자에게 힘이 있다거나 복제자가 '저만의 이해관계를 추구한다'는 표현을 오해한 것이다. 그럼으로써 그녀는 진화 이론의 설명력과 보편성을 죄다 기각한 꼴이다. 밈이 '가공의 개체'라지만 그것은 유전자도 마찬가지다. 유전자는 DNA 분자에 암호화된 지침일 뿐이기 때문이다. 밈도 마찬가지로 인간의 뇌, 혹은 책이나 그림이나 다리나 증기기관차 같은 인공물에 새겨진 지침이다.

스티븐 제이 굴드는[1996b] 한 라디오 토론에서 밈을 가리켜 '무의미한 비유'라고 했다(하지만 세상에 과연 무의미한 비유란 게 있을까!). 그는 내처 사상과 문화가 진화한다는 생각 자체를 기각했고, '"문화적 진화"라는 용어를 더는 쓰지 말았으면 한다'고 호소했다.[굴드 1996a] 하지만 나는 그럴 일은 없으리라고 생각한다. 왜냐하면 문화는 정말로 진화하기 때문이다.

밈과 유전자는 비유나 은유로만 연결되기 때문에, 둘을 비교하는 것은 생물학적 진화에게 어쩐지 몹쓸 짓을 하는 것이라고 굴드는 생각한 듯하다. 그러나 그는 밈과 유전자가 둘 다 복제자이지만 꼭 같은 식으로 작동할 필요는 없다는 핵심을 놓친 것이다.

내가 보기에, 밈 개념은 훌륭한 과학적 비유의 사례라고 할 만하다. 훌륭한 비유란 한 분야에서의 강력한 메커니즘이 전혀 새로운 다른 분야에서 조금 다른 방식으로 적용되는 것이다. 처음에는 비유로 시작할지라도 결국 강력하고 참신한 설명의 원리가 되는 경우다. 우리의 이야기에서는,

과학 역사상 가장 강력한 발상, 즉 자연선택이라는 단순한 과정을 통해서 생물학적 다양성을 설명한다는 발상이 정신과 문화에 적용됨으로써, 밈 선택memetic selection이라는 단순한 과정을 통해서 정신과 문화의 다양성을 설명할 수 있게끔 해 주었다. 양자를 초월하여 더 상위에 존재하는 진화의 일반 이론이 양쪽 모두에 설명틀을 제공한 것이다.

자, 캠벨의 법칙을 뇌리에 새기고, 본격적으로 밈 진화를 알아보자. 그 과정에서 유전자에 대한 비유를 사용할 수는 있겠으나, 지나치게 밀접한 유사성을 기대해서는 안 될 것이다. 대신에 우리는 진화 이론의 근본적인 원리들을 안내로 삼아서 밈의 작동방식을 헤아려 보아야 한다.

나를 복사해!

'나를 말해!' 또는 '나를 복사해!' 또는 '나를 반복해!' 같은 문장에는 무슨 특별한 점이 있는 걸까?

이것은 자기 복제적인 문장의 간단한 사례들이다(아마도 가장 간단한 사례일 것이다). 이 문장들은 스스로를 복사시키는 것 외에는 아무런 목적이 없다. 이것들은 틀림없이 밈이지만, 그다지 효과적인 밈은 아니다. 여기에서 이 문장을 봤다고 해서 당장 친구들에게 '나를 말해!' 라고 외치고 돌아다닐 독자는 없으리라. 하지만 이런 단순한 문장들이 더해져서 복사 잠재력을 높여 주는 기법이 몇 있다. 《사이언티픽 아메리칸》에 '메타마술적 주제들' 이라는 제호로 칼럼을 연재하는 더글러스 리처드 호프스태터가 그런 '바이러스성 문장' 에 관해 쓴 적이 있는데,[1985] 그러자 독자들로부터 더 많은 사례가 투고되었다.

가령 이런 것이 바이러스성 문장이다. '나를 복사하면 소원을 세 가지

들어주겠어요!', '나를 말하면 당신에게 저주를 걸 거야!' 이 말이 약속을 지킬 가능성은 낮아 보이기 때문에, 다섯 살이 넘은 사람이라면 이처럼 단순무지한 협박이나 약속에 홀딱 넘어갈 것 같지 않다. 하지만 호프스태터가 덧붙여 말한 바, 여기에 '내세에서'라는 단어를 덧붙이면 상황이 달라진다.

사실 우리가 이런 식의 문장을 난생 처음으로 접하는 것이 대개 다섯 살 무렵이다. 나도 그 나이에 우리 집 우편함에서 엽서를 한 장 발견하고 흥분했던 기억이 생생하다. 엽서에는 여섯 사람의 이름이 줄줄이 적혀 있었고, 나더러 목록의 제일 위에 적힌 사람에게 엽서를 보내라고 했다. 그리고 내 이름을 가장 아래에 적어 넣은 새 목록을 만든 뒤, 그것을 또 다른 여섯 명에게 보내라고 했다. 그러면 결국 내게 엄청나게 많은 엽서가 배달될 것이라고 약속했다. 내가 그 대열에 합류하는 것을 어머니가 막았는지 막지 않았는지는 잘 기억이 나지 않는다. 아마 어머니는 내 밈 면역계가 충분히 발달하지 않았다는 사실을 알기에 현명하게 만류하셨을 것이다. 물론 어머니가 실제 그런 말로 표현했던 것은 아니지만 말이다. 어쨌든 이후에 엽서가 홍수처럼 밀려든 기억은 없다.

그 내용으로 판단하건대, 그것은 거의 무해하다고 할 수 있는 연쇄 편지였다. 그것은 하나의 약속과(많은 엽서) 하나의 전달 지침으로 구성되었다. 최악의 경우라도 내가 잃을 것은 우표와 엽서 일곱 장뿐이었고, 엽서를 정말 몇 장이라도 받게 될지도 몰랐다. 이보다 훨씬 사악한 것도 많다. 가령 피라미드식 판매 조직은 사람들의 재산을 거덜 낼 수도 있다. 그런 시시한 전략은 금세 막을 내리지 않겠느냐고 생각하는 독자가 있을지 몰라도, 현실은 그렇지 않은 듯하다. 최근에 나는 '스크래치 복권을 좋아하십니까?'라고 적힌 이메일을 받았다. (좋아하지 않는다.) '복권 6장을 수천 장으로 불리는 방법을 알고 싶나요?' (딱히 알고 싶지 않다.) '매달 전 세계에서 복권을 받게 되실 겁니다! 재미로 수집하셔도 좋고, 스크래치를 긁어서 $$$대박$$$을 노려볼 수도 있습니다. 공짜 웹서비스를 사용해서 그렇게 해보세요!' 정말로 이런 데에 가입하는 사람이 있을까? 아마 있나 보다.

이런 것들은 한 덩어리로 뭉쳐서 함께 복제되는 밈 집합의 사례다. 도킨스는 그런 집합을 '상호 적응한 밈 복합체'라고 불렀는데, 최근에는 '밈플렉스'로 더 축약되었다. 스필 1995 밈에 관한 어휘들은 너무나 빠르게 바뀌고, 대개 엉성하게 고안된 것이라 오용되기가 일쑤이므로, 나는 가급적 그런 용어들을 피할 것이다. 하지만 '밈플렉스'는 중요한 개념을 간편하게 전달하는 좋은 단어이기 때문에, 새로운 단어들 중 내가 채택하여 사용할 소수의 예외에 해당한다.

유전자들도 집합을 이루어 돌아다닌다. 유전자들은 염색체의 형태로 덩어리져 있고, 염색체들은 또 세포 내부에서 한데 뭉쳐 있다. 더 중요한 점은, 한 종의 유전자풀 전체를 상호 협력하는 유전자들의 집합으로 간주할 수 있다는 것이다. 이들이 뭉치는 이유는 간단하다. 자유롭게 떠다니는 DNA 조각은 효과적으로 자신을 복제할 수 없을 것이다. 생물학적 진화는 어언 수십억 년이나 진행되어 왔으므로, 현재 지구상의 DNA 대부분은 서로 꽁꽁 잘 묶여 있는 상태다. DNA는 자신의 생존 기계인 개체의 몸 안에서 유전자라는 형태로 뭉쳐 있다. 간간이 '튀는 유전자'나 '무법 유전자'가 있고, 나머지 유전자들에 무임승차하는 이기적인 작은 DNA 조각도 있으며, 자신보다 더 큰 집합의 복제기기를 갈취해서 스스로를 복제하는 소형 집합, 즉 바이러스도 있다. 그렇지만 대체적으로는 집합을 이룬 유전자들만이 돌아다닐 수 있다고 말해도 무방하다.

우리가 유전자로부터 비유를 끌어오는 데 그친다면 밈도 마찬가지로 행동한다고 쉽게 말해버리게 된다. 하지만, 그보다는 근본적인 진화 이론으로 돌아가 보는 편이 낫다. 자, 두 밈을 상상해 보자. 하나는 'x에게 긁는 복권을 보내라'는 밈이고, 다른 하나는 '많은 돈을 따라'는 밈이다. 전자의 지침만 따로 주어진다면 그것을 따르는 사람은 거의 없을 것이다. 후자의 밈은 유혹적이기는 하나 뭘 어떻게 하라는 것인지 지침이 없다. 이 둘이 합쳐지고, 그 밖의 적절한 공생 밈co-meme들이 더해진다면 어떨까? 두 밈은 사람들의 복종을 끌어낼 수 있을 것이고, 전체 꾸러미가 다시 한 번 복사될 수 있을 것이다. 밈플렉스의 핵심은 그 안에 편입된 밈이 혼자일 때보다 집합의 일부일 때 더 잘 복제된다는 것이다. 우리는 앞으로 밈플렉스의 사례를 많이 만나 볼 것이다.

이런 단순한 자기 복제 밈 집합들은 컴퓨터와 인터넷의 등장을 맞아 대단히 탄력을 받았다. 컴퓨터 바이러스는 명백하고 친숙한 밈플렉스 사례다. 그것은 한 사용자에게서 다른 사용자에게로 건너뛸 수 있고, 감염되는 사용자의 수는 (적어도 현재까지는) 계속 늘고 있다. 그것은 광속으로 머나먼 거리를 가로지른 뒤, 안전하고 튼튼한 기억장치 속에 잠복한다. 하지만 컴퓨터 바이러스는 '나를 복사해'라는 지침으로만 이루어진 존재는 아니다. 그렇다면 그것은 처음 침입한 컴퓨터의 기억장치를 점령할 수는 있겠지만, 그 이상 나아가는 방법은 모를 것이다. 그래서 바이러스는 자신의 생존을 뒷받침하는 공생 밈들을 거느린다. 어떤 바이러스는 기억장치에서도 이메일 프로그램에만 숨어든다. 어떤 바이러스는 자신이 안착한 컴퓨터에서 작은 부분만을 감염시킴으로써 즉각 발각되지 않게 한다. 또 어떤 바이러스는 확률적으로 활동한다. 기억장치에 깊이 묻혀 있다가 특정 시기에만 튀어나오는 것이다. 1999년 12월 31일 자정에도 많은 바이러스가 튀어나올 것이다. 컴퓨터가 '00'년을 제대로 인식하지 못할 것이라는 불안한 전망과는 별개의 문제다.

다소 웃긴 효과를 낳는 바이러스도 있다. 가령 모니터의 글자들을 모두 화면 바닥으로 떨어뜨림으로써 사용자에게 처참한 영향을 미치는 바이러스가 있다. 한편 네트워크 전체를 마비시키고, 작성 중이던 책이나 논문을 망가뜨리는 바이러스도 있다. 내 학생 중 하나는 얼마 전에 워드 6.0 프로그램의 바이러스를 경험했다. 그 바이러스는 '논문'이라는 이름의 문서 양식에 숨어 있었다. 일 년의 노력이 거의 끝나갈 무렵에 그것을 망쳐버리기에 딱 좋도록, 아주 유혹적인 위치에 있었던 셈이다. 요즘 들어 많은 네트워크가 자동 바이러스 검사를 자주 수행하는 것, 바이러스 감시 소프트웨어 시장이 융성하는 것도 당연한 일이다. 정보계에도 처방이 필요한 것이다.

인터넷 바이러스는 비교적 최근에 등장했다. 일전에 나는 '펜팔 초대'라는 이메일을 받았는데, 내가 한 번도 만난 적 없는 사람이 너무나 친절하게도 긴요한 충고를 해 주는 듯한 내용이다. 이메일은 '"펜팔 초대"라는 제목의 메일을 열어 보지 마세요'라고 말하고 있었고, 내가 그 끔찍한 메시지를 읽어보는 순간 '트로이 바이러스'가 내 컴퓨터에 침입해서 하드드라이브를 전부 망가뜨리고 메일함에 저장된 모든 이메일 주소들로 바이러스를 퍼뜨릴 것이라고 경고했다. 내 친구들을 보호하고 전 세계 컴퓨터 네트워크를 보호하기 위해서는 내가 신속히 대응해서 그들에게도 경고를 보내줘야 한다는 것이다.

뭔가 석연찮다는 것을 눈치 채셨는지? 이메일이 이야기하는 그런 바이러스는 말이 되지 않는다. 실제로 존재하지도 않는다. 진짜 바이러스는 바로 그 경고문이었다. 이것은 이타성altruism에의 호소와 협박을 둘 다 사용함으로써 멍청하고 친절한 희생자인 당신으로 하여금 자신을 퍼뜨리게 만들려는, 똑똑하고 작은 밈플렉스다. 이것이 최초의 사례는 아니다. '좋은 시절들'이나 '디엔다 매딕'이라는 제목의 이메일들도 비슷한 전략을 취했다. '동참하세요' 이메일은 좀 더 해로웠다. 그 메일은 '"수신자에게 전달할 수 없어 반송됨"이라고 말하는 이메일은 절대 열어 보지 마십시오. 그 메일을 확인하는 순간 바이러스가 당신의 컴퓨터에 침입하여 못 쓰게 만듭니다. 그런 메일은 즉시 삭제하십시오. …… 치료법이 전혀 없는 바이러스입니다'라고 경고했다. 그 이메일의 술수를 꿰뚫어 보지 못한 사람은 정말로 그런 메시지들을 몽땅 지웠을 것이고, 메일 주소가 바뀐 사람이나 잠시 메일 시스템이 작동하지 않아서 수신을 할 수 없었던 사람에게 보냈던 메일들을 다 삭제하게 되었을 것이다. 약간의 자기 복제 암호가 사람과 컴퓨터의 결합을 자신의 복제 도구로 활용하면, 이처럼 성가신 결과를 낳을 수 있다.

다음에는 또 어떤 일이 벌어질까? 사람들이 이런 바이러스에 점차 익숙해져서 가짜 경고를 무시하게 될지도 모른다. 그러면 원래의 바이러스는 곧 시들겠지만, 그 때문에 더 나쁜 일이 번질지도 모른다. 정말 신경을 써야 할 경고마저 사람들이 무시할 테니까 말이다. 하지만 또 다르게 생각해 보면, 구식의 행운의 편지도 여전히 건재한 마당이니 상황이 그렇게 빠르게 변하지는 않을지도 모른다.

바이러스에 관해 이야기하다 보니, 왜 어떤 컴퓨터 암호 조각은 바이러스라고 부르고 비슷한 다른 조각은 컴퓨터 프로그램이라고 부르는지 불현듯 궁금해진다. 내부적으로 따지면 둘 다 암호문일 뿐이다. 한 조각의 정보 혹은 지침일 뿐이다. 컴퓨터 바이러스라는 단어는 물론 생물학적 바이러스에 직접 빗댄 표현이고, 암호의 확산 방식이 같다는 통찰에서 나온 말이다. 그런데 바이러스의 기준은 그것이 끼치는 피해와는 무관하다. 거의 아무런 해를 입히지 않는 바이러스도 있기 때문이다. 그보다는 차라리 기능과 관계가 있다. 바이러스는 자신의 복제 이외에는 아무런 기능을 갖지 않는다.

박테리아는 바이러스보다 더 복잡하고, 해로운 박테리아도 있지만 유용한 박테리아도 있다. 사람이나 다른 동식물 속에서 공생하는 박테리아도 존재한다. 인체 안에도 중요한 작업을 맡은 박테리아가 많은데, 가령 어떤 박테리아는 우리를 위해서 특수한 영양소를 만들어 주도록 상호 적응했다. 반면에 바이러스는 자기 복제 외에는 다른 일을 하지 않으며, 그것도 다른 생물체의 복제 도구를 훔쳐서 작동한다. 그러니 오늘날의 다소 단순한 컴퓨터 바이러스들을 생물학적 바이러스에 빗대는 것은 꽤 적절한 비유인 셈이다.

컴퓨터 박테리아라고 부를 만한 것을 만들 수도 있을까? 요즘에는 의도적으로 컴퓨터 시스템을 감염시켜서 그 속을 돌아다니며 데이터베이스를 업데이트하거나 오류를 찾아내는 등의 일을 하는 프로그램이 있는데, 이것을 컴퓨터 박테리아라고 부를 수도 있겠다. 도킨스는 유용한 자기 복제 프로그램이 가능하다고 상상했다.[1993] 가령 많은 컴퓨터를 감염시킨 뒤, 일부가 이따금 시작점으로 되돌아가서 사용자 통계나 사용 습관 등의 시장조사 자료를 전달해 주는 프로그램이 가능하다. 이미 그와 비슷한 단순한 로봇 프로그램들이 개발되어 있다. 봇bot이라고 불리는 그 프로그램들은 혼잡한 통신 네트워크를 누비고 다니면서 제 자취를 남기는데, 그 자취에는 어느 경로가 원활하고 어느 경로가 혼잡한지 알려 주는 정보가 담겨 있다. 게임이나 가상 환경에서 인간 사용자를 흉내 내는 봇도 있다. 이런 단순한 창조물들이 앞으로 한데 뭉쳐서 더 강력한 집합을 이루는 날이 올까? 유전자들이 그랬듯이 말이다.

이런 생각은 생물학적 바이러스와의 비유를 좀 지나치게 밀어 붙인 느낌이 없지 않지만(이런 식의 비유를 할 때는 매우 조심해야 한다), 복제자들의 유용성이 천차만별이라는 점을 상기시키는 효과는 있다. 대체로 우리는 어떤 것이 다른 체계의 복제 자원을 훔쳐서 주로 자신을 복제하는 행위에 사용할 때, 특히 그 과정에서 그 다른 체계에 해를 끼칠 때, 그것을 바이러스라고 부른다. 그 복제자가 우리에게 유용하다면 바이러스가 아니라 다른 이름으로 부른다.

마음의 세계에서도 비슷한 구분을 해볼 수 있다. 도킨스는 종교나 컬트 같은 종류의 밈플렉스들에 적용되는 말로서 '정신 바이러스virus of the mind'라는 용어를 만들었다.[1993] 그것은 온갖 꾀바른 복사 전략들을 활용하여 엄청난 인구에게 번져나가고, 감염된 사람들에게 피해 막심한 결과를 일으킨다. 아이들의 놀이나 유행도 흡사 전염병처럼 퍼진다. [마스덴 1998a] 도킨스에 따르면, 경험 많은 어른들은 '정신 감염'을 쉽게 물리칠 수 있지만, 아이들은 훨씬 취약하다. 그는 또 과학 같은 유용한 밈플렉스와 바이러스성 밈플렉스를 구분했는데, 여기에 관해서는 나중에 이야기하겠다.

이 주제는 밈을 다룬 대중서들이 예전부터 많이 짚어 본 문제다. 리처드 브로디의 《마인드 바이러스》[1996]나 애런 린치의 《생각의 전염》[1996]은 밈이 사회에 퍼지는 방식에 관해서 많은 예제를 제공했는데, 개중에서도 위험하고 유해한 종류의 밈들에 더 집중했다. 그렇다면 우리는 바이러스라는 개념을 생물학, 컴퓨터 프로그램, 인간의 정신이라는 세 세계에 모두 적용할 수 있다. 셋 다 복제자를 갖고 있는 체계이고, 복제자 중에서도 특히 무용하고 자신만을 섬기는 종류를 '바이러스'라고 부를 수 있는 것이다.

하지만 밈학이 옳다면, 바이러스만이 밈은 아니다. 밈학이 정신 바이러스의 과학으로만 축소되어서는 안 된다. 사실 압도적인 대다수의 밈들은 (압도적인 대다수의 유전자들처럼) 전혀 바이러스라고 할 수 없는 성격이다. 그것들은 그저 우리의 마음을 이루는 재료일 뿐이다. 우리의 밈들이 우리 자신이다.

데닛에 따르면, 우리의 마음과 자아는 밈들의 상호작용에 의해 탄생한다. 밈은 유전자와 비슷한 복제자이고(데닛의 진화 알고리즘 기준에도 완벽하게 들어맞는다), 인간의 의식 자체도 밈의 산물이다. 그는 밈들이 우리 뇌에 들어오려고 서로 경쟁을 벌이는 과정에서 인간이라는 독특한 생물체가 탄생한다고 주장했다. '모든 밈들이 가닿고자 하는 안식처는 인간의 마음이다. 그런데 인간의 마음 그 자체가 밈들이 인간의 뇌를 재편해서 자신들에게 더 나은 서식처로 만드는 과정에서 탄생한 인공물이다.' 데닛 1991

이런 시각에서 보면, 효과적인 밈 이론 없이는 인간 정신의 속성이나 기원을 이해할 가망이 없다. 하지만 그 이론을 구축하기 전에, 생각의 진화를 설명하려고 시도했던 기존의 몇 가지 이론들을 살펴보자. 밈학이 어떤 특별한 기여를 할 수 있는지 알기 위해서는 문화 진화에 관한 다른 이론들이 밈학과 어떻게 다른지 이해할 필요가 있다.

제3장

문화는 어떻게 진화하는가

M E M E

문화는 어떻게 진화하게 된 것일까? 밈학의 독특함과 강력함은 문화의 진화를 설명할 때 드러난다. 문화 진화에 대한 밈학의 요체는 밈을 독자적인 복제자로 취급한다는 점이다. 밈 선택은 유전자의 복제가 아니라 밈의 복제를 꾀하는 방향으로 사상의 진화를 이끌어간다는 생각이다. 이것이 기존의 문화 진화 이론과 밈학을 가르는 큰 차이점이다. 발명, 전파, 확산, 그리고 문명의 탄생까지 모든 것이 밈의 힘이다.

다윈주의의 초창기부터 사람들은 생물학적 진화와 문화의 진화를 비유했다. 다윈과 동시대를 살았던 허버트 스펜서는 문명의 진화를 연구했는데, 모든 문명은 빅토리아 시대 영국 사회와 흡사한 모종의 이상형을 향해서 진보한다고 믿었다. 루이스 모건의 사회진화 이론은 노예사회, 야만사회, 문명사회라는 세 단계로 구성되었다. 역사학자 아놀드 토인비도 진화적인 개념들을 사용하여 30가지가 넘는 문명들을 살펴보았으며, 어떤 문명은 다른 문명에게서 유래했고 또 어떤 문명은 멸종했다는 식으로 표현했다. 카를 마르크스도 사회를 분석할 때 진화적 비유들을 사용했다. 다윈으로부터 50년이 흐른 뒤, 미국 심리학자 제임스 볼드윈은 자연선택이 그저 생물학적 법칙이기만 한 게 아니라 생명과 정신을 다루는 모든 과학에 적용되는 원칙이라고 주장했다.^{볼드윈 1909} 그것은 보편 다윈주의의 초기 형태라고 할 수 있었다. 그는 개인이 모방과 교육을 통해서 사회로부터 학습하는 과정을 묘사하기 위해서 '사회적 유전social heredity'이라는 용어까지 만들었다.^{볼드윈 1896}

어떤 면에서는 사상이나 문화가 진화한다는 것이 아주 명백한 사실로 느껴진다. 변화가 점진적으로 이루어지고, 이전에 온 것들 위에 쌓인다는 점에서 말이다. 사상은 한 장소에서 다른 장소로, 한 사람에게서 다른 사람에게로 번진다. 스퍼버 1990 발명은 무에서 홀연히 솟아나는 게 아니라 이전의 발명들에 의존한다. 하지만 진정한 다윈주의적 설명이 되려면, 변화가 오랜 시간에 걸쳐 축적된다는 생각만으로는 부족하다. 앞으로 살펴보겠지만, 문화 진화의 이론들 중에서 몇몇은 그런 식의 생각에 지나지 않는다. 또 어떤 이론들은 메커니즘을 구체적으로 밝히려고 노력하긴 했지만 항상 생물학적 진화로 되돌아와서 그것만을 유일한 추진력으로 보았다. 밈학처럼 제2의 복제자 개념을 상정한 이론은 소수에 불과하다. 밈학의 독특함과 강력함은 이 점에서 나온다. 문화 진화에 대한 밈학의 요체는 밈을 독자적인 복제자로 취급한다는 점이다. 밈 선택은 유전자의 복제가 아니라 밈의 복제를 꾀하는 방향으로 사상의 진화를 이끌어간다는 생각이다. 이것이 기존의 문화 진화 이론들과 밈학을 가르는 큰 차이점이다.

언어는 문화 진화의 좋은 사례다. 다윈도 동식물 종들과 언어들 사이에 비슷한 점이 있다고 지적했다. '서로 다른 언어들이 공통의 유래 때문에 놀라운 상동성을 보이고, 비슷한 형성 과정 때문에 놀라운 유사성을 보인다. …… 종과 마찬가지로 언어도 한번 멸종하면 결코 …… 다시 등장하지 않는다.' 다윈 1859 다윈은 단어들이 생존을 위해 경쟁한다는 표현도 썼다. 그는 아마 영국의 판사이자 언어학자였던 윌리엄 존스 경의 작업을 알고 있었을 것이다. 존스는 1786년에 산스크리트어, 그리스어, 라틴어가 충격적일 만큼 비슷하다는 것을 발견했고, 세 언어가 공통의 기원에서 생겨난 게 분명하다고 결론 내렸다. 하지만 다윈은 많은 언어가 멸종해가는 것을 살아서 지켜보진 못했을 것이고, 후대에 실로 많은 언어가 위기에 처하리라는 것도 짐작하지 못했을 것이다. 최근의 한 추산에 따르면, 북아메리카 원주민들의 언어 중 80퍼센트를 주로 성인들만 쓰고 있으므로, 그들이 다 죽고 나면 그들의 언어 역시 멸종할 확률이 높다. 마찬가지로 오스트레일리아 원주민들의 언어 중 90퍼센트와 전 세계 언어 중 50퍼센트쯤이 사라질 위기에 처해 있다.^{핀커 1994}

요즘의 비교언어학자들은 언어들 간의 미세한 유사점과 차이점을 분석한다. 단어를 놓고 음절의 탈락이나 발음의 전이 같은 갖가지 변화들을 추적하여 과거로 거슬러 올라가기도 한다. 그렇게 하면 다양한 언어들의 진화 역사를 정교하게 추적할 수 있다. 언어들의 계통수系統樹는 DNA의 차이에 기초하여 구축된 생물들의 유전적 계통수에 비견할 만하다. 나아가, 현재 남아 있는 언어로부터 그 사용자들의 이주 역사를 유추해 볼 수도 있다. 일례로 아프리카에 남아 있는 1,500종 남짓의 언어들은 다섯 가지 주된 집합으로 전부 분류되고, 대체로 서로 다른 부족은 서로 다른 언어를 사용한다. 그 언어의 분포를 살펴보면 과거에 어떤 종족이 어떤 종족을 지배했는지 알 수 있다. 가령 아프리카 피그미 족에게 남아 있는 소수의 단어들을 볼 때, 그들에게도 한때 자기만의 언어가 있었지만 이후 이웃 농경 부족들의 언어를 강제로 채택하게 되었던 게 분명하다. 성경의 언어이자 이슬람의 언어인 셈어 계열의 언어들은 근동이 아니라 아프리카에서 발생했다는 것도 이런 식으로 밝혀졌다. 미국의 생리학자이자 진화생물학자인 재러드 다이아몬드는 과거 1만 3000년의 인류 역사를 다룬 대작에 언어 분석도 포함시켰고,¹⁹⁹⁷ 어떻게 언어가 사용자들을 따라서 진화하게 됐는지 설명했다. 하지만 그는 언어의 구성요소들이 저만의 진화적 과정을 밟아가는 복제자일 가능성은 고려하지 않았다.

《언어 본능》의 스티븐 핀커도 확연히 진화적인 사고방식을 언어 발달에 적용했다. 그는 전달, 변이, 격리의 효과 때문에 일군의 변이 형태들이 축적된다고 설명했다. 하지만 그도 이기적 복제자 개념을 동원해서 언어

진화를 이해하지는 않았고, 애초에 왜 언어가 진화했는지도 설명하지 않았다. 아마도 그에게는 대답이 너무 뻔해 보였는지도 모른다. 당연히 생물학적 적응 전략이 아니었겠느냐는 것이다. 하지만 앞으로 우리가 살펴볼 것인 바, 이것이 꼭 옳은 해답이라고 확신하기는 어렵다. 밈학은 이 논증에 대해서도 새로운 시각을 제공할 것이다.

밈으로서의 발명

발명이 퍼져나가는 것도 밈의 사례다. 인류 역사의 숱한 발명들 중에서 가장 중요한 것은 농경의 '발명'이었을 것이다. 세부적인 면에 대해서는 여태 논박이 이뤄지고 있지만, 고고학자들은 약 1만 년 전에는 모든 인류가 수렵과 채집으로 살아갔다는 데 대체로 동의한다. 그때쯤의 유물을 살펴보면 중동 지역에서 예전보다 더 커진 낱알이 등장하기 시작하고, 야생 동물보다 덩치가 작아서 아마도 가축화되었을 것으로 짐작되는 소와 양이 등장하기 시작한다. 이후로 농업은 거대한 파도처럼 삽시간에 퍼졌고, 지금으로부터 약 4,500년 전에는 아일랜드나 스칸디나비아 반도 같은 곳까지 진출했다. 작물 생산 기법이 독립적으로 몇 번이나 발견되었는지 확실히 알기는 어렵지만, 적어도 다섯 차례 이상이었으리라는 것이 중론이다. 다이아몬드 1997

다이아몬드는 왜 지구의 특정 지역 사람들은 식량 생산에서 총, 균, 쇠에 이르기까지 세상의 재화를 다 가졌는데 다른 지역의 사람들은 여전히 수렵에만 의존하는가, 심지어 어떤 사람들은 깡그리 사라지고 말았는가 하는 까다롭기 그지없는 질문을 탐구했다. 그는 그것이 사람들의 타고난 능력과 관계된 일이 아니라, 전적으로 지리와 기후의 문제라고 했다. 동서 축이 중심이 되는 유럽에서는 경작법과 그에 수반되는 다른 기술들이 쉽게 퍼질 수 있었지만, 남북 축이 중심이 되는 아메리카에서는 그만큼 쉽게 퍼질 수 없었다. 기후 변이가 극심하고, 사막과 산맥 지형이 너무 다채롭기 때문이다. 오스트레일리아는 최초로 그 땅을 밟은 인간들이 유순한 동물들의 씨를 모두 말려버렸기 때문에 가축화할 만한 동물이 마땅치 않았다. 한편 뉴기니처럼 극심한 산악 지형인 다른 섬들은 한 장소에 적합한 기법이 고작 몇 킬로미터 떨어진 곳에서는 적절치 못한 경우가 많았다. 다이아몬드는 이런 식의 분석을 통해서 농업이 퍼진 방식과 그 뒤를 따라 복잡한 사회들이 생겨난 방식을 설명했다.

하지만 애초에 농업이 퍼진 이유는 무엇일까? 답이 너무 뻔해 보일지도 모른다. 농업 덕분에 인간의 삶이 더 편해졌다거나, 더 행복해졌다거나, 농업을 실시하는 사람에게 유전적 이득이 있었다는 식으로 말이다.

그러나 사실은 농업이 삶을 편하게 만들어 주지는 않았던 것 같다. 영양을 개선하거나 질병을 없애 주지도 않았던 것 같다. 영국의 과학저술가 콜린 터지는 농경의 시작을 '에덴의 종말'이라고 묘사했다.[1995] 더 편해지기는커녕, 최초 농부들의 삶은 더없이 비참했다. 고대 이집트 농부들의 유골에서는 참혹한 인생의 사연이 읽힌다. 그들의 발가락과 등은 옥수수를 빻아 빵을 만드느라고 기형적으로 휘었고, 골격에서는 구루병의 자취가 드러나며, 턱에는 끔찍한 농양의 자취가 있다. 서른 살 넘게 산 사람이 거의 없었을 것이다. 구약성서에는 농부들의 고된 노동에 관한 이야기가 많다. 당장 아담부터가 에덴에서 추방될 때 이제 '얼굴에 땀을 흘려야 양식을 먹을 수 있으리라'는 말을 듣지 않았던가. 대조적으로 현대의 수렵채집인들은 일주일에 약 15시간만 사냥에 소비하고, 나머지 여유 시간은 느긋하게 보낸다고 한다. 그들은 주변부 환경으로 밀려난 처지이기 때문에 고대 선조들보다 훨씬 빈약한 조건에서 살아가는 게 분명할 텐데도 그렇다. 그러니 지난 시절의 인간들이 무엇 하러 편안한 생활을 버리고 노동과 고역의 생활을 선호했겠는가?

터지는 '농업이 자연선택에 의해 선호되었다' 고 가정한다.[1995] 그래서 그는 유전적 이점을 찾아본다. 그의 가설에 따르면, 농업이 등장하자 한정된 토지에서 더 많은 식량을 생산할 수 있었고, 따라서 농부들이 더 많은 자식을 낳았으며, 그들이 이웃 수렵채집인의 땅을 침범하고 들어가서 수렵채집인의 생활방식을 망가뜨렸다. 그렇기 때문에 일단 농업이 등장하자 이제는 누구도 '나는 예전의 생활방식을 고수하겠어' 라고 고집하는 호사를 누릴 수 없었다. 하지만 초기 농부들의 골격을 보건대 그들은 영양이 부족했고 허약했다. 정말로 유전적 이점이 있었을까?

밈학은 조금 다른 질문을 던진다. 왜 농업 시행이라는 밈이 성공을 거뒀을까? 이 특정한 밈은 어떻게 자신을 복제했을까? 인간의 행복이나 유전자에 이득을 주기 때문이라는 대답도 포함해야겠지만, 답이 그것만은 아닐 것이다. 밈은 다른 이유로도 번질 수 있다. 심지어 우리에게 유리하지 않은 이유에서 번질 수도 있다. 밈은 실제로는 아무런 이점을 제공하지 않지만 그렇게 보인다는 이유에서 퍼질지도 모르고, 사람의 뇌가 모방하기 쉬운 형태라는 이유에서 퍼질지도 모르고, 경쟁 밈들에게 불리한 방식으로 선택 환경을 바꿔놓기 때문에 퍼질지도 모른다. 밈의 관점에서 보면, 발명이 인간의 행복이나 유전자를 어떻게 이롭게 하느냐를 물을 게 아니라, 발명이 발명 자신을 얼마나 이롭게 하느냐를 물어야 한다.

현대의 기술로 시선을 돌려 보자. 바퀴의 발명에서 자동차의 설계까지, 혁신들은 과거의 것으로부터 생겨났다는 점에서 충분히 진화했다고 말할 만하다. 조지 바살라는 《기술의 진화》에서 망치, 증기엔진, 트럭, 트랜지스터가 생겨난 경로를 진화적으로 설명했다.[1988] 그는 영웅적인 발명가들의 기여를 낮춰 잡았고, 대신에 모방과 변이를 통한 점진적인 변화 과정을 강조했다. 일례로 그리스인들은 목조 건물의 여러 속성을 돌로 재현했다. 1770년대 말에 건설된 최초의 철제 교량은 목재 다리를 본 따 만들어졌고, 요즘의 흔한 플라스틱 양동이에는 그 기원이 된 금속 양동이의 흔적이 남아 있다. 트랜지스터는 점진적인 과정을 통해 소형화되었고, 전파 신호도 갈수록 좀 더 멀리 전달되는 식으로 점진적으로 발달했다.

바살라는 '인류의 발전'이나 '인류 전체의 복지' 같은 거창한 목표를 향해서 기술이 진보했다는 생각에 의문을 제기한다.[1998] 그는 진정한 다원주의식 시각을 채택하여, 기술은 아주 제한적인 구체적 목표를 가진 채 각 상황에 맞게 발달할 뿐이라고 본다. 그는 기술 진보라는 망상을 통째 버려야 한다고 주장한다. 하지만 나는 '진보'라는 단어에 대해 또 한 번 부연하고 싶다. 이 단어는 적어도 두 가지 뜻으로 쓰일 수 있다. 첫째는 모종의 목표나 목적을 향해 진전한다는 뜻이다. 둘째는 특정한 목표나 종착점을 염두에 두지 않지만, 그럼에도 불구하고 설계나 복잡성이 증가하거나 기타 다른 종류의 발전이 연속적으로 이루어진다는 뜻이다. 바살라는 굴드와 마찬가지로 두 의미의 진보를 모두 부정하지만, 나는 첫 번째 것만 버리고 싶다. 오늘날의 기술은 일만 년 전의 기술보다 훨씬 세련되고 복잡한 게 사실이다. 이것은 두 번째 종류의 진보다. 하지만 무언가 예정된 목표나 궁극의 목표를 향해 나아가는 첫 번째 종류의 진보는 존재하지 않는게 사실이다. 우리는 돌도끼에서 팩스로 가는 길을 꼭 밟아야 하는 것은 아니었다. 그저 돌도끼보다 더 전문화되고, 더 잘 설계되고, 더 불가능해 보이는 무언가로 발전하기만 하면 되었다. 데닛의 용어를 빌리면, 가능한 인공물들의 설계 공간을 더욱 더 샅샅이 탐사하려는 경향이 있었다. 도킨스의 용어를 빌리면, 기술은 저 나름의 불가능의 산을 천천히 올라왔다. 특수한 무언가를 향한 진보는 아니었지만, 기술이 진보한 것은 사실이다.

그렇다면 우리에게는 왜 팩스가 있을까? 왜 코카콜라 캔과 바퀴 달린 쓰레기통이 있을까? 왜 윈도우 프로그램과 사인펜이 있을까? 나는 이런 구체적인 질문들에 대한 답을 알고 싶다. '사람들이 원하니까'라는 말은 답이 되지 못한다. '사람들이 필요로 하니까'라는 말도 사실이 아니다. 환상적일 만큼 복잡한 기술계가 어떻게 생겨났는지 이해하려면, 그 진화 메커니즘을 밝히지 않은 채 그저 진화했다고 말하는 것으로는 부족하다. 나는 밈학의 접근법이 이 상황에 어떻게 도움을 주는지를 뒤에서 설명할 것이다.

과학적 발상들도 진화한다. 많은 이론이 그 과정을 설명하려고 시도했다. 과학철학에 큰 영향을 미친 칼 포퍼는 가장 유명한 저서에서 주장하기를, 과학 지식은 가설의 반증을 통해 얻어진다고 했다. 이론을 지지하는 증거나 증명을 축적함으로써 얻어지는 게 아니라는 것이다. 그렇다면 과학은 경쟁 가설들 간의 투쟁이고, 그들 중 일부만이 살아남는 과정이다.

포퍼의 '우주적 진화 단계cosmic evolutionary stages' 이론도 다윈주의 사고를 적용한 것이다. 세계 1은 나무나 탁자나 인체 같은 물리적 실체의 세계다. 세계 2는 느낌, 감정, 의식 같은 주관적 체험을 포함하는 세계다. 마지막 세계 3은 사상의 세계다. 언어와 이야기, 예술작품과 기술, 수학과 과학의 세계다. 세계 3은 우리에 의해 창조되었지만 대체로 독자적으로 움직이며,포퍼 1972 일종의 하향식 인과에 따라서 다른 두 세계에 영향을 미친다. 예를 들어, 과학 이론은 언뜻 세계 1의 물체로 보일지도 모르지만(과학자, 학술지 논문, 실험 기구 등), 실상 그것은 물리적 물체 이상이다. 사상이 물체들에 영향을 미치는 것이다. 문제, 가설, 이론, 지적 노력은 세계 2를 거쳐서 세계 1까지 파고든다. 과학적 사상이 정말로 세계를 바꾼다. '일단 이론이 존재하면, 그것은 저만의 독자적인 생명을 지니기 시작한다.'포퍼와 에클스 1977

어떻게 사상이 물리적 세계를 바꿀까? 포퍼는 까다롭고 중요한 문제에 직면한 셈이었다. 그것은 과학에서 환원주의의 가치, 세계관으로서 유물론의 타당성 같은 논제들과 연관되는 문제였다. 나는 포퍼가 이 문제를 잘 풀었다고 생각하지 않는다. 그가 말한 세 세계는 전혀 다른 종류의 물질들을 담은 것이므로, 그것들을 연결 짓기 위해서 까다로운 상호작용을 가정해야 했다. 그가 모방의 역할을 잠깐 언급했지만 그것이 얼마나 큰 도움이 될지는 깨닫지 못했다는 점이 흥미롭다. 일례로 예술적 발상이 어떻게 진정한 효과를 미치는가를 설명할 때 그는 이렇게 말했다. '조각가는 새 작품을 생산함으로써 다른 조각가들로 하여금 그것을 복제하거나 그와 비슷한 작품을 만들도록 자극하는 셈이다.' 포퍼와 에클스 1977 포퍼의 용어로 말하면, 조각가의 마음에 담긴 발상이(세계 3) 남들의 경험에 영향을 미쳐서(세계 2) 새로운 조각품들을 낳는다(세계 1).

밈학의 용어로 말하면, 과학에서든 예술에서든 선택적 모방이 일어나는 것이다. 감정, 지적 노력, 주관적 체험, 이런 것들은 모두 복잡한 하나의 체계를 구성하는 부분들이고, 그 체계를 통해서 어떤 행동은 모방되고 어떤 행동은 모방되지 않는다. 모방은 제2의 복제자를 풀어놓기 때문에, 발상들은 이제 '독립적인 생명'을 갖게 된다. 이처럼 밈학은 포퍼의 세 세계 이론이 제공하지 못한 것, 즉 과학적 발상의 진화 메커니즘을 제공한다.

포퍼가 직접 복제자 개념을 사용하지는 않았지만, 그의 견해에서 탄생한 진화인식론evolutionary epistemology이라는 새로운 분야는 결국 복제자 개념을 받아들였다. 1974년에 포퍼에 대한 캠벨의 비판에서 시작된 진화인식론은, 다윈주의 사고를 지식의 진화에 적용했다. 헐 1988a, b; 플로트킨 1982 미국 철학자 데이비드 헐은 과학적 사상들이 마치 동식물 종들처럼 계통을 따라 오랜 시간 발달하는 과정을 연구했다. 그는 과학적 사상을 복제자처럼 취급했고, 과학자를 상호작용자라고 간주했다(그는 도킨스의 '운반자' 대신 '상호작용자'라는 용어를 선호했는데, 이것이 더 활동적인 느낌을 주기 때문이라고 했다). 플로트킨은 과학이 '"다윈 기계"의 산물'일 뿐만 아니라 '오랜 진화 과정에 의해 변형된 문화의 한 특수 형태'라고 보았다.[1993] 진화인식론에 따르면, 생물학적 적응은 지식의 한 형태이고, 과학도 마찬가지다. 둘 다 맹목적인 변이와 선택적인 보유의 과정을 통해 생성된다.[캠벨 1975] 이런 접근법은 보편 다윈주의에 굳게 뿌리내리고 있으며, 매사를 유전적 이점으로 환원해 설명하는 입장을 취하지 않는다.

무엇이 이득을 볼까?

요컨대 많은 문화 변화 이론이 진화적인 개념을 사용하지만, 밈학과 같지는 않다. 두 가지 근본적인 차이가 있다. 첫째, 대부분의 이론들은 일반적 진화 이론과 그 특수 형태인 생물학적 진화를 구분하지 않는다. 그 말인즉 생물학과 문화의 관계를 명료하게 짚어두지 않았기 때문에 유전학과 문화 진화 사이의 명백한 차이점들로 인해 곤란해지기 쉽다는 뜻이다. 둘째, 그 이론들은 밈 같은 제2의 복제자 개념을 도입하지 않았다. 그래서 문화의 진화가 이기적 복제자의 이익을 추구하는 방향으로 진행된다는 점을 간과하였다.

마지막 세 번째 차이점은 제일 중요한 것이기 때문에, 상세히 이야기해보자. 밈학의 핵심은 밈을 독자적인 복제자로 취급하는 것이다. 밈은 오로지 자신의 복제라는 이기적인 이득만을 추구한다고 보는 것이다. 이런 제2의 복제자를 믿지 않는 정통 다윈주의자는 어떻게든지 결국에는 모든 것을 유전자로, 생물학적 이점의 문제로 귀속시킨다. 반면에 두 종류의

(혹은 그 이상의) 복제자가 있다고 믿는다면, 필연적으로 이해관계의 상충이 발생할 것이다. 유전자의 이해관계는 이 방향으로 잡아당기는데, 밈의 이해관계는 반대 방향으로 당기는 상황이 있을 것이다. 순수하게 유전자만을 따지는 이론에서는 그런 경우가 예측되지 않을 테니, 이것은 밈학에서 몹시 중요한 상황이다. 실제로 그런 상황이 벌어진다면 그것이야말로 밈학의 의의를 증명하는 증거다. 꼭 밈이 아니라도 제2의 복제자를 상정하는 이론이 필요하다는 증거다. 다른 문화 진화 이론들과 밈 이론이 갈라지는 부분이 바로 이 대목이다.

'쿠이 보노Cui bono?' 즉 '누구의 이익인가?'라고 물었던 데닛도 이 점을 지적한 것이었다.[1995] 그는 이렇게 말했다. '밈의 첫 번째 법칙은, 유전자와 마찬가지로, 반드시 다른 무언가의 이익을 위해서 복제할 필요는 없다는 것이다. 그저 복제에 능한 복제자가 번성할 뿐이다! …… 밈의 복제력, 그러니까 밈의 관점에서 본 "적응성"이 반드시 **우리**의 적응성에 (그것을 어떤 잣대로 평가하든 그와는 무관하게) 기여할 필요는 **없다**는 것이 가장 중요한 핵심이다.' 데닛 1991, 강조는 원문을 따랐다

도킨스는 이렇게 설명했다.

원시 수프가 적절한 조건을 제공하여 분자들이 스스로를 복사하기 시작한 순간, 복제자들이 고삐를 넘겨받은 셈이다. 거의 30억 년 동안 세상에는 어엿한 복제자라고 할 만한 것이 DNA뿐이었다. 그렇다고 해서 DNA의 독점이 언제까지나 유지될 것이라고 말할 수는 없다. 적절한 조건이 갖춰져서 새로운 종류의 복제자가 등장하고 그것이 **정말로** 자신을 복제할 수 있다면, 새 복제자들이 **틀림없이** 스스로 고삐를 쥐고서 새로운 종류의 독자적 진화를 시작할 것이다. 일단 새로운 진화가 시작되면, 그것이 오래된 진화에 반드시 매어 있어야 할 이유가 없다. 도킨스 1976, 강조는 원문을 따랐다

물론 밈이 존재하려면 모방이 가능한 뇌를 유전자가 제공해 주어야만 한다. 뇌의 속성이 밈의 성공 여부에 영향을 미치는 것도 사실이다. 하지만 일단 생겨난 밈은 독자적인 생명력을 지닐 수 있다고 봐야 한다.

도킨스는 생물학자들이 유전적 진화 개념에 너무 깊이 동화된 나머지 그것이 여러 진화 종류들 중의 하나라는 사실을 종종 잊는다고 지적했다. '그들은 분석의 최종 단계에서는 항상 "생물학적 이점"으로 돌아간다'는 것이다.도킨스 1976 설령 밈이나 여타 문화 진화의 단위를 받아들이더라도, 그것이 종국에는 항상 유전자를 위해서 행동한다고 믿는다는 것이다. 이것은 제2의 복제자 개념의 핵심을 놓친 것이다. 내가 확신하는 대로 밈이 복제자라면, 밈은 종의 이득을 위해서 행동하지 않을 것이다. 개체의 이득을 위해서도, 유전자의 이득을 위해서도 행동하지 않을 것이다. 자기 자신 이외의 다른 무엇을 위해서도 행동하지 않을 것이다. 복제자는 정의상 그렇다.

내가 이 점을 굳이 역설하는 까닭은 지금부터 제2의 복제자 개념을 도입한 문화 진화 이론들을 살펴볼 것이기 때문이다. 꼭 복제자는 아니라도 하여간 새로운 문화 단위를 도입한 이론들이다. (더럼의 1991년 저서에 더 꼼꼼한 리뷰가 있다.) 언뜻 보면 이런 이론들이 밈 개념과 같은 듯하지만, 실은 그렇지 않다. 비슷한 점도 많고 다른 점도 많지만, 우리가 살펴봐야 할 가장 중요한 점은 새로운 단위가 정말 독자적인 복제자로 간주되는가 하는 점이다. 그렇지 않다면 그 이론은 밈학과 같다고 할 수 없다.

1975년, 도킨스가 밈을 제안하기 바로 직전에, 미국의 인류학자 프랭크 T. 클로크가 문화적 지침에 관한 글을 썼다. 클로크는 우리가 다른 동물의 행동을 관찰할 때, 그 동물의 신경계에 그 행동을 야기한 모종의 내부 구조가 존재한다고 가정한다는 점을 지적했다. 모든 동물들이 그런 행동 지침을 갖고 있다. 인간이 다른 동물들과 다른 점이라면, 남을 관찰하고 모방함으로써 그 지침을 습득할 수 있다는 것이다. 클로크는 '문화 소체corpuscle of culture' 혹은 '문화적 지침cultural instruction'이라고 이름 붙인 작은 단편들의 단위로 우리가 문화를 습득한다고 주장했다.

나아가 그는 사람들의 머릿속에 존재하는 지침들과 그것들이 만들어내는 행위, 기술, 사회조직 등을 세심하게 구분했다. 전자는 'i 문화'라고 불렀고 후자는 'm 문화'라고 불렀다.

클로크는 복제자 개념을 사용하진 않았지만, 문화적 지침의 실체를 무척 명료하게 밝혔다. 그에 따르면, i 문화와 m 문화의 궁극적인 기능은 i 문화의 유지와 확산이다. 따라서 m 문화의 어떤 속성들이 그것을 수행하는 개체에게 적당하지 않아 보이거나 심지어 해로워 보일지라도 놀랄 것은 없다. 그는 문화적 지침을 숙주의 행동을 통제하는 기생생물에 비유했다. 우리에게 재채기를 일으켜서 자신을 확산시키는 감기 바이러스와 닮았다는 것이다. '한마디로 "우리의" 문화적 지침들은 생물체를 위해서 일하지 않는다. 우리가 그들을 위해서 일한다. 잘 해봐야 우리가 유전자들과 공생하듯이 그들과도 공생하는 관계이고, 나쁘게 보면 우리가 그들의 노예다.' 클로크 1975 클로크는 제2의 이기적 복제자가 있다는 뜻을 상당히 분명하게 밝힌 셈이다. 이후 그에 대한 비판자들은 문화적 지침을 복제자로 볼 수 없다고 반론했지만 말이다. 알렉산더 1979

도킨스도 《이기적 유전자》에서 클로크를 언급하며, 그런 이론이 추구했던 방향에서 자신은 한 발짝 더 나아가고 싶다고 했다. 하지만 도킨스는 지침과 그에 의한 행동을 하나로 싸잡아 말했고, 그 모두를 밈이라고 지칭했다. 클로크처럼 둘을 분리하지 않았다. 클로크 식의 구분은 생물학에서의 유전형 대 표현형 구분과 조금 비슷하다고 할 수 있다. 도킨스도 나중에는 그와 비슷한 구분을 설정했고, 밈을 '뇌에 상주하는 정보의 단위'라고 정의했다.1982 이런 차이에 관해서는 뒤에서 다시 이야기할 것이다. 지금은 클로크의 문화적 지침이 밈과 마찬가지로 진정한 제2의 복제자라는 것만 짚고 넘어가자.

사회생물학과 목줄 풀린 문화

도킨스가 《이기적 유전자》를 쓸 무렵에는 동물 행동의 유전적, 진화적 기반을 살펴보는 사회생물학이라는 과학이 새로이 정립되던 차였다. 당시에는 사회생물학을 인간 행동에까지 적용하는 데 대해 항의가 빗발쳤다. 항의를 제기한 사회학자들이나 인류학자들은 인간의 행동이 유전자의 구속으로부터 거의 완전히 자유롭다고 주장했다. 따라서 그들이 보건대 (공포 중의 공포인) '유전자 결정론'이나 마찬가지인 사회생물학으로는 설명할 수 없다고 했다. 유전자는 인간에게 '문화의 능력'을 줄 뿐이라고 했다. 일반인들도 항의를 제기했다. 자신이 소중히 여기는 신념, 결정, 행동이 자신의 유전자 조성에 의해 제약된다는 사실을 받아들일 수 없었던 것이다. 그러면 '자유의지'는 뭐가 되겠는가?

이런 반응을 생각하면 뉴턴, 코페르니쿠스, 그리고 다윈 본인이 받았던 적대적 반응들이 떠오른다. 사회생물학은 인간 스스로가 쌓았던 대좌에서 인간을 멀리 쫓아내고, 인간의 자유의지와 독립성을 훼손하는 것처럼 보였다. 앞으로 살펴보겠지만, 밈학도 이런 방향으로 더욱 멀찌감치 한 발짝을 떼어놓는 학문이므로 아마 똑같은 적대적 반응을 받을 것이다. 그러나 클로크가 말했듯이, '만약에 우리가 정말로 "우리의" 문화 형질들의 노예라면, 이제는 그 사실을 알 때가 되지 않았는가?' 클로크 1975

사회생물학에 대한 반대는 이제 거의 잦아들었다. 인간 행동의 진화적 기반에 관한 증거가 갈수록 많이 발견되었기 때문인지도 모르고, 유전자와 환경의 상호작용을 우리가 더 잘 이해하게 되었기 때문인지도 모른다. 유전자가 인체 조립의 청사진이나 배선도를 제공한다는 해묵은 생각은 옳지 않다. 그보다는 조리법에 비유하는 편이 낫다. 그마저도 아주 적절한 비유는 아니지만 말이다. 유전자는 단백질을 만드는 지침이고, 단백질 합성 과정은 세포에게 주어진 원재료와 환경의 특징에 매 단계마다 영향을 받는다. 순전히 유전적으로 결정되는 것은 없고, 순전히 환경적으로 결정되는 것도 없다. 인간은 다른 모든 생물들과 마찬가지로 양자의 복합적인 산물이다. 이 말은 가령 사람의 다리 모양은 물론이고 사람의 행동 양식에도 똑같이 적용된다.

격렬한 반대에도 불구하고, 사회생물학은 대단한 진전을 이루었다. 하지만 그 창시자인 에드워드 O. 윌슨이 불평했듯이, 사회생물학은 개별 인간의 마음이나 문화의 다양성을 설명하는 데에는 거의 도움이 되지 못했다. 1981년, 윌슨은 물리학자 찰스 럼스덴과 힘을 합쳐서 유전자-문화 공진화 이론을 개발했고, '문화 진화에서 기본적인 전달 단위'라는 '문화 유전자' 개념을 도입했다. 럼스덴과 윌슨 1981 그들은 새 이론이 유전자부터 정신과 문화까지 모두 꿰어내기를 바랐고, 어떻게 다양한 문화 유전자들이 유전적 적응도에 영향을 미치는지를 수학적 계산으로 설명했다. 하지만 그들은 최종 결정권자를 논할 때는 항상 유전자로 돌아왔다. 가끔 부적응적인 문화 유전자가 선택되는 까닭은 그 해악이 직접적으로 드러나지 않았기 때문이라고 설명했다. 체계가 적응하는 데에 약간 지체가 있는 것일 뿐, 결국에는 유전자가 이길 것이다. 그들의 표현을 빌리면, '유전자가 문화에게 목줄을 채워 잡고 있다'.

도킨스가 다른 동료들이 '항상 "생물학적 이점"으로 돌아가려고 한다'고 불평했던 것을 '목줄 원리'라고 표현하면 기억하기 쉽겠다. 이 용어를 들을 때 머릿속에 그려지는 그림도 제법 유용하다. 럼스덴과 윌슨이 옳다면, 언제나 유전자가 주인이고 문화 유전자는 줄에 묶인 개다. 이따금 목줄이 길게 늘어날 때가 있고, 엄청나게 멀리까지 늘어질 수도 있지만, 그래도 여전히 그 끝에는 개가 매여 있다. 반면에 밈학에 따르면, 유전자가 개가 되고 밈이 주인이 될 수도 있다. 혹은 개 두 마리가 서로 묶인 채 각자 자신의 복제를 달성하기 위해 미친 듯이 달리는 광경을 상상할 수도 있다.

스탠퍼드의 유전학자인 루이지 카발리-스포르차와 마커스 펠드먼은 '문화 형질'을 단위로 삼은 정교한 문화 전수 모형을 개발했다.[1981] 문화 형질은 각인, 조건화, 관찰, 모방, 직접적인 교육에 의해 학습된다(정의상 모방에 의해서만 전달될 뿐 각인이나 조건화로는 습득될 수 없는 밈보다 범위가 넓다). 그들은 문화적 선택을 다윈주의적 선택 즉 자연선택과는 분명하게 구분했고, '문화적 적응도'라는 개념을 사용했다. 그것은 문화 형질 자체의 생존 적응도를 가리키는 것으로서, 밈학에서도 유용한 개념이다. 그들은 또 가령 부모에서 아이로 전해지는 수직적 전수와 가령 아이에서 아이로, 어른에서 다른 어른으로 전해지는 수평적 전수를 구분하자고 제안했다. 수평적 전수가 압도적으로 중요해지는 현대의 삶을 이해할 때 이 구분이 얼마나 중요한지는 뒤에서 다시 이야기하겠다.

카발리-스포르차와 펠드먼은 문화 전수에도 여러 메커니즘들이 있다고 했고, 각각의 경우에 대해 수학적 모형을 제공했다. 그중에는 부적응적인 모형도 있다. 심각하게 부적응적인 문화 전수의 사례를 하나 들자면, 뉴기니의 고산지대 부족인 포레 족이 장례 예식의 일부로 수행하는 식인 풍습이 있다. 포레 사람들은 망자를 기리는 복잡한 의식 도중에 사람의 몸 일부를 먹는다. 그들은 사실 인육보다는 돼지고기를 더 선호하기 때문에, 그 귀한 음식은 남자들이 더 많이 먹었고, 인육은 여성들이나 어린아이들이 더 많이 먹었다.[더럼 1991] 이 관행 때문에 쿠루kuru라는 퇴행성

질환이 번졌고, 약 2,500명이 죽었다. 주로 여성과 아이였다. 카발리-스포르차와 펠드먼은 이런 부적응적 문화 형질이 보유자의 50퍼센트 가까이를 제거하고도 여전히 인구 집단에 퍼질 수 있다는 것을 수학적으로 보여 주었다.

문화 전수와 부적응적 관행의 확산에 관해 많은 통찰을 안겨 주었음에도 불구하고, 카발리-스포르차와 펠드먼은 여전히 '문화적 행위를 다윈주의적 적응도의 연장'으로 간주했다.[1981] 이 점에서 그들의 이론은 밈학과 구분된다. 데닛이 지적했듯이, 그들은 '누구의 이익인가?'라는 긴요한 질문을 던지지 않았다.[데닛 1997] 던지더라도 그 해답은 유전자일 수밖에 없다고 단순하게 가정했고, '문화적 요소들 스스로가 그들이 발휘하는 적응 능력으로부터 이득을 얻을' 가능성은 고려하지 않았다.[데닛 1997] 카발리-스포르차와 펠드먼에게 문화적 적응은 기술, 신념, 기타 등등을 활용해서 결국 유전자의 이득에 복무하는 것을 뜻한다. '부적응적'이라는 용어도 결국 유전자에게 부적응적이라는 뜻이다. 그들은 장기적으로는 결국 '자연선택의 메커니즘이 궁극의 통제력을 유지할 것'이라고 주장한다.[카발리-스포르차와 펠드먼 1981] 달리 말해 그들도 목줄을 믿는다.

인류학자들 중에서 목줄을 완전히 놓아버린 사람은 로스엔젤레스 캘리포니아 대학의 로버트 보이드와 피터 리처슨뿐인 듯하다. 그들은 사회생물학자들과 마찬가지로 문화가 '자연적 기원'에서 생겨났다는 데 동의하지만, 자신들의 이론인 '이중 유전 모형'처럼 문화 진화를 염두에 둔 모형이 사회생물학보다 더 잘 맞는다고 주장한다. 그들도 캠벨의 법칙을 언급했고, 나와 마찬가지로 문화적 변이는 나름의 자연선택을 거친다고 확신했다. 그들은 문화적 전수와 유전적 전수의 구조적 차이를 아주 상세하게 분석한 뒤, '개체로 하여금 문화적 후손들의 문화 적응도를 극대화시키게 하는 행동은 개체의 유전자가 다음 세대로 전달될 가능성을 극대화시키는 행동은 아닐지도 모른다'고 결론 내렸다.^{보이드와 리처슨 1985} 그들의 공진화 모형에서는 유전자가 문화에게 목줄을 채울 수 있고, 문화가 유전자에게 목줄을 채울 수도 있으며, 둘이 경쟁하거나 협력하면서 진화할 수도 있다. ^{리처슨과 보이드 1989} 그들은 자신들의 문화 단위를 진정한 별개의 복제자로 취급한 듯하다. 보이드와 리처슨은 인류학자이기 때문에 문화적 변이 자체에 대한 관심이 나보다 더 많다. 좌우간 그들의 이론 중 여러 측면들이 밈 선택을 이해하는 데 유용하다.

역시 인류학자인 윌리엄 더럼도 '밈' 용어를 써서 자신이 생각하는 문화 진화의 단위를 설명했다. 언뜻 보기에는 그가 밈의 관점을 택한 것 같지만, 더 가까이 살펴보면 사실 그가 생각하는 밈은 진정한 이기적 복제자가 아니다. 그는 생물학적 선택과 문화적 선택이 포괄 적응도라는 하나의 기준에서 작동하며, 서로 상보적이라고 주장했다. 그가 보기에 보이드와 리처슨은 '추상적인 유전학적 비유를 지나치게' 추구했고 '대단히 반다윈주의적'이다. 더럼은 인간의 진화가 다른 생물들의 진화와는 근본적으로 다르다는 보이드와 리처슨의 견해에 동의하지 않는다.^{더럼 1991}

이 점이 핵심이다. 나나 도킨스, 데닛에게는 사람은 정말 다르다는 것이 밈 진화의 의미다. 사람의 모방 능력이 제2의 복제자를 탄생시켰고, 그 복제자는 이제 제 이익을 위해 행동하면서 밈의 입장에서는 적응적이지만 생물학적으로는 부적응적인 행동을 일으킬 수 있다. 이것은 언젠가 강력한 유전자의 고삐에 잡아 당겨지고 말 일시적인 일탈이 아니고, 영구적 일탈이다. 밈은 유전자와 똑같은 힘, 즉 복제자의 힘을 갖고 있다. 클로크, 보이드, 리처슨은 여기에 동의하는 것 같지만 그밖의 사람들은 문화적 전수의 단위로서 독자적인 복제자의 힘을 인정하지 않는다. 그런 사람들은 적어도 그 점에 있어서는 전통적인 사회생물학에 훨씬 가깝다. '유전자가 항상 이긴다'는 게 그들의 모토일 것이다. 목줄이 몹시 길어지는 경우는 있을지라도 개가 도망치는 일은 절대 있을 수 없다는 것이다.

우리는 한 바퀴 빙 에둘러서 결국 사회생물학의 현대적 후예들에게로 돌아왔다. 이들도 대체로 사회생물학과 비슷한 관점을 취하기 때문이다. 진화심리학은 인간이 홍적세의 수렵채집 생활방식에서 맞닥뜨렸던 문제들을 해결하기 위해 마음을 진화시켰다는 가정에 바탕을 둔다.^{바코우 외 1992;} ^{핑커 1997} 달리 말해, 우리의 행동, 신념, 성향, 관습은 모두 적응의 결과라는 것이다. 성적 질투심, 아이에 대한 애정, 문법 습득 능력, 영양 결핍에 대처하여 식량 섭취를 조절하는 방식, 뱀을 꺼리는 것, 우정을 지속하는 능력 등이 모두 수렵채집 생활방식에 대한 적응이었다는 것이다. 따라서 진화심리학자들은 우리의 모든 행동이 결국에는 생물학적 이점의 문제로 귀착한다고 본다.

진화심리학의 설명력이 대단한 것은 사실이다. 그러나 그것으로 충분한가? 나는 그렇지 않다고 본다. 진화심리학은 분명 밈학에 중요한 토대를 제공한다. 왜 어떤 밈은 긍정적으로 선택되었고 어떤 밈은 기각되었는지 이해하려면, 자연선택이 유전자를 위해서 우리 뇌를 빚어온 과정을 알아야 한다. 우리는 달콤한 케이크와 카페인이 든 음료를 좋아하고, 벌거벗은 여인이 등장하는 잡지 표지에는 두 번 눈길을 주지만 기차가 등장하는 표지에는 눈길을 주지 않는다. 우리는 화려한 꽃다발을 구입하고, 썩어가는 양배추의 악취를 피한다. 이 모든 사실들이 밈 선택을 이해하는 데 있어 필수적이다. 하지만 이것이 이야기의 전부는 아니다. 인간의 행동을 온전하게 이해하려면, 유전자의 선택과 밈의 선택을 둘 다 염두에 두어야 한다. 대부분의 진화심리학자들은 제2의 복제자 개념이 필요하다는 사실을 가차 없이 거부한다. 내가 이 책에서 할 일은 왜 그것이 필요한지 보여 주는 것이다.

　　　　◆　◆　◆

　　지금까지 문화적 진화에 대한 다양한 접근법들을 훑어보았다. 혹시 이름은 다를지언정 밈학과 같은 발상을 사용하는 이론이 있을까 해서였다. 몇몇 제한적인 의미에서 예외로 꼽을 만한 이론이 있었지만, 전반적인 대답은 부정적이었다. 우리가 편리하게 물려받을 기존의 밈 과학은 없는 듯하다. 내가 확신하는 대로 우리에게 정말 밈의 과학이 필요하다면, 우리는 아무것도 없는 상태에서 차근차근 구축하는 수밖에 없다.

　　우리가 가진 도구는 진화 이론의 기본 원리들, 도킨스와 데닛 등 밈학을 창시한 기존 연구자들의 생각, 앞서 이야기했던 문화인류학의 몇몇 적절한 발상들이다. 물론 한 세기에 걸친 심리학적 연구와 어느덧 수십 년에 걸친 인지과학 및 신경과학 연구에서도 많은 것을 끌어올 수 있다.

　　나는 이런 도구들을 써서 밈학의 기틀을 닦아 볼 것이다. 그렇게 구축한 밈학을 써서 새롭거나 오래된 여러 질문들에 답할 수 있을 것이다. 가령 '내 머리에는 왜 늘 생각이 가득할까?'처럼 시시해 보이는 질문부터 '왜 인간은 큰 뇌를 갖게 되었을까?' 같은 무게 있는 질문까지 답할 수 있다. 이런 시도의 첫 단계는 밈의 시각에서 세상을 바라보는 것이다.

제4장

밈의 눈으로
세상을 보라

M E M E

모방은 남을 관찰함으로써 어떤 행동에 관해서 뭔가를 배우는 것이다. 사람에게는 "탁월하고 보편적인 모방 능력"이 있다. 우리가 이렇게 밈을 모방에 의해 전달되는 것이라고 정의한다면, 광범위한 밈 전파를 일으킬 수 있는 것은 사람뿐이라는 결론이 된다. 그런 밈에게 한 가지 유용한 책략은, 한 사람의 뇌 자원을 동원해서 자신을 연거푸 재생시키는 것이다.

TAKING THE
MEME'S EYE VIEW

우리는 이제 세상을 새로운 방식으로 바라볼 수 있다. 나는 이것을 밈의 관점이라고 부르겠다. 물론 밈에게 실제로 눈이 달렸다거나 관점이 있다는 말은 아니다. 밈은 아무것도 보지 못하고, 아무것도 예측하지 못한다. 여기에서 말하는 관점이란 생물학에서 '유전자의 관점'을 취한다고 할 때와 같은 뜻이다. 밈은 복제자이고, 기회가 닿는 대로 자신의 수를 늘리는 경향이 있다. 따라서 밈의 관점에서 세상을 본다는 것은 복제의 기회를 염두에 두고 세상을 본다는 뜻이다. 무엇이 밈을 더 많이 복사하는 데 도움이 되고, 무엇이 방해가 될까?

나는 간단한 질문 하나를 던져 보겠다. 이 질문은 앞으로 거듭, 여러 맥락에서 사용될 것이다. 상상해 보자. 세상에는 밈을 위한 숙주가(가령 사람의 뇌가) 가득한데, 밈은 그보다 더 많아서 모두가 다 집을 찾을 수는 없다. 그렇다면 어떤 밈이 쉽게 안전한 집을 찾고 다시 다른 곳으로 전달될 가능성이 높겠는가?

이것은 우리가 살아가는 현실 세계를 꽤 합리적으로 묘사한 것이다. 우리 각각은 매일 수많은 밈을 직접 탄생시키거나 우연히 만난다. 우리의 생각은 대부분 밈이겠지만, 말로 표현되지 않으면 곧장 죽어버린다. 우리는 말을 할 때마다 늘 밈을 생산하지만, 대부분은 이동 중에 재깍 소멸해 버린다. 라디오나 텔레비전에도, 글로 적힌 말에도, 남들의 행동에도, 기술 제품에도, 영화나 그림에도, 밈이 실려 있다.

당신이 방금 지나간 10분 동안 얼마나 많은 생각을 했는지 되짚어 보라. 하루 종일을 따지면 얼마나 더 많겠는가. 이 글을 읽는 동안에도 어쩌면 당신은 다른 사람에 관한 생각을 했을 것이고, 해야겠다고 마음먹은 일을 떠올렸을 것이고, 좀 있다가 할 일을 계획했을 것이고, 또 어쩌면 (내가 바라건대) 이 책으로부터 촉발된 생각을 쫓았을 것이다. 이런 생각의 대부분은 두 번 다시 생각되지 않을 것이다. 남에게 전달되지도 않을 것이고, 그저 사라질 것이다.

당신이 오늘 남들에게 말하게 될 무수히 많은 이야기를 생각해 보라. 아니면 남들이 당신에게 말하게 될 무수히 많은 단어를 생각해 보라. 당신은 라디오를 듣거나, 텔레비전을 보거나, 다른 사람들과 함께 저녁을 먹거나, 아이들의 숙제를 거들어 주거나, 먼 곳에서 걸려온 전화를 받을지도 모른다. 그런 대화에서 이야기된 내용의 대부분은 다른 곳으로 전달되지 않을 것이다. '그때 그 남자가 그 여자한테 이렇게 말하더라니까…….' '그런데 참 그거 알아?' 하는 식으로 재등장하는 일이 없을 것이다. 대부분이 태어나자마자 죽을 것이다.

문자 언어라고 별달리 더 낫지 않다. 이 책장에 적힌 단어들은 적어도 당신에게 읽히는 데까지는 성공했지만, 아마도 그 이상 나아가기는 어려울 것이다. 당신이 이 내용을 남에게 전달한다고 해도, 쉽게 기억하기 위해서 내용을 마구 섞은 형태일지도 모른다. 어쩌면 내가 요지를 명확하게 표현하지 못해서 내용이 모호해졌을지도 모른다. 그래서 복사의 충실도가 항상 높지만은 않을 것이다. 매일 수백만 부의 신문이 인쇄되지만 일주일이 지나면 대부분은 감쪽같이 사라진다. 대부분의 사람들은 그 안에 뭐가 적혔는지 잊어버린다. 책은 아주 조금 더 사정이 나을지도 모르지만, 미국에서만도 매년 대략 수십만 권씩 새 책이 나오는 형편이다. 그 모두가 영향력이 있거나 오래 기억될 리는 없다. 과학 논문의 경우에도 어떤 것은 널리 읽히고 인용되지만, 소문에 의하면 대다수의 논문은 단 한 번도 읽히지 않는다고 한다!

전체 밈들에서 실제로 전달될 잠재력이 있는 밈의 비율을 계산하는 것은 (이론적으로라도) 불가능하지만, 만약에 계산할 수 있다고 상상해 보면 그 결과는 분명하다. 밈의 세계에는 어마어마한 선택압이 있기 때문에, 무수히 많은 참가자 중 극소수만이 생존한다. 극소수의 밈만이 뇌에서 뇌로, 뇌에서 종이로, 종이에서 종이로, 목소리에서 CD로 성공리에 복사된다. 우리가 자주 만나는 밈들은 아주 성공한 밈들이다. 복제 경쟁에서 승리한 밈들이다. 그렇다면 나는 또 한 가지 단순한 질문을 던진다. 어떤 밈이 그런 밈일까?

나는 밈의 관점을 취하는 전략을 써서 여러 논쟁적인 질문들과 씨름해 볼 것이다. 우선 간단한 것부터 시작하자. 그다지 심오한 질문은 아닐망정 나름대로 흥미로운 질문이다. 밈의 관점에서 사고하는 연습을 하는 셈으로 칠 수도 있다.

왜 우리는 생각을 멈추지 못할까?

당신은 생각을 멈출 수 있는가?

명상이나 그 밖의 마음 안정 기법을 시행해 본 사람이라면 이 일이 만

만치 않다는 것을 잘 알 것이다. 명상을 해본 적이 없는 독자라면, 지금 당장 1분쯤 머릿속을 비우는 시도를 해보라(당장은 여의치 않다면 나중에 달리 '더 나은' 일이 없을 때, 가령 물이 끓기를 기다리는 동안이나 컴퓨터가 켜지기를 기다리는 동안에 해보라). 어떤 생각이 떠오르면, 반드시 떠오르겠지만, 그것을 가만히 받아들인 뒤 그냥 흘러가게 내버려 두라. 그 생각에 얽혀 들거나 생각을 쫓아가려고 하지 마라. 생각들 사이에 빈틈을 찾을 수 있는지 보라. 가장 단순한 형태의 명상은 이런 시도와 크게 다르지 않다. 이것은 무시무시하게 어려운 작업이다.

왜 그럴까? 당신은 분명 생각들이 난데없이 솟아나서 당신의 주의를 사로잡는 것처럼 느꼈을 것이다. 그것이 어떤 종류의 생각들인지 눈치챘는가? 그것은 대개 가상의 대화나 주장, 과거의 사건을 재현하되 다른 결말을 맺어 보는 것, 자기 정당화, 미래에 대한 복잡한 계획, 앞으로 내려야 할 까다로운 결정 등이다. 단순한 이미지, 인식, 감정인 경우는 드물다(그런 것은 별달리 골치를 썩이지 않고 자유롭게 오고 간다). 대신에 우리가 남들로부터 습득한 단어, 주장, 발상 등을 사용하는 생각들이다. 한마디로, 그칠 줄 모르는 이 생각들이 모두 밈이다. '당신'이 그것들에게 멈추라고 명령할 수는 없고, 좀 천천히 오라고 명령할 수도 없다. 심지어 당신 스스로 그것들에 빨려 들지 말자고 이를 수도 없다. 그것들은 독자적인 생명과 힘을 지닌 듯하다. 왜일까?

생물학적 관점으로는 이런 끊임없는 생각을 정당화할 수 없을 것 같다. 이런 판단은 사실 아주 조심스럽게 내려야 하는 것인데, 왜냐하면 첫눈에 유전자의 이해관계와는 무관한 듯 보였던 일이 사실은 관련 있는 것으로 드러난 사례가 많기 때문이다. 그래도 어쨌든 끝까지 이야기를 해보자.

생각을 하려면 에너지가 필요하다. 양전자방출 단층촬영PET 같은 뇌 스캔 기술의 장점은 사람이 생각을 하는 동안 뇌에서 어떤 일이 벌어지는

지 시각적으로 관찰할 수 있다는 것이다. 아직은 해상도가 몹시 제한적인 편이지만, 그래도 뇌의 여러 영역에 흐르는 혈류의 상대량을 알아볼 수 있다. 가령 사람이 시각 작업을 처리하는 순간에는 시각피질이 활발하게 활동하고, 음악을 들을 때는 청각피질이 활동한다. 그리고 우리가 오래 전부터 짐작했던 대로, 무언가를 상상하는 것만으로도 그것을 실제로 보고 들을 때와 비슷한 영역들이 사용되었다. 대화를 상상하기만 해도 말을 담당하는 영역이 활성화되는 것이다. 그리고 단순한 시각 작업을 수행할 때와 더 까다로운 작업을 수행할 때를 비교하니, 까다로운 작업을 실시할 때 뇌의 활동 수준이 더 높았다.

물론 생각에 소요되는 에너지는 가령 언덕을 달려 올라갈 때의 에너지와 비교하면 하찮은 정도이다. 하지만 완전히 무시해도 좋을 정도는 아니다. 피가 공급된다는 것은 산소와 저장 에너지가 태워진다는 뜻이고, 곧 일을 한다는 뜻이다. 생물체가 평소에 전혀 생각을 하지 않고 지낸다면 에너지를 덜 쓸 것이고, 따라서 생존에 유리할 것이다.

그렇다면 이 숱한 생각에는 뭔가 기능이 있을 것이다. 무엇일까? 어쩌면 우리는 유용한 기술을 연습하거나, 문제를 풀거나, 더 나은 협상을 위한 사회적 소통 방법을 생각해 내거나, 미래의 활동을 계획하는 중인지도 모른다. 솔직히 말해서 내 머릿속에 늘 떠도는 어리석고 무의미한 생각에 비추어 보면 이런 설명이 크게 와 닿지 않지만, 진화적으로 생겨난 생각들을 오늘날의 상황에 곧장 적용하는 것은 적절치 않은지도 모른다. 인간은 책이나 전화나 도시와 함께 진화한 것은 아니었으니까 말이다.

진화심리학자들은 이 또한 인간의 수렵채집 과거에 비추어 판단해 보라고 제안할 것이다. 그 까마득한 과거에 대해서는 우리가 가진 정보가 빈약하기 때문에 지나치게 상세한 추론은 위험하지만, 이미 많은 저자들이 주어진 증거를 바탕으로 상당히 그럴싸한 묘사를 그려냈다. ^{던바 1996; 리키}

1994; 미슨 1996; 터지 1995 그들이 모두 동의하는 바, 수렵채집인들은 대강 100명에서 250명의 규모로 집단을 이루었고, 가족 간의 강력한 유대와 복잡한 사회적 규칙을 유지했다. 여자들은 보통 식물을 거두러 다니고 남자들은 사냥을 했다. 수명은 오늘날에 비해 아주 짧았다. 이런 생활방식에는 넓은 땅이 필요하기 때문에 인구 밀도에는 한계가 있었고, 포식동물이나 질병도 걱정해야 했다. 하지만 식량을 마련하는 데 하루 종일 걸리지는 않았을 것이고, 남는 시간이 꽤 많았을 것이다.

그런 상황이라면 내내 생각을 하는 것이 이치에 닿을까? 목적 없는 생각에 소비되는 에너지가 정당화될 정도로, 그 생각들이 생존에 도움이 되었을까? 아니면 마치 햇살을 쬐는 고양이처럼 가만히 앉아서 아무 생각도 하지 않음으로써 그 에너지조차 아끼는 편이 더 나았을까? 나도 그저 추측을 해볼 뿐이지만, 아무래도 간간이 생각을 멈춤으로써 귀중한 자원을 보존할 수 있다면 그 편이 유전자에도 이득이 되었을 것 같다. 그렇다면 우리는 왜 그렇게 하지 못하는가?

밈학의 대답은, 자기 자신을 복사하려는 복제자의 관점에서 생각해 보라는 것이다.

첫째, 밈이 없는 뇌를 상상해 보자. 뇌가 정말로 다윈 기계라면, 그 속으로 들어가는 온갖 생각, 인식, 발상, 기억은 뇌의 한정된 처리 자원을 놓고 서로 경쟁할 것이다. 일반적으로 자연선택은 뇌를 만든 유전자에게 유리한 생각을 처리하는 데에 가장 많은 자원을 할당하도록 뇌의 주의력 메커니즘을 만들었을 것이다. 모든 생각과 발상은 뇌의 주의력을 쟁취하여 자신을 복사할 기회를 얻기 위해서 그 한계 내에서 경쟁한다. 하지만 뇌는 하나뿐이고, 자연선택의 압력을 받는다.

그렇다면 이제 모방하는 뇌를 상상해 보자. 즉 밈이 있는 뇌를 상상해 보자. 밈이 있는 뇌는 더 많은 정보를 저장할 수 있을 뿐만 아니라, 밈 자체가 사고의 도구가 된다.^{데닛 1991} 단어, 이야기, 논증의 구조, 사랑이나 논리나 과학에 관한 새로운 사고방식 등을 많이 익힐수록 훨씬 더 많은 생각을 할 수 있기 때문이다. 똑같이 한정된 처리 용량을 지닌 뇌인데도 경쟁하는 생각들의 수가 전보다 월등하게 많아진다. 그뿐 아니라 밈이 한 뇌에서 다른 뇌로 복사될 수도 있다.

밈은 성공적으로 자신을 복제할 수 있는 상황이라면 무조건 그렇게 한다. 그런 밈에게 한 가지 유용한 책략은, 한 사람의 뇌 자원을 동원해서 자신을 연거푸 재생시키는 것이다. 그런 밈은 반복 재생되지 않는 다른 밈들에 비해 경쟁 우위를 점할 것이다. 당신이 그 밈을 더 잘 기억하는 것은 물론이고, 나중에 당신이 남에게 이야기를 할 때 그 밈이 '머릿속에 있는' 경우가 많을 것이다. 이야기를 예로 들면, 감정적인 파장이 크거나 혹은 다른 어떤 이유에서든 자꾸만 떠올리게 되는 이야기일수록 당신의 머릿속에서 돌고 돌 가능성이 높다. 그러면 그 이야기에 대한 기억이 강화될 테고, 당신이 그 이야기를 많이 생각하기 때문에 남에게 전달할 가능성도 높다. 그 이야기를 들은 사람도 비슷한 영향을 받을지 모른다.

내가 앞서 제기했던 질문을 다시 던져 보자. 세상에 뇌가 가득하지만, 밈은 그보다 더 많아서 모두가 집을 찾을 수는 없다고 하자. 어떤 밈이 더 쉽게 안전한 집을 찾고, 다시 다른 뇌로 전달될까?

주의를 사로잡을 뿐 아니라 머릿속으로 계속 그것을 재생하게끔 하는 밈과, 기억 속에 조용히 묻힌 채 다시 재생되지 않는 밈, 혹은 너무 따분해서 두 번 생각하기도 싫은 밈을 비교해 보자.

어느 쪽이 유리할까? 다른 조건들이 같다면, 첫 번째 종류가 유리할 것이다. 그러므로 그런 생각은 다시 전달되고, 다른 생각은 희미해진다. 그 결과로 밈의 세계, 즉 밈풀은 사람들이 곱씹고 싶어 하는 종류의 생각으로 가득 찬다. 우리는 다들 그런 생각을 자주 접하고, 그런 생각을 무진장 많이 떠올린다. '내'가 스스로에게 생각을 멈추도록 강제할 수 없는 까닭은 무수한 밈이 '내' 뇌 공간을 놓고 다투기 때문이다.

이것은 왜 우리가 생각을 많이 하는가에 대한 일반 원리라는 점을 명심하자. 구체적으로 어떤 종류의 밈이 성공하는가는 따로 상세히 살펴볼 수 있다. 가령 특정한 감정 반응을 일으키는 생각일 수도 있고, 섹스나 음식 같은 핵심 욕구에 관한 생각일 수도 있다. 이 점에 대해서는 진화심리학이 우리를 도울 수 있다. 어쩌면 더 많은 밈을 만들어 내는 도구로써 유용한 생각일 수도 있고, 정치적 이데올로기나 점성술에 대한 믿음처럼 기존에 자리 잡은 밈플렉스에 깔끔하게 들어맞는 생각일 수도 있다. 하지만 이런 이유들을 구체적으로 탐구하는 작업은 나중에 할 것이다. 지금은 밈학의 일반 원리들이 어떻게 인간 마음의 본성을 이해하는 데 도움이 되는지를 살펴보자.

나는 이것을 밈의 '잡초 이론'이라고 부른다. 텅 빈 마음은 괭이로 갈아엎어 깨끗하게 골라 둔 우리 집 텃밭과 비슷하다. 흙은 갈색이고, 거칠고, 비옥하며, 무엇이든 자라고자 하는 식물은 죄다 받아들일 준비가 되어 있다. 한두 주가 지나면 여기저기에서 작은 초록색 떡잎이 돋아난다. 한두 주가 더 지나면 상당히 많은 식물이 점점이 솟아난다. 곧 텃밭 전체가 초록으로 뒤덮이고, 덩굴식물로 휘감기고, 키 큰 나뭇잎들이 하늘을 찌른다. 갈색 흙은 한 조각도 눈에 들어오지 않는다. 이유는 분명하다. 자랄 수 있는 식물은 반드시 자라기 때문이다. 그 땅이 성숙한 식물로 끝까지 키워낼 수 있는 양보다 훨씬 더 많은 씨앗들이 흙과 공기에 담겨 있다. 개중에서 공간과 물과 빛을 확보하는 씨앗은 당장 자라기 시작한다. 씨앗들은 원래 그러기 위해서 존재한다. 뇌 속의 밈들도 마찬가지다. 여러분의 사고 용량이 있다면 밈들은 당장 그것을 차지한다. 우리가 뭔가 엄청나게 흡인력 있는 것을 생각하고 있는 중이라도, 그보다 더 흡인력 있는 발상이 등장해서 기존의 생각을 밀어내고 그 자리를 차지할 수 있다. 그러면 그 생각은 전달 가능성이 높아질 것이고, 다른 사람을 감염시킬 확률이 높아질 것이다. 이런 관점에서 보면 명상은 일종의 정신적 잡초 뽑기다.

생물학의 세계에서 또 다른 비유를 끌어올 수도 있다(비유일 뿐이라는 점을 명심해야겠지만 말이다). 숲을 예로 들어 보자. 숲에서는 모든 나무들이 빛을 두고 경쟁하므로, 키가 큰 줄기를 만드는 유전자가 유리해져서 유전자풀에 쉽게 퍼질 것이다. 짧은 줄기 유전자를 지닌 나무들은 어두침침한 그늘에서 모두 죽어버릴 테니까 말이다. 결국 숲은 감당할 수 있는 수준에서 최대한 키를 키운 나무들로만 구성될 것이다.

이때 누가 이익을 보는가? 나무들은 아니다. 나무들은 줄기를 키우는 데 어마어마한 에너지를 투자했고, 그러고서도 여전히 서로 경쟁하는 중이다. 그들이 쓸데없이 키를 키우지 말자고 신사협정을 맺을 가능성은 없다. 일부 나무들이 그렇게 협의할 경우, 협정을 깨뜨리는 배신자가 항상 성공을 거둘 것이기 때문이다. 그래서 오늘날 지구에는 키 큰 숲이 흔하게 되었다. 이때의 수혜자는 성공적인 유전자이지, 나무들이 아니다.

과다 활동하는 가엾은 뇌로 돌아와서, 같은 질문을 던져 보자. 누가 이익을 보는가? 아무래도 끊임없는 생각들이 우리 유전자에게 이익을 주는 것은 아무래도 아닌 듯하다. 그로써 우리가 행복해지는 것 같지도 않다. 일단 밈들이 등장하면, 한시도 쉬지 않고 계속 생각하게 만드는 압력이 불가피하게 따라올 뿐이다. 평화로운 마음은 그 경쟁의 피해자다.

물론 유전자도 밈도 그 사실을 눈곱만큼도 개의치 않는다. 그것들은 그저 무심하게 복제할 뿐이다. 그것들은 선견지명이 없고, 자신의 행동이 낳을 결과에 대해 계획을 세우지도 않는다. 설령 신경을 쓸 수 있다고 해도 그러지 않을 것이다. 그것들이 인간의 삶을 행복하고 여유롭게 만들어주리라는 기대 따위는 접는 게 좋다. 실제로 그것들은 그렇게 해주지 않는다.

나는 이 단순한 사례를 통해서 밈학으로 인간의 마음을 이해하는 방법을 보여 주고자 했다. 조금 뒤에는 이것과 연관된 또 다른 질문, '사람들은 왜 이렇게 말을 많이 하는가?'에 대해서도 동일한 접근법으로 답을 찾아볼 것이다. 어쩌면 벌써 그 답을 알겠다고 생각하는 독자도 있을지 모른다. 그런데 그 문제에 숨은 여러 함의들을 살펴보기 전에, 중요한 경고를 하나 덧붙이고 싶다.

모든 것이 밈은 아니라는 것이다!

모든 것이 밈은 아니다

우리가 기본적인 밈 개념을 파악하고 나면, 열의에 사로잡힌 나머지 모든 것을 밈으로 간주하기가 쉽다. 발상, 생각, 믿음, 의식의 내용, 기타 상상할 수 있는 모든 것을 죄다 밈으로 간주하기 쉽다. 이런 경향은 몹시 혼란스러울 뿐만 아니라 밈이 실제로 할 수 있거나 없는 일을 이해하는 데 도리어 방해가 된다. 우리는 먼저 밈에 대해 명료하고 정확한 정의를 내려야 한다. 어떤 것은 밈이고 어떤 것은 아닌지 결정해야 한다.

중점적으로 기억할 것은, 도킨스의 원래 정의에서도 그랬듯이, 밈은 모방에 의해 전달된다는 점이다. 나는 밈을 '어떤 행동 수행에 관한 지침으로서, 뇌에(혹은 다른 물체에) 저장되어 있으며 모방에 의해 전달되는 것'이라고 규정했다. 《옥스퍼드 영어사전》의 정의는 다음과 같다. '밈[명사] 생물학 용어. (미메메를 축약한 것으로서 …… 명사인 유전자[진]의 발음을 본 딴 것) 문화의 구성요소로서, 가령 모방과 같은 비유전적 방법을 통해 전달된다고 여겨지는 것.' 모방은 일종의 복제 혹은 복사이고, 모방 덕분에 밈이 복제자가 되며 복제력을 지닌다. 정의라고 하기에는 좀 어색한 표현이지만, '밈은 모방에 의해 전달되는 무언가'라고 말할 수도 있겠다.

어떤 것이 모방이냐를 두고 논쟁할 수도 있겠으나(해야 하겠으나), 나는 일단 그 단어를 도킨스와 마찬가지로 '넓은 의미에서' 사용하고자 한다. 내가 '모방'이라고 할 때는 언어, 독서, 지침은 물론이고 그 밖의 복잡한 기술이나 행동을 사용해서 정보를 전달하는 모든 행위를 말한다. 한 사람에게서 다른 사람에게로 생각이나 행동이 복사되는 일이라면 뭐든지 모방이다. 당신이 어떤 이야기를 듣고 그 줄거리를 남에게 들려줄 때도 밈을 복사한 것이다. 이렇게 모방을 강조한다면, 남에게 전달할 수 없기 때문에 밈으로 간주될 수 없는 일들을 쉽게 제외시킬 수 있다.

이 책장에서 눈을 떼고 잠깐 창문이나 벽, 가구, 화분을 바라보자. 뭐든지 괜찮다. 한 5초쯤 조용히 바라본 뒤 다시 책장으로 돌아오라. 그동안 당신은 뭔가를 경험했을 것이다. 짧은 몇 초 동안에도 어떤 광경, 소리, 인상이 당신의 경험을 구성했을 것이다. 그것들이 밈과 관련이 있을까? 당신은 속으로 '화분에 물을 주어야겠군' '길이 심하게 막히지 말아야 할 텐데'라고 생각했을지도 모른다. 그렇다면 당신은 단어를 사용한 것이다. 단어는 당신이 밈을 통해 습득한 것이고, 남에게 다시 전달할 수도 있다. 하지만 인지적 체험 그 자체는 반드시 밈을 끌어들이는 것은 아니다.

우리에게는 이미 언어가 있으니까 우리의 모든 경험이 밈에 의해 채색되는 게 아니냐고 반문할 수도 있겠다. 그렇다면 언어가 없는 다른 동물들의 경험은 어떨지 상상해 보자. 내가 기르는 고양이를 예로 들어 보자. 고양이는 세상에서 가장 똑똑한 생명체는 아니지만, 분명히 풍요롭고 흥미로운 삶을 살고 있다. 그리고 많은 재주를 갖고 있다. 하지만 모방으로 습득한 재주는 거의 없다.

우선 고양이는 볼 줄 알고, 들을 줄 안다. 나비를 쫓아 달릴 줄 알고, 나무 위로 부리나케 달려 올라갈 줄 안다. 이것은 복잡한 인지 기술과 운동 기술을 갖춰야 하는 일이다. 고양이는 맛과 냄새를 느낄 줄 알고, 캣킨 사료보다 휘스카 사료가 더 좋다고 선택도 한다. 위계와 영역에 강하게 집착하며, 어떤 고양이를 만나면 하악거리거나 도망치는 반면에 어떤 고양이를 만나면 어울려 논다. 분명히 다른 고양이들을 알아보고, 몇몇 사람도 알아본다. 사람의 목소리, 발자국 소리, 감촉에 반응하며, 제 몸의 움직임이나 물리적 접촉이나 꽤 강력한 목소리를 통해서 사람과 소통을 한다. 고양이의 머릿속 지도는 복잡하고 상세하다. 그것이 어디까지 뻗어있는지는 내가 알 수 없지만, 적어도 정원 네 개와 도로 두 개와 사람이나 고양이가 낸 많은 샛길을 아우르는 것만은 분명하다. 고양이는 창밖의 사람을 보면 자기가 있는 방과 연결 지어서 그 사람의 위치를 생각할 줄 알고, 땅땅 하고 밥그릇 두드리는 소리가 들리면 어떻게 해야 최단 거리로 부엌까지 갈 수 있는지 안다. 부엌에 도착한 고양이에게 내가 '앉아' 라고 말하면, 고양이는 앞발을 얌전하게 가슴팍에 접고 뒷다리로 선다.

고양이의 삶을 구성하는 많은 경험은 나도 내 삶에서 겪는 것들이다. 인지, 기억, 학습, 탐험, 음식 취향, 소통, 사회적 관계. 이것들은 모두 모방을 통해 습득한 경험이나 행동이 아니기 때문에, 밈이 아니다. 물론 내 고양이도 평생 많은 것을 배웠고, 일부는 내게서 배웠다. 하지만 '모방을 통해 전달된' 것은 아니었다.

밈의 의미를 정확하게 알기 위해서는 모방을 통한 학습과 다른 종류의 학습을 구분할 수 있어야 한다. 심리학은 전통적으로 개인적 학습에(즉 개별 동물이나 사람의 학습에) 크게 두 종류가 있다고 보았다. 고전적 조건화와 작동적 조건화다. 파블로프가 침 흘리는 개를 대상으로 처음 연구했던 고전적 조건화는 두 가지 자극이 반복적으로 짝지어 발생함으로써 연합되는 현상이다. 내 고양이는 특정 소리와 식사 때라는 사실을 연합시켜 학습했을 것이고, 어떤 고양이의 모습과 두려움을, 빗소리와 '오늘은 나가기 좋은 날이 아니야'라는 사실을 연합시켰을 것이다. 내가 치과의사의 드릴 소리에 바짝 얼어붙는 것을 학습했고(지난 25년 동안은 늘 마취를 했는데도 아직도 그런다!), 진토닉 잔 속의 얼음이 녹는 소리에 느긋해지는 것을 학습한 것과 마찬가지다. 고전적 조건화는 환경의 특정 측면이 뇌로 복사되는 것이라고 말할 수도 있다. 하지만 그것은 그 뇌로만 그치며, 모방을 통해 다른 뇌로 전달될 수 없다.

한편 작동적 조건화는 동물의 행동이 보상되거나 처벌됨으로써 그 행동의 빈도가 증가하거나 줄어드는 현상이다. 벌허스 프레더릭 스키너가 이런 식의 시행착오 학습을 연구한 것으로 유명하다. 그는 우리에 든 쥐나 비둘기에게 손잡이를 눌러 먹이를 얻는 학습을 시켰다. 내 고양이도 고양이 문 사용법이나 들쥐 잡는 법을 작동적 조건화를 통해 배웠을 것이다. 뒷발로 서서 먹이를 애원하는 법도 그렇게 배웠다. 처음에는 내가 밥그릇을 들고 있으면 고양이가 어정쩡한 자세로 거기에 코를 들이대려고 했다. 나는 고양이가 더 얌전한 태도를 취할 때마다 더 많이 보상해 주었고, 결국 등 뒤에 밥그릇을 숨긴 채 '앉아'라고 명령하게 되었다. 이 과정을 조성shaping이라고 한다. 혹시 크고 힘센 사람이 작고 약한 동물에게 부당한 횡포를 부리는 것처럼 보인다면, 고양이도 필요할 때면 나를 책상에서 일으켜 제 몸을 쓰다듬도록 성공리에 훈련시켰다는 점을 말해두고 싶다.

스키너는 작동적 조건화와 자연선택이 유사하다고 지적했다. 어떤 행동은 적극적으로 선택되는 반면에 어떤 행동은 제거된다는 점에서 그렇다. 그렇게 보면 학습도 하나의 진화 체계이고, 행동을 지시하는 지침이 복제자인 셈이다. 학습과 뇌 발달에 대한 선택 이론도 그간 여러 가지가 제안되었다. 하지만 모방으로써 남에게 전달될 수 없는 행동이라면 그것은 밈이 아니고, 그 선택은 밈 선택이 아니다.

사람의 학습은 대부분 스키너식 학습이지, 밈 학습이 아니다. 의식적이든 아니든 부모는 아이의 행동을 통해서 강화reinforce를 조성한다. 아이에게 최고의 보상은 부모의 관심이고, 처벌보다는 보상이 더 잘 먹힌다. 따라서 아이가 착하게 행동할 때 부모가 관심을 많이 쏟고 아이가 소리를 지르거나 짜증을 부릴 때 부모가 무관심하게 대하면, 아이는 착하게 행동하는 것이 제 이득에 부합하기 때문에 그렇게 할 것이다. 아이의 말을 뭐든 다 들어주는 부모는 의존적인 아이를 조성하게 되고, 아이가 제 장난감을 스스로 찾게 내버려 두거나 지각했을 때 선생님의 화를 고스란히 겪게 내버려 두는 부모는 자기 일을 스스로 책임지는 아이를 조성한다. 부모는 자신이 딸에게 자전거 타는 법을 가르쳐 주었다고 생각할지 몰라도, 사실 부모는 자전거를 사주고 격려해 주었을 뿐, 나머지는 시행착오가 도맡았을 가능성이 크다. 이런 활동에 반드시 밈적인 면이 있는 것은 아니다 (아이가 애초에 자전거를 타고 싶다는 생각을 하게 된 것은 다른 문제다). 우리가 학습한 내용의 대부분은 자신을 위한 것일 뿐, 남에게 전달될 수 없다.

현실적으로는 모방을 통해 개인적으로 학습한 것과 다른 방식으로 학습한 것을 구분하기가 힘들 수도 있지만, 이론적으로는 두 가지가 분명히 다르다. 우리는 밈이 아닌 학습을 많이 알고 있다. 하지만 어떤 저자들은 우리가 아는 거의 모든 것을 밈으로 간주하는 듯하다. 일례로 브로디 1996; 가보라 1997 브로디는 작동적 조건화를 비롯하여 사실상 모든 조건화를 밈에 포함시킨다. 가보라는 그보다 더 나아가서 '일순간의 경험의 주제가 될 수 있는 모든 것'을 밈으로 정의한다. 이것은 지극히 혼란스러운 견해다. 그렇다면 복제자로서의 밈 개념이 지니는 설명력이 사라져버리고, 그렇지 않아도 까다로운 의식의 문제를 다룸에 있어서 부가적인 이점이 없어지고 만다. 논의의 진전을 이루고자 한다면, 명료하고 단순한 정의를 고수하는 수밖에 없다.

감정은 어떨까? 감정은 인간 삶에서 떼려야 뗄 수 없는 일부로서, 합리적 사고와 의사결정에도 핵심적인 역할을 맡는다. 신경학자 안토니오 다마지오가 뇌 손상을 입은 환자들을 많이 관찰한 결과,[1994] 전두엽에 손상을 입은 환자들은 정상적인 감정 반응을 잃어서 감정적으로 밋밋한 상태가 되었지만 그렇다고 해서 초절정으로 합리적인 의사결정자로 변하지는 않았다. 그들은 거추장스러운 감정들에 교란되는 일 없이 척척 인생을 계획하기는커녕, 아무것도 결정하지 못해 마비되다시피 했다. 피클과 호박 맛 감자칩을 고를까 치즈와 양파 맛 감자칩을 고를까 하는 문제가 그들에게는 한참이나 골똘히 생각해야 결정할 수 있는, 신경을 좀먹는 딜레마가 되었다. 정상적인 생활이 불가능할 정도였다. 우리들 대부분은 감정이 그 복잡한 일을 처리해 준다는 사실을 깨닫지 못하고 그냥 '음, 오늘은 치즈와 양파 맛이 당기네' 라고 생각한다. 사실은 우리의 감정들이 현재에 가능한 대안들을 비교해 보고, 과거에 경험했던 결과들을 저울질하고, 그것을 인간 특유의 취향들에 비추어본 뒤, 즉석에서 모종의 신체적 반응을 일으켜서, 우리 뇌의 작은 음성 담당 영역으로 하여금 '네가 안 먹을 거라면 내가 그 치즈와 양파 맛을 먹을게' 라고 말하게 만든다. 드라마 '스타트렉' 에 등장하는 데이터 소령(지각이 있는 인간형 로봇―옮긴이) 같은 인물은 있기 힘들다. 그가 정말로 아무런 감정을 느끼지 않는다면, 그는 아침에 일어날지 말지, 피카르 선장에게 말을 걸지 말지, 차를 마실지 커피를 마실지도 결정할 수 없을 것이다.

감정과 사고는 다른 측면에서도 긴밀하게 연결되어 있다. 아드레날린이나 노르아드레날린처럼 우리의 감정 상태를 통제하는 호르몬들은 종류가 한 줌에 불과하지만, 우리는 그로 인한 생리적 반응을 어떻게 해석하고 이름 붙이느냐에 따라서 어마어마하게 광범위하고 다채로운 감정들을 경험한다. 이 점에서는 밈이 감정에까지 관여한다고 말할 수 있다. 하지만 그렇다고 감정이 밈일까? 답은, 모방으로써 남에게 전달될 때에만 그렇다는 것이다.

'내 기분이 어떤지 너는 모를 거야'라는 말은 굳이 할 필요도 없을 정도로 당연한 이야기다. 감정은 개인적인 것이고, 감정의 소통은 무시무시하게 까다로운 일이다. 우리가 시를 쓰고, 장미를 건네고, 그림을 그리는 것은 다 미약하게나마 감정을 소통하려는 시도다. 우리가 남으로부터 감정을 옮는 경우가 있긴 하다. 가령 남들의 비통함을 목격한 반응으로 내게도 슬픔의 눈물이 솟구치는 경우는 확실히 모방처럼 보인다. 이렇게 전염되듯 행동이 퍼지는 현상이 꼭 모방처럼 보이는 까닭은, 한 사람이 무언가를 하니까 다른 사람도 똑같이 행동했기 때문이다. 그런데 엄밀하게 따지자면 이것은 모방이 아니다. 왜 그런지 알려면 우선 모방을 정의해야겠다.

모방, 전염, 그리고 사회적 학습

심리학자 에드워드 리 손다이크는 모방을 '어떤 행동이 수행되는 것을 바라봄으로써 그 행동을 배우는 것'이라고 명료하게 정의 내린 첫 연구자였다.[1898] 손다이크의 정의는 (비록 시각 정보에 국한하기는 했지만) 남을 복사해서 새로운 행동을 습득하는 행위가 곧 모방이라는 요지를 잘 담고 있다. 그로부터 100년 뒤의 우리는 이 요지가 '전염'이나 '사회적 학습'과 '진정한 모방'을 구분하는 데 있어서 얼마나 중요한지 절감하고 있다.

'전염'이라는 용어는 다양한 방식으로 쓰인다. 어떤 사람은 생각에 전염성이 있다고 보고, 밈의 확산을 전염병의 확산에 비유했다.[린치 1996] 유행이나 자살이 사회에 확산되는 현상을 묘사하기 위해서 '사회적 전염'이라는 용어를 쓴 사람도 있다.^{레비와 네일 1993; 마스덴 1998} 하지만 이것은 내가 모방과 대조시키고자 하는 그런 전염은 아니다. 내가 말하는 것은 본능적 모방, 행동 전염, 사회적 촉진, 공동행위, 혹은 (단순하게) 전염이라고 다양하게 불리는 그런 전염이다.^{휘튼과 햄 1992} 안타깝게도 사회심리학자들은 종종 이런 전염과 모방을 혼동하며, 둘을 같은 것으로 취급한다.^{그로서 외 1951; 레비와 네일 1993} 하지만 최근 들어 (동물과 인간의 행동을 비교하는) 비교심리학자들이 명료하고 유용한 구분을 내린 바 있다.

하품, 기침, 웃음은 사람들 사이에 전염되기 쉽다. 내 주변 사람들이 모두 웃고 있는데 덩달아 웃지 않기란 힘든 일이다. 이런 종류의 전염은 우리의 자극 특징 탐지기들에 의존한다고 알려져 있다. 그런 탐지기들이 다른 사람의 웃음이나 하품을 감지한 뒤, 우리도 선천적으로 할 줄 아는 똑같은 행동을 반응으로 내보이게 만든다. 다른 동물들의 경우에도 경고 신호 같은 발성 행위가 전염되는 예는 있지만, 웃음의 전염은 사람만의 특징인 듯하다.^{프로빈 1996} 어떤 기분이나 감정이 군중에게 확산되는 현상, 남들이 뭔가를 쳐다보는 것을 보면 사람들이 가던 길을 멈추고 같은 곳을 바라보는 현상도 그런 사례다.

이런 전염은 진정한 모방이 아니다. 왜인지는 손다이크의 단순한 정의를 떠올리면 알 수 있다. 하품, 기침, 웃음, 바라보기 등은 우리가 타고난 행동이다. 남들이 웃을 때 우리가 따라 웃는 것은 '그 행동을 하는 법'을 배웠기 때문이 아니다. 우리는 웃는 법을 이미 알고 있다. 우리의 웃음은 방금 들은 웃음을 흉내 낸 것이 아니다. 따라서 이런 종류의 전염은 모방이 아니고, 밈으로 간주될 수 없다.

한편 사회적 학습이라는 것도 있다(개인적 학습에 대비된다). 이것은 다른 사람이나 동물을 관찰하거나 상호작용함으로써 그에 영향을 받아서 학습하게 되는 현상이다. 모방도 사회적 학습의 한 형태인데, 진정한 모방이 아닌 다른 사회적 학습도 많이 있다. 동물을 연구하는 학자들이 최근에 이런 종류의 학습들을 구분함에 있어서 상당한 성과를 거뒀고, 어떤 동물이 진정한 모방을 할 줄 아는지 가려냈다.^{헤이스와 갈레프 1996} 그 결과는 놀라웠다.

1921년 영국 남부에서, 박새들이(마당에 오가는 작은 새들이다) 현관 밖에 놓인 우유병의 코팅된 마분지 뚜껑을 비틀어 열기 시작했다. 이 습관은 잉글랜드 전역으로 퍼졌고, 스코틀랜드와 웨일스 일부에까지 퍼졌다. 다른 종의 새들도 합류하기 시작했고, 호일로 된 뚜껑을 쪼아서 뚫는 새도 등장했다. 이 행동이 마을에서 마을로, 서로 다른 지역으로 서서히 번졌음을 볼 때, 설령 이것이 여러 곳에서 독립적으로 재발견된 행동이라고 해도, 새들이 서로에게서 배운 행동인 것만은 분명하다.^{피셔와 힌드 1949} 슈퍼마켓이 생기고 우유팩이 등장하면서 배달부가 문간에 병을 놔두고 가는 일이 드물게 되었지만, 요즘도 간간이 박새들이 은색 뚜껑을 쪼는 광경을 목격할 수 있다.

우유병 쪼는 행동이 확산된 것은 분명 단순하지만 문화적인 현상이었다. 하지만 엄밀하게 따지면 이것은 모방에 의한 현상이 아니라 더 단순한 사회적 학습에 의한 현상이었다.^{셰리와 갈레프 1984} 한 새가 우유병을 쪼면 남은 크림을 먹을 수 있다는 것을 시행착오를 통해 학습했다고 하자. 그때 다른 새가 옆에 들렀다가 그 새가 쪼는 모습을 보았고, 쪼아서 열린 뚜껑을 보았다. 박새에게 쪼기는 자연스러운 행동이므로, 두 번째 새는 이제 유리병에 관심을 갖고 그것에 올라 앉아 쫄 가능성이 높다. 맛있는 크림이라는 보상으로 행동이 강화되면 새는 그 행동을 반복할 테고, 그러면 다른 새들에게 그 장면이 목격될 확률이 높아진다. 새들이 다양한 방법을 사용해서 뚜껑을 연다는 것만 보아도 이 행동이 직접적인 모방으로 학습된 게 아님을 알 수 있다.

이런 종류의 사회적 학습을 '자극 증강stimulus enhancement' 이라고도 한다. 이 경우에는 병뚜껑이 자극이고, 새들이 그 자극을 더 쉽게 눈치채게 된 것이 증강이다. '국지적 증강' 도 비슷한 현상인데, 이것은 특정 장소로 주의가 유도되는 것을 말한다. 동물들은 어떤 대상이나 장소를 피하거나 무시하는 법을 서로에게 가르쳐 주곤 한다. 어린 레서스원숭이는 부모가 뱀에게 두려운 반응을 보이는 것을 목격하고서 뱀을 피하는 법을 익히고, 문어는 다른 문어들이 공격하는 것을 보았던 대상을 자기도 공격하곤 한다. 새나 토끼는 기차를 무서워하지 않는 동료들을 따라다니다가 자기도 두려움을 잊고, 굉음에 익숙해진다. 검은머리물떼새는 전통에 따라 홍합을 부리로 찌르거나 두드림으로써 껍질을 열고, 철새들은 이주 경로나 둥지 틀 장소를 다른 새들에게 배운다(보너의 1980년 책에 흥미로운 사례가 많이 소개되어 있다). 하지만 이런 과정들은 진정한 모방이라고 할 수 없다. 한 동물에게서 다른 동물에게로 새로운 행동이 전수된 것이 없기 때문이다. _{사회적 학습과 모방을 검토한 책으로는 다음이 있다. 헤이스와 갈레프 1996; 휘튼과 햄 1992; 젠탈과 갈레프 1988}

진정한 모방에 의한 문화적 학습인 것처럼 보이는 또 다른 유명한 사례는 고구마 씻어 먹는 법을 학습한 일본원숭이들, 흰개미집에 작대기를 쑤셔 넣어 개미 건져 먹는 법을 익힌 침팬지들이 있다. 하지만 이런 기술의 확산과 동물의 학습 능력을 깊이 연구한 결과, 두 전통 모두 개인적 학습이나 방금 말한 형태의 사회적 학습에 의존할 뿐 진정한 모방에 의존하는 것은 아니란 게 밝혀졌다. _{갈레프 1992} 그러므로 아주 정확하게 말하자면 병뚜껑 쪼기나 흰개미 낚시하기나 고구마 씻어먹기는 진정한 밈이 아니다. 아슬아슬하게 가깝긴 하지만 말이다.

자명종이나 자동차 경보기의 소리를 흉내 내는 이웃집 찌르레기는 어떨까? 새들에게는 진정한 모방이 일어날 때가 있다. 비록 그 능력이 소리에 국한되어 있고, 그것도 특정한 종류의 소리에 한정되어 있지만 말이다(단순한 동작도 흉내 낼 줄 아는 앵무새는 예외다). 그 때문에 새들의 노래는 예전부터 특수한 경우로 인식되어 왔다. ^{보너 1980; 델리우스 1989; 손다이크 1898 휘튼과 햄 1992} 새들의 노래는 유구한 전통을 가진 것이 많다. 예를 들어 푸른머리되새의 갓 태어난 새끼들은 직접 노래를 부르기 훨씬 전부터 부모의 노래를 듣는다. 몇 달 뒤에는 스스로 다양한 범위의 소리를 시험하기 시작하며, 점차 범위를 좁혀가서 결국 새끼 때 들었던 노래로 다듬어간다. 실험에 따르면 이 학습이 가능한 결정적 시기가 있다. 그리고 새가 자기 노랫소리를 스스로 들을 줄 알아야만, 모방하고자 하는 기억 속 노래와 닮게 만들 수 있다. 사람 손에 자란 새들은 녹음기에서 노래를 배우고, 다른 종 새에게 입양된 새들은 생물학적 부모가 아니라 양부모에 가깝게 노래한다. 어떤 종은 주변으로부터 많은 노래를 배우며, 앵무새나 구관조 같은 소수의 새들은 사람의 말까지 흉내 낸다. 그러므로 새들의 노래는 밈이라고 볼 수 있다. 푸른머리되새의 노래가 문화적으로 진화하는 과정을 노래 밈의 돌연변이, 이동, 부동으로 설명한 연구도 있고, ^{린치 외 1989} 꿀빨이새의 노래 밈풀은 오스트레일리아 주변 섬에서보다 본토에서 더 다양하다는 것을 확인한 연구도 있다. ^{베이커 1996} 따라서 새의 노래는 우리가 앞서 살펴보았던 사회적 학습의 사례들과는 경우가 다르다.

그 차이점을 이렇게 설명할 수 있다. 모방은 남을 관찰함으로써 어떤 행동에 관해서 뭔가를 배우는 것이고, 사회적 학습은 남을 관찰함으로써 환경에 관해서 뭔가를 배우는 것이다. ^{헤이스 1993} 박새는 쪼는 법을 원래 알고 있었다. 무엇을 쫄 것인가를 새로 배웠을 뿐이다. 원숭이는 겁먹는 법을 원래 알고 있었다. 무엇을 두려워할 것인가를 새로 배웠을 뿐이다.

이 분야의 연구가 시작된 지 거의 100년이 되었는데도, 사람이 아닌 다른 동물에게서 진정한 모방이 일어난다는 증거는 거의 없었다. 새들의 노래만이 유별난 예외이고, 돌고래들도 물속에서 모방을 하는데 우리가 모르고 있을 가능성은 있다. 사람과 어울려 자라난 침팬지와 고릴라는 때때로 야생의 개체들이 하지 않는 방식으로 모방을 한다.^{토마셀로 외 1993} 하지만 유인원과 사람 아이에게 똑같은 문제를 주면, 사람 아이만이 흔쾌하게 모방을 활용해서 문제를 푼다.^{콜과 토마셀로 1995} 우리는 흔히 '원숭이처럼 흉내낸다' 는 표현을 쓰지만, 잘못된 말이다. 원숭이는 흉내 내는 일이 드물다.

대조적으로 사람에게는 '탁월하고 보편적인 모방 능력' 이 있다.^{멜초프 1988} 사람 아기는 목소리, 자세, 사물에 대한 행동을 광범위하게 모방할 줄 알고, 가령 허리를 숙여서 플라스틱판에 머리를 대는 것처럼 철저히 임의적인 행동도 따라 한다. 14개월이 되면 일주일 전에 관찰했던 일을 모방할 줄 알고,^{멜초프 1988} 어른이 자기를 따라 하는 것도 눈치채는 듯하다.^{멜초프 1996} 다른 동물들과 달리 우리는 거의 모든 것을 쉽게 모방하고, 그러면서 재미있어 한다.

우리가 밈을 모방에 의해 전달되는 것이라고 정의한다면, 광범위한 밈 전파를 일으킬 수 있는 것은 사람뿐이라는 결론이 된다. 어떤 이론가들은 거의 모든 형태의 사회적 학습을 문화 진화의 정의에 포함시켰다.^{가령 보이드와 리처슨 1985; 델리우스 1989} 그들의 수학적 모형은 실제로 어느 형태에나 다 유용하게 적용되겠다. 하지만 나는 밈학의 입장에서는 원래의 밈 정의를 고수하는 편이 더 바람직하다고 생각한다. 다른 형태의 사회적 학습들에는 진정한 유전을 내포한 복제 메커니즘이 없기 때문이다. 행동이 정말로 복사되는 것은 아니기 때문이다.

이런 식으로 생각해 보자. 사회적 학습에서는 한 동물이 개인적 학습을 통해서 새 행동을 발명한 뒤, 다른 개체로 하여금 그 행동을 똑같이 익히기 쉬운 환경에 처하게 만든다. 첫 번째 개체의 행동 때문에 어떻게든 두 번째 개체의 학습 가능성이 변화해서 결국 똑같은(혹은 비슷한) 새 행동을 익히게 되는 것이다. 결과를 놓고 보면 마치 복제가 일어난 것 같지만, 실제로는 아니다. 두 번째 학습자도 스스로 새롭게 행동을 창조해야 하기 때문이다. 사회적 환경과 다른 개체의 행동이 거들기는 했지만, 첫 번째 개체의 행동이 고스란히 전달된 것은 아니다. 따라서 선택적인 복사를 통해서 그 행동을 더욱 세련되게 구축하는 일은 불가능하다. 그렇다면 진정한 유전이라고 할 수 없고, 제2의 복제자가 없는 셈이고, 진정한 진화가 없는 셈이다. 따라서 이 과정은 밈적이라고 할 수 없다.

대조적으로, 사람은 보편적인 모방 능력이 있기 때문에 거의 무한한 종류의 행동을 새로 발명할 수 있고, 서로 따라 할 수 있다. 모방을 통해 전달되는 것을 밈으로 정의한다면, 따라 하기 과정에서 전달된 그 무언가가 바로 밈이다. 밈은 세 가지 필수 조건, 즉 유전과(행동의 형태와 세부사항이 복사된다) 변이와(실수나 꾸밈 같은 변화를 덧붙인 채 복사된다) 선택을(모든 행동이 아니라 일부만이 성공리에 복사된다) 모두 드러내기 때문에 복제자의 기준을 만족시킨다. 이것은 진정한 진화 과정이다.

◆ ◆ ◆

모방이 드물고 특수한 현상이라는 것은 확인했다. 그런데 모방 행위에서는 정확히 어떤 일이 벌어지는 것일까? 영유아의 모방에 관한 연구는 상당히 많이 이뤄졌다. ^{멜초프와 무어 1977; 휘튼 외 1996; 안도 외 1978} 스포츠에 관한 연구, 사회적 순응에 관한 연구, 폭력적인 텔레비전 방송이 모방 범죄를 일으키는가 같은 질문들에 관한 연구, ^{반두라와 월터스 1963} 자살이나 자동차 사고나 살인도 모방으로 확산될 수 있는가 하는 연구도 ^{마스덴 1998b; 필립스 1980} 있었다. 하지만 모방의 기저에 깔린 메커니즘에 관해서는 거의 연구된 바가 없다. 그러니 잠시 그 대목을 짚어 보자.

모방은 현대 산업에서 남의 발상을 훔치는 방법으로 흔히 쓰이는 '역 공학'에 비유할 수 있다. 최첨단 CD 플레이어를 값싸게 양산하고 싶어 하는 양심 없는 제작자가 있다. 그는 특별한 숙련 기술자들을 고용하여 실물을 조각조각 분해시킨다. 기술자들은 각 부품이 어떻게 쓰이는지, 그 것을 어떻게 제조할 수 있는지 알아내려고 노력한다. 운이 좋으면 모형과 같은 방식으로 작동하는 복제품을 만들어 낼 수 있다. 특허 사용료를 제 공하지 않고 말이다. 하지만 쉬운 일은 아니다.

이제 내가 취하는 간단한 행동을 당신이 따라 한다고 상상해 보자. 나 는 두 손을 나팔 모양으로 입에 댄 뒤, 하늘을 향해 치켜들고서 '따단따 단'이라고 흥얼거린다. 당신에게 육체적인 장애가 없다면, 별 어려움 없 이 나를 따라 할 수 있을 것이다. 당신을 지켜보는 사람들은 당신이 훌륭 한 연기를 펼쳤는지 아닌지 쉽게 말해줄 것이다. 이게 뭐가 어려운 일이 라고?

처음부터 끝까지 다 어렵다. 첫째, 당신은(사실은 모종의 무의식적인 뇌 메커니즘이라고 해야겠지만) 내 행동의 어떤 측면을 복사할지 결정해야 한 다. 다리의 각도가 중요할까? 발의 위치가 중요할까? 손을 나팔처럼 만 드는 게 중요할까, 아니면 내 손의 위치를 정확하게 따라 하는 게 더 중요 할까? 흥얼거림은 음정까지 똑같아야 할까, 가락만 따라 하면 될까? 여 러분 나름대로 다른 질문들도 얼마든지 생각할 수 있을 것이다. 어떤 측 면을 따라 하는 게 중요한지 결정했다면, 다음에는 변환이라는 몹시 까다 로운 행위를 개시해야 한다. 당신이 나를 옆에서 보았다고 하자. 당신이 본 내 자세는 당신 스스로 그 행동을 취할 때의 시각에서 보게 될 자세와 는 전혀 다르다. 당신은 '나팔' 끝에 해당하는 당신의 손만을 볼 것이다. 당신의 뇌는 내 행동을 어떻게든 변환함으로써 남들이 볼 때 내 행동과 비슷한 것을 스스로 취하도록 근육들에게 지시를 내려야 한다. 이런, 이야기가 복잡해졌다.

이야기가 복잡해진 것은 이것이 실제로 복잡한 일이기 때문이다. 모방은 반드시 다음 요소들을 거느린다. a. 무엇을 모방할 것인가, 혹은 어떤 것이 '같거나 비슷한' 것인가에 대한 결정. b. 한 시점으로부터 다른 시점으로의 복잡한 변환. c. 그에 상응하는 신체적 행동의 수행.

자연스럽게만 보였던 이런 행동이 실은 얼마나 까다로운지 깨닫고 나면, 우리가 그런 것을 할 수 있을 리 없다는 생각마저 든다. 그러나 분명히 우리는 그렇게 하고 있다. 어쩌면 밈 과학이 이토록 특수한 능력에 기초할 수는 없다는 생각이 들지도 모른다. 나 역시 인간의 삶은 실제로 그렇게 구성된다는 사실을 스스로에게 거듭 설득시키고서야 확신이 들었으니까 말이다. 우리는 정말 항상 서로를 따라 하지만, 모방은 우리에게 너무나 쉽기 때문에 그 실체를 과소평가하기 쉽다. 우리가 서로를 모방할 때는, 실체가 없는 무형의 것이긴 하지만 반드시 무언가가 전달된다. 그 무언가가 밈이고, 밈의 관점에서 바라보는 것이야말로 밈학의 기초다.

제5장

밈에 관한
세 가지 문제

M   E   M   E

안타깝게도 우리는 아직 밈의 단위를 규정할 수 없다. 또한 밈이 복사되고 저장되는 메커니즘도 모른다. 그리고 밈 진화가 '라마르크식 진화'라는 오해도 있다. 그러나 밈의 반대자들이 제기하는 이런 문제들은 대부분 해결 가능하거나 애초에 문제가 되지 않는 것들이다. 밈과 밈적 현상에 대한 학자들의 정의는 다양하지만, 의미를 확장할 필요가 있다. '모방'을 통해서 복사될 수 있는 정보인 한 무엇이든 밈이다.

THREE PROBLEMS WITH MEMES

베토벤의 교향곡 5번은 통째로 하나의 밈일까, 아니면 첫 네 음절만 밈일까?

이것은 밈학의 입장에서는 아주 진지하고, 탐구할 가치가 있는 질문이다. 나는 그것을 문제라고 생각하지 않지만 말이다. 이외에도 밈학에 대해 자주 제기되는 반대 논거들 중에서 다뤄볼 만한 가치가 있는 것들이 몇 있다. 나는 개중 세 가지 문제를 살펴볼 것이다. 그것들이 모두 해결 가능한 문제이거나, 애초에 문제가 되지 않는 문제라고 주장할 것이다.

밈의 단위를 규정할 수 없다는 문제

우연인지 밈 전달에 의한 것인지는 몰라도, 이 문제를 이야기할 때에는 베토벤이 사례로 즐겨 이용된다. 브로디는 베토벤의 교향곡 5번을 사용했고,[1996] 도킨스는 9번을,[1976] 데닛은 5번과 9번을 모두 사용했다.[1995] 데닛은 교향곡 5번의 첫 네 음은 눈부시게 성공한 밈이라고 했다. 베토벤의 작품들이 잘 알려지지 않은 여러 상황에서도 그 소절만은 자력으로 스스로를 복제해왔다는 것이다. 그렇다면 그 소절이 밈일까, 교향곡 전체가 밈일까?

이 질문에 대답할 수 없다면, 우리는 밈의 단위를 규정할 수 없는 것이다. 어떤 사람들은 그것을 밈학의 심각한 문제라고 본다. 일례로 오래 전에 제이콥 브로노스키는 우리가 사회 변화에 관해 더 잘 이해하지 못하는 까닭은 그것의 적절한 단위를 짚어 말할 수 없기 때문이라고 말했다.[헐 1982] 나도 사람들이 '밈의 단위가 무엇인지조차 말할 수 없잖아요'라는 근거에서 밈학 전체를 부정하는 것을 종종 보았다. 물론 옳은 말이다. 나는 그 단위가 무엇인지 말할 수 없다. 하지만 그것을 꼭 말할 수 있어야 한다고는 생각하지 않는다. 복제자가 이름 붙이기에 간편한 단위로 반드시 깔끔하게 꾸려져 있으라는 법은 없다. 그렇다면 우리에게 가장 친숙한 복제자인 유전자에 대해서 같은 질문을 던져 보자.

유전자를 정의하기는 쉽지 않다. 동식물 사육가, 유전학자, 분자생물학자는 이 용어를 저마다 다르게 사용하는데, 그것은 각자 서로 다른 문제에 관심이 있기 때문이다. 분자 수준에서 보면 유전자는 한 줄의 DNA 분자를 따라 늘어서 있는 뉴클레오티드 서열이다. DNA 조각도 길이에 따라 서로 다른 이름으로 불리는데, 가령 코돈은 뉴클레오티드 세 개로 구성된 삼중부호이고, 시스트론은 단백질 하나를 만들어 낼 만한 지침에 더해 시작 신호와 종결 신호까지 포함하도록 충분히 긴 서열을 가리킨다. 어떤 것이든 유성생식에서 늘 말짱한 형태로 전달된다는 보장은 없고, 우리가 무엇에 '대한' 유전자라고 이야기할 때의 그 유전자에 해당하지도 않는다. DNA는 단백질 합성의 지침을 제공하지만, 그래서 그 사람의 눈동자가 푸른색이 될지 갈색이 될지, 여자보다 남자에게 성적 충동을 더 많이 느끼게 될지, 음악에 대한 천부적 재능을 갖게 될지 등은 한참 먼 이야기다. 그렇지만 자연선택은 유전자가 빚어내는 이런 결과를 선택 대상으로 삼는다. 그렇다면 대체 유전자의 단위는 무엇일까?

어쩌면 결정적인 대답은 없는지도 모른다. 다만, 적절한 선택압을 경험할 만큼 충분히 오래 존재하는 유전정보로 유전자를 정의하는 것이 썩 쓸모 있는 대답이 될지도 모르겠다. 너무 짧은 DNA 염기서열은 무의미하다. 그것은 세대에서 세대로 고스란히 전달되며 거의 무한히 존속할 테지만, 셀 수 없이 많은 단백질 합성 과정과 셀 수 없이 많은 표현형 효과에 참여할 것이다. 한편 지나치게 긴 염기서열은 긍정적으로든 부정적으로든 선택을 경험할 정도로 오랜 기간 동안 여러 세대에서 살아남을 수 없을 것이다. 따라서 대강 중간 정도의 길이가 선택되어야 하는데, 그조차도 선택압의 강도에 따라 달라진다. 도킨스 1976; 윌리엄스 1966

이처럼 무엇을 유전자라고 볼 것인가에 관해 본질적인 불확실성이 있다고 해도, 그 때문에 유전학과 생물학의 발전이 저해되지는 않았다. '유전자의 단위를 결정할 수 없으니까 유전학과 생물학과 진화론을 모두 포기하자'라고 말하는 사람은 없다. 학문들은 제 관점에서의 작업에 가장 유용하다고 생각되는 단위를 자유롭게 채택함으로써 잘만 진행된다.

같은 논리를 밈학에도 적용할 수 있다. 데닛은 밈의 단위를 '신뢰성과 다산성을 유지하며 스스로를 복제하는 최소 요소'로 정의했다.[1995] 분홍색 물감으로 찍은 점 하나는 밈 선택압이 적용되기에는 너무 작은 단위일 것이다. 애호되거나 혐오되기에도, 사진 촬영의 대상이 되거나 그냥 버려지기에도 부족한 단위다. 반면에 그림들이 가득 찬 전시장 전체는 너무 크다. 대부분의 사람들에게는 그림 한 장이 자연스러운 단위다. 그렇기 때문에 우리는 반 고흐의 〈해바라기〉를 기억하고, 에드바르 뭉크의 〈절규〉 엽서를 구입한다. 회화의 양식, 가령 인상파나 입체파 같은 것도 복사되는 대상이므로 밈으로 간주할 수 있지만, 그것을 어떤 단위로 나누기는 참 어렵다. 단어 하나는 저작권을 인정하기에는 너무 짧고, 도서관 전체는 너무 크다. 하지만 기발한 광고 문구 하나에서 10만 단어짜리 책 한 권에 이르기까지 다양한 것에서 저작권을 인정받을 수 있고, 실제로 그렇다. 무엇이든 다 밈으로 간주될 수 있다. '밈의 진짜 단위가 무엇일까' 하는 질문에 꼭 맞는, 단 하나의 답은 존재하지 않는다.

나는 네 음으로 이뤄진 소절은 밈이 되기에 너무 짧다고 주장할 뻔했지만, 모든 사람들이 그 사례를 그렇게나 좋아하는 것을 볼 때 내가 틀린 것 같다. 음악적 천재가 제대로 된 네 음을 선택해서 웅장한 교향곡을 열어젖히고, 운 좋게도 그 작품이 대중 커뮤니케이션의 시대에 잘 살아남는다면, 네 음은 말 그대로 수백만 명의 사람들에게 들리고 기억될 것이다. 당신이 그중 한 명이라서 지금 이 글 때문에 그 소절을 머리에서 지울 수 없게 되었다면, 미안하다.

왜 우리가 머릿속에서 어떤 노랫가락을 지울 수 없는가 하는 문제는 밈학의 설명력을 잘 보여 줄 만한 또 다른 사례다. 밈의 단위가 어떻게 달라지든 전혀 상관이 없다는 것을 이 예제를 통해서 살펴보자.

왜 어떤 노래는 머릿속에서 자꾸자꾸 울려 퍼지며, 좀처럼 사라지지 않을까? 왜 우리 뇌는 이런 식으로 작동할까? 하루 온종일 '상쾌한 코카콜라'나 드라마 주제곡을 흥얼거리는 게 대체 내게 무슨 소용일까? 밈학의 답은, 내게는 아무런 쓸모가 없는 일이라는 것이다. 하지만 밈들에게는 소용이 있다.

밈은 복제자이므로, 복제할 수 있는 상황이라면 언제든 복제한다. 우리 뇌의 모방 도구는 노래를 복사하기에 안성맞춤인 환경이다. 어떤 가락이 내 뇌에 자리 잡고 다시 전달되기에 충분할 만큼 인상적이라면, 그 밈은 그렇게 할 것이다. 아주 외우기 좋고, 부르기 좋고, 즐기기 좋은 노래라면, 무수히 많은 뇌에 들어갈 것이다. 한 TV 프로그램 제작자가 그 노래를 드라마 주제가로 쓰겠다고 결정하면, 노래는 더욱 더 많은 뇌에 들어갈 것이다. 당신이 그 노래를 흥얼거리기 시작하면 남들이 당신의 소리를 들을 기회가 많아질 테고, 당신이 노래를 퍼뜨릴 확률이 높아질 것이다. 그동안 수많은 다른 노래들은 두 번 다시 재생되지 않는다. 그 결과, 성공적인 밈은 다른 밈들을 제치고 밈풀에서 빈도를 높여간다. 우리는 모두 그런 밈들에 감염되어 있다. 우리 기억에 저장된 그 밈들은 언제든 활성화하여 아직 감염되지 않은 다른 사람에게 전달될 태세를 갖추고 있다. 우리가 이렇게 노래를 부르는 것은 우리를 위한 게 아니다. 우리 유전자를 위한 것도 아니다. 우리가 끔찍한 노래도 왠지 떨쳐버리지 못하는 것은 노래를 모방할 줄 아는 뇌를 지닌 불가피한 결과다.

이 논증은 왜 어떤 노래는 따라 부르고 싶고 마음에 드는데 다른 노래는 그렇지 않을까 하는 구체적인 이유와는 전혀 무관하게 성립한다. 그런 이유를 생각해 보자면, 우리가 특정 소리를 선호하는 성향이 있어서라거나, 소리의 예측 가능성이나 불가능성에서 재미를 느껴서라거나, 전반적인 복잡성에 매력을 느껴서라거나 등등일 것이다. 데릭 개더러는 재즈의 발달을 구성 요소들의 적응도라는 측면에서 살펴보면서, 복잡성, 기억의 용의성, 당대 기술의 영향 등을 시대에 따라 짚어 보았다.[1997] 단순한 멜로디는 외우기는 쉽겠지만 사람들이 퍼뜨리고 싶어할 만큼 흥미롭지 못할 가능성이 높다. 복잡하게 진화한 즉흥 연주는 숙련된 음악가와 감상자의 동아리 내에서만 생존할 것이다. 그보다 더 복잡한 음악은 즐길 만은 하더라도 외우기에는 너무 어려워서 복제되지 않을 가능성이 높다. 어쩌면 미래의 밈학은 음악에서 성공적인 복제의 조건이 무엇인지 알아낼 것이다. 서로 다른 음악들이 어떻게 서로 다른 생태지위를 채우는지, 가령 소규모 집단에서의 전문적인 복제는 대중적이지만 일시적인 복제와 어떻게 다른지 알아낼 것이다. 하지만 이런 것은 지금 내가 주장한 단순한 논증과 전혀 상관이 없다는 것을 명심하자. 당신의 머리에서 자꾸 재생될 만큼 인상적인 노래라면 종류가 무엇이든 쉽게 전달될 것이고, 덕분에 우리는 그런 노래를 더 자주 만날 것이며, 그것에게 '사로잡힐' 위험에 노출될 것이다.

밈학은 왜 신경을 거스르는 노래가 머리에서 자꾸만 반복되는가 하는 질문을 단순하고 명백하게 설명했다. 왜 우리가 생각을 멈출 수 없는가에 대한 답과 비슷하다. 노래는 잡초와 같아서 자꾸 자라려고 한다는 것이다. 생각이든 노래든, 밈의 단위를 어떻게 잡는가가 이 설명에 문제가 되는가? 아니다. 우리가 지침을 어떤 크기로 나누든, 남는 뇌 공간을 차지하려는 지침들 간의 경쟁은 무조건 진행된다. 밈은 '모방을 통해 전달되는 무엇'이다. 당신이 직장에서 자꾸만 '예루살렘'이라는 노래를 흥얼거리는 바람에 사무실 사람들 모두가 그 노래의 2절까지 다 알게 되었다면, 그 송가 전체가 밈이다. 당신이 '빰빰빰빰'이라는 네 음을 사람들에게 감염시켰다면, 그 근사한 네 음이 밈이다.

밈이 복사되고 저장되는 메커니즘을 모른다는 문제

그렇다, 우리는 모른다. 우리는 요즘 DNA의 작동방식을 속속들이 알고 있기 때문에, 밈에 대해서도 같은 수준의 이해가 있어야 한다고 생각하기 쉽다. 지금 당장 말이다. 그러나 나는 꼭 그래야 한다고는 생각하지 않는다. DNA라는 말이 없었을 때에도 진화 이론은 상당한 수준까지 발전했다. 다윈의 《종의 기원》은 1859년에 출간되었다. 유전학과 자연선택이 하나로 통합된 것은 1930년대가 되어서였고 ,^{피셔 1930} 1940년대가 되어서야 과학의 다른 영역들도 더해져서 이른바 현대적 종합을 이룸으로써 신다윈주의 이론으로 이어졌으며, 1950년대가 되어서야 DNA의 구조가 밝혀졌다.[왓슨 1968] 다윈주의 역사의 첫 100년 동안 사람들은 화학적 복제나 단백질 합성의 통제에 관해서, 나아가 대체 DNA가 무엇을 하는지에 관해서 까맣게 모르고서도 진화에 대해 엄청나게 많은 것을 알아냈다.

현재 우리가 건설하려는 밈학은 미래의 세기에서 되돌아보면 틀림없이 너무나 허술해 보이겠지만, 그렇다고 시작조차 하지 않을 이유는 없다. 우리는 밈 선택이 의존하는 뇌의 메커니즘을 모르고도 밈 선택의 일반 원리들을 상당히 깊이 살펴볼 수 있다. 변변찮은 지식이나마 이미 아는 내용에 기반을 두어, 그 메커니즘에 관해 나름대로 그럴듯한 추측을 해볼 수 있다.

첫째, 우리는 밈이 최소한 복제의 특정 단계에서만이라도 반드시 물리적으로 뇌에 저장되어 있어야 한다고 가정할 수 있다. 저장에 관해서라면, 신경과학이 성큼성큼 기억의 생물학적 토대를 밝혀나가고 있다. 인공신경망은 기억의 여러 속성들을 컴퓨터로 시뮬레이션할 수 있다는 것을 보여 주었다. 연구자들은 시냅스 전달, 장기 시냅스 강화, 신경전달물질에 관한 연구를 통해서 실제의 뇌도 인공신경망과 비슷하게 작동하는지 알아보는 중이다. 정말로 그렇다면, 우리는 사람의 기억도 인공신경망과 비슷하게 저장된다고 짐작할 수 있을 것이다.[다음 책을 참고하라, 처칠랜드와 세즈노스키 1992]

뇌의 신경망은 개별 세포들이 뭉쳐서 이룬 큰 응집체들로 구성되는데, 개중 어떤 세포층은 입력 신호를 받아들이는 일을 하고(가령 눈의 신호나 다른 신경망의 신호를 받는다), 다른 층은 출력을 내보내며(가령 근육으로, 목소리로, 다른 신경망으로), 그 사이에 또 많은 층이 끼어 있다. 각 뉴런(신경세포)은 다른 많은 뉴런과 이어져 있고, 그 연결 강도는 뉴런들이 경험한 역사에 따라 다르다. 신경망은 한 시점에서 특정 종류의 입력을 받으면 반드시 특정 종류의 출력을 생성하겠지만, 그 관계가 늘 고정되어 있는 것은 아니다. 신경망은 길들여질 수 있다. 예를 들어 두 가지 입력이 지속적으로 짝을 지어 들어온다면, 그 경험 때문에 이후의 입력에 대한 신경망의 반응이 바뀐다. 한마디로 신경망은 기억을 한다.

이런 기억은 디지털 컴퓨터나 테이프 녹음기의 기억과는 전혀 다르다. 컴퓨터의 기억은 저장 장소가 늘 고정되어 있고, 녹음기는 제게 입력되는 모든 소리를 거의 충실하게 그대로 복사한다. 반면에 뇌에서는 모든 입력 정보가 기존의 정보 위에 누적된다. 사람은 평생 복잡한 경험을 잔뜩 겪는데, 그 하나하나가 블랙박스에 얌전히 저장되었다가 나중에 필요할 때 다시 인출되는 것은 아니다. 모든 경험들이 다 하나의 복잡한 뇌로 들어오고, 벌써부터 그곳에 있던 것들에 크고 작은 영향을 미친다. 어떤 경험은 사실상 아무런 영향도 미치지 못한 채 깡그리 잊힌다(그렇지 않다면 우리는 제대로 살 수 없을 것이다). 어떤 경험은 단기기억으로 잠깐 저장될 만큼은 영향을 미치지만 그 후에 사라진다. 또 어떤 경험은 뇌에 극적인 변화를 일으킨다. 그래서 우리는 어떤 사건을 정교하게 재구성해 낼 수 있고, 어떤 시를 암송할 수 있고, 누군가의 얼굴은 절대 잊지 않는다.

효과적인 밈은 충실도가 뛰어난 장기기억을 만들어 내는 밈이다. 중요하거나 유용한 밈이라서가 아니라 단지 기억하기 좋은 밈이라는 이유로 성공리에 확산되는 밈도 있을 수 있다. 과학에서는 잘못된 이론이라도 이해하기가 용이한데다가 기존의 이론에 잘 부합하기 때문에 널리 퍼질 수 있고, 서점에서는 제목을 외기 쉽다는 이유로 나쁜 책이 좋은 책보다 더 많이 팔릴 수 있다. 물론 우리는 이런 편향을 극복하는 전략도 많이 갖고 있지만 말이다. 기억에 관한 심리학적 사실들을 밈 선택과 결합시키는 것도 밈학의 중요한 임무가 될 것이다.

어떤 사람들은 밈은 디지털이 아니라고 지적하며, ^{메이너드 스미스 1996} 디지털 체계만이 진화를 뒷받침할 수 있다고 주장한다. 유전자가 디지털이라는 것은 분명한 사실이고, 디지털 저장이 아날로그 저장보다 훨씬 낫다는 것도 분명한 사실이다. 디지털 영상이나 소리 녹음이 선배 격인 아날로그 방식보다 더 나은 해상도와 음질을 제공한다는 것은 상식이다. 디지털 체계는 정보를 저장하고 전달할 때, 설령 잡음이 많은 채널을 통해서 전달하는 경우라도, 정보 손실이 아주 적다. 하지만 진화가 반드시 디지털 체계를 기반으로 해야 한다는 법칙은 어디에도 없다. 그것은 복제의 품질 문제일 뿐이다.

그러면 어떤 특징이 있어야 유능한 복제자가 될까? 도킨스는 세 단어로 요약했다.¹⁹⁷⁶ 충실성, 다산성, (긴)수명이다. 즉 복제자는 정확하게 복사되어야 하고, 복사물을 많이 낳아야 하며, 복사물이 오랜 기간 존속해야 한다. 물론 세 특징들 사이에서 교환이 성립할 수는 있을 것이다. 유전자는 세 기준 모두에서 뛰어나다. 특히 디지털이라는 점 때문에 충실도가 뛰어난 복제를 한다. 그렇다면 뇌는 어떨까?

사람의 기억은 몇 가지 언어를 배우고, 한 번 본 것만으로 수천 개의 사진을 인지하고, 수십 년의 인생에 일어났던 주요한 사건들을 회상한다. 이만하면 썩 훌륭하다. 그러나 밈 진화를 뒷받침할 정도로까지 훌륭할까? 나는 이것을 시험에 붙여 봐도 좋은 경험적 질문이라고 생각한다. 미래에는 밈 연구자들이 어느 정도로 충실한 기억력이라야 밈 진화를 지원할 수 있는지 수학 모형으로 알아낼 수 있을 것이고, 그 수준을 사람의 기억 능력과 비교해 볼 수 있을 것이다. 내가 추측해 보자면, 인간의 기억은 디지털이든 아니든 밈 진화의 도구로 손색없을 만큼 우수한 수준일 것이다.

둘째, 밈은 한 사람에게서 다른 사람에게로 전달되는 과정에 의존하며,

정의상 이 과정은 모방을 통해 이뤄진다. 앞서 이야기하기를 모방에 대해서는 우리가 아는 바가 극히 적다고 했지만, 적어도 간단한 예측쯤은 할 수 있다. 아마도 모방하기 쉬운 행동이 성공적인 밈일 것이고, 모방하기 어려운 행동은 성공적이지 못한 밈일 것이다.

이와는 별개로, 밈 전달의 효율성은 사람의 선호, 관심, 감정, 욕구에 결정적으로 달려 있다. 한마디로 진화심리학의 주제들에 달려 있다. 우리가 성욕을 느끼고, 색다른 성 체험을 원하고, 식욕을 느끼고, 더 맛있는 음식을 원하고, 위험을 피하고, 흥분과 세력을 원하는 것은 유전적인 이유들 때문이다. 진화심리학은 이런 현상들에 대해서 이미 많은 정보를 알아냈고, 덕분에 우리는 왜 어떤 밈은 거듭 채택되는 반면에 어떤 밈은 아무런 영향을 미치지 못하는지 설명할 수 있다. 우리는 그 정보를 잘 활용해서 그 위에 밈학을 구축해나가야 한다.

결론을 내려 보자. 우리가 밈의 저장 및 전달 방식을 모르는 것은 사실이다. 하지만 우리에게는 풍부한 단서가 있고, 어디에서 어떻게 시작하면 좋을지는 확실히 알고 있다.

밈 진화는 '라마르크식' 진화라는 문제

생물학적 진화는 라마르크식 진화가 아니지만 문화 진화는 라마르크식 진화다. 아니, 그렇다고들 한다. 많은 사람이 이 분명한 차이점을 지적했고, 이것을 문제라고 여겼다. 보이드와 리처슨 1985; 데닛 1991; 굴드 1979; 헐 1982; 위스페와 톰슨 1976 최근 벌어졌던 인공생명에 관한 토론에서, 영국 생물학자 존 메이너드 스미스는 자연적이든 인공적이든 진화하는 체계가 꼭 갖춰야 할 속성은 '디지털 암호화와 비 라마르크식 유전'일 것이라고 제안했다. 메이너드 스

밈 진화는 라마르크식일까? 정말로 그렇다면 그것이 밈학에 어떤 의미일까?

첫째, '라마르크식Lamarckian' 이라는 용어는 장 밥티스트 드 라마르크의 진화 이론에서 한 가지 특징만을 가리키는 말이다. 라마르크가 믿었던 갖가지 사상들은 거의 다 사실이 아닌 것으로 드러났다. 가령 그는 진화에서 진보의 필연성을 믿었고, 생물체가 자신의 개량을 위해서 힘쓰는 것이 중요하다고 믿었다. 하지만 우리가 '라마르크주의' 라고 할 때는 이런 것들이 아니라 보통 획득형질의 유전만을 가리킨다. 그것은 생물체가 살면서 배운 내용이나 경험한 변화를 후손에게 물려줄 수 있다는 원리다.

생물학적 진화에서는 (이런 의미의) 라마르크주의가 사실이 아니다. 적어도 유성생식하는 종에서는 사실이 아니다. 유전의 작동방식 때문에(다윈이나 라마르크의 시절에는 그 내용이 알려지지 않았다), 그런 일은 불가능하다. 이 불가능을 가리켜 '바이스만의 장벽Weismann's barrier' 이라고도 하는데, 19세기 말에 '생식질 연속설' 을 주장했던 독일 과학자 아우구스트 바이스만의 이름을 딴 것이다. 사람의 유성생식을 예로 삼아서 현대적인 용어로 설명하자면 이런 내용이다.

유전자는 DNA 암호로서, 인체의 모든 세포들 속에 염색체 쌍들의 형태로 저장되어 있다. 염색체의 특정 위치에 놓인 특정 유전자에 대해서 사람들은 저마다 다른 대립 유전자를 갖고 있다. 한 개인이 지닌 유전자들의 총 구성을 그의 유전형이라고 한다. 그의 유전형이 실제로 만들어낸 다양한 특징들은 표현형이라고 한다. 유전자는 미래의 표현형에 대한 청사진이나 지도가 아니다. 유전자는 단백질을 만드는 지침일 뿐이다. 이 지침들이 배아의 발생을 통제하고, 저마다 다른 환경에서 자라는 성인의 발달을 통제한다. 그 결과로 탄생한 표현형은 시작이 된 유전형에 크게 의존하지만, 표현형이 곧 유전형의 복사물이라거나 유전형에 의해 철저하게 미리 결정되는 것은 아니다.

당신이 새로운 특질을 얻었다고 상상해 보자. 다른 언어를 배웠다거나, 피아노를 연습했다거나, 허벅다리 근육을 키웠다고 하자. 당신의 표현형이 변한 것이다. 그런데 당신 몸의 이 변화는 당신이 물려줄 유전자는 영향을 미칠 수 없다. 당신이 유전자를 물려줄 것인가 아닌가의 여부에는 영향을 미치지 않는다. 당신의 아이가 물려받을 유전자는 당신이 부모에게서 물려받은 유전자와 직접 이어지는 것이고, 이 연속적인 계통을 가리켜 '생식계열'이라고 한다. 상상컨대, 만약에 유전자가 청사진이나 지도처럼 작동한다면, 표현형의 변화가 지도의 내용을 바꿀 것이다. 그러나 실제로는 그런 일이 없다. 정자와 난자를 낳는 과정인 감수분열이 표현형의 변화에 영향을 받는다면 또 모르겠지만, 그런 일은 없다. 더군다나 여성의 난자는 태어날 때 이미 난소 속에 다 형성되어 있다. 생식계열은 끊임없이 이어져 있고, 각 세대마다 유전자들이 섞여서 재조합될 뿐이다. 이 유전자들이 표현형을 만들어 내고, 표현형은 저 나름대로 성공하거나 말거나 하겠지만, 좌우간 표현형이 유전자를 만들어 낼 수는 없다.

유성생식 체계에서는 라마르크식 유전이 일어날 수 없지만, 그래도 정말 그런가 하고 실험으로 확인해본 연구자들이 많았다. 바이스만은 여러 세대에 걸쳐서 쥐들의 꼬리를 잘라 보았다. 하지만 후손들의 꼬리 길이에는 뚜렷한 영향이 없었다. 사실 엄밀하게 말하면 이것은 라마르크 이론에 대한 올바른 시험이 못 된다. 라마르크는 기린이 목을 늘이려고 애쓰거나 새가 나는 것을 연습하는 경우처럼 생물체가 애써 개량을 추구해야 한다고 주장했는데, 모르긴 몰라도 바이스만의 쥐들은 꼬리를 잘라내려고 스스로 애쓰진 않았을 테니까 말이다. 러시아에서는 라마르크주의에 기반한 리센코의 주장이 공식적인 과학 원리로 지정되었던 적이 있다. 그러나 그런 생물학은 전혀 발전하지 못했고, 그 때문에 식물 품종개량 사업이 실패로 돌아가서, 소련의 농업은 처참한 파괴를 겪었다.

하지만 라마르크의 생각은 여전히 인기가 있으며, 요즘도 여러 가면을 쓰고 등장한다. 전생의 기억이 현생으로 이어진다는 '유전적 기억' 설이나 '영혼의 진화'로 심령 현상을 설명할 수 있다는 설이 그렇다. 이 이론은 왜 인기가 있을까? 우리의 고된 노력에는 의미가 있다는 기분, 우리가 스스로를 더 낫게 만들려고 애쓰면 아이들에게도 이득이 된다는 기분을 주기 때문인지도 모른다. 하지만 순수하게 유전적인 관점에서 보자면 그런 이득은 없다. 이것은 인기가 있을지는 몰라도 옳지 않은 이론이다.

적어도 유성생식하는 종에서는 라마르크주의가 사실이 아니고, 다른 종류의 생물들에게는 아예 이 개념을 적용할 수가 불가하다. 지구에 가장 흔한 생물은 박테리아 같은 단세포 생물인데, 이들은 세포분열로 증식한다. 지구상 어디에나 존재하는 이 생물체들에게서는 유전형과 표현형이 깔끔하게 구분되지 않는다. 이들의 유전 정보는 다양한 방식으로 교환되므로, 생식계열을 또렷하게 알 수도 없다. 따라서 라마르크식 유전이라는 개념 자체가 적용 불가능하다.

그렇다면 문화 진화는 어떨까? 답은 우리가 유전자와 밈의 비유를 얼마나 밀어붙일 것이냐에 달려 있다. 그리고 내가 앞서 지적했듯이, 이 비유를 사용할 때 우리는 극도로 조심해야 한다.

비유를 끌어오는 첫 번째 방법은 사람의 유전형, 표현형, 세대 개념을 고수하는 것이다. 이 경우, 밈 진화에서는 분명히 획득형질이 유전된다. 부모에서 자식으로 세대를 거치며 종교가 전수되는 과정을 생각해 보라. 하지만 밈이 수직적인 생물학적 세대만을 고집하는 것은 아니고, 사방으로 건너뛸 수도 있다. 만약에 내가 정말 맛있는 새 호박 수프 요리법을 개발했다면, 나는 그것을 당신에게 넘겨줄 수 있다. 당신이 그것을 할머니에게 넘겨줄 수 있고, 당신의 할머니가 또 친한 친구에게 건네줄 수 있다.

이 과정은 생물학적 의미에서의 유전이 아니고, 유전자에게 영향을 미치지도 않는다. 따라서 이것은 라마르크식 과정이 아니다.

그런데 유전자와 밈을 비유할 때 더 흥미로운 방법은, 표현형이나 생물학적 세대에 관해서는 잊은 채로 밈과 밈 세대들을 바라보는 것이다. 수프의 예에서, 나와 당신 할머니의 친구 사이에는 세 세대가 있다. 각 세대마다 조리법은 뇌로부터 부엌에서의 행동으로 옮겨졌다가, 다시 다른 뇌로 옮겨졌다(내가 수프를 끓이는 모습을 당신이 구경했다면 말이다). 이때 획득형질이 유전되었을까? 내 뇌의 밈은 일종의 유전형이고, 부엌에서의 내 행동은 일종의 표현형이라고 가정하자. 그러면 이 유전은 분명 라마르크식이었다. 내가 수프를 끓일 때 어쩌다가 소금을 너무 많이 뿌렸다면, 혹은 당신이 내 비장의 허브를 하나 빠뜨렸다면, 혹은 내 마늘 다지는 방법을 제대로 따라 하지 않았다면, 당신은 당신을 지켜보는 할머니에게 새로운 형태의 조리법을 넘겨주는 게 된다. 새 표현형은 당신이 획득한 형질을 지닐 것이다.

하지만 당신이 내가 수프 끓이는 광경을 직접 보고 배운 게 아니라면 어떨까? 내가 종이에 적은 조리법을 당신에게 보냈고, 당신이 그것을 할머니에게 건넸고, 할머니가 그것을 복사해서 친구에게 건넸다면? 상황은 상당히 달라진다. 이 경우에는 생물학과의 비유를 이렇게 해볼 수 있다. 수프는 표현형이다. 그 수프가 맛있기 때문에 조리법이 베껴졌다. 즉 당신의 할머니가 조리법을 요청한 이유는 그 수프가 마음에 들었기 때문이다. 이 경우, 할머니가 조리법을 정확하게 따라 하지 않는다면 할머니가 일으킨 변화 때문에 다른 누군가가 그 조리법을 요청할 가능성이 달라질 수는 있지만, 변화가 남들에게까지 전달될 가능성은 없다. 그 변화는 할머니의 수프에만 존재할 뿐(표현형), 종이에 적힌 조리법에(유전형) 존재하는 것은 아니기 때문이다. 이 과정은 생물학적 유전과 완벽하게 일치하며, 따라서 라마르크식 유전이 아니다.

나는 서로 다른 이 전달 방식들을 각각 '생산물 복사하기' 방식과 '지침 복사하기' 방식이라고 부르겠다. 조금 다르긴 하지만 음악도 좋은 예다. 상상해 보자. 내 딸 에밀리가 친구들 앞에서 아름다운 곡을 연주했더니, 한 친구가 자기도 그 곡을 배우고 싶다고 했다. 에밀리는 친구가 정확하게 따라 할 수 있을 때까지 여러 번 반복해서 연주를 들려줄 수도 있고('생산물 복사하기'), 간단히 악보가 그려진 책을 빌려줄 수도 있다('지침 복사하기'). 전자의 경우, 에밀리가 노래에 가한 변화들이 친구에게 함께 전달될 것이다. 이후에도 여러 피아노 연주자들이 줄줄이 그 노래를 베낀다면, 곡은 연주자들의 실수나 꾸밈을 모두 융합하여 점차 다른 모양으로 변할 것이다. 반면에 후자의 경우, 개인의 연주 스타일이 영향을 미치지 않을 것이다. 종이에 적힌 (치장되지 않은) 음악의 복사물이 전달되었기 때문이다. 전자의 과정은 라마르크식인 듯하지만, 후자의 경우는 그렇지 않다.

생물계의 유성생식하는 종들은 '지침 복사하기'를 따른다. 지침인 유전자를 복사하는 것이지, 그 결과인 표현형을 복사하는 것이 아니다. 밈의 세계에서는 두 과정이 모두 사용되므로, '지침 복사하기' 과정은 다윈주의적 과정이고 '생산물 복사하기' 과정은 라마르크식 과정이라고 말할 수 있다. 하지만 나는 이런 표현들이 혼란을 가중할 뿐이라고 생각한다. 나는 수프나 음악의 예를 들 때 두 가지 복제 과정이 쉽게 구분되도록 일부러 설정을 했지만, 현실에서는 두 과정이 뗄 수 없게 엉켜 있을지도 모른다. 내게서 당신의 할머니에게 또 그 친구에게 수프 끓이는 지침이 넘어갈 때, 처음에는 뇌에서 종이로 갔다가, 다시 행동으로 갔다가, 다시 다른 뇌로 갔다가, 컴퓨터 디스크로 갔다가, 또 다른 종이로 갔다가, 또 다른 뇌로 갈지도 모른다. 그 와중에 수없이 다양한 맛을 지닌 수프들이 만들어질지도 모른다. 각 경우에 무엇이 유전형이고 무엇이 표현형일까? 뇌에 든 지침만을 밈이라고 봐야 할까, 종이에 적힌 것도 밈이라고 봐야 할까? 행동은 밈일까, 밈 표현형일까? 행동이 표현형이라면, 수프는 뭘까? 밈은 DNA 같은 실제적 구조에 국한되어 있지 않기 때문에, 밈 진화에는 무수한 가능성이 존재한다. 밈은 다채로운 방식들을 통해서 번진다. 하지만 우리는 이런 질문들에 반드시 답을 해야만 밈 진화가 정말로 라마르크식인지 아닌지 결정할 수 있다. 자, 우리는 막다른 골목에 처했다.

다행스럽게도, 그다지 걱정할 필요는 없다. 이런 곤란은 밈을 유전자에 지나치게 가깝게 비유하려고 하기 때문에 생기는 것이다. 사실은 꼭 그래야 할 이유가 없는데 말이다. 우리는 캠벨의 법칙과 밈학의 기본 원리를 잊지 말아야 한다. 유전자와 밈은 둘 다 복제자이지만 다른 면에서는 차이가 난다. 생물학적 진화의 모든 개념들이 깔끔하게 밈 진화로 전이되리라고 기대할 필요는 없고, 기대해서도 안 된다. 그렇게 기대하면 당장 방금 보았던 것과 같은 난관에 부딪친다.

라마르크식 유전에 관한 내 결론은 이렇다. '문화 진화가 라마르크식 진화인가' 하는 질문은 묻지 않는 게 최선이다. 이 질문은 유전자와 밈을 꼬치꼬치 철저하게 비유할 때에만 의미가 있는데, 그런 비유는 정당하지 않다. '라마르크식'이라는 용어는 생물학적 진화에서 유성생식하는 종을 논할 때에만 사용하는 게 낫다. 다른 종류의 진화들을 이야기할 때에는 '지침 복사하기' 메커니즘과 '생산물 복사하기' 메커니즘이라는 구분법을 사용하는 편이 훨씬 나을 것이다.

용어 정리

그러니 그 수프를 뭐라고 불러야 할까? 우리가 라마르크식 유전에 관한 질문을 던짐으로써 얻은 소득이라면, 덕분에 용어에 관한 까다로운 문제들에 정면으로 맞서게 되었다는 것이다. 어떤 저자들은 이 문제를 그냥 외면했다. 이해할 만하다. 또 어떤 저자들은 용감히 맞서서 나름대로 구분을 내렸는데, 결국 정당하지 않은 구분으로 드러나는 경우가 많았다. 밈학의 용어들은 참으로 뒤죽박죽이라 반드시 정리할 필요가 있다. 나는 밈, 밈 표현형, 밈 운반자라는 세 용어를 어떻게 사용할지 따져 보겠다.

첫째, 무엇을 밈으로 간주해야 할까? 수프의 예에서는 뇌에 저장된 지침이 밈일까? 아니면 수프 자체일까, 부엌에서의 행동일까, 종이에 적힌 단어일까? 모두가 밈일까? 아니면 이중 어느 것도 밈이 아닌 것일까? 수프가 밈이라는 데에는 의문이 든다. 수프가 아무리 맛있더라도 맛만 보아서 그것이 어떻게 만들어졌는지 쉽게 알아낼 수 없기 때문이다. 음악가가 귀로 들은 노래를 악보로 재구성하듯이, 숙련된 요리사라면 맛에서 조리법을 알아낼 수 있을지도 모르지만 말이다. 자, 그렇다면 복사 가능한 밈 생산물과 복사 불가능한 밈 생산물에 대해 서로 다른 체계를 세워야 할까? 나는 지금 내 손으로 상황을 더 복잡하게 만드는 셈이다. 이런 문제들에 대해서는 아직까지 전혀 합의가 없기 때문이다. 하지만 밈학이 진전을 이루려면 기본 요소들에 관해서 의견이 일치해야 한다. 혹시 이 상황을 정리하는 데 도움이 될 정의들이 이미 존재하는 것은 아닌지 살펴보자.

도킨스는 처음에 이 문제를 유심히 다루지 않았다.[1976] 그는 '밈'이라는 용어를 행동, 뇌의 물리적 구조, 기타 다른 방식으로 저장된 정보에 고루 적용했다. 기억하겠지만 그가 원래 예로 들었던 것은 노랫가락, 발상, 광고 문구, 옷의 유행, 항아리나 다리를 만드는 양식 등이었다. 이후에 그는 '밈은 뇌에 상주하는 정보의 단위로 간주되어야 한다(클로크의 i 문화와 같다)'고 결정했다. 도킨스 1982 그 말인즉 의복이나 다리에 담긴 정보는 밈이 아니라는 뜻이다. 하지만 더 나중에 그는 밈이 '뇌에서 뇌로, 뇌에서 책으로, 책에서 뇌로, 뇌에서 컴퓨터로, 컴퓨터에서 컴퓨터로 전파될 수 있다'고 했다. 도킨스 1986 그렇다면 뇌에 있는 정보만이 아니라 온갖 형태로 저장된 정보들이 다 밈으로 간주되는 셈이다.

데닛은 전달될 수 있는 발상이라면 뭐든 밈이라고 보았다. 1991, 1995 뇌에 있든, 책에 있든, 다른 어떤 물리적 구조에 들어 있든, 진화 알고리즘을 거치는 정보는 다 밈이다. 그는 한 밈에 대한 구조가 두 뇌에서 동일하지 않을 것이라는 점도 지적했다. 실제로 분명히 그럴 것이다. 하지만 어떤 사람이 어떤 행동을 수행할 때는 그 뇌 속에 분명 모종의 지침이 저장되어 있고, 다른 사람이 그 행동을 복사하고 기억할 때 모종의 신경적 변화가 야기되는 것도 분명하다. 더럼도 저장 형태에 상관없이 모든 정보를 밈으로 취급했다. 1991

대조적으로, 델리우스는 밈을 '신경 기억망에 들어 있는 활성화된 시냅스들과 활성화되지 않은 시냅스들의 무리', 혹은 '변형된 시냅스들의 집합'이라고 묘사했다. 1989 린치는 밈을 '기억 추상화'로 정의했고, 1991 그랜트는 밈학 어휘를 설명한 글에서 '사람의 마음에 영향을 미치는 정보의 패턴'으로 정의했다. 1990 마지막 정의에 따르면 밈은 책이나 건물로는 전달되지 않을 것이기 때문에, 책이나 건물에는 뭔가 다른 역할이 주어져야 한다. 실제로 그랜트는 더욱 세분화된 구분을 통해서 그들의 역할을 규정했다.

물론 가장 통상적인 구분 방법은 역시 유전자와의 비유에 기대는 것이다. 흔히 표현형 개념을 끌어와서 쓴다. 클로크가 제일 먼저 그 방법을 써서 아주 명쾌하게 구분을 했다. 1975 그는 사람들의 머리에 저장된 지침은 i

문화이고, 행동의 특징이나 기술과 사회 같은 조직은 m 문화라고 했다. 그는 i 문화를 유전형에, m 문화를 표현형에 확실하게 빗댔다. 앞서 말했듯이, 도킨스는 처음에는 이런 구분을 내리지 않았지만, 나중에 《확장된 표현형》에서 이렇게 말했다. '클로크와 달리 …… 나는 안타깝게도 복제자로서의 밈 자체와 그 "표현형적 효과" 혹은 "밈 생산물"을 명확하게 구분하지 않았다.' 도킨스 1982 이어 도킨스는 밈이란 뇌에 물리적으로 실재하는 구조라고 규정했다.

데닛도 밈과 그 표현형 효과에 관해 이야기했는데,[1995] 설명 방식은 달랐다. 밈은 (뇌에 국한된 것은 아닐지언정 아무튼) 내재적인 것이고, 밈이 세상에 보여 주는 설계, 즉 '그것이 바깥 환경의 사물에게 영향을 비치는 방식'은 표현형이라고 했다. 한편 윌리엄 벤존은 이 구도를 거의 거꾸로 뒤집었다.[1996] 그는 항아리나 칼이나 글로 적힌 이야기 등을(클로크의 m 문화) 유전자에 비유했고, 발상이나 욕구나 감정을(i 문화) 표현형에 비유했다. 한편 리앤 가보라는 밈의 정신적 표상을 유전형에, 그것의 실행을 표현형에 비유했다.[1997] 후안 델리우스는 뇌에 든 것이 밈이라고 정의하면서 사람의 행동은 밈의 표현형적 발현이라고 했으나, 그 경우에 자신도 예로 들었던 복식의 유행은 어떤 역할을 하는지에 대해서는 모호하게 넘어갔다.[1989] 글렌 그랜트는 밈의 정보 내용을 '밈형'으로 정의하고, 그것의 사회적 발현인 '사회형'은 그와는 다르다고 분간했다. 그는 밈형/사회형 구분은 유전자의 유전형/표현형 구분에 기초한 것이라고 분명히 밝혔다.

이런 개념들에 공통점이 있기야 하지만, 모두가 같은 말을 하는 것은 아니다. 적어도 내가 보기에는 아무것도 확실한 것이 없는 상황인데, 나는 오히려 그 편이 낫다고 생각한다. 전반적으로 평가할 때, 실제로 잘 기능할 만한 구분법은 없는 것 같다. '생산물 복사하기' 메커니즘과 '지침 복사하기' 메커니즘의 차이를 유념한 이론이 없기 때문이다. 표현형 개

넘은 어떤 경우에는 쉽게 적용되더라도 다른 경우에는 그렇지 않다. 그 밖에도 수많은 전달 양식들이 존재할지도 모른다. 따라서 나는 밈 표현형 개념을 사용하지 않을 것이다. 모호하지 않게 명료한 의미로 정의할 수 없기 때문이다.

또 다른 비유로 운반자 개념이 있다. 도킨스는 원래 유전자 선택 과정에서 복제자와 운반자를 구분하고자 이 개념을 도입했다.[1982] 이기적 복제자는 유전자이지만, 실제로 살고 죽는 것은 훨씬 더 큰 단위들임을 확실하게 구분하기 위해서였다. 그 큰 단위는 (항상 그런 것은 아니지만) 보통 개체다. 도킨스는 생물체를 유전자의 운반자라고 불렀고, 유전자를 태우고 다니면서 보호하기 위해 만들어진 것이라고 했다. 운반자는 '복제자 집단을 수용하고, 보존하고, 전파하는 단위로 기능하는 것으로서, 별도의 이름을 붙일 수 있을 만큼 충분히 이산적인 어떤 단위'라고 했다.

데닛도 이 개념을 활용했다. 그는 생각을 밈으로 간주하고, 생각을 날라다 주는 물리적 대상을 밈 운반자로 간주했다. 가령 '살이 있는 바퀴를 단 마차는 곡식이나 화물을 이곳에서 저곳으로 나르는 것을 넘어, 바퀴살이라는 훌륭한 생각을 이 마음에서 저 마음으로 나르는 것이기도 하다.'[데닛 1995] 데닛에게는 그림, 책, 도구, 건물이 모두 밈 운반자이고, 이것과 유전자의 운반자는 확실히 상응하는 관계였다. 브로디도 데닛의 선례를 따라서 밈의 물리적 표상에 '운반자'라는 용어를 붙였으며,[1996] 그 밖에도 많은 사람이 그렇게 했다. 하지만 이 비유에는 문제가 있다.[스필 1995] 마차가 바퀴살이라는 발상을 운반하는 것은 사실이라고 해도, 그렇다면 마차가 복제자 집단을 수용하고 있다는 말인가? 마차가 그 밈들을 보존하고 전파하는 단위로 기능한다는 말인가? 그런 관점에 따르면 책은 훌륭한 운반자이겠지만, 내 호박 수프는 아닐 것이다. 도무지 어디에 경계선을 그어야 할지 알 수 없다.

우리는 항상 운반자가 있다고 가정하고픈 유혹을 떨쳐야 한다. 항상 운반자에 밈을 집어넣으려는 유혹도 떨쳐야 한다. 도킨스는 '운반자'를 칭찬하기 위해서가 아니라 그것을 묻어버리기 위해서 용어를 고안했다고 말했다. 운반자가 반드시 형성되어야 할 필요는 없는 것이다. 실제로 어떤 종류의 진화 과정은 운반자가 없어도 괜찮은 듯하다. 우리는 '이 상황에서 무엇이 운반자일까?'라고 묻는 대신에 '이 상황에 운반자가 있는가? 있다면 왜 있는가?'를 물어야 한다.^{도킨스 1994} 밈들이 정말로 집단을 이루어서 '복제자들을 보존하고 전파하는 단위'를 형성하는지, 그렇다면 그 진정한 밈 운반자들은 어떤 모습일지 물어야 한다. 밈 운반자를 굳이 무엇에 비유하려면 마차나 요리법보다는 종교, 과학 이론, 정치적 이데올로기 같은 거대한 자기 보전적 밈플렉스에 더 가깝겠지만, 밈플렉스에서는 '운반자' 용어가 사뭇 다른 의미로 쓰이는 게 분명하다. 마지막으로, 사람들이 유전자와 밈 둘 다를 몸에 지님으로써 그들을 '운반할' 수 있다는, 지극히 일상적인 의미에서도 '운반자' 용어가 쓰일 수 있다.

나는 이런 구분들에 관해서 오랫동안 깊게 고심했다. 어떤 사람의 구분이 가장 잘 기능할지, 어떤 것은 기능하지 않을지 살펴보았고, 한두 형태를 채택해서 사용해 보았다. 나만의 새로운 개념을 만드는 시도도 해보았고, 그러다가 좌절도 했다. 결국 나는 내가 밈학의 기본 중의 기본 원리라고 부르는 것으로 돌아오고 말았다. 유전자와 밈은 둘 다 복제자이되 다른 면에서는 차이가 난다는 원리다. 많은 사람이 유전자와 밈을 너무 밀접하게 비유하다가 그만 헤매었고, 앞으로도 한동안 더 그럴 것이다. 물론 우리는 둘을 비유할 수 있지만, 그것은 둘 다 복제자이기 때문이지 다른 이유는 없다. 그 대목을 넘어서면 비유는 약해진다. 밈에도 반드시 표현형이나 운반자 개념이 존재해야 할 이유는 없다. 더욱 엄밀한 유전적 개념들인 대립 유전자, 유전자좌, 유사분열, 감수분열 등에 대한 대응물이 밈에게 없는 것과 마찬가지다. 생물학적 진화에도 표현형이 있긴 하지만 어쨌든 유전자들은 생식계열을 따라 수직으로 곧장 전달된다. 하지만 밈 진화에서 밈들은 뇌에서 종이로, 컴퓨터로, 다시 뇌로 펄쩍펄쩍 뛰어다니면서 지그재그로 움직일 수 있다.

내가 궁리 끝에 도달한 결론은, 사태를 가능한 한 단순하게 정리하자는 것이다. 나는 밈 정보를 담고 있는 모든 것을 형태와 무관하게 '밈'으로 통칭할 것이다. 발상도, 발상을 촉발시킨 뇌 구조도, 뇌 구조가 야기시킨 행동도, 책이나 요리법이나 지도나 악보 형태로 씌어진 발상도 모두 포함된다. 넓은 의미의 '모방'을 통해서 복사될 수 있는 정보인 한 뭐든지 밈이다. '운반자' 용어는 일상적인 의미로만 사용할 것이다. 즉 무언가를 싣고 나르는 물체라는 뜻으로만 쓸 것이다. '사회형' 혹은 '밈 표현형' 같은 용어들은 전혀 쓰지 않을 것이다. 향후에 보다 많은 용어와 구분이 필요하다고 밝혀지면 틀림없이 다른 사람이 제공해줄 것이라고 믿는다. 내가 지금 유용하지도 않은 개념을 지어내서 나중에 다른 연구자가 그것을 해체해야 하는 것보다는 그때 가서 그가 필요한 구분을 덧붙이는 편이 더 쉬울 것이다.

지금까지 우리는 밈학의 몇 가지 문제를 고생스럽고 길게 살펴보았다 (당연히 모든 문제들을 다 살펴본 것은 아니다). 드디어 논의의 기반이 튼튼하게 갖춰진 것 같다. 물론 여러 위험이 잠복해 있다는 것을 명심해야겠지만, 어쨌든 우리는 단순하게 정리한 이 체계를 사용함으로써 밈 과학의 설명력을 본격적으로 탐구해볼 수 있게 되었다. 예를 들어, 사람의 뇌는 왜 이렇게 큰가 하는 문제를 설명해 볼 수 있다.

제6장

커다란 뇌의 비밀

M E M E

초기 호미니드들이 서로 모방하기 시작한 순간은 진정한 전환점이었다. 모방의 탄생은 까마득히 오래된 과거의 일이라 우리가 그 정황을 확실히 알 수는 없지만, 모방의 선택적 이점은 수수께끼라고 할 것도 없이 자명하다. 많은 학자들이 인간의 독특한 큰 뇌의 유일한 원인으로 지목했던 사회적 기술은 사실 모방의 전 단계였을 것이다. 초기 인류의 생존 명제는 이것이다. "가장 뛰어난 모방자를 모방하라!"

사람의 뇌는 거대하다. 왜? 누구도 정확한 이유는 모른다. 큰 뇌의 기원에 관한 이론들이 많이 제기되었지만, 아직 보편적으로 받아들여지는 것은 없으며, 질문은 여태 수수께끼로 남아 있다. 대부분의 이론가들은 자연선택에 의해 거대한 뇌가 진화했을 것이라고 가정한다. 예를 들어 미국의 신경과학자이자 인류학자인 테렌스 데컨은 '그토록 굳건하고 끈질기게 진행된 뇌의 진화 과정은 자연선택의 힘을 반영하는 것이 분명하다'라고 말했다.[1997] 그렇다면 우리는 그 과정에 관여한 선택압을 확인할 수 있어야 한다. 어떤 선택압이 있었을까? 답은 분명하지 않다. 우리가 설명해야 할 현상은 만만치가 않다. 기본적으로 다음과 같은 현상이다.

인간 뇌의 기원

오늘날 사람의 뇌는 지구상 다른 어떤 동물의 능력도 뛰어넘는 특출한 묘기를 가능케 한다. 우리는 언어가 있을 뿐만 아니라 냉장고, 내연기관, 로켓 기술을 발명했다. 우리는(적어도 우리 중 일부는) 체스와 테니스와 비디오 게임을 할 줄 안다. 우리는 음악을 듣고, 춤을 추고, 노래를 부른다. 우리는 민주주의와 사회복지 체제와 주식시장을 탄생시켰다. 이런 것들에 진화적 이득이 있었기 때문일까? 더 정확하게 말하면, 이런 것들을 가능케 하는 뇌에 대한 선택적 이득은 무엇이었을까? 우리는 '수요를 넘어서고, 적응의 요구를 넘어서는' 뇌를 지닌 듯하다. 크로닌 1991

다윈과 동시대에 살았던 알프레드 러셀 월리스는 이 의문으로 하도 골머리를 썩인 나머지, 독자적으로 자연선택 이론을 발견한 장본인임에도 불구하고 결국 인간의 고등 능력들은 자연선택으로는 설명될 수 없다는 결론을 내리고 말았다. 월리스 1891 원시 수렵채집인들에게는 아마도 지금 같은 뇌가 필요 없었을 테니, 여기에는 필시 뭔가 초자연적인 개입이 있었다는 게 월리스의 추론이었다. 그는 죽은 자의 생령과 소통한다고 주장하는 영매들을 지지하는 입장이었고, 다윈은 맞서는 입장이었다. 월리스는 인간의 지적, 영적 본성이 다른 동물에 비해 현격하게 우월한 것을 볼 때, 인간은 동물과는 본질적으로 종류가 다르다고 믿었다. 인간의 몸은 선조 동물이 지속적으로 변형되어 발달한 결과라 해도, 우리의 의식, 윤리, 영혼, '순수한 도덕심이라는 고귀한 감정', 용감한 희생, 예술, 수학, 철학을 설명하려면 그와는 다른 요인이 필요하다고 했다.

그러나 신이나 영혼에 호소하는 것은 미스터리를 푸는 데 전혀 도움이 되지 않는다. 요즘은 월리스의 '해답'을 선호하는 과학자가 거의 없다. 그래도 이 해묵은 논쟁이 실로 진지한 문제를 다룬다는 것은 사실이다. 인간의 능력은 다른 현생 생물들에 비해 상궤를 벗어나게 뛰어나고, 단지 생존을 위해서 설계된 것으로 보이지 않는다.

순수하게 물리적으로만 측정해 보더라도 간극이 또렷하다. 제리슨 1973 현생 인간의 뇌는 부피가 약 1,350세제곱센티미터다(덩치가 비슷한 다른 현생 유인원의 뇌에 비교하면 세 배쯤 된다). 뇌 크기를 비교하는 기준으로 '대뇌비율 지수encephalisation quotient'가 흔히 쓰이는데, 이것은 동물의 뇌 크기 대 몸 크기의 비율을 다른 동물의 평균과 비교하는 것이다. 서로 연관된 동물들을 대상으로 하여 뇌 크기 대 몸 크기 비율을 도표로 그리면 (로그 대 로그 척도일 때) 대략 직선이 그어진다. 그런데 사람과 가까운 현생 동물들의 대뇌비율 지수를 이은 직선 위에 사람의 데이터를 넣으면, 선에 들어맞지 않는다. 사람의 대뇌비율 지수는 다른 영장류의 세 배다. 우리 뇌는 우리 몸에 비해 엄청나게 큰 것이다.

물론 대뇌비율 지수는 거친 잣대일 뿐이라, 뇌 크기 대 몸 크기의 비가 여러 이유에서 달라질 수 있다는 사실은 말해 주지 않는다. 예를 들어 치와와는 그레이트데인에 비해 대뇌비율 지수가 훨씬 크지만, 그것은 치와와가 작은 몸을 갖도록 특별히 육종되었기 때문이지 큰 뇌나 우수한 지능을 갖도록 육종되었기 때문은 아니다. 그렇다면 혹시 사람도 큰 뇌가 아니라 작은 몸을 갖도록 선택되었을까? 데컨은 이 '치와와 오류Chihuahua Fallacy'를 지적하면서 영장류의 대뇌비율 지수가 다른 동물들에 비해 높은 것은 더 작고 느리게 성장하는 몸을 가졌기 때문이라고 했다.[1997] 영장류의 뇌는 다른 종과 비슷한 속도로 성장하지만, 몸은 더 느리게 성장하는 것이다. 하지만 사람과 다른 영장류들을 비교한 결과는 또 다르다. 사람의 태아는 다른 영장류들의 태아와 비슷한 속도로 자라지만, 뇌만은 유독 더 오래 자란다. 사람의 뇌는 정말 추가로 더 자라도록 선택된 듯하다. 사람의 대뇌비율 지수가 높아진 까닭은 첫째는 다른 영장류와 마찬가지로 몸 성장이 늦춰졌기 때문이고, 둘째는 우리만 독특하게도 뇌가 추가로 더 자라기 때문이다.

큰 뇌는 언제 진화하기 시작했을까? 약 500만 년 전에 현생 인류로 이어지는 진화의 가지가 현생 아프리카 유인원으로 이어지는 가지로부터 갈라져 나왔다. ^{리키 1994; 윌스 1993} 그 후에 등장한 초기 호미니드hominid(원인 猿人) 선조로는 오스트랄로피테쿠스 속australopithecine의 여러 종들이 있었고, 다음으로 호모 속의 종들이 있었다. 호모 하빌리스*Homo babilis*, 호모 에렉투스*Homo erectus*, 가장 최근의 호모 사피엔스*Homo sapiencs* 순서였다.

유명한 루시의 골격도 오스트랄로피테쿠스*Australpithecus*에 속한다. 루시는 오스트랄로피테쿠스 아파렌시스*Australpithecus afarensis*의 표본으로서, 에티오피아에서 이 골격을 발견한 모리스 타이엡과 도널드 조핸슨은 비틀스의 노래인 '다이아몬드와 함께 하늘에 있는 루시'에서 이름을 땄다. 오스트랄로피테쿠스 아파렌시스의 화석은 400만 전부터 250만 년 전이 좀 안 되는 시대에서 발견된다. 루시는 300만 년 전보다 약간 앞서 살았던 듯하다. 루시는 키가 90센티미터쯤 되고, 체격은 원숭이를 닮았으며, 뇌 용적은 400~500cc쯤이었다. 오늘날의 침팬지보다 많이 크지 않은 정도다. 발자국 화석, 그리고 뼈를 근거로 삼아 걸음걸이를 컴퓨터 시뮬레이션한 것을 볼 때, 오스트랄로피테쿠스 아파렌시스는 달리지는 못했을 것 같지만 틀림없이 직립보행은 할 수 있었다. 그러니까 호미니드의 뇌가 커지기 전에 직립보행이 먼저 왔던 셈이다.

뇌의 확장은 250만 년 전쯤에 시작되었던 것 같다. 석기가 등장한 시기, 오스트랄로피테쿠스가 호모로 이행하는 시기와 대강 같았을 것이다(물론 같다는 것은 고고학적 연대 규모에서 그렇다는 말이다). 당시는 지구 냉각화가 진행되면서 아프리카의 빽빽한 숲들이 듬성듬성한 삼림지로 대부분 바뀌고, 나아가 사반나 초지로 바뀌던 참이었다. 이 새로운 환경에 대한 적응적 변화들 때문에 호모 속이 생겨난 듯하다. 호모 속의 첫 종은 호모 하빌리스였다. '손재주꾼'이라는 뜻의 하빌리스라는 이름이 붙은 까닭은 이들이 원시 석기를 만들 줄 알았기 때문이다. 오스트랄로피테쿠스도 요즘의 유인원들이 그러듯이 주변에서 도구가 될 만한 막대기나 돌을 찾아서 사용했을지도 모르겠지만, 돌을 특정한 형태로 깎아서 자르거나 다지거나 긁는 도구로 쓴 최초의 사람은 호모 하빌리스였다. 하빌리스의 뇌는 약 600~700cc 정도로 오스트랄로피테쿠스보다 상당히 크다.

약 180만 년 전의 화석기록을 보면, 케나에서 호모 에렉투스가 등장하기 시작한다. 호모 에렉투스는 하빌리스보다 더 컸고, 뇌도 800~900cc 정도로 더 컸다. 호미니드 가운데 아프리카 밖으로 여행한 것은 에렉투스가 처음이었고, 불을 활용한 것도 에렉투스가 처음이었다. 그들은 비교적 최근인 약 10만 년 전까지 지구상 몇몇 지역에서 생존했다. 에렉투스보다 더 최근으로 오면 화석 기록이 훨씬 풍성해지는데, 현생 인류의 직계 선조에 관해서는 아직도 논쟁이 활발하다. 이른바 고대 호모 사피엔스라고 불리는 종은 뇌 크기가 1,100cc쯤 되고, 넓은 지역에 분포했다. 이들은 주둥이가 좀 튀어나온 편이고 눈두덩도 두꺼운 편인데, 크게 두 종류로 나뉜다. 현생 호모 사피엔스로 이어진 듯한 한 종류는 약 12만 년 전에 아프리카에서 나타났다. 또 다른 종류도 살았던 시기는 같으나, 3만 5000년 전쯤에 멸종했다. 이들이 바로 네안데르탈인이라고 불리는 호모 사피엔스 네안데르탈렌시스*Homo sapience neanderthalensis*다. 이들은 눈두덩이 불거지고 주둥이도 튀어나온 얼굴이다. 뇌는 우리보다도 컸던 것 같다. 이들이 불을 사용했고 문화를 형성했으며 언어까지 가졌을지도 모른다는 증거가 갈수록 늘어나고 있다. 호미니드들 중에서 어떤 계열이 현생 인류를 낳았는지, 네안데르탈인의 운명은 어땠는지에 대해서는 아직도 학자들 사이에 논란이 분분하다. 하지만 미토콘드리아 DNA를 서열 분석한 결과에 따르면 네안데르탈인은 우리의 선조가 아닌 듯하다. 크링스 외 1997 그렇다면 우리가 다른 종들을 죽였던 것처럼 네안데르탈인도 죽였을까? 아니면 그들은 다른 이유 때문에 멸종했을까?

또 한 가지 좀 묘한 사실은, 지난 500만 년 동안 대부분의 기간에 항상 여러 종의 호미니드들이 공존했다는 점이다. 오늘날 여러 종의 영장류가 존재하듯이 말이다. 그러나 현재는 전 세계적으로 비교적 사소한 차이점만을 드러내는 한 종류의 인간만이 존재한다. 나머지 종들은 다 어떻게 되었을까?

이것은 흥미로운 주제임에 분명하지만, 우리는 하던 이야기로 돌아가자. 우리에게 의미 있는 사실은, 최후의 오스트랄로피테쿠스와 완전한 현생 인류 사이에 흐른 250만 년이라는 비교적 짧은 시간 동안에 우리 뇌가 극적으로 커졌다는 점이다. 10만 년 전쯤에는 이미 모든 호미니드들이 호모 사피엔스로 분류될 만한 존재들이었을 것이고, 우리만큼 큰 뇌를 가졌을 것이다.

이처럼 엄청난 뇌의 확장은 에너지 면에서 값비싼 대가를 치렀을 것이다. 첫째로, 뇌를 가동하는 데에는 비용이 든다. 뇌가 몸무게의 2퍼센트를 차지할 뿐이지만 에너지의 20퍼센트를 소비한다는 말이 있다. 사실이 수치는 가만히 있을 때의 몸을 기준으로 한 것이기 때문에 약간 오해의 소지가 있다. 만약에 기차 출발 신호가 울리는 동안 서둘러 플랫폼을 걸으면서 커다란 근육들로 몸과 가방을 끄는 순간이라면, 뇌의 에너지 소비가 사소한 비중일 테니까 말이다. 그렇지만 근육은 종종 쉬는 반면, 뇌는 우리가 잠잘 때에도 쉬지 않는다. 뇌는 전구의 에너지 소비량과 대강 비슷한 수준의 에너지를 늘 소비한다.

뇌는 주로 뉴런neuron으로 구성된다. 뉴런은 축삭돌기를 통해 자극을 전도시키는 신경세포다. 자극impulse은 탈분극 현상이 물결처럼 훑고 지나는 것을 말하는데, 대전된 이온들이 축삭의 막 안팎으로 드나드는 현상이 축삭을 따라 죽 진행되는 것이다. 뇌가 사용하는 에너지는 대부분 이 막 안팎의 화학적 전위차를 유지하는 데에 쓰인다. 그래야만 뉴런들이 다시 점화할 준비를 갖추어 또 다음 신호를 전달할 수 있다. 게다가 낮은 주파수로 끊임없이 점화하고 있는 뉴런도 많다. 새로 들어온 신호는 이 휴지 상태의 주파수를 높이거나 낮춤으로써 정보를 전달한다. 이런 일을 쉼 없이 하기 위해서는 인체의 에너지 예산에 상당한 여분이 마련되어 있어야 할 것이다. 그러니 작은 뇌는 에너지를 아낄 수 있을 것이고, 진화는 절대 이유 없이 에너지를 낭비하지 않는다. 스티븐 핀커는 이렇게 말했다.[1994] '왜 진화는 뇌를 엄청나게 키우는 쪽을 선택했을까? 둥그스름하고, 대사적으로 탐욕스러운 이 기관을 왜 만들었을까? …… 뇌 크기에 정말로 선택이 작용했다면, 오히려 바늘 끝만 한 작은 머리를 선호했어야 한다.'

둘째로, 뇌를 만드는 데에도 비용이 든다. 뉴런은 미엘린myelin이라는 지방질 덮개로 싸여 있는데, 이것은 뉴런을 단열시킴으로써 자극 전달 속도를 높여 준다. 미엘린화myelination는 태아가 발달할 때 시작되어 유아기 초기까지 진행되며, 밑 빠진 독처럼 아기의 자원에서 상당량을 소비하는 과정이다. 호모 에렉투스가 오스트랄로피테쿠스보다 고기를 더 많이 먹기 시작한 것도(고기 자르는 도구를 만든 것도) 갈수록 탐욕스러워지는 뇌의 에너지 요구를 만족시키려는 이유가 컸을 것이다.

뇌는 또한 생산하기에 위험한 기관이다. 이미 두 발로 걷던 종이 큰 뇌를 갖게 된 것은 어쩌면 우연일지도 모르지만, 하여간 그 때문에 인간의 신체 구조는 큰 뇌의 아기를 낳기에는 너무나 부적절하게 되었다. 인간의 출산은 다양한 적응을 통해서 비로소 가능해졌다. 사람 아기가 다른 종들에 비해 극히 미성숙한 상태로 태어나는 것도 적응의 한 사례다. 사람 아기는 무력하고, 스스로 몸을 가누지 못한다. 태어날 때는 두개골도 부드러운 상태이고, 나중에서야 굳기 시작한다. 뇌의 크기는 출생 시에 385cc 쯤인데, 첫 몇 년 사이에 그 세 배가 된다. 아기의 두개골이 너무 커서 출산이 쉽지 않다는 점 때문에 많은 아기와 산모가 죽는다. 모든 사실을 볼 때 더 큰 뇌를 향하여 강력하고 지속적인 선택압이 작용했던 것은 틀림이 없는데, 문제는 그 선택압이 무엇인지 모르겠다는 점이다.

지금까지 나는 뇌 크기 증가가 단순한 확장의 과정이었던 것처럼 이야기했지만, 실제 상황은 그보다 더 복잡하다. 일반적으로 고등 척추동물은 다른 동물들보다 대뇌피질이 더 많은 편이다. 호흡, 식사, 수면주기, 감정 반응 등을 통제하는 오래된 뇌 부분은 비슷하지만 말이다. 그런데 가장 흥미로운 대목은 실제 사람의 뇌와, 덩치가 우리만 한 전형적인 유인원이 가졌을 법한 뇌를 비교해 보는 것이다. 사람은 극도로 시각에 의존하는 동물임에도 불구하고 시각피질은(뇌의 맨 뒤에 있다) 상대적으로 작은데, 그에 비해 맨 앞에 있는 전두엽 피질은 굉장히 확장되어 있다. 그것은 아마도 사람의 눈이 유인원들 중에서 평균적인 크기이고, 복잡한 시각 처리에 필요한 피질의 양은 어느 유인원이든 비교적 일정하기 때문일 것이다. 반면에 전두엽 피질은 감각 정보를 직접 수집하지 않는다. 뇌의 다른 영역에서 뉴런들이 보내오는 정보를 받아들이는 일을 한다.

전두엽 피질 자체도 수수께끼다. '전두엽 피질의 역할은 무엇일까?' 라는 질문에는 마땅한 대답이 없다. 뇌의 이 영역이 하는 일을 정확하게 안다면 큰 뇌를 선호한 선택압을 이해하는 데에도 한 발짝 다가갈 수 있을 것이기에, 이것은 아주 실망스러운 상황이다. 그러나 우리는 답을 모른다. 전두엽 피질에 심대한 손상을 입고도 놀라울 만큼 잘 기능한 사람들이 있었다. 가령 1848년에 보고된 유명한 환자 피니어스 게이지Phineas Gage가 그랬다. 철로 인부였던 그는 폭발 사고로 철근이 전두엽 피질을 꿰뚫는 상해를 입었다. 그는 성격이 완전히 바뀌었고, 일상을 살아가거나 직업을 수행하는 능력도 망가졌지만, 그래도 걷고 말할 수 있었다. 어느 정도는 정상적으로 보였다. 한때 심각한 정신 질환을 통제하는 방법으로 종종 수행되었던 조잡한 전두엽 절제술을 받은 환자들도 마찬가지였다. 그들은 다시는 '자기 자신'이 될 수 없었지만, 그 끔찍한 '처치'가 뇌에 가한 손상이 얼마나 컸던가를 감안한다면 변화가 미세한 편이었다. 전두엽의 기능에 대해서는 숱한 이론이 있지만, 일반적으로 인정되는 것은 없다. 사람에게서 가장 크게 확장된 영역의 기능이 밝혀진다면 큰 뇌의 진화 이유도 밝혀질지 모르지만, 현재는 그런 실정이 못 된다.

전두엽이 엄청나게 커졌다는 점 외에도, 사람의 뇌는 여러 방식으로 재조정되었다. 예를 들어 피질에는 언어에 결정적으로 기여하는 두 영역이 존재한다. 발성을 담당하는 브로카 영역Broca's area과 언어 이해를 담당하는 베르니케 영역Wernicke's area이다. 흥미롭게도, 두 영역은 각기 운동피질과 청각피질에서 진화한 듯하다. 다른 동물들이 내는 소리는, 꿀꿀거리는 소리든 경고의 소리든 새의 노래든, 감정 반응이나 일반적인 각성 반응을 통제하는 중간뇌와 밀접하게 연관된 부분들에서 대부분 만들어진다. 사람도 울음소리나 웃음소리 같은 것은 중간뇌에서 생성되지만, 언어는 피질에서 통제된다. 대부분의 사람들은 두 언어 담당 영역이 모두 좌반구에 있다. 따라서 뇌의 두 반구가 서로 같지 않다. 대부분의 사람들이 오른손잡이라는 점도 좌반구가 대체로 우리를 지배한다는 것을 보여 주는 현상이다. 유인원들 중에도 간혹 한쪽 손에 크게 의지하는 개체가 있지만, 그렇지 않은 경우가 대부분이다. 사람의 뇌처럼 체계적으로 비대칭을 이룬 뇌는 다른 영장류에서는 찾아볼 수 없다. 사람의 뇌는 크기만 아니라 다른 면에서도 많이 바뀌어왔다.

자, 우리가 설명해야 할 현상이 어떤 내용인지 간략하게 정리해 보았다. 호미니드의 뇌가 약 250만 년 동안 착실히 커져왔다는 것, 그 확장에는 분명한 대가가 따르기 때문에 필시 강력한 선택압이 추진한 과정이었으리라는 것, 그러나 그 선택압이 무엇인지 우리가 모른다는 것이다.

큰 뇌를 설명하는 이론들

이론은 넘쳐난다. 초기 이론들은 대부분 도구 제작과 기술 발전의 필요 때문에 더 큰 뇌를 향한 추진이 생겼다고 주장했다. 그런 이론들에 따르면, 선택압은 물리적 환경과 다른 동물들에게서부터 온 셈이다. 사람은 먹잇감을 능가할 수 있는 뇌가 필요했다. 도구가 유익하다는 것은 누가 봐도 명백했고, 뇌가 크면 더 좋은 도구를 만들 수 있었다. 이런 이론들의 문제라면, 뇌의 확장이 그에 들어간 노력을 훌쩍 능가할 정도로 지나쳐 보인다는 점이다. 큰 뇌는 값비싸다. 살짝 더 작은 뇌로도 먹이를 잡을 수 있다면, 그 편이 유리할 것이다. 무리 지어 사는 동물들 중에는 사람의 기준에서 아주 작은 뇌를 가지고도 효과적으로 잘 사냥하는 동물이 많다. 앞서 말했듯이, 호모 에렉투스가 고기를 더 많이 먹기 시작한 것은 커져가는 뇌에 영양을 공급하기 위해서였던 것 같다. 그 반대가 아닌 것이다. 따라서 뇌를 키운 추진력은 뭔가 다른 것이었어야 한다.

초기 호미니드들은 식량을 대부분 채집에서 얻었다. 그렇다면 귀한 식량을 잘 따기 위해서, 혹은 지역 편차가 크고 변덕스러운 환경에서 식량을 잘 발견하는 공간 지각 능력을 위해서 큰 뇌가 필요했을지도 모른다. 하지만 뇌가 몹시 작은 동물들도 다양한 장소들을 누비면서 식량을 찾고 저장할 줄 안다. 가령 다람쥐나 시궁쥐는 방대한 영역에 대한 지도를 머릿속에 저장한다. 이처럼 공간 지각이 뛰어난 종들은 뇌 구조가 조금 특별하긴 하지만, 전체적인 크기가 큰 것은 아니다. 뇌 크기와 채집 범위에 관한 연구를 보면 대체로 이 이론을 지지하는 결과는 나오지 않았다. 바턴과 던바 1997; 하비와 크렙스 1990

어떤 이론들은 사회적 환경을 강조한다. 케임브리지 대학교의 심리학자 니콜라스 험프리는 초기 호미니드들이 남의 행동을 예측하는 방편으로 자신의 마음을 들여다보기 시작하면서부터 선조와 달라지게 되었다고 주장했다.[1986] 예를 들어, 내가 이 매력적인 암컷 고릴라와 교미를 시도하면 혹시 저 거대한 수컷 고릴라가 나를 공격할까 궁금하다면, 내가 그 수컷의 상황일 때 어떻게 할지 상상해 보면 된다. 이런 내성 능력은 험프리가 '호모 사이콜로지쿠스*Homo psychologicus*' 라고 부른 새로운 인간의 기원이었다. 호모 사이콜로지쿠스는 남들에게도 나처럼 마음이 있다는 것을 이해하는 인간이다. 이것은 결국 자의식으로 이어졌다.

우리는 의식 자체를 높게 평가하며, 그것이 사람에게만 있는 독특하고 특별한 능력이라고 생각한다. 그러나 의식에 선택적 이득이 있는가 하는 것은 격렬한 논쟁의 주제다.[블레이크모어와 그린필드 1987; 차머스 1996; 데닛 1991] 어떤 사람들은 의식에 기능이 없다면 애초에 진화하지도 않았을 것이라고 주장한다. 반면에 어떤 사람들은 의식에 딱히 별도의 기능이 있을 수 없다고 주장한다. 의식은 주의력이나 언어나 지능의 부수적 현상이고, 선택적 이득은 그 능력들에 존재하는 것이지 의식 자체에 존재하는 게 아니라고 말한다. 그보다 더 극단적인 사람들은 의식이 망상일 뿐이라고 믿는다. 우리가 생명의 메커니즘을 이해해가면서 결국 '생명력' 개념을 떨어뜨려냈듯이, 궁극에는 의식 개념도 버리게 되리라는 것이다. 아무튼 의식으로 큰 뇌를 설명할 수 없다는 것은 분명해 보인다. 한 수수께끼를 풀자고 다른 수수께끼를 끌어들일 수는 없다.

사회성 이론들 중에서 가장 영향력 있는 형태는 이른바 '마키아벨리적 지능' 가설이다.[번과 휘튼 1988; 휘튼과 번 1997] 사회적 상호작용이나 관계는 복잡한데다가 쉼 없이 변화하므로, 신속한 병렬처리가 요구된다.[바튼과 던바 1997] 16세기 이탈리아 군주들에게 냉혈한다운 조언을 했던 니콜로 마키아벨리(1469~1527년)의 이름이 여기에서 언급되는 까닭은, 사회생활이란 남을 능가하고, 계획과 음모를 짜고, 동맹을 맺고, 그것을 깨뜨리는 일이라고 했던 그의 주장 때문이다. 이런 일을 해내려면 방대한 사고 능력이 필요하다. 누가 누구인지, 누가 누구에게 무슨 일을 했는지 기억해야 할 뿐만 아니라, 점점 더 기발한 책략을 생각해내야 하고, 경쟁자의 기발한 책략을 뛰어넘는 방법을 생각해내야 한다. 나선형으로 상승하는 무기 경쟁이 펼쳐지는 셈이다.

'무기 경쟁'은 생물계에도 흔하다. 포식자가 자기보다 빠른 먹잇감을 따라잡기 위해서 갈수록 빨라지는 것, 기생생물이 숙주의 면역계를 능가하기 위해서 진화하는 것이 그런 사례다. 이런 식의 나선형 과정 혹은 자기 촉매적 과정 개념은 크리스토퍼 윌스가 '고삐 풀린 뇌the runaway brain'라고 불렀던 현상과 일맥상통하는 듯하다.[1993] 뇌 크기와 언어 진화를 묶어서 설명하는 이론들에서도 이 개념이 흔히 언급되는데, 뇌의 사회적 기능을 한 단계 더 높인 이런 이론들은 미뤘다가 다음 장에서 이야기하자. 전반적으로 말해서, 사회성으로 지능 진화를 설명하는 이론들은 지난 10년간 대단한 성공을 거뒀다. 덕분에 남성 중심적이던 기술적 설명에서 사회생활의 복잡성을 강조하는 설명으로 중심이 기울었다. 이 주제에 관한 연구가 갈수록 늘고 있지만, 여전히 많은 의문이 남는 것도 사실이다. 가령, 어떤 선택압이 있었기에 사회적 기술이 이처럼 개선되었을까? 종간의 경쟁 때문이었다는 설도 있지만, 그렇다면 왜 단 하나의 종에서만 이런 일이 벌어졌을까? 왜 다른 종들은 이 값비싼 경로를 택하지 않았을까? 게다가 수학 문제를 풀고, 컴퓨터 프로그래밍을 하고, 그림을 그리고, 대성당을 짓는 인간 고유의 능력들이 과연 죄다 사회적 기술로 환원될 수 있을지 의아하다. 사회성 이론이 최선이라고 믿는 사람이 많지만, 큰 뇌라는 의문은 해결되지 않은 채 남았다. 우리가 왜, 어떻게 큰 뇌를 갖게 되었는지 확실히 아는 사람은 아무도 없다.

밈이 뇌를 키웠을까?

나는 밈학에 기반하여 전혀 새로운 해석을 제안하고자 한다. 요약하면 다음과 같다. 인간의 진화 역사에서 최고의 전환점은 우리가 서로 모방하기 시작한 순간이었다. 그 순간부터 제2의 복제자인 밈이 나서기 시작했다. 밈은 유전자의 선택 환경을 바꾸었고, 그 변화의 방향마저도 밈 선택의 결과에 의해 결정되었다. 뇌를 거대하게 키워온 선택압은 밈에 의해 탄생하고 추진된 것이다.

나는 이 이론을 두 가지 경로로 설명할 텐데, 첫 번째는 다소 추상적으로 인간의 기원을 다시 살펴보는 길이고, 두 번째는 보다 상세하게 밈 추진의 과정을 살펴보는 길이다.

초기 호미니드들이 서로 모방하기 시작한 순간은 진정한 전환점이었다. 모방의 탄생은 까마득히 오래된 과거의 일이라 우리가 그 정황을 확실히 알 수는 없지만, 모방의 선택적(유전적) 이점은 수수께끼라고 할 것도 없이 자명하다. 모방은 까다로운 작업이지만, 그것을 익히는 개체는 분명히 '좋은 책략'을 갖게 된다. 내 이웃이 뭔가 유용한 것을 학습했다고 하자. 가령 먹을 만한 대상과 피해야 할 대상을 구분하게 되었다거나, 뾰족한 솔방울 여는 법을 익혔다고 하자. 그렇다면 나는 (생물학적인) 대가를 치르고서라도 그를 따라 하는 것이 바람직하다. 내 스스로 낯선 먹을거리들을 일일이 시험해 보지 않고도, 그런 느리고 위험한 과정 없이도 배울 수 있기 때문이다. 물론 이것은 환경이 빠르게 변하지 않는 상황에서만 바람직한 일이다. 이 요인을 감안하여 수학적으로 모형화하는 것도 가능하다. 리처슨과 보이드는 어떤 상황에서 자연선택이 개인적 학습보다 사회적 학습에(모방도 포함된다) 의존하는 쪽을 선호하게 되는지, 그 조건들을 모형으로 보여 준 바 있다.[1992] 경제학자들도 어떤 상황에서 최적화 추구자들이(결정의 비용을 감수하는 사람들) 모방자들과(결정의 비용을 치르지 않는 대신 최적에 못 미치는 결정을 내리는 사람들) 공존하는지 모형으로 연구했고, 다수의 사람들이 서로 모방하는 환경에서 어떻게 유행과 패션이 등장하는지 연구했다. ^{비크찬다니 외 1992; 콘리스크 1980} 사실 유행과 패션은 찰스 매케이가[1841] 남해 회사 사건이나(1720년 영국에서 남해 회사의 주가가 폭락하자, 맹목적인 투기열에 휩쓸렸던 많은 투자자가 파산하여 사회적으로 큰 파장을 일으켰다— 옮긴이) 17세기 네덜란드의 광적인 튤립 사랑 같은 '비정상적인 대중적 망상'을 '대중적 모방성' 탓으로 돌렸을 때부터 이미 모방으로 설명되었다.

하지만 보편적 모방 능력은 어째서 딱 한 번만 진화했을까? 앞서 말했듯이, 동물계에서도 사회적 학습은 꽤 흔하지만 진정한 모방은 극히 드물다. 어째서 다른 동물들에게는 일어나지 않은 일이 초기 호미니드들에게 일어났을까?

나는 모방에 세 가지 기술이 필요하다고 했다. 무엇을 모방할지 결정하는 기술, 한 관점에서 다른 관점으로 변환하는 기술, 적절한 육체적 행동을 해내는 기술이다. 많은 영장류가 이런 기초적인 기술들을, 적어도 그 바탕이 되는 자질들을 갖고 있다. 우리 선조도 대략 500만 년 전에 이런 기술들을 갖게 되었다. 영장류는 다들 운동 통제력과 손 조정력이 뛰어나고, 행동을 분류하거나 모방 대상을 결정할 수 있을 정도로 일반 지능이 뛰어나다. 어떤 종은 사건을 상상하고 그것을 머릿속에서 조작해 보는 능력도 갖고 있다. 원숭이가 작대기를 쓰거나 상자를 쌓아서 음식을 손에 넣는 것을 보면 그런 통찰이 발휘된다는 것을 알 수 있다. 가장 주목할 만한 점은, 그들도 마키아벨리적 지능을 갖고 있다는 사실이다. 마음의 이론에서 기본이 되는 자질을 갖춘 셈이다. 고차원적인 사회적 기술과(혹은 마키아벨리적 지능과) 모방의 관계는 다음과 같다. 우리가 기만, 가식, 사회적 조작을 맘껏 휘두르려면, 스스로를 남의 처지에 놓아볼 줄 알아야 한다. 남의 관점에서 바라볼 줄 알아야 한다. 그 사람이 된다는 것이 어떤 것인지 상상할 줄 알아야 한다. 이것은 남을 모방할 때 필요한 자질과 정확하게 일치한다. 두 경우 모두, 우리는 남의 행동을 관찰함으로써 내가 어떻게 하면 같은 목적을 달성할 수 있을지 알아내고, 그 역도 마찬가지다. 더욱이 우리 선조는 상호적 이타성reciprocal altruism을 활용했다. 상호적 이타성이란 보답을 기대해도 좋을 만한 상대를 도와주는 것이다. 뒤에서 살펴보겠지만(12장), 상호주의에서 가장 흔한 전략은 남을 따라 하는 것이다. 남이 협조하면 나도 협조하고, 남이 협조를 거부하면 나도 거부하는 것이다. 이런 기술들이 사전에 존재했다면, 진화는 그리 심한 도약을 거치지 않고도 모방을 만들어 낼 수 있었을 것이다.

다른 학자들이 큰 뇌의 유일한 원인으로 지목했던 사회적 기술은 사실 모방의 전 단계였다는 것이 내 주장이다. 우리 선조가 진정한 모방으로 가는 문턱을 통과하자, 모르는 새에 제2의 복제자가 세상에 풀려났다. 그러자 밈 선택이 시작되었고, 밈 선택이 뇌를 키웠다.

이 전환점은 언제 등장했을까? 명백한 모방을 드러내는 최초의 증거는 250만 년 전에 호모 하빌리스가 만든 석기다. 현대 인간에게는 선천적인 돌 깎는 능력이 없다는 점, 그리고 최초의 석기 제작 방식을 알아내고자 했던 여러 연구의 결과를 볼 때, 석기 제작은 시행착오로는 쉽게 습득할 수 없는 정교한 기술이었다. 석기 제작 기술은 모방을 통해서 원시 인류에게 퍼진 것이 거의 분명하다. 도구, 항아리, 장신구, 기타 문화적 인공물들의 양식이 서로 다른 문화에서 서로 다른 시기에 퍼졌다는 것을 증명하는 후대의 고고학적 기록을 볼 때, 이 짐작에 더욱 무게가 간다.

어쩌면 모방은 그보다 일찍 시작되었을 수도 있다. 바구니, 나무 끌이나 나무 칼, 아기띠 같은 유용한 인공물을 만드는 방법이 일찌감치 모방에 의해 전파되었지만, 석기와는 달리 그것들은 현재까지 살아남지 못한 것뿐인지도 모른다. 어쨌든, 초창기 호모 하빌리스의 문화를 상상해 보자. 단순한 석기를 써서 사냥감을 토막 내거나 껍질을 벗기고, 나무를 깎고, 그 밖의 단순한 인공물들을 발명하고 모방하는 문화를 상상해 보자.

새로운 기술이 퍼지기 시작하자, 기술 습득은 갈수록 중요한 문제가 되었을 것이다. 어떻게 기술을 습득할까? 물론 모방을 통해서다. 따라서 훌륭한 모방자가 되는 것이 갈수록 중요해졌을 것이다. 단지 그뿐이 아니다. 적절한 사람과 적절한 일을 모방하는 것도 중요하다. 우리는 이런 결정을 내릴 때 보통 단순한 발견법heuristics(스스로의 체험을 통해 문제 해결 기술을 익히는 학습 형태를 말한다 ― 옮긴이), 즉 경험적 법칙에 기댄다. '가장 성공한 사람을 모방하라'는 것도 그런 법칙이다. 그런데 이제는 밈이 존재하는 세상이기 때문에, 그것은 가장 많은 식량이나 가장 강한 근육을 가진 사람을 모방하라는 것을 넘어서, 가장 인상적인 도구, 가장 화려한 옷, 가장 새로운 기술을 가진 사람을 모방하라는 뜻이 된다. 이것은 곧 '가장 뛰어난 모방자를 모방하라'는 것이다. 그 결과, 남들 눈에 가장 좋아 보이는 것이 가장 빠르게 퍼지게 된다.

누구와 짝짓기를 할 것인가도 중요한 결정 사항이다. 이때도 답은 최고의 모방자와 결합하라는 것이다. 그래야 훌륭한 모방자가 될 가능성이 높은 자식을 낳을 테니까 말이다. 이처럼 더 나은 모방 능력을 향한 선택압이 작용하므로, 밈 확산에 능한 사람이 점점 많아진다. 이때의 밈은 도구 제작 방법, 의식, 의복의 유행 등 무엇이든 될 수 있다. 사람들의 모방 능력이 발전하면 더 많은 신기술이 발명되고 퍼지며, 그러면 또 그것을 따라 해야 한다는 압력이 더 강하게 작용한다. 이렇게 몇 백만 년이 흐르자 밈들은 본래의 모습을 찾아볼 수 없을 정도로 변했고, 유전자들마저 그 영향을 받아서 밈 확산에 알맞은 뇌를 만들어 내게 되었다. 그리하여 큰 뇌가 탄생했다.

이상이 내 주장을 간략하게 요약한 것이다. 그렇다면 이제는 이야기를 풀어서, 한 번에 한 단계씩, 이 과정에 관여하는 메커니즘들을 자세히 살펴보자.

첫 번째 단계는 '모방에 대한 선택'이라고 부를 현상이다. 다윈의 자연선택 논증을 본 따서, 사람들의 모방 능력에는 유전적 변이가 존재한다고 가정하자. 어떤 사람은 돌 깎는 신기술을 수월하게 익히는 반면, 어떤 사람은 그러지 못한다. 누가 더 잘 살아갈까? 물론 훌륭한 모방자 쪽이다. 석기가 음식물 가공에 도움이 된다면, 훌륭한 도구 제작자는 더 잘 먹을 것이다. 그 자식들도 더 잘 먹을 것이다. 이 대목까지는 도구 제작에 적합한 강인한 손의 소유자도 똑같은 논리로 이득을 누릴 수 있다. 하지만 이제부터는 차이가 생긴다. 모방은 보편 기술이다. 훌륭한 모방자는 나무 끝이나 바구니를 만드는 방법, 머리를 땋는 방법, 나뭇잎이나 과일을 많이 나르는 방법, 따뜻한 옷을 만드는 방법 등 생존에 도움이 되면서 남의 어깨 너머로 배울 수 있는 온갖 기술을 따라 하는 데에 두루 능할 것이다. 그리하여 좋은 모방자를 만드는 유전자가 유전자풀에서 확산될 것이다. 그러면 유전자의 선택 환경 자체가 바뀌기 시작한다. 한심할 정도로 모방에 재주가 없는 사람과 그 후손은 불과 몇 천 년 전만 해도 겪지 않았을 불이익을 맛본다. 이 단계에서 이미 새로운 선택압이 가해지기 시작한 것이다.

다음 단계는 '모방자를 모방하는 선택'이라고 부를 현상이다. 누구를 모방하는 게 제일 좋을까? 물론 훌륭한 모방자다. 손 닿지 않는 곳의 과일을 따는 신기술이나 그것을 가족에게 운반하는 신기술을 따라 하는 데 있어 남들보다 유독 유능한 여성이 있다고 하자. 혹은 최고의 도구 제작자를 가장 잘 따라 하는 남자가 있다고 하자. 내가 열등한 모방자라면, 그런 탁월한 모방자들을 따라 하는 게 바람직하다. 그들은 앞으로도 최고로 유용한 기술을 잘 습득할 것이고, 나도 그런 기술이 필요하다. 이전 수천 년 동안에는 그렇지 않았다. 아무에게도 옷이 없는 상황에서는 옷이 경쟁의 이점으로 작용할 수 없었지만, 이제 옷이 발명되었으니 옷 없는 사람은 옷 가진 사람에 비해 추위와 상해로부터 보호를 덜 받을 테고 살아남기가 더 힘들 것이다. 이제 바구니가 발명되었으니 바구니 없는 사람은 과일을 적게 가질 것이다. 따라서 최고의 모방자를 모방하게 하는 유전자들이 유전자풀에서 불어날 것이다.

이것은 갈수록 증강하는 과정임을 명심하자. 수컷 울새는 어떤 정해진 방법을 통해서, 가령 노래를 잘 부름으로써 제 영역을 확장할 수 있다. 그러나 울새가 제아무리 노래를 잘 불러도, 영역 확장에는 한계가 있다. 하지만 호모 에렉투스 남성은 더 인상적인 옷을 걸침으로써, 더 크고 멋지게 불을 지펴 고기를 익힘으로써, 혹은 불을 다룰 줄 모르는 사람들을 겁줌으로써, 더 날카로운 도구를 만듦으로써 등등 오만가지 방식으로 힘과 영향력을 얻을 수 있고, 남들에게 모방될 수 있다. 그런 방법의 종류나 방향에는 이론적으로 한계가 없는 듯하다. 어떤 밈이 번성하느냐 하는 우연한 상황은 유전자에 가해지는 선택압에도 영향을 미칠 것이다. 밈 위에 밈이 쌓임으로써 밈은 진화한다. 새 도구가 등장하고, 새 옷이 만들어지고, 새 작업 방식이 발명된다. 이런 밈이 퍼지는 상황에서는 현재 가장 중요한 밈을 습득한 사람이 가장 성공한다. 따라서 최고의 밈을 따라 하게 만드는 유전자, 최고의 밈을 지닌 사람을 따라 하게 만드는 유전자가 다른 유전자들보다 더 성공한다.

하지만 어떤 것이 최고의 밈일까? 적어도 맨 처음에는 '유전자에게 유리한' 것이 '최고'였을 것이다. 생존에 기여하는 밈을 습득한 사람들은 생존과 무관한 밈을 습득한 사람들보다 더 잘 살아나갔을 것이다. 하지만 어떤 것이 그런 밈인가 하는 문제가 항상 명확한 것만은 아니다. 유전자는 제 이익을 반영하는 방향으로 인간에게 선호를 심어두었다. 그래서 우리는 차가운 음료와 달콤한 음식을 좋아하고, 섹스를 즐긴다. 우리 선조의 유전자에게 그런 것들이 유익했기 때문에 지금의 우리도 그것들을 '최고로' 느낀다. 하지만 밈은 유전자보다 빨리 변하므로, 유전자가 밈을 효과적으로 따라 잡을 수 없었을 것이다. 따라서 최선의 방도는 '가장 두드러진 밈을 따라 하라' '가장 인기 있는 밈을 따라 하라' '음식, 섹스, 전투의 승리와 관계 있는 밈을 따라 하라' 같은 경험적 법칙들을 진화시키는 게 된다. 이런 경험적 법칙들이 현대 사회에 미치는 영향은 뒤에서 살펴보겠다. 어쨌든, 고대 호미니드 사회ancient hominid society에서는 이런 법칙들이 처음에 개인의 생존과 유전자의 확산에 기여했을 것이다. 하지만 점차 밈이 유전자를 앞지르게 되었을 것이다. 그래서 인기 있고, 성적이고, 두드러져 보이는 밈들이 밈풀에서 확산되었을 것이고, 그리하여 유전자에 대한 선택압을 바꿔놓았을 것이다.

세 번째 단계는 '모방자와 짝짓기 하려는 선택'이다. 지금 상상하는 가상의 사회에서는 내가 따라 하고 싶은 사람과 짝짓기를 하는 것이 바람직할 것이다. 내가 최고의 모방자와 짝짓기를 한다면, 내 후손은 훌륭한 모방자가 되어서 새로운 문화에서 중요하게 여겨지는 것들을 잘 습득할 가능성이 높다. 처음에는 가장 유용한 기술을 지녔을 듯한 최고의 모방자를 따라 하는 게 유리하다는 것, 다음에는 내 아이도 그 기술을 얻도록 그 모방자와 짝을 맺는 게 유리하다는 것. 이 두 가지가 결합된 상황이기 때문에, 과정은 더욱 빠르게 추진된다. 하지만 무엇을 모방할지 결정하는 법칙은 대강의 지침에 불과하기 때문에, 순수하게 생존에 연관된 기술이 아닌 다른 밈들도 번성하기 시작한다. 예를 들어 노래하는 밈이 등장했다고 하자. 최고의 모방자가 노래를 잘 부르면, 노래는 중요한 것으로 여겨지고, 노래를 잘 따라 부르는 것이 생존 가치를 띠게 된다. 당시에 유행한 밈의 구체적인 성격에 따라서 어떤 유전자가 성공할 것인지도 결정되는 것이다. 밈이 유전자를 구속하기 시작한 것이다.

설명에 꼭 필요한 요소는 아니지만, 이 과정을 더욱 밀어붙일 만한 마지막 네 번째 단계도 있다. '모방에 대한 성선택' 단계이다. 다윈이 처음 설명한 이래 격렬한 토론의 주제가 되어온 성선택은 논쟁적일지언정 잘 알려진 생물학적 과정이다. 성선택에 관한 논의는 다음을 참고하라. 크로닌 1991; 피셔 1930 특히 고삐 풀린 듯 폭주하는 성선택 사례들이 흥미롭다. 화려한 공작 꼬리처럼, 정교하지만 다른 쓸모라고는 없는 구조가 그것을 선호하는 암컷들에 의해서 수 세대에 걸쳐 선택되는 경우다. 그 과정이 개시되면 수컷들은 어마어마한 대가를 치르겠지만, 다음과 같은 이유에서 과정은 작동할 수밖에 없다. 훌륭한 꼬리의 수컷을 선택하는 암컷은 훌륭한 꼬리의 아들을 낳을 것이고, 그 아들은 어미와 같은 선택을 하는 암컷들을 끌어들일 것이므로, 그 암컷은 많은 손자를 볼 것이다. 선택의 주체가 암컷인 까닭은 양육에 대한 투자에 남녀 차가 있기 때문이다. 수컷은 엄청나게 많은 자식을 둘 잠재력이 있지만, 암컷은 일 년에 몇 개의 알만 낳을 수 있다. 사람이라면 평생 몇 명밖에 낳지 못한다. 암컷은 스스로 낳는 자식의 수를 무한정 늘리지 못한다. 하지만 '섹시한 아들'을 낳으면 많은 후손을 거느릴 수 있을 테니, 그런 아들을 낳게 해줄 짝을 고름으로써 미래 세대에서 제 후손을 늘릴 수 있다. 수많은 암컷들이 다 같은 수컷을 선호한다면, 이 과정은 그 대가가 참기 힘든 수준으로 커질 때까지 급속히 증강한다.

사람의 큰 뇌도 분명히 이런 현상이었을 것이다. 뇌 크기에서 성선택의 역할을 지적하는 게 내가 처음은 아니다. 하지만 이전 이론들은 왜 성선택이 큰 뇌를 선호했는가를 구체적으로 설명하지 않았다. 가령 데컨 1997; 밀러 1993 밈의 힘이 직접적으로 작용한 결과라는 것, 그것이 내 답이다.

밈이 성선택을 활용하는 방식은 독특하다. 무엇이 '좋은' 밈으로 보이 느냐 하는 것은 밈의 변화 속도만큼 빠르게 바뀔 수 있다. 이것은 유전자 가 더 긴 꼬리나 더 멋진 둥지를 만들어 내도록 변하는 속도보다 훨씬 빠 르다. 만약에 우리가 '최고의 밈을 지닌 사람과 짝을 짓자'는 경험적 법 칙을 따른다면, 우리는 아마 최고의 머리 모양을 한 사람이나 최고로 노 래를 잘 부르는 사람과 짝짓게 될 것이다(물론 최고의 모방 능력을 지닌 사 람도 포함된다). 나 말고 다른 여성들도 노래 실력을 선호하기 시작한다 면, 노래를 쉽게 배우는 아들을 낳는 게 내게 이득이다. 혹 여성들이 (어 떤 이유에서든) 의례화된 사냥의 춤을 선호하기 시작한다면, 춤을 잘 따라 하는 아들을 낳는 게 내게 이득이다. 이제 유전자에 가해지는 선택압이 밈의 변화를 뒤쫓게 된 것이다. 밈에 대한 성선택은 생물학적 진화에서의 성선택과 정확하게 같은 과정이지만, 선택되는 대상이 밈 진화의 속도로 퍼질 수 있다는 한 가지 반전이 덧붙은 셈이다. 밈에 의한 성선택은 일반 적으로 잘 모방하는 남성과의 결합을 선호하는 것을 넘어서, 당시에 가장 선호되는 밈을 모방하는 남성과의 결합을 선호한다. 밈은 요즘도 이런 식 으로 유전자를 끌어가고 있으며, 과거에도 그랬다. 목줄이 바뀐 것이다. 다른 비유를 섞어 말하자면, 이제 개가 운전석을 차지한 셈이다.

하지만 밈학으로 뇌 크기를 설명할 때 성선택이 꼭 필요한 것은 아니라 는 점, 성선택의 역할은 향후에 경험적으로 확인될 문제라는 점을 명심하 자. 처음의 세 단계만으로도 뇌의 급속한 확장을 야기한 선택압을 만들기 에 충분하다. 다만 한 가지 작은 가정을 덧붙일 필요가 있다. 모방에 능하 려면 큰 뇌가 필요하다는 가정이다. 놀랍게도 그동안은 모방에 관심을 둔 학자들이 거의 없었기 때문에, 이 가정을 뒷받침할 정보가 빈약한 편이 다. 하지만 이 이론은 사람의 큰 뇌에 주어졌던 주된 임무가 무엇인지 말 해 준다. 그것은 첫째, 보편적인 모방 능력이었고, 둘째, 우리 종의 과거에 인기를 끌었던 특정 밈들을 모방하는 능력이었다.

이 가설을 실험으로 확인해 볼 수 있을까? 생물학 이론이 대개 그렇듯이, 구체적인 실험을 고안하기는 쉽지 않다. 그래도 몇 가지 예측을 해볼 수 있다. 가령, 서로 연관된 종들에서는 모방 능력과 뇌 크기가 정비례하는 관계가 있으리라는 예측이 가능하다. 즉 모방을 잘 하는 종일수록 뇌가 클 것이다. 사람 아닌 다른 동물들에게서는 모방 능력을 찾아보기 힘들기 때문에 데이터의 범위가 넓지 않다는 문제, 그리고 뇌 크기에 대한 적절한 비교 잣대를 찾아야 한다는 문제가 있지만, 어쨌든 새들이나 고래류의 여러 집단을 대상으로 연구해볼 수 있을 것이다.

사람을 대상으로 한다면 어떨까? 두 사람에게 같은 행동을 수행하게 하되, 한 사람은 스스로 행동하게 하고 다른 사람은 첫 번째 사람을 따라 하게 한다. 다양한 측정을 통해서 두 사람을 비교함으로써 모방에는 어떤 추가의 노력이 더 필요한지 살펴볼 수 있을 것이다. 인지과학적 연구에서는 모방에 방대한 처리 과정이 필요하다는 것, 그런 처리를 위한 전문적 메커니즘이 인간에게 존재한다는 것이 밝혀져야 한다. 뇌 스캔에서는 모방에 막대한 에너지가 추가로 쓰인다는 것, 그런 뇌 활동이 진화적으로 뒤늦게 형성된 영역들에 몰려서 발생한다는 것이 밝혀져야 한다. 사람과 다른 종을 구분하는 특징적 영역들에서 말이다. 모방의 기초 작업을 담당하는 뉴런, 가령 남의 표정이나 행동에 대한 관찰을 자신의 표정이나 행동으로 연결 짓는 일을 담당하는 특수한 뉴런이 발견된다고 해도 나는 놀라지 않을 것이다. 하지만 우리가 우선 모방의 작동 방식을 더 잘 이해해야만 어떤 것을 찾아보아야 할지 짐작할 수 있을 것이다.

만약에 내 예측들이 옳은 것으로 드러난다면, 그것은 모방이 어마어마하게 힘든 일이며 큰 뇌가 필요한 일이라는 가정을 뒷받침하는 증거일 것이다. 내가 예측 하나를 덧붙이자면, 우리 언어와 사고의 많은 측면도 세상의 어떤 면을 모방할지 선택하는 뇌의 능력에서 따라 나온 부산물일 것이다. 하지만 모방에 관한 연구가 더 이뤄지기 전에는 다 추론일 뿐이다. 내가 분명히 말할 수 있는 것은 딱 하나뿐이다. 모방에 큰 뇌가 필요하다고 가정하는 한, 앞서 이야기한 단계들로 충분히 큰 뇌를 설명할 수 있다. 그 단계들은 첫째가 모방에 대한 선택, 둘째가 최고의 모방자를 모방하려는 선택, 셋째가 최고의 모방자와 짝짓기 하려는 선택이다. 마지막으로 밈에 대한 성선택이 더해질지도 모른다. 일단 초기 호미니드들이 모방 능력을 획득하자, 제2의 복제자가 탄생했고, 이 단계들이 뇌의 확장을 추진했다. 사람의 큰 뇌를 탄생시킨 장본인은 밈이었다.

제7장

밈으로 설명하는
언어의 기원

M E M E

인간이 언어를 사용하게 된 원인은 무엇일까? 그동안은 유전적 이득을 중심으로 설명을 찾아왔다. 그러나 밈학은 전혀 다른 접근법을 제공한다. 즉 말이 유전자에 어떤 이득을 주느냐가 아니라 밈에 어떤 이득을 주는지 묻는다. 그렇다면 대답은 분명하다. 말은 밈을 퍼뜨린다. 우리가 이토록 말을 많이 하는 까닭은 우리 유전자를 위해서가 아니라 우리 밈을 퍼뜨리기 위해서다. 말은 효율적인 밈 확산 방법이다.

우리는 왜 이렇게 말을 많이 할까?

이것은 머리를 싸매고 고뇌할 문제는 아닌지 몰라도, 일단 궁금하게 여기기 시작하면 생각할수록 흥미로운 질문이다. 평균적인 사람이 하루에 말에 쏟는 시간과 에너지는 얼마나 될까? 그런 것을 측정해 본 경우는 없겠지만, 모르긴 해도 몇 시간은 될 것이다. 사람들이 전형적인 오락이라고 생각하는 활동은 식사나 음료를 앞에 두고 타인들과 대화를 나누는 것이다. 무엇에 관해서? 글쎄, 축구, 섹스, 누가 누구랑 사귀는지, 그가 그녀에게 뭐라고 이야기했고 그녀가 그에게 무슨 말을 했는지, 최근에 직장에서 어떤 골치 아픈 일이 있었는지, 건강보험제도에 대한 최근의 정부안이 얼마나 사악한지 등이다. 한 추산에 따르면 사람들의 대화에서 3분의 2 가량은 사회적 문제에 관한 내용이다.^{던바 1996} 한 무리의 사람들이 우호적인 침묵을 지키며 잠자코 앉아 있는 경우는 아주 드물다.

그리고 일이 있다. 조용히 일하는 직업도 있지만, 대부분은 그렇지 않다. 가게와 사무실에서, 버스와 기차에서, 공장과 식당에서, 사람들은 서로 대화를 나눈다. 대화를 나누지 않을 때에는 라디오를 틀어서 목소리를 듣거나 어딘가에서 들려오는 음악을 들을 때가 많다. 언어를 사용하는 다른 형태의 의사소통도 있다. 편지, 잡지, 아침마다 현관에 배달되는 신문, 전화벨 소리, 종이를 뱉어내기 시작한 팩스, 홍수처럼 밀려드는 이메일. 여기에 소비되는 시간과 에너지는 경이적이다. 이게 다 무엇을 위한 일일까?

여기에는 적어도 세 가지 주제가 결부되어 있다. 첫 번째는 우리가 왜 말을 하는가 하는 문제다. 달리 말해, 인간이 애초에 왜 언어를 갖게 되었는가 하는 문제다. 두 번째는 우리가 어떻게 언어를 갖게 되었는가 하는 문제다. 인간의 뇌가 어떻게 이런 구조가 되었는가 하는 문제다. 세 번째는 언어를 갖게 된 우리가 왜 그것을 이토록 많이 사용하는가 하는 문제다. 나는 마지막 질문을 제일 먼저 다뤄 보려 한다. 그것이 좀 쉽기도 하지만, 그 답을 통해서 언어가 왜, 어떻게 진화했는가 하는 더 논쟁적인 질문들에 대한 통찰을 얻을 수 있기 때문이다.

왜 우리는 이렇게 말을 많이 할까?

줄기차게 이야기하려면 에너지가 든다. 그것도 아주 많이 든다. 생각에도 에너지가 들지만, 말에는 그보다 더 많이 든다. 말하는 중이거나 말을 듣고 이해하는 중에는 반드시 여러 뇌 영역들이 활성화되어야 하고, 목소리를 내는 것 자체도 기력이 소모되는 일이다. 심각하게 앓아 본 경험이 있다면 말이 얼마나 진 빠지는 일인지 잘 알 것이다. 병원 침대에 누워서도 생각은 완벽하게 할 수 있지만, 간호사가 다가오면 '고마워요' 라는 말을 가냘프게 내뱉는 것조차 힘이 든다. 그러나 대부분의 경우에는 며칠만 지나면 몸이 나아서 유쾌한 잡담에 몰두한다. 병원 음식은 질이 어떻다느니, 퇴원하면 무엇을 할 것이라느니, 떠들어댈 것이다. 미소와 웃음을 동반한 채 아무짝에도 쓸모 없는 수다를 떨 것이다.

여러분이 혹시 오디오 기기 광이라면, 커다란 스피커를 작동시키는 데에 얼마나 많은 에너지가 드는지 알 것이다. 고품질의 소리를 풍부한 음량으로 재생하기 위해서는 얼마나 값비싼 시스템이 필요한지도 알 것이다. 여러분이 예스러운 기기를 선호하는 취향이라서 태엽감기로 작동되는 라디오를 갖고 있다면, 그 경우에도 소리를 내기 위해서 얼마나 많은 에너지가 필요한지 여러분의 팔을 통해 직접 느낄 것이다. 음량을 조금만 낮추면 태엽 감는 횟수를 얼마나 줄일 수 있는지도 잘 알 것이다.

이처럼 경이적일 만큼 막대한 에너지 사용은 수수께끼로 느껴진다. 살아 있는 생물들은 자신이 소비하는 에너지를 얻기 위해서 힘들게 일해야 하고, 효율적인 에너지 사용은 생존에 결정적인 요인이 된다. 내가 이웃보다 에너지를 적게 쓸 수 있다면, 나는 험난한 시기를 끝까지 견뎌내고, 귀한 식량을 찾아내고, 좋은 배우자를 차지하기 위한 경쟁에서 이기고, 그럼으로써 내 유전자를 물려줄 가능성이 높다. 그런데 왜 진화는 기회가 될 때마다 입을 놀리는 생물을 만들었을까?

여러 대답이 머리에 떠오른다. 첫째, 어쩌면 생물학적으로 탄탄한 설명이 있을지도 모른다. 어쩌면 내가 간과한 중대한 기능이 말에 있을지도 모른다. 사회적 결속을 다지거나 유용한 정보를 교환하는 기능 같은 것 말이다. 이런 이론들에 관해서는 조금 뒤에 이야기하겠다.

둘째, 사회생물학자는 이렇게 주장할지도 모른다. 언어가 진화함에 따라 문화가 일시적으로나마 우리 손을 벗어났고, 대화라는 문화적 특질이 목줄을 최대한 잡아당기며 멀리 뻗어나갔다. 하지만 말이 정말로 귀중한 에너지를 낭비하는 행동이라면 말을 많이 하는 사람의 유전자는 불리한 입장에 처할 테고, 언젠가는 유전자가 다시 목줄을 잡아당길 것이다.

셋째, 진화심리학자는 이렇게 주장할지도 모른다. 한때 우리 조상에게는 수다 떨기가 이득이 되는 행위였기 때문에, 지금은 유전자가 수다에서 얻는 바가 없는데도 그 습성이 여전히 우리에게 남아 있다. 이 견해가 옳다면, 우리는 초기 수렵채집인들의 삶에서 쉴 새 없는 대화의 기능을 발견할 수 있어야 한다.

이런 제안들은 모두 유전적 이득에서 설명을 찾는다는 공통점이 있다. 그런데 밈학은 전혀 다른 접근법을 제공한다. 말이 유전자에 어떤 이득을 주는지 묻는 게 아니라, 밈에 어떤 이득을 주는지 묻는다. 그렇다면 대답은 분명하다. 말은 밈을 퍼뜨린다. 우리가 이토록 말을 많이 하는 까닭은 우리 유전자를 위해서가 아니라 우리 밈을 퍼뜨리기 위해서다.

밈은 어떤 방식으로 우리에게 압력을 가하여 계속 말하게 만들까? 이점을 살펴보는 방법은 여러 가지인데, 나는 세 가지 방법으로 상세하게 짚어 보겠다.

첫째, 말은 효율적인 밈 확산 방법이기 때문에, 사람들의 입에 자주 오르내릴 수 있는 밈은 (일반적으로) 그렇지 않은 밈보다 더 많이 복제될 것이다. 따라서 이런 종류의 밈이 밈풀에 퍼질 것이고, 우리는 그것을 더 많이 이야기하게 될 것이다.

이 주장은 앞서 '왜 우리가 이렇게 생각을 많이 하는가' 하는 문제를 논했을 때 내가 제안했던 해석과 비슷하다. 밈 '잡초 이론'의 또 한 사례라고 하겠다(103쪽을 참고하라). 침묵은 잡초를 다 제거하여 아름답게 다듬어 둔 화단과 같다. 화단은 우리가 좋아하는 식물을 위해 준비된 텅 빈 공간이지만, 그 상태로 오래 머물지 않을 것이다. 조용한 사람은 무언가에게 이용되기만을 기다리는 한가한 복제 기계와 같다. 우리 뇌에는 발상, 기억, 남과 공유할 생각, 수행해야 할 행동이 가득하고, 사회에는 새롭게 탄생하여 널리 퍼지는 밈들, 우리 뇌를 차지하고 그로부터 또 전달되기 위해 서로 경쟁하는 밈들이 가득하다. 하지만 우리가 그 모두를 다 말할 수는 없다. 그래서 우리 목소리를 차지하기 위한 경쟁은 극심하다. 정원에서 자라기 위한 식물들의 경쟁이 극심하듯이 말이다. 침묵을 지키는 것은 잡초 뽑기만큼 힘든 일이다.

그렇다면 우리 목소리를 차지하기 위한 경쟁에서 어떤 밈이 이길까? 이제 여러분도 익숙해졌을 그 질문을 다시 떠올려 보자. 세상에 수많은 뇌가 있지만, 밈은 그보다 더 많아서 모두가 깃들 곳을 찾을 수는 없다고 하자. 어떤 밈이 더 쉽게 안전한 집을 찾고, 다시 다른 뇌로 전달될까?

어떤 밈은 특히 입에 잘 오르내린다. 마치 숙주에게 전달을 강요하는 듯 보일 정도다. 흥미진진한 스캔들, 끔찍한 뉴스, 마음을 다독여 주는 다양한 생각, 유용한 지침이 그런 밈이다. 개중 일부는 생물학적이고 심리학적인 이유 때문에 '나를 퍼뜨려' 효과를 획득한다. 어쩌면 성, 사회적 결속, 흥분, 위험 회피에 대한 우리의 요구와 관련 있는 밈인지도 모른다. 어쩌면 사람들은 사회에 순응하기 위해서, 남에게 사랑 받기 위해서, 남을 놀라게 하거나 웃게 하기 위해서 그런 밈을 전달하는지도 모른다. 어쩌면 그 정보가 타인에게 진짜 유용할지도 모른다. 이런 갖가지 이유들을 연구해 보는 것도 분명 가능하지만(실제로 심리학자들이 연구하고 있다), 내가 지금 제안하는 밈적 주장에서는 사실 이유는 전혀 상관이 없다. 우리는 이웃 집 장미 덤불의 건강 상태에 관한 지루한 이야기보다 이웃 사람이 그 덤불 뒤에서 무슨 일을 하더라 하는 소문을 퍼뜨리는 데 더 적극적이라는 점이 중요할 뿐이다. 따라서 '나를 말하시오'라고 강요하는 듯한 그런 밈은 다른 밈보다 더 잘 퍼지고, 많은 사람이 그것에 감염된다.

1997년의 다이애나 왕세자비 사망 소식은 공식 발표 후 몇 분 만에 빛의 속도로 전 세계에 퍼졌다. 전 세계 사람들이 아직 소식을 못 들은 친구들을 붙잡고 그 이야기를 했다. 나도 그랬다. 나는 라디오를 켰고, 일기예

보 대신에 끊임없이 흘러나오는 관련 보도를 들었으며, 가족에게 전화를 걸었다. 그러다 보니 평소에는 전혀 흥미가 없다고 공언하던 그런 종류의 일에 내가 왁자하게 떠들어 댄다는 게 좀 한심하게 느껴지기도 했다. 하지만 다이애나의 죽음은 그럴 수밖에 없는 뉴스였다. 소식은 감염성이 높은 바이러스처럼 퍼졌고, 몇 주 만에 왕세자비의 평판은 성인의 반열에 올랐으며, 컬트처럼 그녀를 숭배하는 사람들이 생겨났다.^{마스덴 1997} 몇 달 만에 다이애나 추모 기금에 수백만 파운드가 모였고, 그녀의 이미지를 팔아서 수백만 파운드를 벌어들이는 사람도 등장했다. 이런 힘을 발휘하는 밈은 극히 드물지만, 그 원리는 지극히 일반적이다. 어떤 종류의 뉴스는 다른 뉴스보다 더 효과적으로 퍼진다는 원리다. 사람들은 그런 뉴스를 쉽게 접하게 되고, 그것을 다시 전달한다. 그 결과 사람들은 말을 더 많이 하게 된다.

침묵이 불가능하다는 말은 아니다. 단지 침묵은 아주 드물고, 특별한 규칙을 부과해서 쉴 새 없이 말하려는 우리의 타고난 경향을 억제해야만 가능할 때가 많다. 그런 규칙은 어디에서나 찾아볼 수 있다. 도서관이나 학교에서, 강연장이나 극장에서, 기차 안에서. 악의 없이 규칙을 깨뜨리는 사람 역시 어렵잖게 찾아볼 수 있다. 진정한 침묵의 서약은 쉽게 할 수 있는 것이 아니며, 종교적 수행 단체에 처음 입문한 사람은 단 며칠이라도 침묵의 규칙을 지키기가 어렵다고 느낀다. 침묵 밈을 따르는 것은 인간의 성미에 어긋난다.

이 점에서 우리는 두 번째 접근법을 발견한다. 말에 관한 규칙이나 사회적 관습을 살펴보는 방법이다. 이 경우에도 두 부류의 밈을 비교해 보자. 우선 사람들로 하여금 말을 많이 하도록 장려하는 지침을 생각해 보자. 그 형태는 다양할 텐데, 가령 동행 앞에서 침묵이 이어지는 것은 당혹스러운 상황이라고 느끼게 되는 것도 그런 밈이고, 사람을 앞에 두면 정중한 대화나 잡담으로 상대를 즐겁게 해줘야 한다는 규칙도 그런 밈이다. 침묵을 지키게 하는 밈도 생각해 보자. 가령 한가한 잡담은 무의미하다는 암시라든지, 조용한 예의범절을 요구하는 규칙이라든지, 침묵의 영적 가치에 대한 믿음이 그런 밈이다. 자, 어느 쪽이 잘 퍼질까? 첫 번째 부류일 것이다. 그런 밈을 지닌 사람들은 말을 더 많이 하므로 그들의 이야기가 남들의 귀에 더 자주 들릴 것이고, 남들이 그 내용을 받아들일 가능성도 더 높아진다.

이 결론이 분명하게 와 닿지 않는다면, 이런 식으로 생각해 보자. 첫 번째 종류의 행동을 교육 받은 사람, 가령 '언제든 정중한 대화를 나눠야 바람직한 거야'라고 배운 사람이 100명 있고, 그와 반대로 '꼭 필요할 때만 이야기하는 게 점잖은 거야'라고 배운 사람이 100명 있다고 하자. 첫 번째 집단은 그런 밈을 품고 있기 때문에 기회가 닿는 대로 이야기할 것이다. 두 번째 무리는 입을 다물고 있을 것이다. 말하는 사람이 말하는 사람을 만나면, 둘 다 이야기할 것이다. 조용한 사람이 조용한 사람을 만나면, 둘 다 이야기하지 않을 것이다. 흥미로운 조합은 말하는 사람이 조용한 사람을 만나는 경우다. 그 경우에도 둘 다 마음을 바꾸지 않을지도 모른다. 각자 새 밈을 접하고도 오래된 밈을 버리지 않을지도 모른다. 하지만 만약에 균형이 기우는 일이 벌어진다면, 어느 쪽으로 불균형이 발생할지는 뻔하다. 말하는 사람은 계속 말을 할 테니, 직접적으로든 암시적으로든 정중한 대화는 필수적인 것이라는 메시지나 대화란 즐겁고 유용하다는 메시지를 전달할 것이다. 그 때문에 조용한 사람이 신념을 바꿀지도 모른다. 하지만 반대의 경우는 극히 드물 것이다. 조용한 사람도 이따금 '조용히 있는 게 더 낫다고 생각합니다'라거나 '입 좀 다물어' 같은 말을 할지 모르나, 정의상 그는 애초에 말을 많이 하지 않는다. 단지 그 이유 때문에라도 그는 상대를 변화시키기 어렵다. 말에 관한 주장을 드러내

놓고 하는 밈은 많지 않지만, 눈에 띄는 예가 몇 있다. 브리티시텔레콤 사의 슬로건인 '말을 거세요'라거나, '침묵은 금' 같은 속담이다. 우리는 밈학을 통해서 일반적으로 늘 대화가 벌어지는 이유를 이해할 수 있을 뿐 아니라, 더 드문 침묵의 규칙이 특정 선택적 환경에서 때로 성공하는 이유도 이해할 수 있을 것이다.

밈의 압력이 어떻게 우리를 재잘대게 하는지 살펴보는 마지막 방법은, 무리를 이룬 밈들 즉 밈플렉스를 살펴보고, 어떤 사람이 그것을 키워 내거나 퍼뜨리는지 살펴보는 것이다. 수다스러운 사람의 환경에서 융성하는 밈은(그리고 그 사람을 수다스럽게 만드는 데 기여하는 밈은) 조용한 사람의 환경에서 융성하는 밈과는 다를 것이다. 수다스러운 사람은 정의상 더 많이 말하므로, 그의 밈이 퍼질 가능성이 더 높다. 또 다른 수다스러운 사람이 그 이야기를 듣는다면 그도 쉽게 그 생각을 받아들여서 다시 전달할 것이다. 한편 조용한 사람은 말을 많이 하지 않으므로, 조용한 사람에게 어울리는 밈은 퍼질 기회가 적다. 물론 어떤 경우에는 수다스러운 사람이 너무 짜증나게 느껴지고, 조용한 사람이 몹시 매혹적으로 느껴질 때가 있다. 하지만 그렇다고 해서 기본적인 불균형 상태가 달라지지는 않을 것이다. 말하게 하는 밈, 그리고 그런 밈과 행복하게 공존하는 밈들이 침묵하게 하는 밈을 누르고 밈풀에서 더 많이 퍼진다는 것은 불가피한 결과다.

지금까지 내가 이야기한 주장들은 하나의 효과에 대한 여러 설명들이었다. 이 설명들이 옳다면, 말을 장려하는 밈들이 차차 밈풀을 채워갈 것이다. 그래서 우리가 그런 밈들을 자주 접하고, 그렇기 때문에 우리가 이렇게 말을 많이 하는 것이다. 우리는 밈들의 재촉 때문에 자꾸만 말하는 것이다.

밈학은 '우리가 왜 이렇게 말을 많이 하는가'라는 질문에 대해서 이처럼 간단한 해답을 제공한다. 우리의 수다는 우리에게 이득이 되는 것이 아니고, 우리를 행복하게 만들어주는 것도 아니다. 물론 그런 경우도 간혹 있지만 말이다. 수다는 우리 유전자를 위한 것이 아니다. 우리가 말을 모방하는 뇌를 가졌기에 어쩔 수 없이 겪게 된 결과일 뿐이다.

이야기는 이제 다른 굵직한 두 주제로 이어진다. 우리가 애초에 왜, 그리고 어떻게 말하게 되었는가 하는 주제다.

언어의 진화

언어의 기원이라는 문제는 너무나 시끄러운 논쟁을 일으키는 것이어서, 파리 언어학회는 일찍이 1866년부터 이 주제에 관한 추론을 금하라고 명령했다. 동물의 의사소통과 인간의 말 사이의 간격이 실로 넓기 때문에 설명이 절실한 상황이었지만, 고생물학적 증거가 부족하다 보니 당시의 추론은 실로 제멋대로였다. 언어가 동물이나 자연의 소리를 흉내 낸데서 유래했다는 가설도 있었고, 힘을 쓸 때 내뱉는 소리나 불평하는 툴툴거림에서 발전했다는 가설도 있었다. 조롱의 의미에서 '멍멍' 이론, '딩동' 이론, '영차' 이론, '푸푸' 이론이라고 불렸던 그 가설들은 문법과 통사론의 유래는 전혀 설명하지 못했다. 그로부터 한 세기가 훌쩍 지난 지금도 이 주제는 정리되기는커녕 여전히 논쟁이 격렬하다. 하지만 이제 우리는 언어 자체에 대해 더 많이 알고, 뇌와 언어가 함께 진화한 과정에 대한 증거도 갖고 있으므로, 현재의 이론들은 보다 다듬어진 편이다.

우선 현대 인류의 언어에는 어떤 특징이 있는지 간략히 살펴보자.

인간의 언어 능력은 대체로 선천적인 것이고, 지능이나 보편 학습 능력의 부산물이 아니다. 한때 이 문제를 놓고 뜨거운 토론이 벌어졌지만, 사람은 실수를 체계적으로 교정 받는 방식으로 언어를 배우지 않는다는 것,

타인의 언어를 주의 깊게 들은 뒤 그것을 무턱대고 따라 함으로써 배우지 않는다는 것은 분명한 사실이다. 대신에 사람은 자연스럽게 언어를 익히는 것처럼 보인다. 최소한의 정보만으로도 풍요롭고 복잡한 문법적 언어를 구축할 줄 안다. 여기에서 문법은 누가 누구에게 무엇을 했고 무슨 일이 언제 어떤 순서로 벌어졌는가 등을 드러내는 자연적 언어 구조를 말하는 것이지, 학교에서 배우는 문법책에 적힌 그런 문법이 아님을 명심하자.

사람이라면 거의 누구나, 교육 수준이나 일반적인 지능과 무관하게, 남들과 비슷한 정도로 문법에 맞는 언어를 구사할 줄 안다. 현재까지 발견된 모든 인간 사회에 언어가 존재했고, 그 언어들에는 모두 복잡한 문법이 있었다. 어휘량은 상당히 차이가 날지 몰라도, 문법의 복잡성은 차이가 크지 않다. 수렵채집인들이나 원시 부족사회 사람들의 언어도 현대 산업사회의 영어나 일본어만큼 복잡했다. 전 세계의 모든 아이들은 서너 살무렵이면 문법에 맞게 말할 줄 안다. 아이는 자신이 귀로 듣는 대화보다 훨씬 체계적인 언어를 만들어 낼 줄 안다. 주변에 오가는 말에서는 전혀 자취를 찾아볼 수 없는 미묘한 문법 원칙을 아이가 버젓이 사용하는 경우도 있다. 만약에 귀가 먹었다거나 해서 남들의 대화를 들을 수 없는 경우에는, 스스로 다른 방식의 언어 형성 방법을 찾아낸다. 수화는 구어의 단순한 형태나 왜곡된 형태에 불과한 것이 아니다. 귀먹은 사람들이 한데 모이면 언제든 전혀 새로운 언어가 생겨난다. 수화는 그 자체로 독특한 하나의 언어로서, 몸짓과 표정이 어미나 어순이나 어형 변화 같은 문법적 기능을 수행한다.

스티븐 핀커가 '언어 본능language instinct'이라고 표현한 이 능력은 인간을 지구상 다른 종들과 완벽하게 갈라놓는다.[1994] 우리가 아는 한 어떤 형태든 문법적 언어를 갖고 있는 종은 인간 외에는 없다. 문법적 언어를 배울 수 있는 종도 없다. 최초로 침팬지에게 언어를 가르쳤던 심리학자들은 실패를 거듭했다. 침팬지에게는 목소리를 내는 데 필요한 발성 기관이 없다는 단순한 이유 때문이었다. 그래서 이후의 연구자들은 침팬지의 타고난 손재주를 활용하는 방법을 사용함으로써 다소 성과를 거뒀다. 일례로 사라라는 침팬지는 친근한 사물이나 행동을 뜻하는 다양한 플라스틱 조각들로 구성된 대화판을 사용하도록 훈련 받았고, 라나와 칸지라는 침팬지들은 특수 키보드 위의 단추들을 누르는 훈련을 받았다. 더욱 인기 있는 방법은 수화였다. 침팬지가 손동작이 날렵하고, 야생에서도 많은 손짓을 취한다는 사실에 착안한 것이었다. 수화를 교육 받은 동물들 중에서 와슈라는 침팬지와 코코라는 고릴라는 특히 뛰어났다. 둘 다 사람들 속에서 자라며 미국 수화를 교육 받았다.

　처음에는 와슈나 코코가 진정한 수화 언어를 사용하는 것처럼 보였다. 그들은 세 단어로 된 '문장'을 만들어 보였는데, 그것은 두 살 아이의 수준이었다. 심지어 그들은 기호 몇 개를 이어서 새 단어를 만들기도 했다. 하지만 사람들의 흥분과 지나친 주장은 곧 자취를 감췄다. 심리학자, 언어학자, 선천적 장애로 인한 수화 사용자 등이 확인해 본 결과, 침팬지의 신호는 풍부하고 표현력이 뛰어난 사람의 수화와는 전혀 달랐다. 그 전까지는 연구자들의 희망이 앞서서 결과 해석이 과장되었던 것이다. 요즘 연구자들이 동의하는 내용은 이렇다. 침팬지와 고릴라는 낱개의 신호나 상징을 배울 수 있고, 그것들을 짧게 연결 지어서 적절하게 사용할 줄 안다. 대개는 뭔가를 요구하기 위해서다. 그렇지만 그들은 어떤 종류이든 문법은 사용하지 않고, 문장의 미묘한 특징을 전혀 파악하지 못한다. 반면에 사람의 어린아이는 그런 일을 수월하게 해내며, 가만히 놓아둬도 제 귀에 들리는 단어들을 흡수하여 언어로 바꿔낸다. 침팬지는 누군가가 강제를 하고 보상을 해줘야만 고작 한 줌의 신호를 배우는데 말이다. 침팬지가 속으로 무슨 생각을 하는지는 모르겠지만(그 사실을 과소평가해서는 안 될 것이다), 진정한 언어 개념을 자연스레 '체득' 하지 못하는 것은 사실이다. 사람과는 비교가 안 된다. 침팬지는 시행착오나 보상과 처벌이라는 일반적인 학습 경로를 통해 느릿느릿 단어를 배우는 반면, 사람은 그냥 쏙쏙 흡수하는 것처럼 보인다. 사람의 언어 능력은 독특하다.

우리는 이 독특한 능력을 어떻게 얻었을까? 운 좋게도 진화 과정에서 한 차례 거대한 도약이 일어나 갑자기 손에 쥐게 되었을까?[비커튼 1990] 아니면 뇌가 서서히 커진 것에 보조를 맞추어 점진적으로 발전했을까? 언어가 처음 등장한 것은 언제였을까? 일찍이 루시도 사회적 잡담을 재잘댔을까? 호모 하빌리스는 자기가 만든 도구와 발명에 이름을 붙였을까? 호모 에렉투스는 불가에 둘러 앉아 도란도란 이야기를 나누었을까?

확실하게 아는 사람은 아무도 없다. 말은 화석을 남기지 않으며, 멸종한 언어를 되살릴 방법은 없다. 하지만 아쉬운 대로 몇 가지 단서는 있다. 고고학자들은 호미니드가 만든 물건이나 장례 풍습을 살펴봄으로써 그들의 언어 능력에 관해 많은 것을 유추할 수 있다고 믿는다. 지금으로부터 불과 10만 년 전에 이른바 후기 구석기 혁명이 등장했는데, 호미니드의 행동이 갑자기 엄청나게 복잡해진 시기를 가리킨다. 그전 200만 년 이상의 기간에는 호미니드가 남긴 물건이라고는 단순한 석기뿐이었다. 정이나 끌로 썼을 법한 호모 하빌리스의 돌조각, 호모 에렉투스의 돌도끼뿐이었다.

그랬던 것이 후기 구석기 시대의 호모 사피엔스로 오면 공들인 매장 풍습, 간단한 그림과 몸 장식, 원거리 교역, 갈수록 규모가 커지는 주거지, 돌만이 아니라 뼈나 점토나 뿔 등 다른 재료를 동원한 도구 제작의 흔적 등이 풍성하게 남기 시작했다. 리처드 리키에 따르면, 이 극적인 변화는 완전히 발달한 언어가 갑작스레 등장한 때와 시기가 맞물린다는 것이 고고학자들의 대체적인 견해다. 하지만 이것은 추측에 의존한 생각이다.

오늘날 우리의 사고는 어릴 때 배운 언어에 강하게 구속되어 있기 때문에, 우리로서는 지금과 다른 수준의 언어 능력으로 대체 어떻게 예술이나 도구 제작이나 교역을 해낼 수 있었을지, 혹은 해낼 수 없었을지 제대로 추측하기 어렵다. 그래서 이것과는 다른 증거가 필요하다.

해부학 쪽의 단서는 보다 견고하다. 호미니드의 뇌는 오스트랄로피테쿠스가 호모로 전이되던 시기에 50퍼센트쯤 획기적으로 증가했다. 약 50만 년 전의 호모 에렉투스는 뇌 크기가 벌써 우리와 비슷했다. 물론 뇌 크기와 언어의 관계가 정확하지 않기 때문에, 이 사실로부터 곧장 언어의 등장 시점을 밝혀낼 수는 없다. 그러나 초기 호미니드의 뇌가 어떻게 조직되어 있었는지를 대강 알아볼 수는 있다. 물론 뇌도 화석화하지 않지만, 화석화한 두개골의 내부를 보고서 뇌의 모양을 유추해 볼 수 있기 때문이다. 가령 한 호모 하빌리스 두개골에서는 브로카 영역의 증거가 뚜렷하게 발견되었고, 언어를 좌반구에 의존하는 요즘의 우리 뇌처럼 비대칭적인 뇌였다는 특징도 발견되었다. 그래서 어떤 학자들은 호모 하빌리스가 말할 수 있었다는 결론을 내렸다. 하지만 최근에 살아 있는 사람을 대상으로 한 뇌 스캔 연구 결과, 브로카 영역은 복잡한 손 동작을 하는 동안에도 활성화한다는 사실이 밝혀졌다. 따라서 브로카 영역 자체가 언어의 결정적인 증거는 될 수 없다. 호모 하빌리스가 석기를 만들었기 때문에 브로카 영역이 발달했을지도 모르는 일이다. 초기 석기를 연구하는 인디애나 대학교의 니콜라스 토트는 동료들과 함께 몇 달을 들여서 직접 석기를 만들어 보았다. 그것은 겉보기와는 달리 절대 쉽게 습득할 수 있는 기술이 아니었다.^{토트와 쉬크 1993} 그 와중에 그들은 대부분의 초기 석기가 오른손잡이에 의해 만들어졌다는 사실을 발견했다. 호모 속이 처음 등장했을 때부터 뇌 편향이 있었던 것은 분명하지만, 그것이 언어의 증거는 아닌 것이다.

말을 위해 변형되어야 하는 인체 구조가 뇌만은 아니다. 말할 때는 호흡을 정교하게 통제해야 하므로, 가로막과 가슴 근육들도 바뀌어야 한다. 모든 육상 포유류가 그렇듯이 자율적 호흡이 가능해야 하는 것은 기본이고, 말할 때는 그 호흡 메커니즘을 억누를 줄 알아야 한다. 그러려면 대뇌 피질이 근육들을 잘 통제해야 한다. 또 사람은 다른 영장류들에 비해서 후두가 더 낮은 위치에 있다. 그래서 훨씬 다양한 소리를 낸다. 두개골 바닥 부분의 모양도 다르다.

이런 변화들은 언제 벌어졌을까? 후두도 근육도 화석화하지 않지만, 다른 단서를 보면 된다. 예를 들어 두개골 바닥의 모양은 낼 수 있는 소리의 범위에 영향을 미친다. 오스트랄로피테쿠스는 그것이 평평하고, 호모 에렉투스는 살짝 굽었으며, 고대 호모 사피엔스에 와서야 현대 인류처럼 완전히 굽은 모양이 된다. 우리가 지금 아는 광범위한 소리를 다 낼 수 있는 것은 현대 인류밖에 없다는 뜻이다. 또 다른 단서는 척수의 두께다. 현대 인류의 흉부 척수는 유인원이나 초기 호미니드에 비해 훨씬 두껍다. 아마도 말을 하려면 대뇌피질이 호흡 메커니즘을 정교하게 통제해야 하기 때문일 것이다. 고생물학자 앨런 워커는 '나리오코토메 소년 Nariokotome Boy'이라고 불리는 150만 년 전의 호모 에렉투스 골격을 면밀히 조사한 바 있다. 케냐의 투르카나 호수 근처에서 발견된 이 골격은 척수 부분이 잘 보존되어 있는데, 그것을 보면 흉부 척수가 확장된 흔적은 없었다. 그 점을 볼 때, 나리오코토메 소년은 사람보다 유인원에 가까웠다. 소년의 오래된 유해를 속속들이 살펴본 워커는 에렉투스가 말 못하는 종이었다는 확신을 갖게 되었다. 소년은 유인원의 몸에 든 사람이라기보다 사람의 몸에 든 유인원에 가까웠다. '그가 우리의 선조였을 가능성은 있지만, 사람을 닮은 그 몸에 사람의 의식은 없었다. 그는 우리의 일원이 아니었다.' 워커와 쉽먼 1996

이런 단서들이 결정적인 해답을 주는 것은 아니다. 우리가 발성에 관여하는 해부학적 변화를 철저히 이해하게 되더라도, 심리학적인 변화까지 덩달아 잘 이해하게 되는 것은 아니다. 심리학자 멀린 도널드가 지적했듯이,[1991] 현대의 상징 문화에는 언어 말고도 다른 요소가 많다. 언어만이 우리와 우리의 조상을 갈라놓고 우리와 다른 현생 영장류들을 갈라놓는 것은 아니다. 언어의 진화는 인간의 다른 인지 능력 진화와 연관하여 파악할 필요가 있다.

어쩌면 현재로서 우리가 내릴 수 있는 최선의 결론은 언어가 갑자기 등장한 것은 아니라는 것뿐일지도 모른다. 실제로 몇몇 언어학자들은 그렇게 주장한다. 현대의 언어를 가능케 한 진화적 변화들은 원인의 기나긴 역사에 걸쳐서 착실히 이어졌던 듯하다. 루시가 말을 못했다는 것은 거의 확실하다. 호모 에렉투스도 불가에서 그리 많은 대화를 나누지 못했을 것이다. 정밀하게 통제되는 발성과 확연히 현대적인 언어는 고대 호모 사피엔스의 시기, 즉 지금으로부터 불과 10만 년 전이 되어서야 비로소 등장했던 것 같다. 그렇다면 우리는 굵직한 질문들에 대해서는 여전히 답할 수 없다. 뇌가 점차 커지면서 언어도 서서히 발달했는지, 언어가 먼저 등장함으로써 뇌의 확장을 촉진했는지 알 수가 없다. 뇌와 언어가 함께 진화했다는 것만 알 뿐이다.

언어의 목적을 알면 도움이 되지 않을까?

여기에는 분명한 답이 있는 듯이 이야기되는 경우가 잦지만, 사실은 이 문제의 답도 명확하지 않다. 심리학 개론 교과서는 '발화에 관한 능력은 우리 종에게 결정적인 이점을 주었다'[킴슨 1993]는 식으로 '자명하다'는 진술을 던진 뒤, 그것으로 그칠 때가 많다. 생물학자 메이너드 스미스와 사트마리는 언어 진화를 설명하면서 '적응적 설계를 설명하는 유일한 방법은 자연선택이라는 추정'을 전제했다.[1995] 그들은 '달리 어떤 설명이 가능하겠는가?'라고 했다. 언어학자들도 언어는 '명백한 선택적 가치를 지닌다', '언어는 어마어마한 선택적 이점을 부여했을 것이 틀림없다'라고 가정하곤 한다.오테로 1990 혹은 적응으로서의 언어라느니, 의사소통이 주는 확연한 선택적 이득이라느니, 상징의 사용에 대한 선택압이라느니 하는 표현을 쓴다.데컨 1997

선택적 이점을 상정한다는 생각은 옳다. 생물학에서 '왜'라는 질문을 던질 때, 우리가 찾는 답은 보통 기능적인 해답이다. 박쥐에게 음파 탐지기가 생긴 이유는 어둠 속에서 곤충을 잡기 위해서이고, 거미가 섬세한 거미줄을 잣는 이유는 투명하고 가벼운 덫을 만들기 위해서이고, 털의 존재 이유는 보온이고, 눈의 존재 이유는 시각이라는 식이다(답이 여기에서 멈추는 것은 아니지만 말이다).

현대 다윈주의적 시각에서 보면, 모든 것은 그것을 만드는 유전자를 지닌 개체가 더 잘 생존하고 번식하기 때문에 서서히 진화해 왔다. 만약에 사람의 언어 재능도 척추동물의 눈이나 박쥐의 음파 탐지기처럼 생물학적 체계라면, 우리는 그것의 기능이 무엇인지 알 수 있어야 한다. 왜 언어 능력 유전자를 지닌 개체가 지니지 못한 개체보다 더 잘 생존하고 번식하는지 알 수 있어야 한다. 앞서 보았듯이, 언어는 싼 대가로 얻을 수 있는 게 아니다. 뇌의 여러 영역들이 언어의 이해와 생성에 맞게 전문화해야 했고, 발성의 도구가 통째 새로 진화해야 했다. 목과 입과 목구멍이 다른 기능들을 희생하고서 복잡하게 변해야 했다. 그래서 우리는 음료 마시기와 숨 쉬기를 동시에 할 수 없게 되었고, 질식의 위험도 커졌다. 이처럼 대가가 크고 위험마저 따르는 변화들이 왜 생겼을까? 왜 이것을 감수할 가치가 있었을까?

이 질문은 우리를 난처한 상황으로 내몬다. 여러 저자들이 지적했듯이,데컨 1997; 던바 1996; 핀커 1994 우리는 언어가 초기 호미니드에게 주었던 선택적 이점이 무엇인지 알아내거나, 아니면 다윈주의적 설명의 꿈을 버려야 하는 양자택일 상황에 처한 듯하다. 이것은 결코 행복한 선택이 못 된다. 물론 정말로 이런 선택을 해야 하는 상황이라면 말이다.

제8장

밈, 유전자를 압박하다

M E M E

말을 잘한다는 것은 밈 확산 능력이 뛰어나다는 것이다. 따라서 초기 언어 사용자들은 사회에서 가장 말 잘하는 사람을 따라하는 데 그치지 않고, 그 사람과 짝짓기를 선호했다. 덕분에 새 밈을 잘 퍼뜨리는 뇌를 만드는 방향으로 유전자에게 자연선택의 압력이 가해졌다. 밈과 유전자가 이렇게 공진화한 결과, 큰 뇌와 언어라는 특이한 성질을 지닌 종이 생겨났다. 이 과정을 개시하는 데 필요한 것은 오직 모방 능력뿐이었다.

언어의 기원이라는 수수께끼 때문에 우리는 불쾌한 선택을 할 처지에 놓였다. 다윈주의적 설명을 포기하든가 아니면 언어의 기능을 찾아야 한다는 선택이다. 하지만 이 막다른 골목은 언어의 기능이 유전자를 위한 것이라고 가정했기에 생긴 것뿐이다. 만약에 제2의 복제자가 존재한다면, 우리는 더 이상 그 선택지에 만족하지 않아도 된다. 나는 모방이 진화하자 밈이 등장했고, 밈이 유전자의 선택 환경을 바꾸었고, 밈이 유전자로 하여금 밈 확산의 도구를 제공하도록 몰아붙였다고 생각한다. 사람의 언어 능력은 밈이 끌어낸 것이고, 언어의 기능은 밈을 퍼뜨리는 것이라는 주장이다.

언어의 용도는 무엇일까?

언어의 진화를 이해하고 싶다면, 시작점은 분명 다윈주의적 설명일 것이다. 하지만 언어에 대한 선택적 이점이 모호하다는 점은 차치하더라도, 언어는 유전적 변이를 보이지 않고, 중간 형태로 존재하지 않으며, 인류에게 실제로 주어진 것보다 훨씬 긴 진화 시간과 훨씬 많은 게놈 공간을 필요로 할 것이라는 주장도 있다.^{핀커와 블룸 1990} 이런 주장들 각각에 대해 강력한 반론도 제기되었지만, 그래도 이런 의문들은 다양한 가면을 쓰고 거듭 등장한다.

이상하게도 언어의 기원을 전통적인 다윈주의로 설명하려는 시도에 가장 크게 반대한 두 사람은 세계에서 가장 유명한 진화 이론가 중 한 명인 스티븐 제이 굴드와 세계에서 가장 유명한 언어학자인 노엄 촘스키였다.

1950년대를 풍미했던 행동주의 패러다임은 언어를 인간의 일반적인 학습 능력 중 한 가지로 취급했다. 행동주의는 사람의 학습에 내적 제약이 있음을 인정하지 않았고, 언어 구조에 보편적 특징이 있다고 보지 않았다. 촘스키는 이 견해에 정면으로 반박했다. 그는 사람들의 생각에 비해 언어의 논리 구조가 훨씬 더 복잡하다는 것, 그런데도 아이들은 이렇다 할 훈련도 없이 그것을 쉽게 체득한다는 것, 전혀 다른 언어들도 '심층 구조'에서는 공통점이 있다는 것을 지적했다. 그는 지금은 유명해진 개념인 내재적 보편 문법을 제안했다. 그런데 그는 이어 주장하기를, 보편 문법의 유래든 언어의 진화든 자연선택으로는 설명할 수 없다고 했다.^{핀커와 블룸 1990년 저서를 참고하라} 촘스키에 따르면, 모든 인간은 언어 구조를 타고나지만 그것은 자연선택이 우리에게 갖춰준 것이 아니다. 지능이나 뇌 확장의 일반적 경향 같은 다른 무언가의 부산물로 생겨났거나, 혹은 우리가 아직 모르는 다른 어떤 과정에 의해 생겨났다. 언어 자체에 대한 선택압은 없었다는 견해다.

굴드는 선택과 적응이 진화에 미친 영향력에 관해 반대하는 의견을 줄기차게 제기해 왔다.^{굴드와 르원틴 1979} 그는 많은 생물학적 속성이 다른 무언가의 부산물로 진화했다고 주장했다. 혹은 다른 자연적이고 물리적인 과정 및 제약이 생물체의 구조나 형태에 가해짐으로써 생겨났다고 주장했다. 언어 역시 다른 진화적 변화의 부산물로 발생한 것이라고 주장했다. 가령 뇌의 전반적인 확장 과정이나(하지만 앞서 보았듯이 이 자체도 충분히 설명되지 않은 과정이다), 아직 알려지지 않은 모종의 물리적 제약의 결과라는 것이다.

나는 이런 접근법은 유효하지 않다고 생각한다. 단순한 물리적 과정이 정교한 설계를 만들어낸다는 것은 의심의 여지없는 사실이다. 눈송이, 간섭 패턴, 해변에 밀려오는 파도의 패턴 등을 보면 알 수 있다. 물리적 제약이 중요하다는 것도 의심의 여지없는 사실이다. 공기의 속성이 동물의 날개와 꼬리 모양에 제약을 가하고, 중력이 동물의 키와 덩치에 한계를 가한다. 설계가 변하다 보면 필연적으로 부산물이 따르기 마련이고, 개중 일부는 유용할 것이며, 그래서 진화에 활용될 것이다. 하지만 이런 과정만으로는 진화적 진보나(굴드는 진보 자체를 믿지 않는다고 했던 것을 기억하시겠지만) 복잡한 기능적 설계를 충분히 설명할 수 없다. 오래된 설계 위에 쌓여서 그것을 더욱 발전시킴으로써 새로운 설계를 낳는 과정은 진화 알고리즘이 유일하다(53쪽을 참고하라). 유전, 변이, 선택이 있으면 눈, 귀, 지느러미, 꼬리처럼 불가능해 보일 정도로 놀라운 것이 점진적으로 등장한 과정을 설명할 수 있다. 언어도 마찬가지로 불가능해 보일 정도로 놀라운 것이고, 정교한 설계의 특징들을 분명히 드러낸다. 언어가 다른 무언가의 부산물로 생겨났다거나 전적으로 물리적 제약의 결과라고 말하는 것은 아무런 설명이 되지 못한다.

학술지 《뇌와 행동과학》[1990]이 마련한 열띤 토론의 장에 참여했던 핀커, 블룸, 그 밖의 다른 학자들은 촘스키와 굴드 등이 제안한 비선택적 주장을 호되게 비판했다. 핀커와 블룸은 언어가 모종의 기능을 위한 복잡한 설계로서의 특징을 다 갖추었다고 지적하며, 복잡한 기관의 진화를 설명하는 유일한 방법은 자연선택을 통하는 것이라고 주장했다. 그들은 '문법의 전문화는 통상적인 신다윈주의적 과정에 따라 진화했다'고 결론 내렸다. 핀커와 블룸 1990

하지만 그 기능이란 무엇일까? '통상적인 신다윈주의적' 설명은 언어에 모종의 선택적 이점이 있다고 가정한다. 그렇다면 '왜 인간이 언어를 갖게 되었는가' 라는 질문은 '언어의 선택적 이점이 무엇인가' 라는 질문으로 바뀐다. 이것에 대한 답을 모른다면 언어의 존재는 수수께끼로 남을 수밖에 없다.

핀커와 폴 블룸의 대답은 언어가 '직렬적 통신로 위에 구축한 명제적 구조를 소통하기 위해서' 만들어졌다는 것이다.[1990] 하지만 '직렬적 통신로 위에 구축한 명제적 구조의 소통' 에 어떤 선택적 이점이 있었단 말인가? 그들은 언어 덕분에 우리 선조가 정보의 습득과 전달을 생물학적 진화보다 훨씬 빠른 속도로 할 수 있었고, 그럼으로써 다른 종들과의 경쟁에서 결정적인 이득을 누렸다고 말한다. 하지만 이 주장을 완성하려면 언어가 생물학적으로 유의미한 어떤 정보를 전달했는지, 명제적 구조의 사용이 그것에 어떤 도움을 주었는지도 말해야 한다. 그들은 이 점은 설명하지 않았다.

핀커와 블룸 전에도 여러 대답들이 있었지만, 보편적으로 인정된 이론은 없었다. 초기 이론들 중에서 몇몇은 사냥을 단서로 삼았다. 원시시대의 남성들은 훌륭한 사냥꾼이었고, 그들은 특정 장소로 사냥감을 몰아가거나 덫에 빠뜨리는 계획을 서로 소통할 필요가 있었다는 것이다. 우리는 사냥을 잘 하기 위해서 말해야 했다는 것이다. 고생물학자 앨런 워커와 팻 쉽먼은 이런 시각을 현대적으로 다듬어 보여 주었다.[1996] 그들에 따르면 언어의 기능은 '사냥할 장소, 새로운 종류의 덫, 물이나 좋은 동굴의 위치 …… 도구 제작 기술 …… 불을 지피고 지키는 방법' 등을 소통하는 것이었다. 한편 몇몇 이론은 채집을 강조했다. 초기 인류는 식량이 될 만한 자원의 위치, 영양 가치, 안전에 대해 소통해야 했다는 것이다. 이런 이론들에서 분명하지 않은 점은, 어째서 인간이, 오직 인간만이 사냥이나 채집의 문제를 풀기 위해 이토록 복잡하고 신경적으로 값비싼 해법을 발전시켰는가 하는 것이다. 늑대나 사자는 문법적 언어가 없어도 현명한 집단 사냥 전략을 발전시켰고, 벌은 특화된 춤으로 꿀의 위치와 가치를 소통한다. 버빗원숭이는 표범, 독수리, 뱀을 포함하여 적어도 다섯 종류의 포식자에 대해 서로 다른 경계 신호를 울리지만, 체니와 세이파스 1990 문법이나 명제적 구조를 쓰지 않는다. 인간의 내재적 보편 문법이 이런 단순한 체계들보다 유리하다는 것은 쉽게 짐작되는 일이지만, 그렇더라도 왜 이렇게 큰 이득인가는 의문이다. 왜 우리는 누가 누구에게 무엇을 했고, 파티에 불참한 이유가 무엇이고, 정상상태 우주론보다 빅뱅 이론이 더 낫다는 등의 의사소통까지 할 수 있을까?

어쩌면 그것은 (마키아벨리적 지능을 끌어들여 큰 뇌를 설명했던 183쪽의 이론처럼) 인간의 사회생활이 복잡하기 때문인지도 모른다. 선조 호미니드들은 그 이전의 영장류 조상들처럼, 또한 현대의 원숭이들처럼 사회적인 동물이었을 것이다. '친구' 니 '형제' 니 하는 말로 된 명칭이 없어도 다양한 사회적 관계들을 인지하고 비교하며 적절히 대응할 줄 알았을 것이다. 체니와 세이파스 1990 사회적 영장류는 동맹, 가족 관계, 위계적 지배 구조, 집단 내 개체들의 신뢰도 등을 이해하고 소통해야 한다. 당신이 복잡한 위계 구조에 들어 있다면, 두려움이나 공격성, 복종이나 즐거움, 털 고르기 욕구나 성욕 등을 드러내는 방법을(혹은 숨기거나 드러내는 척하는 방법을) 알아야 한다. 그런데 현대 영장류들은 표정, 울음, 몸짓, 기타 다른 행동들을 동원해서 이 복잡한 작업을 훌륭하게 해낸다. 사람의 언어가 특별히 이 작업에 적합하도록 설계된 것 같지도 않다.

영국 심리학자 로빈 던바는 언어의 기능이 수다 떨기gossip라고 주장한다.[1996] 그리고 수다는 털 고르기grooming를 대체한다고 주장한다. 던바는 내가 던졌던 것과 똑같은 질문을 더욱 시적으로 물었다. '이렇게 많은 사람이 이렇게 사소한 것에 대해 이렇게 많은 시간을 들여 토론하는 까닭이 대체 무엇일까?' 그가 리버풀 대학교 동료들과 함께 수행한 연구에 따르면, 사람의 대화는 대부분 잡담이다. 우리는 서로를 평하고, 누가 누구와 왜 어떤 관계를 맺는지 말하고, 찬성하거나 반대하고, 편을 들고, 우리가 살아가는 사회 전반에 대해 조잘댄다. 대체 왜?

털 고르기와 잡담의 진정한 기능은 사회 집단을 하나로 뭉치게 하는 것인데, 집단이 커지면 이 일이 점점 어려워진다는 게 던바의 지적이다. 영장류 중에서 사회를 이루어 살아가는 종은 많은 시간을 집단 유지 활동에 투자한다. 그들에게는 누가 누구와 동맹을 맺는지가 몹시 중요하다. 적은 쫓아버려려야 하고, 친구는 몸단장을 도와주어야 한다. 동맹과는 식량을 나누고, 내가 곤란에 처했을 때 그들이 도와주리라고 기대한다. 친구가 원조를 청하면 기꺼이 돕는다. 혹은 돕지 않음으로써 나중에 나도 마찬가지로 실망할 가능성을 감수한다. 이런 식의 사회적 상호작용에서는 기억할 것이 아주 많기 때문에, 큰 뇌가 필요하다. 누가 누구에게 언제 어떤 일을 했는지, 현 시점에서 각 동맹이 얼마나 강고하고 위태로운지 기억해야 한다. 저 수컷이 서열이 낮더라도 강한 수컷과 동맹을 맺고 있다면, 그에게서 먹을 것을 훔치지 않는 게 좋다. 저 암컷이 성교에 순순히 응할 것 같아도 힘센 수컷에게 우선권이 있는 암컷이라면, 위험을 무릅쓰지 않는 게 좋다. 집단이 커지면 무임승차자나 사기꾼이 암약할 가능성도 높아진다.

이렇게 복잡한 관계들을 어떻게 유지할까? 많은 영장류가 털 고르기를 답으로 삼는데, 여기에는 자연적인 한계가 있다. 집단이 커지면 털 고르기에 소요되는 비용이 불가능에 가깝게 높아져서, 나중에는 시간이 부족할 지경이 된다. 개코원숭이나 침팬지는 50에서 55마리 정도씩 집단을 이루며, 하루 시간의 최대 5분의 1을 털 고르기에 쓴다. 사람은 그보다 더 큰 집단으로 살아간다. 사람은 최대 2,000명까지도 안면을 익힐 수 있지만, 던바에 따르면 사회생활에서든, 군대나 직장에서든, 사람에게 가장 중요한 집단의 규모는 대략 150명 정도다. 원숭이나 유인원의 경우를 연장해서 적용해 보면, 우리는 그만한 집단을 유지하기 위해서 서로 털 고르기를 해주는 데에만 무려 40퍼센트의 시간을 써야 하는 셈이다.

바로 그렇기 때문에 우리에게는 언어가 필요하다는 게 던바의 주장이다. 언어는 '값싸고 대단히 효율적인 털 고르기 대체 행위'다. ^{던바 1996} 말을 할 수 있다면 한 번에 한 사람 이상과 대화할 수 있고, 사기꾼이나 악당에 관한 정보를 전달할 수 있고, 누가 믿을 만한 친구인지 이야기할 수 있다. 던바는 사냥이나 싸움처럼 주로 남성 위주의 기능을 수행하기 위해서 언어가 생겼다는 생각을 부정한다. 대신에 언어의 기능은 인간관계를 다지고 유지하는 것이라고 주장한다.

여기에서 분명하게 떠오르는 질문은, 그렇다면 왜 큰 집단에 대한 선택압이 존재했는가 하는 문제다. 던바는 우리 조상이 아프리카의 숲을 떠나 초원으로 나옴으로써 더 큰 포식압에 직면했기 때문이라고 답한다. 그 상황에서 바람직한 생존 전략은 수를 늘려 안전을 도모하는 것이었을 텐데, 그렇게 큰 집단을 털 고르기로 유지하기는 무리였다는 것이다. 하지만 다른 방법을 써서 초원에서 잘 살아가는 종도 많다. 큰 무리를 이루는 종도 있지만, 작은 집단을 유지하는 종도 있다. 단순히 큰 집단을 향한 선택압이 있었다고 말함으로써 이 극적이고 값비싼 변화를 충분히 설명할 수 있을까? 던바의 이론은 이 점에 성패가 걸려 있다.

또 어떤 이론은 상징의 진화를 강조한다. ^{가령 데컨 1997; 도널드 1991} 하버드의 신경과학자 테렌스 데컨은 인간을 '상징의 종the symbolic species'이라고 부른다. 그는 상징 참조 능력만이 호미니드의 뇌 진화에 대한 그럴싸한 선택압을 제공한다고 주장한다. 그가 말하는 상징 참조란 어떤 대상을 뜻하기 위해서 임의적인 다른 상징을 끌어다 쓰는 능력이다. 상징을 활용한 의사소통은 엄마와 아기의 의사소통, 채집 비법의 전수, 경쟁자에 대한 조작, 집단적 전투와 방어, 도구 제작 기술의 전수, 과거 경험의 공유에 도움을 준다. 그는 '설득력 있는 이점이 너무 많아서 어떤 것을 골라야 할지 모를 지경'이라고 했다. 하지만 그도 인정하는 바, 이런 것은 인간이 일단 '상징의 문턱'을 넘어선 연후에만 등장할 수 있다. 일단 상징을 활용한 의사소통이 가능해지자, (지금은 멸종한) 단순한 언어들이 생겨났을 것이다. 그 언어들은 점점 더 크고 유능한 뇌, 언어를 잘 이해하고 확장시키는 뇌를 향한 선택압을 제공했을 것이다. 그리하여 결국 현대적인 언어들이 생겨났을 것이다. 하지만 그러자면 인류는 최초에 그 '상징의 문턱'을 넘어야 한다.

그 사건은 어떻게, 왜 벌어졌을까? 결혼을 위해서라는 게 데컨의 답이다. 그에 따르면, 초기 호미니드는 상징을 동원하여 번식 관계를 통제할 수 있는 상황에서만 사냥과 채집을 병행하는 생존 전략을 최대로 활용할 수 있었다. '상징 문화는 상징만이 풀 수 있는 번식의 문제, 즉 사회적 계약을 표현할 수 있어야 한다는 지상 명제에 대한 대응이었다.' 데컨 1997 이 이론대로라면, 상징을 활용한 의사소통이 시작된 까닭은 결혼 관계를 규제하기 위해서였고, 이것이 다른 형태의 소통에도 무수히 많은 이득을 주자 점차 더 발전하게 되었다.

내가 제대로 이해한 것이라면, 데컨의 이론은 여러 면에서 밈 이론에 아주 가깝다. 예를 들어 그는 언어가 스스로 원동력을 지닌다고 지적했고, 언어 진화는 자기 추진적 과정이라고 했다. 개인의 언어를 그 사람에

깃든 기생생물에 빗대기도 했다. 하지만 그는 제2의 복제자가 존재할 가능성은 고려하지 않았다. 그에게는 '유전자 전달이 모든 것의 밑바탕이다'. 따라서 그도 상징의 사용이 유전자에게 어떤 선택적 이득이 되는지 찾아야 하는 입장인 셈이다.

캐나다 심리학자 멀린 도널드도 상징의 표상을 자기 이론의 핵심에 놓았다.[1991, 1993] 그는 사람의 뇌, 문화, 인지 능력이 모두 공진화하면서 세 단계의 전이 과정을 거쳤다고 주장했다. 미메시스 기술의 단계, 어휘 발명의 단계(가령 단어, 구어, 화법의 창조), 마지막으로 기억의 외현화 단계다(상징 예술과 글쓰기 기술 덕분에 사람은 생물학적 기억의 한계를 극복하게 되었다). 첫 번째 전이인 미메시스 기술의 발달은 흡사 밈학과 비슷한 이야기처럼 들리지만, 사실은 그렇지 않다('밈'보다는 '마임mime'에 가깝다). 도널드는 미메시스mimesis와 모방imitation을 확실하게 구분했다. 미메시스는 사건을 스스로에게 표상하는 것이므로 반드시 외부적 소통에 매인 것은 아니라고 했다. 그는 이렇게 설명했다. '미메시스는 의식적, 자발적, 표상적 행동을 하는 능력에 의존하는 것으로서, 이런 행동은 의도적이긴 하지만 언어적인 것은 아니다.'[1991] (미메시스도 모방이라는 뜻이지만, 그냥 따라 하는 것이라기보다 예술적 재현이나 모사를 가리키는 표현으로 쓰인다 ─ 옮긴이)

도널드의 진화 이론은 다른 이론들과는 달리 인간의 독특한 인지 능력, 문화의 중요성, 창조성의 결과를 강조한다. 하지만 그도 제2의 복제자 개념을 끌어들이지 않았다. 그에게 있어서 언어의 기능은 상징적 표상이 수행하는 더 폭넓은 기능들의 일부이고, 그 이득도 결국은 유전자를 위한 것이다.

지금까지 언어의 기능에 관한 유력한 이론들을 살펴보았다. 모든 연구자들이 이 문제의 심각성을 인식했고, 왜 언어가 초기 호미니드에게 선택적 이점으로 작용했는지 설명하고자 진지하게 노력했다. 하지만 내가 볼 때 어떤 이론도 인간 언어의 기원이라는 수수께끼를 푼 것 같지 않다. 왜 복잡한 문법적 언어로 소통하는 종이 단 한 종만 존재할까? 왜 그 종은 가까운 친척 종들에 비해 터무니없이 큰 뇌를 갖게 되었을까? 왜 그 종은 섹스나 음식이나 싸움에 관해서만 말하는 게 아니라 수학에 관해, 매킨토시가 윈도우보다 나은 점에 관해, 진화생물학에 관해 말할까? 이런 문제들도 설명하는 이론이어야 한다. 물론 복잡한 내용을 소통할 줄 알면 틀림없이 유리할 것이다. 말을 통해서 새로운 모방 기법을 전달하는 종은 유전적 변화에만 의존하는 종보다 환경 변화에 훨씬 빠르게 적응할 것이다. 진화가 우리에게 언어 능력을 주려고 동원했던 값비싼 변화들이 이 이유 하나로 다 설명될까? 잘 모르겠다. 현재의 이론들을 짧게 훑어보는 필수 단계를 거친 뒤에 내가 내린 유일한 결론은, 이 주제에 대해서 진정한 합의가 없다는 것뿐이다.

상황은 이렇게 요약된다. 인간의 언어 진화를 다윈주의적으로 설명하려면, 언어가 유전자에게 모종의 선택적 이점을 부여한다고 가정해야 한다. 하지만 숱한 가설에도 불구하고, 그 선택적 이점의 정체에 대해서는 만장일치로 합의된 결론이 없다. 그러나 이 주장은 다윈주의적 설명이 전적으로 유전자의 이득만을 고려한다고 가정할 때의 이야기다. 우리가 제2의 복제자를 덧붙이면, 이야기는 전혀 다르게 바뀐다.

언 어 는 밈 을 퍼 뜨 린 다

밈학은 언어의 진화에 새로운 접근법을 제공한다. 하나가 아니라 두 가지 복제자에 다윈주의 사고를 적용하게 되기 때문이다. 이때는 유전자 선택만이 아니라 밈 선택도 언어의 탄생에 일조한다. 요컨대 이런 가설이다. 사람의 언어 능력은 유전자가 아니라 주로 밈에게 선택적 이득을 부여했다. 그러자 밈이 유전자의 선택 환경을 바꿔놓았고, 유전자를 강요하여 밈 확산의 도구를 만들어 내게 했다. 한마디로 언어의 기능은 밈 확산이다.

이것은 아주 대담한 주장이므로, 나는 공진화에 대한 이해를 바탕으로 삼아서 차근차근 이야기를 펼쳐 보겠다.

밈-유전자 공진화가 큰 뇌를 만들어 낼 수 있었다는 사실은 앞서 설명했다. 간략하게 말해 이런 내용이었다. 모방이 진화하자, 최초의 복제자보다 훨씬 빠르게 퍼지는 제2의 복제자가 등장했다. 처음에는 복제되는 기술들이 생물학적으로 유용한 것이었기 때문에, 개체들은 최고의 모방자를 따라 하고 그들과 짝짓기를 해야 유리했다. 그 결과, 성공적인 밈이 유전자의 성공 여부를 결정짓기 시작했다. 즉 성공적인 밈의 확산에 기여하는 유전자가 성공하게 되었다. 유전자는 제2의 복제자가 탄생함으로써 어떤 결과가 빚어질지 미리 예측할 수 없었고, 일단 풀려난 제2의 복제자를 취소시킬 수도 없었다. 이제 유전자는 밈에게 이끌리는 처지가 되었다. 이렇게 해서 인간의 뇌가 극적으로 커지기 시작했다. 이 이론이 옳다면, 뇌는 무작정 커지기만 한 게 아니라 성공적인 밈을 더 잘 퍼뜨리도록 세심하게 설계되었을 것이다. 나는 현재 우리의 뇌가 바로 그런 구조라고 생각하며, 그로써 언어의 진화도 설명할 수 있다고 생각한다.

정말로 성공적인 밈이 뇌 진화를 추진한다면, 대체 어떤 것이 성공적인 밈인지 물어봐야 한다. 밈의 성공 여부는 어느 정도는 역사적 우연과 요행에 달려 있었다. 유구한 인간 역사에서 길게 늘어뜨린 머리채나 고수머리, 화장한 얼굴이나 상처 난 다리, 노래, 태양 숭배, 곤충 그림 그리기 등의 밈이 선호된 것은 그런 경우였을 것이다. 이처럼 우연히 성공한 밈들이 유전자에 압력을 행사해서, 뇌로 하여금 이런 행위를 더 잘 따라 하게 만들었을 것이다. 밈 진화에서 우연의 영향력이 거의 압도적이라면, 우리가 과거를 이해할 가망은 거의 없다. 하지만 나는 진화 이론의 근본 원리들이 요행의 힘을 압도한다고 가정할 것이다. 성공적인 복제자, 이 경우에는 성공적인 밈을 결정하는 근본적인 특징이 몇 가지 있다고 가정할 것이다.

도킨스는 성공적인 복제자의 기준으로 세 가지를 꼽았다.[1976] 충실도 fidelity, 다산성fecundity, 긴 수명longevity이다. 좋은 복제자는 정확하게 복사되어야 하고, 복사물을 많이 만들어야 하고, 그 복사물이 오래 살아야 한다. 물론 세 조건 사이에 교환 관계가 성립할 수는 있다. 밈을 유전자와 비교할 때는 늘 조심성을 발휘해야 하지만, 양자가 이 요건들에 어떻게 들어맞는지 비교해 보는 것은 유용할 것이다.

유전자는 세 기준에서 모두 점수가 높다. 유전자의 복제 방식은 굉장히 정확하다. 아주 긴 염기서열 속의 유전 정보가 복사될 때에도 실수는 극히 드물다는 점에서, 유전자는 충실도가 높다. 실수가 생기더라도 그것을 수정하는 정교한 화학 체계가 있다. 그래도 남는 실수가 있고, 그것이 진화의 필수 요소인 변이를 제공하기도 하지만, 어쨌든 전반적으로 실수는 극히 드물다. 또한 이 과정은 디지털식이다. 앞서 말했듯이 디지털 과정은 매우 뛰어난 충실도를 보장한다.

유전자는, 적어도 일부 유전자는, 생산력이 엄청나다. 종의 거주 환경에 따라 다르긴 하지만, 대체로 헤아릴 수 없이 많은 양을 복사해 낸다. 생물학자들은 다산성 기준의 양 극단을 구분하여 각각 r 선택과 K 선택이라고 부른다. r 선택은 예측이 어려운 불안정한 환경에 적용되는데, 이때는 주어진 자원을 최대한 활용해서 빠르게 번식하는 게 유리하다. 높은 생산력, 작은 크기, 장거리 확산이 선호된다. 개구리, 파리, 토끼 등이 그런 예다. K 선택은 예측 가능하고 안정된 환경에서 작동한다. 이때는 한정된 자원을 놓고 심각한 경쟁이 벌어지므로, 큰 크기, 긴 수명, 소수의 자손을 낳아 제대로 보살피는 전략이 선호된다. K 선택을 따르는 종은 코끼리나 사람 등이 있다. 그러나 극단적인 K 선택에 가까운 종이라고 해도 유전자의 복제량은 아주 많은 편이다.

마지막으로 유전자는 오래 산다. 개별 DNA 분자는 세포에 담겨 보호를 받는다. 생식계열을 통해 전달되는 DNA라면 개체의 수명이 다할 때까지 사는 경우도 있다. 유전자의 단위를 얼마로 잡을 것이냐에 따라서 수명이 달라지긴 하지만, 어떤 의미에서 유전자는 불멸이라고 말할 수도 있다. 한 세대에서 다음 세대로, 또 다음 세대로 전해지기 때문이다. 유전자는 엄청나게 뛰어난 복제자다.

과거에도 유전자가 항상 그랬을까? 우리가 DNA의 초기 역사를 잘 모르긴 하지만, 아마 그렇지는 않았을 것이다. 최초의 복제자는 현재의 DNA보다 더 단순한 화합물이었을 것이다. 염색체 형태로 효율적으로 포장되어 세포핵에 담겨 있지 않았을 것이고, 염색체의 유지와 복제를 지원하는 복잡한 세포 기관들의 도움을 받지도 못했을 것이다. 상상컨대, 최초의 복제자는 자신과 동일한 분자 두 개를 낳을 줄 아는 단순한 자기 촉매적 체계였을 것이고, 그것이 후에 폴리뉴클레오티드 같은 분자로, 이어 RNA로 바뀌었을 것이다. 메이너드 스미스와 사트마리 1995 하지만 왜 그런 화합물이 오늘날과 같은 고품질의 복제 체계로 진화했을까?

다양한 형태의 초기 복제자들이 원시 수프에서 경쟁하는 상황을 상상해 보자. 충실도가 낮은 복제자와 높은 복제자가 동시에 존재한다면, 충실도가 높은 복제자가 이길 것이다. 데닛의 표현을 빌리면,[1995] 진화의 성공은 '좋은 책략good tricks'의 발견에 온전히 달렸다고 해도 과언이 아니다. 복사할 때 실수를 많이 저지르는 복제자는 어쩌다 좋은 책략을 발견하더라도 곧 잃어버릴 것이다. 충실도가 높은 복제자는 그만큼 빨리 비법을 알아내진 못하겠지만(아마 더 느릴 것이다) 적어도 일단 발견한 비법은 철썩 같이 사수할 것이다. 그리하여 경쟁에 앞설 것이다. 비슷한 식으로, 다산성이 뛰어난 복제자는 복사물을 더 많이 낳는다는 단순한 미덕 때문에라도 경쟁자를 누를 것이다. 마지막으로, 수명이 긴 복제자는 경쟁자가 용두사미로 흐지부지 사라진 뒤에도 끝까지 남을 것이다. 이것은 자명한 사실이다. 이런 초기 환경에서는 점점 더 나은 복제자를 향한 선택압이 존재했을 것이고, 결국 DNA 복제에 관여하는 정교한 세포 장치들까지 만들어졌을 것이다.

같은 원리가 밈에도 적용된다. 초기 호미니드 중 몇몇이 생물학적으로 '좋은 책략'에 해당하는 모방을 발견했다고 하자. 처음에 이 좋은 책략을 지닌 개체는 남의 발견을 훔침으로써 이득을 보았을 것이다. 그는 자신을 모방자로 만들어 준 문제의 유전자를 후손에게 전달했을 것이고, 그리하여 모방이 퍼졌을 것이다. 그러자 새로운 복제자가 태어났다. 제2의 복제자는 뇌라는 복사 기계를 사용해서 무수한 복사물을 만들기 시작했다. 행동을 복사하고, 태도를 복사하고, 몸짓과 표정을 복사하고, 소리를 복사했다. 그런 초기 밈들의 세상은 밈 원시 수프였던 셈이다. 복사할 행동이 가득한 상황에서, 어떤 것이 복제자로서 더 성공할까? 높은 충실도, 높은 다산성, 긴 수명을 지닌 밈이다.

이제 언어와의 상관성이 드러나기 시작한다. 언어는 분명히 밈의 다산성을 향상시킨다. 우리가 한 행동을 한 번에 얼마나 많이 복사시킬 수 있을까? 나를 바라보는 사람의 수만큼 복사시킬 수 있다. 하지만 내 행동을 동시에 바라보는 사람의 수가 무한정 많을 수는 없다. 내 근처에 있는 사람이라도 나를 보지 않거나, 지루해져서 다른 데를 쳐다볼지도 모른다. 반면에 내가 소리를 낸다면, 많은 사람이 동시에 그것을 들을 수 있다. 그들이 나를 꼭 쳐다볼 필요도 없다. 어둠 속에서도 들릴 것이다. 수화와 발화의 차이를 생각해 보면 이 이점이 확연히 느껴진다. 사적인 대화 수단으로는 둘 다 효과적이겠지만, 수화로는 군중에게 '이봐요, 내 말 좀 들어 보세요'라고 외칠 수 없다. 군중이 먼저 나를 바라보아야 하기 때문이다. 또 소리는 상당히 먼 거리까지 전달되며, 모퉁이를 돌아서도 전달된다. 고함을 질러 소식을 전달하면 손짓, 표정, 몸짓, 기타 어떤 형태의 신호를 쓸 때보다도 더 많이 복사시킬 수 있다.

그 말인즉, 발화는 다산성을 높여 주는 좋은 책략이고, 발화되는 밈은 더 나은 복제자로서 싸움에서 쉽게 이긴다. 그러면 소리 복사 과정의 충실도는 어떻게 높일까? 한 가지 확실한 전략은 디지털화하는 것이다. 앞서 말했듯이 디지털 복사는 아날로그 방식보다 훨씬 정확하다. 유전자도 '디지털화하라' 전략을 취했다. 나는 언어도 그렇다고 생각한다. 연속된 소리 대신에 끊어진 단어들을 말하게 됨으로써 복사가 더 정확해졌다고 생각한다.

이렇게 상상해 보자. 사람들이 서로 모방하기 시작하면서, 다양한 형태의 초기 구어들이 동시다발로 유통되었다. 개중에 발성을 이산적인 단위로 조각냄으로써 쉽게 따라 할 만한 분절들로 만든 언어가 있다면, 그것의 복사 충실도는 더 높을 것이다. 그리하여 복사 경쟁에서 다른 언어들을 능가했을 것이다. 무릇 복사에서 가장 어려운 점은, 자극의 어떤 측면이 중요한 복사 대상인지 결정하는 문제다. 언어는 소리를 분절함으로써, 그리고 전반적인 음조는 무시하게 만들되 발음의 규칙을 부여함으로써, 이 결정을 명쾌하게 내리게 해주는 체계다. 원숭이의 경고 울음 같은 여타의 소통 방식도 유전자 선택에 의해 갈수록 명료해질 수는 있겠지만, 우리가 이야기하는 과정은 한 세대 내에서도 퍼질 수 있기 때문에 확산이 훨씬 빠르다. 충실도가 높은 복사물은 더 효과적으로 퍼지므로, 다른 것들을 압도하는 경향이 있을 것이다. 언어는 이렇게 개선된다.

수명은 어떨까? 개별적인 행동 자체가 아주 긴 수명을 갖기는 어렵지만, 행동이 뇌에서 얼마나 오래 살아남느냐 하는 것은 다른 문제다. 어떤 행동은 기억하기 어렵고, 따라서 따라 하기도 어렵다. 특히 시간을 좀 두고서 따라 하려면 더 어렵다. 그러므로 쉽게 기억되는 행위에 의존함으로써 오랜 시간 뒤에도 쉽게 재현되는 밈이 성공할 것이다. 언어는 기억 향상에 효과적이다. 춤의 스텝은 기억하기 어렵지만, '슬로, 슬로, 퀵퀵 슬로'는 기억하기 쉽다. 우리는 무의미한 잡음을 길게 나열한 소리는 쉽게 재현하지 못하지만, 문장이라면 수십 단어로 구성된 것이라도 쉽게 암송한다. 이야기나 대화 전체를 반복하는 것도 그리 어렵지 않게 해낸다. 장황한 이야기와 신화를 무턱대고 외움으로써 역사를 전수한 문화도 많았다. 언어는 소리의 의미를 구조화함으로써 기억하기 쉽게 만든다.

기술적인 면에서도 또 다른 수명 연장 방법이 있었다. 일단 항아리가 발명되자 수명이 긴 모형을 본 따서 새 항아리가 만들어지고 항아리 제작 행동이 더 자주 모방되었듯이, 혹은 일단 다리가 건설되자 그 다리를 건너는 모든 사람에게 다리라는 개념이 퍼졌듯이, 점토판이나 파피루스나 컴퓨터 디스켓에 언어를 기록하는 문자가 발명되자 언어의 수명이 극적으로 늘어났다. 하지만 이 추가적인 수명 연장에 대해서는 나중에 이야기하겠다.

나는 단어의 등장을 일종의 디지털화 과정으로 묘사했다. 그런데 언어의 기원에서 진정으로 까다로운 문제는 단어가 아니다. 단어는 적어도 이론적으로는 단순한 연관 학습을 통해서도 배울 수 있지만, 문법은 그렇지 않다. 그런데 문법 또한 복사 과정을 개선시킨다. 정해진 수의 단어를 조합해서 얼마나 많은 내용을 이야기할 수 있을까? 단어들을 서로 다른 방식으로 조합한 것은 서로 다른 의미라는 규칙이 없는 한, 그리 많은 말을 할 수 없다. 한편 접두사와 접미사를 더하고, 어미를 여러 가지로 변화시키고, 단어 순서에 의미를 주면, 더 많은 말을 만들고 복사할 수 있다. 그렇다면 문법은 충실도만이 아니라 다산성까지 높여 주는지도 모른다. 정확한 복사물일수록 더욱 효과적일 것이고, 점점 더 많은 것을 이야기하게 됨으로써 더 많은 밈이 탄생할 것이며, 이 과정이 힘차게 추진될 것이니까 말이다.

한 가지 명심해야 할 점은, 지금 우리가 오로지 선택 과정만을 이야기한다는 것이다. 밈이나 밈 복사자가 의식적인 선견지명을 품거나 의도적인 설계를 꾀할 필요가 전혀 없다는 말이다. 그저 서로의 소리를 모방하는 사람들이 있고, 어떤 소리는 다른 소리보다 더 많이 복사된다고 상상하면 충분하다. 특정 소리가 왜 복사되는지는 문제가 안 된다. 그것이 기억하기 쉬워서든, 따라 하기 쉬워서든, 기분 좋은 느낌을 주기 때문이든, 유용한 정보를 주기 때문이든, 무엇이든 상관 없다. 그저 많은 소리가 복사 경쟁을 벌일 때는 높은 충실도, 높은 다산성, 긴 수명을 가진 소리가 성공하기 마련이라는 일반 원칙이 있으면 된다. 그것이 곧 문법 언어를 낳은 선택압이다.

그러므로 언어의 발달은 여느 진화 과정과 다를 바 없는 하나의 진화 과정이었다. 무에서부터 복잡한 설계가 탄생하는 과정이었다. 최초에 사람들이 서로 모방하면서 만들어 냈던 소리들이 밈의 선택 환경을 바꾸었고, 덕분에 더욱 복잡한 소리들이 생태지위를 찾았다. 단세포 생물이 흔한 환경에서야 비로소 다세포 생물이 생겨났고, 산소를 생산하는 식물이 선행한 뒤에야 비로소 동물이 나타났고, 작은 사냥감이 풍족하게 존재한 뒤에야 비로소 큰 포식동물이 진화했듯이, 단순한 문법 구조들이 흔한 환경에서야 비로소 복잡한 발화들이 등장할 수 있었다. 많은 단어와 잘 규정된 구조를 지닌 언어는 밈 선택의 자연스러운 결과인 듯하다.

자, 다음은 언어가 어떻게 자신의 확산에 알맞은 방향으로 사람의 뇌와 발성 기관을 재편했는지 알아보자. 이것 역시 밈-유전자 공진화 과정이었고, 다음과 같이 작동했다. 앞서 나는 사람들이 최고의 밈을 지닌 사람을 우선적으로 모방하고, 그 사람과 우선적으로 짝을 짓는다고 가정했다. 이 경우에는 최고의 언어가 곧 최고의 밈이다. 그렇다면 사람들은 성공적인 소리를 유독 잘 모방하게 하는 뇌 안의 어떤 요소를 유전적으로 후손에게 넘겨줄 것이고, 뇌는 그 특정 소리를 더 잘 내는 방향으로 점진적으로 개선될 것이다. 문법 언어는 생물학적 필요에 의해 직접 생겨난 결과가 아니다. 밈이 자신의 충실도, 다산성, 수명을 높이는 과정에서 유전자의 선택 환경을 바꿔놓은 결과다.

이런 과정은 자족적으로 유지된다는 점을 명심하자. 일단 언어 진화가 시작되면, 언어와 뇌는 밈 선택의 압력과 유전자 선택의 압력을 함께 받으며 발전한다. 꼭 밈학이 아니라도 언어를 '독립적인 원동자' 내지는 자족적 과정으로 취급하는 이론이 더러 있었지만, 그 이론들은 언어가 왜 진화했고 왜 이런 형태인지 설명하는 데 애를 먹었다. 일례로 데컨은 최초에 인간이 '상징의 문턱'을 넘게 된 이유를 따로 찾아야 했다. 밈 이론에는 그런 문제가 없다. 밈 이론에 따르면 모방의 시작이 결정적 단계였는데, 자연선택이 모방을 선호한 이유는 아리송할 것이 전혀 없다. 모방은 발견이 어려울지언정 확실히 '좋은 책략'이기 때문이다. 그리고 기존에 뛰어난 기억력, 문제 해결 능력, 상호적 이타성, 마키아벨리적 지능, 복잡한 사회생활을 갖고 있던 종이 쉽게 발견할 만한 책략이다. 일단 모방이 발견되자 새로운 복제자가 진화하기 시작했고, 그러자 오래된 복제자와 새 복제자가 공진화하기 시작했다.

나는 지금까지 추론과 상상을 숱하게 펼쳐놓았다. 내가 만든 것이 혹시 또 하나의 '멍멍' 이론이나 '영차' 이론에 불과할까? 나는 파리 언어학회의 금지령을 되새겨야 할까?

그렇지 않기를 바란다. 그리고 분명한 차이가 있다. 내 주장은 사람들이 무거운 바위를 들어 올리면서 '영차' 하는 소리를 내다보니 절로 말을 하게 되어서 언어가 생겼다는 식이 아니다. 물론 그 이상한 단어는 틀림없이 그런 식으로 생겼겠지만 말이다. 내 주장은 말이 밈 선택의 필연적인 결과였다는 것이다. 첫째, 소리는 많은 사람에게 행위를 퍼뜨릴 수 있는 좋은 비법이다. 둘째, 단어는 발성을 디지털화하여 충실도를 높여 주는 방법이다. 셋째, 문법은 충실도와 다산성을 더욱 높여 주는 다음 단계이다. 그리고 이 모두가 기억을 도움으로써 수명을 늘린다. 일단 제2의 복제자가 생겨나면 언어는 거의 필연적으로 뒤따를 수밖에 없었다.

내 이론은 몇 가지 기본적인 가정을 바탕에 깔고 있으므로, 앞으로 그것들을 시험해볼 수 있을 것이다. 가령 나는 사람들이 가장 달변인 인물을 모방하기를 선호한다고 가정했다. 사회심리학 실험에 따르면, 우리는 실제로 '말 잘 하는 사람'과 '말이 빠른 사람'에게 쉽게 설득된다. 하지만 보다 체계적으로 모방에 관해 시험해볼 필요가 있겠다.

밈-유전자 공진화는 또 사람들이 최고의 밈 확산자와 짝짓기를 선호한다고 가정했다. 이 경우에는 가장 달변인 사람이 최고의 밈 확산자다. 그런데 과거에 '말 잘 하는 사람'에 대한 선택이 꾸준히 이뤄져 왔기 때문에 최초의 변이는 거의 다 사라졌다. 요즘의 우리는 너나 할 것 없이 대체로 달변이라는 점을 잊지 말아야 한다. 어쨌든 선호는 여전히 존재할 테니, 우리는 달변인 사람에게 성적 매력을 느껴야 한다. 연시나 연가의 역사가 실제로 그렇다는 것을 말해 주거니와, 정치인, 작가, 텔레비전 스타의 성적 매력도 좋은 증거다. 밀러 1993

내 이론이 옳다면, 사람의 언어 문법은 사냥, 채집, 사회적 계약에 대한 상징적 표상 같은 특정 주제의 정보를 잘 전달하는 방향으로 설계되었다기보다, 밈 전달의 충실도와 다산성과 수명을 높이는 방향으로 설계되었을 것이다. 따라서 그런 흔적이 보여야 한다. 이것은 생물학의 적응주의적 사고를 밈에 적용한 것으로 보일지도 모른다. 그렇다면 나는 밈 진화가 항상 최선의 해답을 찾아낸다고 가정하느냐는 비판을 받을 수 있다. 혹은 일종의 순환 논리라는 비판을 받을 수 있다. 그렇기는 해도 적응주의 사고는 생물학에서 대단히 효과적으로 기능해 왔으므로, 밈학에서도 그럴 것이다.

언어는 끝없이 진화한다. 새로운 단어나 표현이 서로 채택되려고 경쟁한다. 다른 언어에서 단어나 표현을 가져오는 경우도 있다. 우리는 이런 과정에서도 최고의 충실도, 다산성, 수명을 지닌 것이 승리하리라고 기대할 수 있다. 라이트는 산이나 알코올, 원소 이름 같은 화학 용어들이 중국어로 번역되는 과정을 밈 개념을 끌어들여 연구했는데[1998] 그 결과 대안적 용어들이 생존을 위해 격렬하게 경쟁한다는 것, 승리의 요건은 용어의 성격에도 달려 있지만 기존에 존재하던 밈 생산물들의 성격에도 달려 있다는 것이 드러났다.

언어 전체가 다른 언어와 생존 경쟁을 펼치기도 한다. 과거에 경쟁 언어들이 공존했을 때, 더 나은 복제자인 언어가 승리했을 것이고 복제 품질이 나쁜 언어는 쉽게 파괴되었을 것이라는 예상이 가능하다. 오늘날은 전 세계에서 멸종 위기에 처한 언어가 아주 많은데, 밈학의 접근법으로 이 현상을 이해할 수 있을지도 모른다. 전 세계의 주요 언어들은 산업, 금융, 운송, 정보 기술에서 우위를 차지하기 위해(혹은 그저 살아남기 위해) 싸움을 벌이고 있다. 역사적 요소 때문에 남들보다 처지가 나은 언어도 있겠지만, 어쨌든 그 언어들로 전달되는 밈의 충실도, 다산성, 수명이라는 세 기준을 염두에 두고 언어들의 진화와 경쟁과 멸종을 살펴보면 유용할 것이다.

마지막으로, 우리는 인공 언어가 어떻게 생겨나는지도 예측할 수 있어야 한다. 그간 실제 로봇이나 가상 로봇에게 언어를 가르치려는 시도가 많이 있었다. 이런 시도는 대개 자연어에 관한 많은 정보를 인공 체계에 가르치는 일부터 시작했다. 아니면 인공 체계가 소리와 대상을 연합시키도록 가르쳤다. 내가 제안한 이론에 따르면 전혀 다른 접근이 가능하다. 언어에 대한 사전 지식이나 상징 참조 개념이 없어도 되는 방법이다.

단순한 로봇이 한 무리 있다고 하자. 로봇들은 비교적 흥미롭고 부단히 변화하는 환경에서 유유자적 돌아다닌다. 그들을 카피봇copybot이라고 부르자. 카피봇에는 감각 체계, 다채로운 소리를 내는 발성 체계(로봇의 위치나 그 밖의 감각 신호에 따라 소리가 달라질 수 있다), 들은 소리를 저장하는 기억 체계가 갖춰져 있다. 더 중요한 점은, 카피봇이 자기가 들은 소리를 모방한다는 점이다(완벽하지는 않아도 말이다). 이제 많은 카피봇이 제멋대로 돌아다니면서 찍찍대거나 삑삑거리고, 남들의 찍찍거리는 소리와 삑삑거리는 소리를 따라 한다고 상상해 보자.

곧 환경은 소음으로 가득 찰 것이고, 카피봇은 제 귀에 들리는 소리를 다 따라 할 수 없게 될 것이다. 카피봇은 자신의 인식 체계와 모방 체계에 의존해서 어떻게든 어떤 소리는 무시하고 어떤 소리는 모방할 것이다. 그렇다면 이제 진화 알고리즘을 위한 모든 조건이 갖춰진 셈이다. 유전, 변이, 선택이 있기 때문이다. 물론 이때의 복제자는 소리다(혹은 소리를 만드는 모종의 저장된 지침이다). 어떻게 될까? 혼잡한 불협화음만 가득할까? 아니면 뭔가 흥미로운 패턴이 솟아날까? 내 이론이 옳다면, 유독 뛰어난 충실도와 다산성과 수명을 지닌 소리가 등장할 것이고(정확한 조건은 카피봇의 특징에 달렸다), 이런 소리가 더 많이 더 정확하게 복사될 것이고, 패턴이 드러나기 시작할 것이다. 주변에서 벌어지는 사건이나 카피봇의 위치 등에 따라서 특정 소리가 더 자주 만들어질 것이다. 나는 이것을 언어라고 불러도 좋다고 생각한다. 그것은 현재의 그 어떤 자연 체계나 인공 체계가 사용하고 있는 것과도 다른 언어일 것이다.

정말로 이런 일이 가능하다면, 또 다른 흥미로운 의문들이 솟아난다. 카피봇은 정말로 의사소통을 하는 것일까? 무언가에 대해서 이야기하고 있을까? 만약에 그렇다면, 우리가 로봇에게 오직 모방 능력을 부여했을 뿐인데 난데없이 상징 참조 능력이 생겨난 셈이다. 달리 말해, 상징 참조 능력이 근본이 아니라 모방 능력이 근본이라는 뜻이다. 내 예상이 바로 그렇다. 마지막 질문은 이렇다. 우리는 그들의 말을 이해할 수 있을까?

요약하자면, 밈학은 인간 언어의 기원이라는 수수께끼에 해답을 제공한다. 지금으로부터 대략 250만 년이나 300만 년 전에 모방이 진화하자, 제2의 복제자인 밈이 태어났다. 사람들은 서로 따라 하기 시작했고, 가장 품질이 좋은 밈이 가장 잘 살아남았다. 그것은 뛰어난 충실도, 다산성, 수명을 지닌 밈이었다. 세 기준을 모두 만족시키는 소리가 가장 잘 복사될 만했고, 그것들이 성공한 결과가 바로 문법 언어다. 초기 언어 사용자들은 사회에서 가장 말 잘 하는 사람을 따라 하는 데 그치지 않고, 그 사람과 짝짓기를 선호했다. 덕분에 새 밈을 잘 퍼뜨리는 뇌를 만드는 방향으로 유전자에게 자연선택의 압력이 가해졌다. 밈과 유전자가 이렇게 공진화한 결과, 큰 뇌와 언어라는 특이한 성질을 지닌 종이 딱 하나 생겨났다. 이 과정을 개시하는 데 필요한 것은 오직 모방 능력뿐이었다. 나머지는 진화의 일반 원리들로써 충분히 설명이 된다.

드디어 까다로운 두 질문에 대한 답이 확실해졌다. 게다가 같은 답이다. 큰 뇌는 왜 생겼을까? 언어의 기능은 무엇일까? 둘 다 밈을 퍼뜨리기 위해서다.

제9장

사회생물학의 한계

M E M E

인간의 뇌는 생물학적 이득으로만 설명하기에는 지나치게 빠르게, 지나치게 크게 자랐다. 그리고 지나치게 큰 대가를 치르고 있다. 왜 이처럼 불리한 조건에서도 인간의 큰 뇌는 유지돼 온 것일까? 사회생물학은 아직 이에 대한 답을 내놓지 못하고 있다. 이제 밈학이 여기에 답을 던진다. 현재 우리의 뇌는 충실도, 다산성, 수명이 뛰어난 밈을 잘 퍼뜨리도록 설계되어 온 것이다. 밈이 유전자를 강요해 큰 뇌를 만들게 했다면 지나친 과장일까?

나는 두 가지 새로운 이론을 제안했다. 사람의 큰 뇌를 설명하는 밈 이론과 언어의 기원을 설명하는 밈 이론이었다. 두 이론은 밈의 복제력에 바탕을 두었고, 밈과 유전자의 상호작용에 관한 새로운 원칙을 몇 가지 도입했다. 나는 그 상호작용 과정을 '밈-유전자 공진화' 혹은 '밈의 추진 과정'이라고 불렀다. 이제 이런 밈적 접근법을 더 넓은 맥락에서 바라보자. 이것을 다른 이론들과 비교해 보고, 순전히 생물학적 이득에 기반하여 구축된 이론은 어째서 실패할 수밖에 없는지 설명해 보자. 우리는 밈과 유전자가 상호작용하는 다양한 방법을 살펴봄으로써, 사회생물학의 한계를 직면하게 될 것이다.

우선 '공진화' 이론이 새로운 것은 아니라는 점을 밝혀 둔다. 3장에서 말했듯이, 그동안에도 여러 공진화 이론들이 있었다. 보이드와 리처슨,[1985] 데컨,[1997] 도널드,[1991] 더럼,[1991] 럼스덴과 윌슨[1981]의 이론 등이었다. 내가 펼치는 밈-유전자 공진화 이론이 이들과 다른 점은, 나는 밈과 유전자를 둘 다 독자적인 복제자로 간주하고 동등한 위치를 부여한다는 것이다. 물론 두 복제자는 서로 다르다. 작동 방식이 다르고, 복제 방식이 다르고, 작동하는 시간 범위가 다르다. 밈은 유전자가 만든 뇌를 활용해야만 작동할 수 있는 반면에 유전자는 밈 없이도 완벽하게 잘 작동할 수 있다는(실제로 그렇다) 점에서도 둘의 관계는 비대칭적이다. 그렇지만 밈과 유전자는 둘 다 복제력을 갖고 있다. 둘 다 본질적으로 자신만을 위해 움직이며, 기회가 닿으면 반드시 복제한다. 나머지 이야기는 이 점에서 다 따라 나온다.

도킨스는 동료들이 항상 생물학적 이점으로 돌아가려 한다고 불평했다. 내 이론은 생물학적 이점을 찾아보는 데 그치지 않고, 밈에 대한 이점도 살펴본다. 두 복제자가 함께 작동하기 시작하면 사태가 복잡해지지만, 헤아리기 불가능할 정도로 복잡하진 않다. 조금만 단순화해서 생각해 보면 그들의 상호작용을 크게 세 종류로 나눌 수 있다. 유전자-유전자 상호작용, 유전자-밈 상호작용, 밈-밈 상호작용이다.

유전자-유전자 상호작용

유전자-유전자 상호작용은 생물학이 담당할 내용이다. 설원의 북극에서는 흰 곰이 갈색 곰보다 물개에게 살금살금 더 잘 다가갈 수 있으므로, 흰 털을 만드는 유전자가 갈색 털을 만드는 유전자를 누르고 퍼지게 되었다. 이런 식으로 유전자의 대안 형태들(대립 유전자)은 서로 경쟁한다. 유전자들은 서로 협력하기도 한다. 그렇지 않다면 애초에 생물체라는 게 존재할 수 없었을 것이다. 인체에서도 무수한 유전자가 협력해서 근육과 신경과 간과 뇌를 만듦으로써, 유전자를 잘 품어서 효과적으로 운반해 주는 기계를 빚어냈다. 유전자끼리 협력한다는 것은 가령 고기 소화에 관여하는 유전자가 사냥 행위에 관한 유전자와 협력하고, 채소 소화에 관여하는 유전자가 풀을 뜯고 되새김질하는 유전자와 협력한다는 뜻이다. 물론 이들은 친절한 마음에서 서로 돕는 게 아니다. 그것이 자신의 복제에도 유리하기 때문이다.

유전자–유전자 상호작용에 그런 형태만 있는 것은 아니다. 한 생물의 유전자가 다른 생물의 유전자에 영향을 미칠 수도 있다. 쥐의 달리기 유전자 때문에 고양이도 갈수록 더 빨리 덮치는 유전자를 갖게 된다. 나비의 위장 유전자 때문에 새들은 갈수록 더 잘 보는 유전자를 갖게 된다. 이런 식으로 생물들이 서로를 앞지르려고 애쓰는 '무기 경쟁'이 벌어진다. 자연계에서 가장 아름다운 생물들 중에는 유전적 무기 경쟁의 결과로 만들어진 것이 많다. 담쟁이가 스스로 둥치를 만드는 대신 나무에 붙어서 높이 오르듯이, 혹은 기생생물이 사람의 몸 안에 살면서 공짜로 먹을 것을 얻듯이, 생물은 서로를 착취한다. 하지만 공생 관계를 맺어서 서로 돕는 생물도 있다. 개미와 진디는 보호와 영양을 주고받는 사이이고, 우리 장 속에 특수한 박테리아들이 없다면 우리는 특정 음식물을 소화시키지 못할 것이다. 살아 있는 세포 속에서 에너지를 공급해 주는 자그마한 미토콘드리아도 원래는 공생 박테리아였다는 가설이 있다. 미토콘드리아는 독자적인 유전자를 갖고 있으며, 이 미토콘드리아 유전자는 우리가 잘 아는 세포핵 속 유전자들과 더불어 모계로 후손에게 전달된다.

생태계를 이기적 유전자들의 상호작용이 빚은 결과로 바라보면, 세상이 사뭇 낯설게 보인다. 유전자는 다중적인 효과를 일으킬 수 있고(단 하나의 효과를 위해서 존재하는 유전자는 극히 드물다), 다른 생물의 몸에 든 유전자의 효과를 내가 받을 수도 있다. 도킨스는 한 유전자가 그것을 지닌 생물체에게는 물론이고 온 세상에 미치는 모든 효과를 가리켜 '확장된 표현형'이라고 불렀고, 그 사례를 여러 가지 제공했다.[1982] 가령 비버의 댐은 거미의 거미줄이나 달팽이의 껍질이나 사람의 뼈와 마찬가지로 유전자의 산물이다. 그런데 어떤 구조에 관한 유전자가 꼭 그것을 직접 지은 생물에게 들어 있을 필요는 없다. 어떤 흡충은 달팽이에 기생하면서 달팽이 껍질을 두껍게 만든다. 도킨스에 따르면 달팽이 껍질의 두께에는 교환 관계가 있다. 두꺼운 껍질을 만들어서 포식자인 새를 피하려는 경향과 자원을 아껴서 새끼를 더 많이 낳으려는 경향이 상충한다. 그런데 흡충의 유전자는 새끼 달팽이의 탄생에서 이득을 보는 것이 없다. 반면에 달팽이의 안전이 보장되는 일이라면 그들에게도 좋다. 그래서 달팽이 껍질을 두껍게 만드는 흡충 유전자가 훌륭한 복제자가 된다. 유전자의 이해관계와 생물체의 이해관계가 대개는 합치하지만 그렇지 않은 경우도 있다는 것을 보여 주는 중요한 사례다.

두어 가지 예로 살펴보았듯이, 유전자들은 (혜안이나 의도가 있는 것은 아니고, 그저 성공적으로 복제하거나 못하거나 둘 중 하나라는 점 때문에) 서로 경쟁하고, 서로 착취하고, 상호 이득을 꾀하며 서로 돕는다. 유전자-유전자 상호작용이 얼마나 복잡한지, 유전자의 관점에서 세상을 바라보는 게 얼마나 유용한 방법인지 느꼈을 것이다. 궁극적으로 생사를 경험하는 것은 유전자의 운반자인 개별 생물체이지만, 우리가 오로지 개체만을 바라본다면 위와 같은 내용을 결코 이해할 수 없을 것이다. 이기적 복제자의 상호작용이 이 복잡한 체계를 추진한다고 보는 시각이 더 알맞다. 이 경우에는 유전자가 그 복제자다.

잠시 뒤에 나는 정확하게 같은 원리를 밈-밈 상호작용에도 적용할 것이다. 밈-밈 상호작용도 유전자-유전자 상호작용 못지않게 정교하고 복잡하며, 나아가 현대 사회를 구성하는 재료가 되었다. 그것이 종교와 정치와 성, 산업과 세계 경제와 인터넷을 구성한다. 하지만 그 이야기는 좀 있다 하기로 하자. 먼저 유전자와 밈의 상호작용, 즉 밈-유전자 공진화를 명쾌하게 짚고 넘어가자.

밈 - 유전자 상호작용

밈과 유전자의 상호작용에서는 경쟁도 협력도 가능하다. 그 중간의 온갖 수준들도 다 가능할 것이다. 앞서 보았듯이, 여러 이론가들이 밈을 공생자, 상호부조자, 공생생물 혹은 기생생물에 비유했다. 시작은 클로크였다. 그는 아무리 후하게 평가하더라도 인간은 스스로의 문화적 지침들과 공생 관계에 있을 뿐이라고 말했다. 클로크 1975 델리어스는 사태의 발단이 그 반대라고 주장했다.[1989] 밈은 원래 유전자의 노예였는데, 그의 표현을 빌자면 노예는 워낙 독립하려는 경향이 있기 때문에, 이제 밈은 고마운 상호부조자에서 파괴적인 기생생물 사이의 그 무엇이든 될 수 있다는 것이다(볼의 1984년 저서도 참고하라). 도킨스가 종교를 정신 바이러스로 취급한 것은 유명하다. 이런 말들을 듣노라면 밈은 대체 유전자의 친구인가 적인가 하는 의문이 싹튼다.

답은 당연히, 둘 다라는 것이다. 하지만 밈-유전자 상호작용을 두 종류로 나눠서 살펴보면 정리가 쉬울 것이다. 한 종류는 유전자가 밈을 이끄는 것이고, 다른 종류는 밈이 유전자를 이끄는 것이다. 이것은 여러 면에서 지나치게 단순화한 분류다. 밈과 유전자 중 한쪽이 추진을 담당하는 게 아니라 둘 다 동등하게 돕는 사례도 상상할 수 있다. 하지만 나는 다소나마 불균형이 존재하여 한 복제자가 다른 복제자를 압도하는 상황이 더 흔할 것이라고 생각한다.

굳이 조악한 분류를 동원한 이유가 있다. 유전자가 추진을 담당하는 상황에 대해서는(즉 개가 안전하게 목줄에 매어 있을 때는) 사회생물학과 진화심리학의 친숙한 결론들이 잘 적용된다. 그때는 유전자의 이해관계가 압도하므로, 사람들은 어떻게든 생물학적으로 자신에게 이득이 되는 방향으로(혹은 선조에게 이득이 되었던 방향으로) 행동한다. 그래서 남자는 가임 능력이 있는 여성에게 성적으로 끌리고, 여성은 지위가 높고 강한 남성에게 끌린다. 그래서 우리는 달콤한 음식을·좋아하고, 뱀을 싫어한다.[핀커 1997 등] 이런 효과들은 우리 삶에 아주 큰 영향을 미치기 때문에, 이것을 과소평가해서는 안 된다. 하지만 이것은 생물학, 동물행동학, 사회생물학, 진화심리학의 영역이다. 밈학의 영역은 아니다.

한편 밈이 추진을 담당할 때는(즉 개가 고삐를 쥘 때는) 밈의 이해관계를 따르는 쪽으로 세력이 기울고, 결과도 달라진다. 이때의 결과는 생물학적 이득만을 염두에 두고서는 예측할 수 없으므로, 이런 상황이야말로 밈학에게 중요하다. 이런 사례가 밈 이론을 다른 이론들과 구별해줄 것이고, 밈학이 과학으로서 얼마만큼의 가치와 설명력을 지니는지 확인할 시험대가 될 것이다.

나는 밈이 추진력을 지니는 사례를 지금까지 두 가지 소개했다. 큰 뇌의 진화와 언어의 진화였다. 잠시 뒤에 그 사례들을 다시 돌아보면서 다른 사례들도 더 소개하겠다. 우선 지금은 사회생물학과 진화심리학으로 사람의 행동과 문화를 잘 설명할 수 있다는 기존의 주장을 잠깐 따져보자.

표준사회과학모형 내버리기

그런 주장에 대한 반론을 가장 잘 제기한 것은 캘리포니아 대학교의 존 투비와 레다 코스미데스였다. 이들은 문화의 심리학적 기반을 이해하는 문제에 새로운 접근법이 필요하다고 호소했다. 투비와 코스미데스 1992 이들은 오래된 접근법을 표준사회과학모형Standard Social Science Model(이하 SSSM)이라고 지칭했다. 이 모형은 사람의 마음을 융통성이 무한한 백지로 본다. 어떤 종류의 문화라도 학습할 수 있고, 생물학이나 유전자에게서 거의 철저히 독립적인 빈 서판blank slate으로 본다. 투비와 코스미데스를 비롯한 여러 학자들은 이 표준사회과학모형의 핵심 가정을 꽤 설득력 있게(내가 볼 때는 그렇다) 반박했다.

우선, 사람의 마음은 빈 서판이 아니다. 특히 인공지능에 관한 연구들을 보면 그럴 수 없다는 것이 입증된다. 일반적인 다목적 인식 기계는 세상을 잘 살아갈 수 없기 때문이다. 생물이 조금이라도 살고 먹고 번식하려면 물체를 보고, 그것을 따라가고, 그것을 잡고, 개체를 인식하고, 성별을 구분하는 등등의 능력이 필수적이다. 그런데 세상을 적절히 구분 짓는 메커니즘이 없다면 이런 일은 절대로 불가능하다. 세상 자체는 무한한 가짓수로 나뉠 수 있겠지만, 우리 뇌는 그 가능성을 어느 정도에서 제한하는 방법을 알아야 하고, 실제로 알고 있다. 뇌는 대상 인식 모듈, 색깔 인지 체계, 문법 모듈 등을 갖고 있다. 핑커 1997 우리는 세상을 '있는 그대로' 경험하는 게 아니다. 자연선택에 의해 유용하다고 확인된 방식으로만 인식한다.

마찬가지로, 학습은 백지에서 시작되는 일반적인 다목적 능력이 아니다. 모방 학습인 경우에도 사정은 같다는 것이 이미 입증되었다. 1940년대와 1950년대에는 인간의 거의 모든 행동에 대해 학습 이론이 적용되었기 때문에, 심리학자들은 모방도 보상을 통해 학습된다고 가정했다. 그들은 '모방 본능'이 있다는 주장을 강력하게 거부했고, 사람에게 본능적인 행동이 있다는 고전적 이론들을 조롱했다. 밀러와 달라드 1941 당시의 상황을 감안하면 그런 시각도 이해가 안 되는 것은 아니다. 더 오래된 고전적 이론들은 여자아이가 머리카락을 쓰다듬고 정돈하는 것도 본능이고, 앉아 있는 여자아이에게 누군가 공을 던졌을 때 아이가 다리를 벌리고 치마로 공을 받아내는 것도 본능이라고 했던 것이다. 하지만 모방에 관한 한 1940~1950년대 심리학자들의 견해가 틀렸다. 최근의 연구에 따르면, 아기들은 보상이 있든 없든 아주 어린 나이에서부터 타인의 표정과 몸짓을 따라 한다. 훈련을 통해 학습하거나 거울을 보고 배우기에는 너무 어릴 때부터 눈에 보이는 표정과 귀에 들리는 소리를 흉내 낸다. 멜초프 1990 무언가를 성공리에 모방하는 것은 그 자체로 보상이 되는 듯하다. 행동주의자들과는 달리, 우리는 사람의 행동에서 왜 이토록 많은 부분이 본능적이어야 하는지 그 이유를 알고 있다. 우리가 매사를 무로부터 배워서 대처하기에는 이 세상이 너무나 복잡하기 때문이다. 사실 우리에게 선천적인 능력들이 없다면, 학습이 아예 시작될 수 없다. 인간은 다른 종들보다 덜 본능적이기는커녕 더 본능적이다. 스티븐 핑커는 이렇게 말했다. '학습에 의해 마음의 복잡성이 생겨난 게 아니다. 마음의 복잡성에 의해 학습이 생겨났다.' 1994

여러 증거를 볼 때 기존의 표준사회과학모형은 폐기될 수밖에 없다. 이 점을 잘 보여 주는 재미난 사례가 많다. 색깔 명명 문제도 그런 사례다. 오래된 표준사회과학모형에 기반하여 연구한 인류학자들은 색깔 명명이야말로 문화적 상대주의를 잘 보여 주는 완벽한 사례라고 오랫동안 믿었다. 학자들은 수많은 언어를 비교함으로써 언어마다 색깔을 묘사하는 단어들에 상당히 차이가 있다는 것을 발견했다. 1950년대 초에 번 레이는 아메리카 원주민 집단 60곳에 색깔 샘플을 주고, 이름들을 말해달라고 했다. 레이의 결론은 색 스펙트럼에 '자연적' 분류 따위는 없다는 것, 동일한 연속 스펙트럼을 보고도 문화마다 철저하게 임의적인 근거로써 그것을 나눈다는 것이었다. 그러니까 우리가 초록이라고 부르는 색을 다른 언어에서는 둘 이상의 색으로 나눌 수도 있고, 세 번째 언어에서는 다른 색깔과 그것을 합쳐서 하나로 부를지도 모르고, 네 번째 언어에서는 또 다른 색깔과 겹쳐지는 것으로 볼지도 모른다는 것이다. 참으로 기묘한 생각이다. 우리는 빨강을 보는 경험과 노랑을 보는 경험이 상당히 다르다고 느낀다. 색 스펙트럼에서 노랑이 빨강과 파랑 사이에 가느다란 띠로 존재한다고 느낀다. 노랑은 다른 색깔과는 정말 다르게 두드러져 보인다. 그렇기 때문에 이처럼 명백한 스펙트럼을 다른 문화에서는 전혀 다른 방식으로 나눌 수 있다는 게 상상도 안 된다. 그러나 바로 그것이 상대주의적 가설이 의미하는 바다. 색에 대한 경험은 우리가 배운 언어에 의해 결정된다는 것, 혹은 우리와 똑같이 또렷하게 구분지어 보는 사람들이라도 우리와는 사뭇 다른 구분에 따라 명명하는 법을 배운다는 것이다.

　오랜 세월이 흐른 뒤에 두 인류학자가 이 발견을 재확인하고 확장하러 나설 때까지, 이런 견해는 별다른 의문 없이 사실로 받아들여졌다. 그러나 더 폭넓은 언어들과 더 체계적인 색깔 샘플을 동원했던 브렌트 벌린과 폴 케이는 확증에 실패했다.[1969] 오히려 그들은 언어와 무관하게 몹시 체계적인 색깔 명명법이 존재한다는 것을 발견했고, 그 명명법이 생리적인 색각의 원리에 부합하는 방식이라는 것도 발견했다. 우리의 시각계는 밝기 정보와 색깔 정보를 분리해서 암호화한다. 눈에 있는 세 종류의 수용체들이 접수한 색 정보는 빨강-초록 차원과 노랑-파랑 차원에서 적절하게 암호화된다. 벌린과 케이는 모든 언어에 흑과 백을 지칭하는 용어가 있다는 것을 확인했다. 색을 지칭하는 용어가 세 개밖에 없는 언어라면, 세 번째는 늘 빨강이었다. 용어가 네 개 있는 언어라면, 그 다음은 초록 아니면 노랑이었다. 다섯 개라면 초록과 노랑까지 포함했다. 여섯 번째가 있다면 늘 파랑을 포함했고, 일곱 번째는 갈색이었다. 그보다 더 용어가 많은 언어는 다음으로 보라, 분홍, 주홍, 회색 등을 포함했다. 색깔 명명은 임의적이거나 상대적인 게 아니었다. 우리의 눈과 시각계가 주변 세상의 정보를 적절하게 활용하고자 진화해 온 방식을 잘 반영하고 있었다.

색깔 명명은 이런 종류의 이야기에서 유달리 인기 있는 소재다. 혹시 에스키모에게는 눈을 가리키는 단어가 50개쯤 있다는 이야기를 들어 보았는가? 어쩌면 100개라느니, 200개라느니, 심지어 400개라는 말을 들었을지도 모르겠다. 이것은 전혀 사실이 아니다. '에스키모 어휘 허풍'은 일종의 도시 전설이자 극히 성공적인 밈이다. 거짓말인데도 불구하고 수없이 인쇄되고, 인용되고, 방송되고, 그 밖에 무수한 방식으로 퍼졌다. 1911년에 저명한 인류학자 프란츠 보아스가 에스키모에게는 눈을 지칭하는 단어가 4개 있다고 말한 적이 있었다. 그 이야기가 왠지 사람들에게 매력적으로 들렸고, 어쩌다 보니 말이 부풀려지고 부풀려져서 수백 개가 된 것이다. 현대에 다시 헤아려 본 결과, 에스키모는 십여 개의 단어를 사용한다. 하지만 이것이 영어의 단어 수보다 그다지 많은 것도 아니고, 에스키모는 평생 눈 속에서 산다는 것을 고려하면 놀라운 일도 아니다. 영어에서도 헤일(싸락눈), 슬릿(진눈깨비), 슬러시(진창눈), 윈트리 샤워(소나기 같은 눈) 같은 표현이 있고, 눈밭에서 일하거나 스키를 타는 사람들은 그 밖에도 필요에 따라서 싸락눈을 콘이니 스프링이니 하고 부르며 가루눈을 슈거 스노우니 파우더니 하고 부른다. 내 아버지는 축축하고 묵직한 눈을 푸딩이라고 부른다.

보아스와 극단적인 문화 상대주의가 남긴 유산은 눈을 가리키는 단어 수라는 사소한 문제에서 그치지 않았다. 상대주의자들은 사람의 거의 모든 행동이 학습되는 것이고, 변이 가능한 것이며, 문화마다 전혀 다르게 나타날 수 있는 것이라고 주장했다. 성적 행동도 예외가 아니었다.

인간의 성을 설명할 때 유전적 이득을 들먹이는 것에 대해 반감을 품는 사람이 많다. 처음 그런 주장을 제안했던 초기의 사회생물학자들은 된통

비웃음을 샀다. 익히 알려진 성적 차이들, 가령 여성은 까다롭고 남성은 가리지 않는다는 식의 차이는 순전히 문화적 창조물이라는 게 그전에 널리 인정되어 온 견해였다. 다른 문화에서는 사정이 완전히 다를 수도 있다는 것이다. 겉보기에는 이런 견해가 옳은 듯도 하다. 어떤 문화는 거대한 깃털 머리장식을 선호하는데 또 어떤 문화는 줄무늬 양복을 선호하고, 어떤 문화는 축 늘어진 가슴을 드러내기를 선호하는데 또 어떤 문화는 가슴을 올려 주는 브래지어를 선호하니까 말이다. 하지만 더 근본적인 차이들은 어떨까? 모든 성적 행위가 문화적으로 결정된다는 시각은 프란츠 보아스의 연구에서 핵심적인 요소였다. 1920년대, 보아스의 학생이었던 젊은 마거릿 미드는 두 사람이 볼 때 서구 문화와는 전혀 다를 것 같은 사모아 사회를 연구하기 위해서 여정에 올랐다. 유명한 책《사모아의 청소년》[1928]에서 미드는 성적 금기가 전혀 없고, 소녀들이 내키는 대로 누구와도 성관계를 맺는, 외견상 여유롭고 평화로운 사모아의 삶을 묘사했다. 서구 사람들에게 성적 금기가 있고 성별 간 불평등이 존재하는 것은 문화 때문인 듯했다. 생물학과는 무관했다.

이 견해는 인간의 성적 본성에 대한 사람들의 희망에 잘 들어맞았고, 문화가 다르면 거의 모든 것이 달라질 수 있다는 주장에 대한 유효한 증거로 받아들여졌다. 이것은 젊은 학생의 짤막한 관찰에 기반한 이야기였지만, 성공적인 밈 집합이 되어 60년 가까이 버텼다. 이 원칙에 의문을 던지는 사람은 거의 없었고, 구태여 확인할 마음을 품는 사람도 없었다. 그러던 1980년 초, 오스트레일리아의 인류학자 데릭 프리먼은 고된 노력 끝에 이 이야기를 산산이 해체했다.

프리먼은 사모아에서 6년을 살았다. 4개월을 머물렀던 미드와 달리, 그는 사모아 사람들과 함께 살면서 그들의 언어를 배웠다. 그가 목격한 사모아의 삶은 미드의 묘사와는 정반대라고 해도 과언이 아니었다. 사모아 사람들은 공격적인 행동을 했고, 전투를 자주 일으켰고, 나쁜 품행에 대해서 심각하게 처벌했고, 청소년들의 탈선율이 높았다. 그리고 미드의 논문에 비추어 가장 중요한 점은, 사모아 사람들이 처녀성에 높은 가치를 부여한다는 것이었다. 그들은 처녀성 검사를 했고, 결혼식에서는 소녀에 대한 파과(처녀성 상실) 의식까지 수행했다.

미드는 왜 잘못 이해했을까? 프리먼은 미드의 취재 대상들을 추적하여 몇 명을 직접 만났다. 이제 여든여섯 살이 된 한 여성에 따르면, 밤에 소년들과 어울려 논다고 한 말은 '그냥 농담'이라는 것을 미드는 알아채지 못했다. 또 다른 여성도 자신이 재미 삼아 이야기를 지어냈다고 증언했다. 사정을 모르는 채 이것저것 열심히 받아 적는 젊은 손님에게 내 성생활이 얼마나 야성적이고 화끈한지 막 지어내서 이야기하는 것은 과연 재미있는 일이었을 것이다. 흔히 그렇듯이, 신화를 처음 세우는 것보다는 그것을 원상 복귀시키는 데에 훨씬 더 많은 시간과 노동이 들었다. 또한 많은 용기도 필요했다. 미드를 구루처럼 받들던 사람들은 프리먼의 발견에 야유를 퍼부었다. 그는 감히 미드가 철저히 틀렸다고 말했다는 이유로 비방을 받았다.

현대 진화심리학의 도움을 받아 과거를 돌아보면, 우리는 옛 이론들이 어떤 점에서 왜 틀렸는지 알 수 있다. 코스미데스와 투비가 표준사회과학 모형을 기각한 것은 옳았다. 하지만 그들의 진화심리학 이론은 반대 방향으로 또 너무 나아간 것처럼 보인다. 그들은 진정한 문화 진화의 여지를 남기지 않았다. 그들이 볼 때 '인간의 마음, 행동, 창조물, 문화는 모두 생물학적 현상'이다. _{투비와 코스미데스 1992} 그들은 인간의 사상, 기술과 오락, 철학과 과학의 세계도 모두 생물학의 산물이며, 유전자에 대한 자연선택이 진화시킨 것이라고 했다.

나는 사회생물학과 진화심리학의 중요성을 깎아 내리고 싶진 않다. 다음 장에서는 그 이론들이 인간의 성을 설명하는 데 있어 얼마나 큰 성공을 거두었는지도 살펴볼 것이다. 사실인즉, 인간의 행동 중에는 그 행동을 만드는 유전자를 효과적으로 전파시킨다는 이유에서 자연선택된 것이 많다. 하지만 행동은 또한 밈 선택에 의해 추진된다. 그 행동을 만드는 밈을 효과적으로 전파시킨다는 이유에서 선택되기도 한다.

이런 식으로 생각해 보자. 진화를 추진하고, 인간의 몸과 뇌와 행동의 설계를 추진하는 복제자에는 두 종류가 있다. 우리 삶의 어떤 측면에 대해서는 유전자가 대부분의 추진을 담당한다. 밈의 역할은 무시해도 좋을 정도다. 그런 경우에 대해서는 유전자에 기반한 접근법인 사회생물학과 진화심리학이 훌륭한 근사치다(어쨌든 근사치인 것에는 변함이 없지만 말이다). 하지만 다른 경우에 대해서는 두 복제자를 모두 고려해야만 전체 그림을 이해할 수 있다. 이제 이 다른 경우들에 대해서 이야기해 보자.

밈의 추진과 데닛의 탑

내가 이미 이야기한 두 사례, 즉 사람의 큰 뇌와 언어의 진화는 인간 행동을 이해함에 있어서 근본적인 문제들이다. 나는 두 과정이 모두 밈 추진에 의존한다고 주장했는데, 이제 좀 더 넓은 맥락에서 그 과정들을 상술해 볼까 한다. 요점은 밈 추진이 왜, 어떤 면에서 유전자를 섬기는 진화와는 다른 종류인지 보여 주는 것이다. 그래야만 밈학이 사회생물학으로 환원되지 않을 것이다.

밈 추진은 다음과 같이 작동한다. 일단 모방이 시작되면, 새로운 세 과정이 개시된다. 첫째, 밈 선택(어떤 밈이 다른 밈보다 더 잘 생존한다). 둘째, 새 밈을 잘 모방하는 능력에 대한 유전자 선택(최고의 모방자를 잘 모방하는 사람은 번식 성공률이 높아진다). 셋째, 최고의 모방자와 짝을 짓고자 하는 유전자 선택.

첫 단계는 새로운 발상이나 행동이 밈으로서 확산된다는 뜻이다. 도구나 항아리 제작 방법부터 춤, 노래, 언어까지 다 그렇다. 두 번째 단계는 새 밈을 잘 체득하는 사람은 자기처럼 새 밈을 잘 체득하는 후손을 많이 남긴다는 뜻이다. 세 번째 단계는 짝 선택mate choice 또한 당시에 횡행하던 밈에 의해 이끌린다는 뜻이다. 세 과정이 함께 작동한 결과, 밈 진화의 방향이 유전자 진화의 방향에까지 영향을 준다. 이것이 밈 추진이다.

밈 추진은 언뜻 보기에 볼드윈 효과Baldwin effect와 같은 것처럼 느껴지지만, 실은 그렇지 않다. 이유는 다음과 같다.

볼드윈 효과를 처음 이야기했던 심리학자 제임스 볼드윈은 그것을 '진화의 새로운 요인'이라고 말했다. 볼드윈 1896 볼드윈 효과는 지능, 행동, 모방, 학습이 어떻게 유전자에 대한 선택압에 영향을 미치는지 설명하는 이론이다. 앞서 보았듯이, 개체가 학습한 결과는 유전자를 통해 다음 세대로 전달되지 않기 때문에, 라마르크식 '획득형질의 유전'은 불가능하다. 하지만 행동이 자연선택에 영향을 미치는 것은 사실이다.

상상해 보자. 도롱뇽처럼 생겼고 파리를 먹고 사는 동물이 있다. 높은 곳에 혀가 닿는 개체일수록 파리를 많이 잡아먹을 것이다. 그런데 한 개체가 돌연 점프를 하기 시작했다. 그 녀석은 파리를 더 많이 먹을 것이고, 머지않아 점프하지 못하는 다른 개체들은 굶기 시작할 것이다. 따라서 점프 실력이나 강인한 등을 낳는 유전자가 유전자풀에서 확산될 테고, 곧 모든 개체들이 개구리처럼 뛸 것이다. 점프 실력은 갈수록 개선되고, 선택압은 갈수록 더 높이 뛰는 방향을 선호한다. 완벽하게 다윈주의적인 방식으로 행동이 선택에 영향을 미친 것이다.

이제, 파리의 생김새와 영양이 제각각 차이가 난다고 상상하자. 가령 줄무늬 파리는 먹을 만한 것이 못 되는데, 점박이 파리는 훌륭한 먹잇감이다. 개구리를 닮은 그 동물은 점박이 파리를 선호하는 편이 유리하다. 따라서 가령 점을 민감하게 포착하는 시각계의 속성처럼 점박이 파리 선호에 필요한 모종의 메커니즘이 확산될 것이다. 그런데 파리의 무늬 변화는 동물의 진화가 따라 잡을 수 없을 정도로 빠를지도 모른다. 그렇다면 어떤 파리를 먹을지 학습하는 능력을 갖추는 편이 유리하고, 학습하지 못한 동물은 불리한 처지가 될 것이다. 그러므로 일반적인 학습 능력을 뒷받침하는 유전자가 확산된다. 이것이 볼드윈 효과다.

볼드윈이 말했듯이, 의식, 쾌락과 고통의 교훈, 모성애적 행동과 모방 등 인간 지능의 최고 능력들은 우리가 의지력과 발명력을 솜씨 좋게 발휘하는 상황에서 정점에 달한다. '이 모든 사례들은 고등 동물에게만 관련된 것이고, 이 모두가 힘을 합쳐서 **생물체의 생존을 돕는다.** …… 즉, **생물체의 생애에 더욱 뛰어난 지능, 모방, 적응, 기계적 조작을 가능하게 만들어 주는 특정 종류의 선천적 변이나 계통적 변이만이 보유된다.** 다른 선천적 변이들은 계속 보유되지 않는다.' 볼드윈 1896, 강조는 원문을 따랐다. 현대적인 언어로 표현하자면, 학습과 모방에 관련된 유전자가 자연선택에 의해 선호된다는 말이다.

볼드윈은 이처럼 획득형질의 유전 없이도 자연선택으로 학습 능력의 진화를 설명할 수 있다고 보았다. 볼드윈 효과를 경험하는 생물체는 제 선조보다 변화에 훨씬 잽싸게 적응할 수 있다. 하지만 그런 방향으로 발전하는 과정이 볼드윈 효과 하나만은 아니다. 데닛은 '생성과 시험의 탑 Tower of Generate and Test' 이라는 독특한 비유를 사용해서 이 점을 설명했는데, 가상의 그 탑에서는 높은 층에 있는 생물일수록 더 훌륭하고 현명한 책략을 발견하고, 더 빠르게, 더 효과적으로 발견을 해낸다. 데닛 1995

데닛의 탑에서 1층에는 '다윈 생물Darwinian creatures' 이 있다. 이들은 자연선택을 통해 진화했고, 이들의 모든 행동은 유전자에 의해 결정된다. 실수는 엄청난 대가를 초래하고(성공하지 못한 개체는 죽는다), 변화는 느리다(변화가 이뤄지려면 매번 새로운 개체가 탄생해야 한다).

2층에는 '스키너 생물Skinnerian creatures'이 살고 있다. 작동적 조건화는 (시행착오적 학습) 다윈주의적 선택의 일종이라는 사실을 명시적으로 지적했던 B. F. 스키너의 이름을 땄다.[1953] 스키너 생물은 학습할 줄 안다. 그래서 개체의 몸 전체가 죽는 게 아니라 특정 행동만 죽어 없어진다. 어떤 행동에 보상이 따르면 그 행동이 반복되고, 보상이 없으면 반복되지 않는다. 한 개체가 생애 중에 수많은 다양한 행동을 시험해 볼 수 있으므로, 변화가 훨씬 빠르다.

3층에는 '포퍼 생물Popperian creatures'이 있다. 이들은 행동의 결과를 머릿속으로 상상할 수 있고 생각을 통해서 문제를 풀 수 있기 때문에, 스키너 생물보다 더 빨리 행동을 진화시킨다. 결과를 상상하는 능력이 있으면 '우리 대신에 우리의 가설들이 희생될 수 있다'고 말했던 칼 포퍼의 이름을 땄다.[데닛 1995] 많은 포유류와 조류가 이 층에 도달했다.

마지막 4층에는 '그레고리 생물Gregorian creatures'이 산다. 지능이 있어야 문화적 인공물을 만들 수 있지만, 문화적 인공물이 그 소유자의 지능을 높이기도 한다는 점을 처음 지적했던 영국 심리학자 리처드 그레고리의 이름을 땄다.[1981] 가위가 있는 사람은 없는 사람보다 더 많은 일을 할 수 있다. 펜이 있는 사람은 없는 사람보다 더 많은 지능을 뽐낼 수 있다. 한마디로, 밈은 지능을 향상시킨다. 데닛이 말한 '마음의 도구mind tool'도 그런 밈이고, 개중에서도 가장 중요한 마음의 도구는 바로 언어다. 그레고리 생물은 남들이 만든 온갖 도구로 가득한 환경에서 살아가며, 풍부하고 표현력 있는 언어도 갖고 있다. 그래서 그런 것이 없는 생물보다 훨씬 빠르게 좋은 책략을 찾아내고, 새로운 행동을 진화시킨다. 우리가 아는 한, '생성과 시험의 탑'에서 꼭대기 층에 거주하는 것은 우리 인간뿐이다.

이제 여러분도 볼드윈 효과의 중요성을 확실히 느낄 것이다. 볼드윈 효과는 한 층에서 다음 층으로 생물을 끌어올려 주는 에스컬레이터나 마찬가지다. 진화 과정에서 우연히 필수적이고 요긴한 책략이 발견된다면, 그리고 그 대가가 지나치게 크지 않다면, 그 책략을 소유한 생물은 생존률이 높아진다. 생물은 그런 단계를 하나하나 밟을 때마다 주변 환경을 변화시킨다. 그래서 학습 능력이든 뭐든 아무튼 그런 책략이 갈수록 더 중요해지고, 학습에 능한 생물은 각 단계마다 유전적으로 유리한 입장이 된다. 볼드윈 효과는 보통 학습의 맥락에서만 이야기되는데(2층으로 올라가는 단계), 사실은 상상력의 진화나(3층으로 올라가는 단계) 모방의 진화에도(4층으로 올라가는 단계) 똑같이 적용될 수 있다. 볼드윈 자신도 생존에 유리한 능력들의 목록에 모방을 포함시켰다.

하지만 이 모든 것은 유전자를 섬기는 과정이다. 학습으로 배운 행동이든, 문제를 상상함으로써 찾아낸 해법이든, 모두 생존과 번식을 돕는 것들이다. 본질적으로 볼드윈 효과는 유전자의 생존과 번식을 추구하는 다윈주의적 진화의 한 형태다. 공진화 이론들 중에서 볼드윈 효과를 사용한 것이 더러 있지만(가령 데컨의 이론이 그렇다), 내가 제안하는 유전자-밈 공진화 이론은 밈 추진 과정을 덧붙인다는 점에서 그들과 다르다.

요는, 우리가 꼭대기 층에 다다르는 순간에 모든 것이 바뀐다는 점이다. 그것도 극적으로 바뀐다. 왜냐하면 모방은 제2의 복제자를 낳기 때문이다. 이전 어느 단계에서도 제2의 복제자는 탄생하지 않았다. 적어도 개체의 구속 너머로 영향력을 미치는 복제자는 없었다. 예를 들어, 스키너식 학습과 포퍼식 문제 풀이는 일종의 선택 과정이긴 해도 한 동물의 머릿속에서만 가동된다. 선택으로 선호된 특정 행동 패턴이나 결과에 대한 가설을 복제자로 간주할 수 있을지도 모르겠지만, 그것들은 모방되지 않는 한, 즉 밈이 되지 않는 한, 세상에 자유롭게 풀려나지 못한다.

4층에 도달한다는 것은 독자적인 의도에 따라 한 생물체에게서 다른 생물체에게로 퍼지는 복제자를 풀어놓는다는 뜻이다. 유전자는 선견지명이 없으므로, 자신이 모방을 자연선택함으로써 제2의 복제자가 풀려나리라는 것을 미처 알지 못했다. 하지만 어쨌든 상황은 그렇게 벌어졌고, 이제 우리는 유전자-밈 공진화 단계에 접어들었다. 이 공진화에서는 유전자의 확산에 기여하느냐 마느냐와는 무관하게 밈의 확산에 기여하는 활동이라면 뭐든 벌어진다. 개가 목줄에서 풀려나고, 노예가 주인에 대항하여 반란을 일으킨 셈이다. 이것이 밈 이론과 기존 이론들의 차이점이고, 밈 이론만의 대안적인 예측을 가능케 하는 대목이다. 나는 사람의 뇌야말로 밈이 유전자를 강요해서 더욱 훌륭한 밈 확산 장치를 만들어 내게 한 좋은 사례라고 생각한다. 인간의 뇌는 생물학적 이득으로만 설명하기에는 지나치게 빠르게, 지나치게 크게 자랐다. 그리고 지나치게 큰 대가를 치렀다. 인간은 다른 어떤 동물과도 비교가 안 될 정도로 대뇌비율 지수가 높다. 생물학적 이득에만 기반한 이론으로는 왜 유전자가 에너지 소비나 출산의 위험 같은 막대한 대가를 치르면서도(6장을 참고하라) 기어이 이 일을 추진했는지 설명할 수 없다. 그러나 밈의 이득을 고려하는 이론은 설명할 수 있다.

뇌 크기만을 말하자면, 볼드윈 효과에 기반한 이론과 밈 이론이 아주 다른 예측을 낳는다고 보기 어려울지도 모른다. 하지만 뇌의 크기만이 아니라 구체적인 진화 방향까지 함께 염두에 둘 때는, 두 이론에 큰 차이가 있다. 정말로 밈에게 복제력이 있다면, 자신의 복제에 알맞은 방향으로 뇌를 설계하도록 유전자를 추진했을 것이다. 그저 일반적인 다목적 뇌를 설계하도록 추진하지 않았을 것이다. 제2의 복제자를 가정하면 반드시 이런 조건이 주어지므로, 우리는 관련하여 여러 예측을 내려봄으로써 실제 사람의 뇌가 이 요구를 충족시키는지 살펴볼 수 있겠다. 나는 언어의 진화를 이야기하면서 바로 이런 시도를 했다. 현재 우리의 뇌는 충실도, 다산성, 수명이 뛰어난 밈을 잘 퍼뜨리도록 설계된 뇌라고 주장했다.

큰 뇌는 마침 유전자에게도 어마어마한 이득을 주는 발견이었고, 덕분에 인간은 온 지구를 점령하다시피 했다. 하지만 꼭 이래야만 했을까? 밈이 끝없이 자꾸 더 큰 뇌를 요구하여 지나치게 많은 대가를 치르게 함으로써 유전자를 멸종 위기로 몰아넣는 상황도 가능하지 않았을까? 알 수 없다. 다만 호미니드들 중에서 오직 우리만 살아남았다는 것이 확실히 이상한 일이기는 한데, 혹시 다른 호미니드들이 그런 식으로 사라졌던 게 아닐까? 불운한 네안데르탈인은 실제로 현생 인류보다 뇌가 더 컸다. 이것은 물론 아주 엉뚱한 추론이다. 하지만 큰 뇌, 지능, 그에 수반되는 온갖 것들이 반드시 유전자에게 좋은 일만은 아닐지도 모른다는 것을 알려주는 점에서만큼은 진지한 가설이다. 우리는 리처슨과 보이드의 뒤를 따라 이렇게 물어볼 수 있다.[1992] '문화에 어떤 잘못된 점이 있기에, 단 한 종만이 유별나게 그것을 갖고 있는가?'

어쩌면 유전자는 이제야 가까스로 부담을 감당할 수 있게 된 것인지도 모른다. 유전자가 조만간 두 복제자의 공생을 감당하는 종에게 반격을 취하고 나설지도 모른다. 어쩌면 밈을 사용하는 지적인 종이 세상에 진화했을 때 그 종의 수명이 꼭 길라는 법은 없을지도 모른다.

제10장

'오르가슴이 나를 살렸어요'

M E M E

창조력과 예술적 성취는 밈을 복사하고, 사용하고 퍼뜨리는 방법이다. 즉 창조력이 뛰어난 예술가는 좋은 모방자라는 징후다. 이런 특징이 잘 드러나고 다른 조건들이 동등하다면, 여성은 그저 부유한 남자보다는 뛰어난 밈 확산자를 선호할 것이다. 작가, 예술가, 기자, 배우, 음악가 들이 많은 추종자에게 시달리고 거의 아무하고나 섹스할 수 있다는 것은 이런 이유 때문이다.

섹스 섹스 섹스 섹스 섹스 섹스— 섹스 — 섹스.

귀가 솔깃해졌는가? 다른 장의 서두보다 이 장에 더 관심이 가는가? 아마 아닐 것이다. 여러분은 이미 섹스 밈에 대한 방어 체계를 충분히 발달시켰을 것이다. 그럼에도 불구하고, 우리가 잡지나 텔레비전 프로그램이나 책을 팔고 싶다면, 가장 확실한 전략은 '섹스'라는 단어를 눈에 띄는 위치에 배치하는 것이다. 내가 동네 기차역에서 세어본 결과, 가판대에 놓인 잡지 63개 중 13개 표지에 '섹스'라는 단어가 적혀 있었다. 선정적인 사진이나 '벌거벗은 커플이 밝히는 모든 것', '굶주린 섹시남을 차지하고 싶나요?', '오르가슴이 나를 살렸어요' 같은 제목이 쓰인 잡지는 빼고 셌는데도 그랬다.

미국의 리처드 브로디에 따르면,[1996] 성이나 음식이나 권력에 관한 밈은 밈 '버튼'을 강하게 누르는 것들이다. 왜냐하면 이런 주제들이 인간의 진화 역사에서 중요했기 때문이다. 그리고 밈 버튼을 강하게 누르는 밈은 성공적인 밈이다.

다르게 말하면, 유전적 진화는 성과 음식과 권력에 관심이 많은 뇌를 창조했고, 그래서 우리는 그런 유전적 관심사를 반영하는 밈을 선택한다. '밈' 이라는 단어를 썼다는 점을 제외하면 지금까지의 논리는 사회생물학자나 진화심리학자의 논리와 정확하게 일치한다. 그들은 우리가 품는 생각, 우리가 퍼뜨리는 이야기, 우리가 발달시키는 문화적 인공물과 기술이 결국에는 모두 유전자를 위한 것이라고 가정한다. 사회생물학에 따르면, 문화는 유전자의 관심사를 반영한다. 문화는 결국 유전자를 위한 것이다.

하지만 현재의 우리 사회에는 두드러진 이상 현상이 너무 많다. 출산율이 급격히 떨어진다. 많은 커플이 아이는 둘로 충분하다고 생각한다. 어떤 사람은 아이를 낳지 않고 직업이나 다른 관심사에 평생을 바치는 편을 선택한다. 또 어떤 사람은 생물학적으로 자기와 무관한 아이를 입양하여 자기 아이인 것처럼 대단한 주의와 헌신을 기울여 양육한다. 광고, 영화, 텔레비전, 책은 우리더러 임신을 염두에 두지 않는 자유로운 성관계를 성인이 된 이후로 평생 여러 파트너들과 즐기라고 부추긴다. 십 대들은 호주머니에 콘돔을 넣어 다닌다. 피임법은 효과적인 가족계획을 가능케 한 것을 넘어, 쾌락을 위한 성과 밈을 퍼뜨리기 위한 성을 가능하게 만들었다. 성적인 면에서 우리는 더는 유전자의 전달을 극대화하는 방식으로 행동하지 않는다. 우리는 다음 세대에 유전자를 최대한 많이 남기겠다는 의도로 섹스하지 않는다. 우리는 아기를 만들려고 야한 잡지를 사는 게 아니다. 우리는 섹스라는 행위, 그 즐거움, 그에 관한 마케팅을 원래의 번식 기능과는 대체로 분리시켜 버렸다.

이 분리를 설명하는 방법에는 크게 두 가지 길이 있다. 첫째는 사회생물학의 답변이다. 현대의 성적 행위를 끌어가는 것은 여전히 유전자이고, 우리의 출산 통제는 (유전자의 시각에서 볼 때) 실수라는 것이다. 인간이 지능을 이렇게도 활용할 수 있다는 것을 유전자가 미처 내다보지 못한 결과라는 것이다. 두 번째는 밈학의 답변이다. 현대의 성적 행위를 끌어가는 것은 밈이라는 주장이다. 우리의 기본적인 본능과 욕구가 여전히 유전적으로 결정될지언정, 이 욕구가 또한 밈들의 성공 여부에 영향을 미치고, 이제 밈들이 우리의 행동 방식을 지시하기도 한다는 것이다.

나는 두 견해를 모두 살펴보고, 각자의 장단점을 따져볼 것이다. 지나친 단순화의 위험은 있지만, 나는 성적 행위에 관한 생물학, 사회생물학, 진화심리학 연구를 '사회생물학'이라는 용어로 뭉쳐서 표기할 것이다. 이들은 서로 약간씩 차이가 있지만, 유전자에 가해지는 자연선택의 힘이 인간의 성적 행위를 근본적으로 이끈다고 보는 점에서는 다 같다. 이들은 제2의 복제자를 고려하지 않는다. 그 점에서 밈학과는 분명히 다르다.

섹스와 사회생물학

사회생물학적 견해의 요지는, 유전자가 과거에 당시로서는 잘 작동하는 체계를 구축했으나, 그것이 오늘날의 상황에는 완벽하지 않게 되었다는 것이다. 이유는 간단하다. 유전자는 선견지명이 없으므로 환경 변화를 치밀하게 뒤쫓을 수 없기 때문이다. 어떤 시점에 어떤 환경에서 그 시점에 지배적인 조건이 무엇이든, 생물체는 정도의 차이는 있어도 자연선택 덕분에 대체로 잘 적응한다. 시대가 변하면 선택압도 변하고, 변화에 더 잘 적응하는 개체들이 생존한다. 이런 추적 체계는 환경이 느리게 변하는 경우에는 꽤 효과적이다. 추적에 실패하는 대가는 멸종이므로, 멸종의 가능성은 늘 존재한다. 이런 진화 과정에서는 예측력은 전혀 발휘되지 않는다. 인간을 비롯한 모든 생물은 사실상 과거의 환경에 대한 과거의 선택으로 만들어진 결과물이다.

이런 사회생물학적 주장에서는, 우리 행동이 유전적 적응도를 극대화하는 방식으로만 이뤄지지는 않는다는 것이 그다지 놀라운 사실이 못 된다. 과거의 진화 과정은 우리에게 성, 음식, 권력을 잘 다루는 뇌를 주었고, 그것들이 과거에 우리 유전자의 생존에 기여했기 때문에 현대 사회에서도 그것들에 관한 생각이 흘러넘치게 되었다. 요즘 우리가 섹스를 즐기는 까닭은 과거에 섹스를 즐겼던 동물이 제 유전자를 후손에게 쉽게 물려주었기 때문이다. 그런데 진화는 우리에게 지능도 주었다. 덕분에 우리는 섹스의 기능을 파악해냈고, 출산과 양육의 비용 없이도 섹스의 즐거움을 누릴 수 있도록 환경을 조작했다. 유전자는 이런 상황을 미리 내다볼 수 없었다. 피임에 저항하는 방향의 적응은 일어나지 않았다. 하지만 E. O. 윌슨의 의견에 동의하는 사람이라면, 결국에는 유전자가 목줄을 다시 잡아당겨서 어떻게든 지나친 출산율 하락을 단속하리라고 기대할 것이다. 이런 시각에서 보면 현재의 우리 행동은 실수에 불과하다.

생명은 실수로 가득하다. 수컷 개구리는 다른 수컷과의 교미를 자주 시도한다. 수컷이 수컷을 덮치는 것은 성가신 일인데다가 굉장히 오래 가는 경우도 있으므로, 어떤 종은 다른 수컷의 포획에서 풀려나기를 요청하는 '해방 신호release call' 라는 울음소리를 갖고 있을 정도다. 어떤 사람은 여러 동물들이 드러내는 동성애 성향을 이와 비슷한 현상으로, 즉 실수로 해석한다. 심지어 사람의 동성애도 그렇게 해석하곤 한다. 정교한 구애 의식을 행하는 새들에게 박제 새를 보여 주면 그들은 그 앞에서 날개를 펄럭이며 자태를 뽐내고, 노래를 부른다. 심지어 적절한 색깔의 깃털 몇 개로도 그들을 꾈 수 있다. 수컷 큰가시고기들은 엉성한 모양의 가짜 물고기나 거울에 비친 제 모습을 보고도 싸우려고 덤빈다. 이런 실수는 굳이 더 정확한 인식 체계를 만드는 비용을 지불하면서까지 바로잡을 것은 아닌 모양이다. 설령 이따금 깃털 뭉치 앞에서 춤추거나 노래 부르게 되더라도, 대체로 구애 의식은 훌륭한 짝짓기 방법인 것이다.

먹이가 아닌 것을 먹는 실수도 굳이 비용을 들여가며 완벽하게 없앨 필요까지는 없는 실수다. 대부분의 동물들은 먹이와 먹이 아닌 것을 구분하는 인식 체계가 몹시 조악한 채로도 잘 산다. 병아리는 눈앞의 땅에 흩어진 물체들 중에서 크기가 대강 맞는 것은 뭐든지 쪼아 먹는다. 개구리는 적당한 방식으로 움직이는 작은 물체에게 무차별적으로 혀를 발사한다. 사악한 인간 실험자가 그들을 일부러 곯리지 않는 이상, 그들은 보통 완벽하게 잘 살아간다. 현생 인류의 시각계는 그들보다 훨씬 낫기 때문에 그처럼 터무니없는 실수는 좀체 하지 않지만, 그래도 못지않게 위험한 실수를 할 때가 있다. 우리는 수렵채집인이었던 과거의 선택 때문에 달고 기름진 음식을 좋아한다. 달콤한 토마토케첩을 듬뿍 얹은 피시앤칩스에다 후식으로 생크림과 아이스크림을 얹은 사과파이를 먹는 것은 호모 하빌리스나 고대 호모 사피엔스에게는 훌륭한 연료를 제공하는 일이었을 것이다. 그래서 우리는 그런 맛을 좋아한다. 초콜릿을 즐기고, 도넛을 즐기고, 부드러운 으깬 감자에 소시지와 겨자를 곁들인 것을 좋아한다. 그러나 이것은 영양 과잉에 시달리는 현대 호모 사피엔스에게는 건강한 식단이 못 된다. 이런 실수는 어떤 생물에게나 흔하다.

비슷한 시각에서, 출산 통제나 쾌락을 위한 섹스 같은 현대적 성생활의 여러 측면들은 유전자가 미처 제거하지 못한 실수다. 비용이 너무 크다는 이유에서, 혹은 유전자에게는 혜안이 없으므로 제거하려야 제거할 수 없다는 단순한 이유에서였을 것이다. 그러나 사회생물학자들이 보기에는, 설령 몇몇 실수가 있더라도 나머지 성적 행위는 실수가 아니다. 대부분의 성적 행위는 과거에 우리 유전자를 다음 세대로 전달하는 데 기여했고, 미래에도 계속 기여할 것이다.

우리는 사회생물학이 이 중요한 주제를 매우 성공적으로 해설했다는 것을 잊지 말아야 한다. 사회생물학이 처음에 사람들의 인정을 받기 위해 아주 힘들게 싸웠다는 것도 잊지 말아야 한다. 사회생물학 이전 수십 년 동안에는 인간이 어떤 면에서든 자연을 뛰어넘은 존재이고, 유전자와 생물학의 구속에 속박되지 않는 존재라는 견해가 지배적이었다. 성적 행위에 관해서도 그랬다. 인간만이 '한낱' 생물학을 초월하여 누구와 어떻게 사랑을 나눌 것인가를 의식적으로, 합리적으로 선택한다고 했다. 성적 행위보다 더 유전자 확산에 밀접한 주제는 없음에도 불구하고, 1950년대와 1960년대의 이론들은 생물학적 사실을 깡그리 무시했다. 또 그때의 이론들은 문화를 지배적인 힘으로 간주하면서도, 밈학과는 달리 어떻게 문화가 그런 힘을 발휘하는지 다원주의적으로 설명하지는 못했다. 1970년대에 사회생물학이 도래하고서야 비로소 우리는 인간의 특이한 성적 기벽의 일부나마 이해할 수 있게 되었다. 가령 다음을 참고하라. 매트 리들리 1993; 시먼스 1979

사랑, 아름다움, 부모의 투자

짝 선택을 생각해 보자. 우리는 유전자나 생물학과는 전혀 상관이 없는 이유로 애인을 선택했다고 믿고 싶다. 어쩌면 나는 그냥 사랑에 빠진 것인지도 모르고, 완벽한 남편 상에 들어맞는 사람을 합리적으로 택한 것인지도 모르고, 미학적인 이유에서 선택한 것인지도 모른다. 그저 그가 근사하기 때문에. 하지만 진실은 이렇다. 낭만적인 감정이나 사랑 자체가, 먼 과거에 유전자를 후대로 전달할 가능성을 높이는 방향으로 성적 파트너를 선택했던 우리의 뿌리 깊은 경향성에서 비롯했다.

간단한 질문에서 시작해 보자. 당신의 파트너는 얼마나 매력적인가? 짐작하건대, 그 혹은 그녀는 분명히 딱 당신만큼 매력적일 것이다. 왜?

이른바 '동류 결혼assortative mating(선택 결혼)'이라고 불리는 아주 단순한 논리가 있기 때문이다. 당신이 남성이든 여성이든, 당신은 가능한 범위에서 최고의 배우자를 얻어야 한다. 그 '최고'가 어느 정도는 아름다움을 뜻한다고 한다면, 당신은 가능한 한 최고로 아름다운 파트너를 원할 것이다. 하지만 그것은 남들도 마찬가지다. 그 결과, 평균적으로 사람들은 매력도 면에서 자신과 거의 비슷한 상대와 짝을 맺게 된다. 이것은 실험을 통해서도 확인된 사실이다.

하지만 아름다움이란 과연 무엇일까? 남자나 여자의 매력을 결정하는 요소는 무엇일까? 간단히 대답하면, 남자는 젊음과 생식력의 증표를 내비치는 여성에게 흥미를 느끼고, 여자는 연애 후보자의 외모보다는 지위에 더 관심을 둔다. 알고 보면 여기에도 그럴 듯한 생물학적 근거가 있다. 좀 복잡한 이야기이지만 말이다.

남자와 여자의 근본적인 차이는 여자는 난자를 생산하고 남자는 정자를 생산한다는 것이다. 사실은 바로 이 점이 인간은 물론이고 다른 다양한 종들에게서 성별을 구분하는 정의나 마찬가지다. 난자는 큼직한 데다가 배아 성장의 필수 영양소를 담고 있기 때문에 만드는 데 비용이 많이 들지만, 정자는 작은 데다가 비교적 싸게 만들 수 있다. 따라서 난자는 소량만 생산되며, 엄중하게 보호할 필요가 있다. 반면에 정자는 쉽게 써버려도 괜찮다. 게다가 많은 암컷이 난자 제공 이상의 막대한 보살핌을 자식에게 쏟는다. 짝 선택에서 남녀 차이를 만들어 내는 것은 바로 이 부모로서의 보살핌이다.

부모의 투자라는 논리를 처음 생각해낸 사람은 생물학자 로버트 트리버스였다.[1972] 그는 로날드 피셔의 생각을 확장한 것이었는데, 피셔는 그 개념을 '부모의 지출parental expenditure'이라고 불렀다.[1930] 트리버스는 양쪽 성이 자식 양육에 얼마만큼의 자원을 쏟는지 살펴봄으로써 여러 종들의 성적 행위를 설명할 수 있다는 것을 보여 주었다. 초기의 사회생물학자들은 이 새로운 이해 방식을 사람에게 적용했다. 사람은 참 흥미로운 사례다. 사람의 아기는 몇 년간 집중적으로 보살핌을 받아야 하고 젖을 뗀 뒤에도 완벽하게 스스로를 건사하지 못하기 때문에 사정이 더 복잡하다. 남자가 부모로서 하는 투자는 다른 포유류들에 비하면 아주 높은 수준이다. 남자는 가족의 식량을 마련하고, 가족을 보호한다. 하지만 전통적인 사회나 산업화된 사회나 할 것 없이 남성의 투자는 여성의 투자에 비하면 한참 적은 편이다. 현존 수렵채집 사회를 보면, 여성이 남성보다 훨씬 더 많이 영양학적으로 귀중한 음식을 아이들에게 제공한다. 하루 중 일하는 시간도 여성이 더 길다. 여성 해방이 이뤄졌다고들 하는 서구 사회에서도 사정은 다르지 않다. 몇몇 자료에 따르면 평균적으로 여성이 남성보다 두 배 더 오래 일하는데, 이것은 직장 일, 집안일, 아이 돌보는 일을 다 포함한 것이다. 이런 불균형은 인간의 성에 관한 많은 측면을 해설하는 단서가 되어 준다.

여성은 가임기 동안 최대 일 년에 한 명씩 아이를 낳을 수 있다. 평생 20명에서 25명쯤 낳을 수 있는 셈이다. 이제까지 알려진 최고 기록은 19세기에 어느 모스크바 여성이 69명을 낳았다는 것인데, 대부분 세쌍둥이였다. 하지만 사람 아기에게는 어마어마하게 손이 많이 간다. 전통적인 수렵채집 사회에서도 여성은 아마 삼사 년에 한 명쯤 낳았을 것이다. 오늘날의 수렵채집인들처럼 그들도 금욕을 하거나, 수유를 길게 하거나, 가끔은 영아살해를 해서라도 아이들 사이에 터울을 두었을 것이다. 여성이 더 자주 관계를 맺거나 더 많은 남성과 관계함으로써 자식의 수를 성공적으로 늘릴 수 없다는 것은 분명한 사실이다.

대조적으로, 남성은 막대한 수의 자식을 낳을 잠재력이 있다. 그저 많은 여성을 임신시키기만 하면 더 많은 아기를 갖게 될 테고, 아이를 보살피는 일은 어느 정도 여성에게 일임하면 된다. 아이들 중 일부가 살아남지 못하더라도, 남성이 투자한 것은 약간의 정액과 그 정액을 만들기 위한 짧은(그리고 아마도 즐거운) 노력뿐이다. 이 단순한 불공평으로부터 온갖 성적 차이들이 따라 나온다.

남자 입장에서 가장 확실하게 유전자를 많이 물려주는 전략은 아무하고나 가급적 많이 관계 맺는 것이다. 흔하면서도 효과적인 한 가지 전략은 이렇다. 장기적인 파트너를 한 명 두고, 그 여성을 다른 남자들로부터 최대한 보호하면서 둘 사이의 아이들을 최선을 다해 보살핀다. 동시에 파트너 말고도 가급적 많은 여성을 임신시키려고 노력한다. 들키지 않는다면 더욱 좋을 것이다.

한편, 여성은 소수의 건강한 아이들에게 충분한 자원과 관심을 쏟아 잘 길러낼 때 자신의 유전자를 최대한 많이 전달할 수 있다. 그것은 a. 우수한(가령 훌륭한 유전자를 지닌) 남성과 짝을 지어야 하고, b. 부모로서의 관심을 많이 제공할 남성을 찾아야 한다는 말이다. 두 남자가 반드시 같을 필요는 없다.

이런 불균형 때문에 여자는 짝 선택에서 남자보다 훨씬 까다로울 필요가 있다. 여자는 게으르고, 추하고, 나약하고, 허약한 남자에게 걸려 덜컥 임신하기를 원치 않는다. 그런 남자는 나쁜 유전자를 제공할 것이고, 여자와 아기를 보살피지도 부양하지도 않을 것이다. 그러니 왜 여성이 섹스에 소극적이라고들 하는지, 왜 한참 구슬리거나 선물을 사주어야만 응한다고들 하는지 이해가 된다. 남자는 그렇게 까다로울 필요가 없다. 어떤 여자든 임신시킬 수 있다면 별 것 아닌 수고 정도야 충분히 들일 가치가 있다. 남자가 아기를 안은 채 버려질 가능성은 없기 때문이다. 그러니 왜 남성이 여성보다 섹스에 더 적극적이라고들 하는지, 왜 섹스를 원하는 여성은 대체로 별 어려움 없이 상대를 발견할 수 있는지 이해가 된다. 여성은 그러면서 돈까지 받기도 하는 것이다.

이런 거친 계산으로 인간의 성을 설명하는 것에 대해 많은 사람이 반감을 느끼지만, 성적 행위가 문화마다 다르다고 믿었던 초기 인류학자들의 생각은 잘못임을 보여 주는 증거가 갈수록 쌓여가고 있다. 더 철저한 최근 연구들에 따르면, 남녀의 모든 행동은 여성의 부모 투자가 더 크다는 원칙에서 유도되는 예측들에 분명히 부합한다. 남성은 섹스에 더 적극적이고, 많은 상대와 섹스할 수 있다는 생각에(혹은 그런 실제 상황에) 특히 흥분한다. 여성은 더 까다롭고, 믿을 만한 상대를 한 명만 두는 편을 선호한다. 세기를 불문하고 매춘은 거의 절대적으로 여성이 서비스를 제공하고 남성이 돈을 치르는 행위였다.

그렇다면 여성의 아름다움은 어떻게 해석해야 할까? 남자는 거의 아무하고나 관계를 맺어도 잃을 게 별로 없지만, 그래도 가급적 더 젊고 건강하고 생식력이 뛰어난 여성을 임신시키는 게 유전자에 좋을 것이다. 진화심리학자 데이비드 버스가 37곳의 문화를 조사한 바에 따르면, 단 하나의 예외도 없이 모든 곳에서 남성은 어린 상대를 선호했고, 여성은 나이든 상대를 선호했다.[버스 1994] 사회생물학의 발견 중에서 남성은 허리둘레 대 엉덩이 둘레 비가 작은 여성을 선호한다는 것이 있는데,[싱 1993] 종종 비아냥거리가 되었던 이 발견 역시 방금 말한 젊음과 생식력에 대한 욕구로 설명할 수 있을지도 모른다. 뚱뚱한 여성을 선호하느냐 마른 여성을 선호하느냐 하는 것은 문화에 따라 다르다. 현재의 우리 문화가 보이는 날씬함에 대한 집착은 예외적인 수준이지만 말이다. 그러나 어느 문화에서든, 허리가 가늘고 엉덩이가 넓은 여성에 대한 남성의 선호만큼은 상당히 일관적이다. 그 이유에 관해서는 아직도 논박이 있지만, 아마도 풍만한 엉덩이는 머리 큰 아기를 안전하게 낳을 수 있을 만큼 산도가 넓다는 것을 암시하기 때문인 듯하다(물론 그것이 암시일 뿐이고 실은 지방으로 속인 것일 수도 있다). 잘록한 허리는 여성이 임신한 상태가 아님을 암시한다. 남자가 세상에서 제일 원하지 않는 것이 바로 임신한 여자와 관계를 맺는 바람에 코가 꿰어 딴 남자의 아기를 보살피게 되는 것이다.

크고 또렷한 눈, 부드러운 피부, 금발, 대칭적 외모도 젊음과 건강의 표지다. 피부가 흰 사람은 나이가 들수록 머리카락 색이 짙어지기 때문에 옅은 머리색이 선호되고, 어떤 질병들이 비대칭적인 흠을 남기기 때문에 대칭적 외모가 선호된다. 기나긴 진화의 역사를 거치면서 남성은 젊고 생식력 있는 여성이 보이는 신호들에 성적 흥분 반응을 보이게끔 다듬어졌다. _{매트 리들리 1993}

한편, 여성은 남성의 아름다움이나 외모에는 신경을 덜 써도 좋다. 대신에 훌륭한 보호자이자 부양자가 되어줄 높은 지위의 남성이 필요하다. 이것은 부유하고 유력한 남자가 젊고 아름다운 여자와 짝이 되는 경우가 많다는 관찰 결과와 일치한다(우울한 일이기는 하지만 말이다). 또 남성은 파트너의 조건으로 외모를 중시하는 반면에 여성은 부와 지위의 상징에 더 깊은 인상을 받는다는 조사 결과와도 일치한다. 실제로 여성에게는 외모가 결정적인 문제이지만, 남성에게는 그렇지 않다. 버스가 조사한 모든 문화에서 남성은 여성의 외모에 더 가치를 두었고, 여성은 남성의 재정적 전망에 더 가치를 두었다.

하지만 이것으로 설명이 다 된 것일까? 여성은 정확하게 남성의 어떤 면에 매력을 느낄까? 진화심리학에 따르면, 여성의 짝 선택을 결정하는 유전자는 과거 수렵채집 생활에 선택된 것들이다. 그런 생활방식에서는 사람들이 자주 옮겨 다녔으니 변변한 소유물은 없었겠지만, 정기적으로 고기를 공급하고 유용한 도구를 제공하는 남자라면 아이들을 건사하는 데 도움이 되었을 것이다. 남성은 사냥 실력, 싸움 실력, 적들로부터 집단을 잘 보호하는 재주 등으로 지위를 얻었을 것이고, 어쩌면 멋진 옷가지나 장식물로 지위를 얻었을지도 모른다. 과거에 이런 자질을 선택하게 했던 유전자 때문에 오늘날의 여성이 두둑한 통장 잔고, 빠른 차, 전문직, 아름다운 집을 가진 남성을 선택하게 된 것일까? 가능성은 있다. 하지만 우리가 조금 뒤에 살펴볼 것인 바, 밈학은 좀 다른 견해를 취한다.

또 하나 중요한 생물학적 사실이 있다. 여성은 아기가 제 자식임을 확신할 수 있고 아버지가 누구인지도 비교적 잘 짐작할 수 있는데, 남자는 그렇지 않다는 점이다(적어도 유전자 감식이 등장하기 전에는 그랬다). 이 차이는 사람에게서 특히 극명하게 드러나는데, 왜냐하면 영장류 중에서는 극히 드물게도 사람 여성은 배란기가 숨겨져 있기 때문이다. 여성이든 그 파트너이든 한 달 중 어느 때가 여성의 배란기인지 알 수 없다. 남자가 24시간 여자의 보초를 설 수는 없으므로, 여자가 남자를 속여서 다른 남자의 아이를 양육하게 할 가능성이 충분하다. 사실 그러려고 숨겨진 배란이 진화했는지도 모른다. ^{R. R. 베이커 1996}

자신이 먹이고 보호하는 아기가 친자식일 가능성을 높이기 위해서 남자가 할 수 있는 일은 많다. 결혼도 한 방법이다. 혼전 순결과 일부일처제를 고집하는 것도 좋은 보완 방법이다. 인간이 저지르는 역겨운 풍습들(적어도 여성의 시각에서는 그렇다) 중에서 일부는 남성의 친자 확인 방법들이다. 가령 여성 성기 훼손, 정조대, 간통에 대해 (남성은 놓아두고) 여성을 처벌하는 것, 다양한 방법으로 여성을 세상으로부터 격리시키는 것 등이다. 나도 1970년대 초에 사소하게나마 그런 불공정에 발목을 잡힌 일이 있었다. 옥스퍼드 대학교에서 첫 학기를 보낼 때, 나는 재수 없게도 아침 8시에 남학생과 함께 내 방에 있는 것을 들켰다. 남학생은 2실링 6펜스의 벌금을 물었고(요즘 돈으로 12펜스쯤 되고(한화로 240원쯤 된다 — 옮긴이), 그때도 전혀 큰돈이 아니었다), '도덕 선생'으로부터 조심하라는 훈계를 들었다. 그러나 나는 부모님을 학교로 불러와야 했고, 학기의 나머지 기간은 제적을 당했다.

친자 확인이 그렇게나 중요하다면, 질투의 기능도 남성과 여성에게서 서로 다를 것이다. 진화심리학자 마틴 데일리와 마고 윌슨도 그렇게 주장했다. 남성이 가장 두려워하는 것이 남의 아이를 맡는 일이라면, 남성은 파트너의 성적 배신을 가장 질투해야 한다. 여성이 가장 두려워하는 것이 버려지는 일이라면, 여성은 파트너가 경쟁자 여성에게 돈과 시간을 쏟는 것을 가장 질투해야 한다. 많은 조사 결과, 정확하게 그런 현상이 확인되었다. ^{라이트 1994} 한 발 더 나아가 데이비드 버스는 사람들에게 전극을 부착한 뒤, 파트너가 다른 사람과 섹스하는 장면을 상상하거나 깊은 정서적 유대를 맺는 것을 상상하라고 시켰다. 남성의 경우에는 섹스를 상상할 때 생리학적 스트레스 징후가 가장 심했고, 여성의 경우에는 정서적 불륜이었다. ^{버스 1994}

마지막으로, 이 논증에는 한 가지 음흉한 반전이 있다. 여성은 분명히 남성의 투자를 가급적 많이 확보하길 원한다. 하지만 우수한 유전자와 훌륭한 부양자를 한 남자에게서 발견하지 못할 가능성이 있다. 사실 우수한 유전자를 지닌 남자, 가령 키 크고 건강하고 지적인 남자는 섹스를 쉽게 얻을 수 있을 것이기 때문에 구태여 아이 양육에 노력을 쏟을 필요가 없을지도 모른다. 지브라핀치나 제비를 보면 이런 현상이 뚜렷한데, 이 새들은 매력적인 수컷일수록 새끼 양육에 덜 노력하고, 암컷에게 일을 맡겨버린다. 그렇다면 여성이 취할 수 있는 최선의 전략은 무엇일까? '좋은 것만 취하라'는 원칙에 따라, 덜 매력적이지만 아이를 키워줄 착한 남성을 고르되, 다른 남성에게서 더 나은 유전자를 구하는 것이다. 매트 리들리의 표현을 빌리면,[1993] '사람 좋은 남자와 결혼하고 상사와 바람을 피우는' 것이다.

상상으로야 얼마든지 생각해볼 수 있지만, 현대의 사람들에게도 생물학적으로 그런 행동이 유효할까? 논쟁의 여지는 있지만, 그렇다는 증거가 있다. 영국 생물학자 로빈 베이커와 마크 벨리스가 영국 여성 4,000명쯤을 조사한 결과, [1994; 베이커 1996] 불륜 관계를 맺는 여성은 배란기일 때 애인과 자주 섹스하는 경향이 있었으며, 남편과는 그렇지 않았다. 게다가 그런 여성들은 남편과 섹스할 때보다 애인과 섹스할 때 정자를 잘 보존하는 오르가슴을(남성의 사정 1분 전부터 사정 후 45분 내에 여성이 오르가슴을 느끼는 것이다) 더 많이 느꼈다. 따라서 만약에 여성이 피임을 하지 않는다면, 애인과의 섹스 횟수가 더 적음에도 불구하고 애인의 아이를 가질 가능성이 더 높다.

이런 이야기들은 현대 사회생물학과 진화심리학이 인간의 성적 행위와 짝 선택을 어떻게 설명하는지 보여 주는 몇 가지 사례들이다. 세부적인 면에서 틀린 점이 발견될지도 모르고 새로운 가설이 추후 등장하기도 하겠지만, 이런 접근법이 굉장히 효과적이라는 데에는 의문의 여지가 없다. 하지만 인간의 성생활에는 이런 방식으로는 설명이 불가능한 면도 많이 있다. 내가 볼 때 사회생물학적 해석의 대상이 되지 못할 면도 많이 있다.

밈과 배우자

밈 이론이 순수한 사회생물학적 설명과 다른 이유는 두 가지다. 첫째, 밈은 최소 250만 년 동안 우리 곁에 머물며 유전자와 공진화했고, 그러면서 우리의 성적 행위와 짝 선택에 영향을 미쳤다. 둘째, 밈은 이미 목줄에서 충분히 풀려났고, 성에 관한 밈들은 지난 세기 내내 유전자와 관계가 적거나 없는 방식으로 우리 삶에 영향을 미쳤다.

우선 짝 선택부터 이야기해 보자. 두 이론의 주된 차이는 이렇다. 사회생물학에 따르면, 우리가 누구에게 매력을 느끼고 누구를 배우자로 선택하는가 하는 것은 결국 유전적 이득의 문제로 귀결된다. 현대의 삶이 사태를 더 복잡하게 꼬아놓았을지는 모르나, 본질적으로 우리는 과거의 진화 환경에서 유전자 전달에 유리했을 법한 사람을 배우자로 선택하게 되어 있다.

내가 주장하는 형태의 밈 이론에 따르면, 짝 선택은 유전적 이득뿐 아니라 밈 이득의 영향도 받는다. 먼 과거에 밈이 등장한 이후, 자연선택은 최고의 모방자, 최고의 밈 사용자, 최고의 밈 확산자를 배우자로 선택하는 사람을 선호하기 시작했다. 이것이 내가 핵심적으로 주장했던 가정이다. 나는 밈 때문에 유전자가 큰 뇌나 언어를 만들게 되었다고 주장했을 때에도 이런 가정을 바탕에 깔았는데, 우리가 이 가정을 받아들인다면 짝 선택에 대해서도 자연스러운 몇 가지 결론에 이르게 된다. 먼 과거에 밈 경쟁이 시작되자, 밈의 진화 방향이 짝 선택에도 영향을 미쳤을 것이다. 사람들은 최고의 밈 확산자와 짝짓기 하려는 경향이 있었을 텐데, 누가 최고의 밈 확산자냐 하는 문제는 당시에 어떤 밈이 있었는가 하는 문제에 달려 있었다. 밈이 주도권을 쥐기 시작한 셈이다.

예를 들어 생각해 보자. 초기 수렵채집 사회에서 남들보다 유독 모방에 능한 남자가 있었다. 그는 최신 사냥 기술이나 석기 제작 기술을 쉽게 따라 했을 테고, 따라서 생물학적 이득을 누렸을 것이다. 그와 짝을 짓는 여성은 남자의 모방 능력과 생물학적 이득을 공유하는 아이를 낳았을 것이다. 그렇다면 여성은 누가 제대로 된 남자인지 어떻게 알까? 짐작하건대, 여자는 남자에게 좋은 도구가 있는지를 확인하는 것을 넘어서, 남자가 일반적으로 좋은 모방자인지 보여 주는 징후들까지 살펴야 했을 것이다. 좋은 도구의 기준은 장차 변할지도 모르는 노릇이니까 말이다. 이것이 결정적인 대목이다. 밈의 세계에서는 좋은 모방자의 징후가 밈의 변화 속도에 발맞추어 변한다. 한때는 구식 석기를 잘 만들고 잘 쓰는 남성을 선택하는 유전자에 이득이 있었겠지만, 더 많은 밈이 생겨나고 퍼짐에 따라 점차 그렇지 않게 되었을 것이다. 대신에 일반적인 모방 능력이나 혁신 능력을 갖춘 남성을 선택하는 유전자가 더 유리하게 되었을 것이다. 수렵채집 사회에서라면 최고의 도구를 만드는 것, 최고의 노래를 부르는 것, 가장 근사한 옷을 입거나 가장 근사한 몸 장식을 하는 것, 마술이나 치유력을 지닌 듯이 보이는 것 등이 그런 징후였을 것이다. 밈 진화의 방향이 유전자에 영향을 미쳤을 것이다.

이 논증이 옳다면, 밈 추진의 유산이 오늘날의 짝 선택에도 드러나리라는 예상이 가능하다. 우리는 지금도 여전히 최고의 모방자와 짝을 지으려 할 것이다(어떤 면에서는 과거에 유행했던 밈을 잘 모방하는 상대라고도 말할 수 있다). 최신 유행의 옷은 예나 마찬가지로 현대 도시에서도 징후가 될 것이고, 그 밖에도 음악 취향, 종교적 견해나 정치적 견해, 교육 수준 등이 징후가 될 것이다. 그러나 가장 중요한 것은 일반적인 밈 확산 능력이다. 유행을 따르는 사람이기보다 유행을 선도하는 사람인가 하는 점이다. 그렇다면 밈을 많이 퍼뜨리는 생활을 하는 사람, 가령 작가, 예술가, 기자, 방송인, 영화배우, 음악가 등이 배우자 후보로 바람직하게 여겨져야 한다.

이런 직종에 종사하는 사람들 중 일부가 많은 추종자에게 시달리고, 거의 아무하고나 섹스할 수 있다는 것은 틀림없는 사실이다. 지미 헨드릭스는 스물일곱 살의 나이로 죽기 전에 네 나라에서 많은 아이를 두었다. H. G. 웰스는 외모가 흉하고 목소리가 새된 것으로 악명 높았지만, 하룻밤에 여러 여성을 유혹하는 선수인 것으로 정평이 났다. 찰리 채플린은 키가 작은 데다가 잘생긴 것과는 거리가 멀었지만, 성적인 면에서 대단한 성공 스토리를 자랑했다. 발작, 루벤스, 피카소, 레오나르도 다 빈치도 그랬던 것 같다. 생물학자 제프리 밀러는 예술적 재능과 창조력이 여성을 유혹하는 선전 장치처럼 작동함으로써 성적으로 선택되어 왔다고 주장했다.밀러 1998; 메스텔 1995 하지만 어째서 성선택이 이런 속성을 골랐는지는 설명하지 않았다. 밈학은 그 이유를 말해 준다. 창조력과 예술적 성취는 밈을 복사하고, 사용하고, 퍼뜨리는 방법이다. 즉 좋은 모방자라는 징후다. 이런 특징이 잘 드러나고 다른 조건들이 동등한 상황이라면, 여성은 그냥 부유한 남자보다는 뛰어난 밈 확산자를 선호하리라는 게 내 예측이다.

눈치챘겠지만, 나는 논증을 펼칠 때 주로 여성의 짝 선택을 이야기했다. 앞서 말했듯이 여성은 남성보다 짝 선택에 더 까다로울 필요가 있기 때문에, 이것은 어떤 의미에서는 합리적인 일이다. 실제로도 성선택은 일반적으로 여성이 끌어간다. 공작의 꼬리나 다른 새들의 화려한 깃털에서도 잘 알 수 있는 사실이다. 하지만 이 불균형이 논증의 필수조건은 아니다. 분명히 남성도 뛰어난 모방자 여성을 선호하는 경향이 있을 것이다. 오늘날처럼 기술이 발전한 사회에서는 여성도 남성만큼 밈을 잘 퍼뜨릴 수 있으므로, 여성이 밈 확산에 대한 통제력을 점차 많이 확보함에 따라 우리의 성적 행위와 짝 선택에도 많은 변화가 있으리라 예상해봄 직하다.

우리가 최고의 모방자를 배우자로 선택한다는 내 가정은 밈-유전자 공진화 및 밈 추진 이론에서 핵심적인 요소다. 따라서 당연히 실험을 통해 확인해 보면 좋을 대목이다. 예측은 곧장 만들어볼 수 있다. 사람들은 상대의 밈 복사, 사용, 확산 능력을 기준으로 삼아서 배우자를 선택할 것이다. 유전적 요인을 일정하게 묶어두고 밈 요인만을 조작한 뒤에 피험자가 느끼는 매력도를 측정하는 실험을 설계하면 된다. 미묘한 상호작용을 더 깊이 조사할 수 있다면 더 좋을 것이다. 이때 못 생기고 가난한 남자라도 훌륭한 밈 확산자라면 여성에게 매력적으로 인식되리라는 것이 내 예측이다. 하지만 여성은 남성의 추한 외모를 어느 수준까지 감수할까? 밈이 풍부한 요즘 사회에서도 여성은 자기보다 키 작은 남성은 좀처럼 선택하지 않는다. 밈이 유전적 고려를 뒤엎는 데에도 한계가 있는 것이 분명하다. 이 또한 흥미로운 연구 주제다.

밈은 과거 어느 때보다 더 멀리, 더 빠르게 퍼지고 있다. 이 현상은 성은 물론이고 우리의 인생 전반에 강한 영향을 미친다. 밈 이론이 사회생물학과 차이를 보이는 두 번째 지점은 현대 사회에서의 성을 설명하는 부분이다. 마침내 야한 잡지 이야기로, 금욕이나 입양이나 산아 제한 같은 아리송한 사례에 관한 이야기로 돌아갈 때가 되었다.

제11장

섹스 어필하는 밈

M E M E

밈의 관점에서 본다면, 자신의 경험과 소유물을 물려주고자 하는 인간의 욕구는 밈을 퍼뜨릴 절호의 기회다. 따라서 밈은 인간의 성적 행위를 다른 방식으로 다양하게 이용한다. 섹스는 친밀함을 뜻하고, 친밀함은 밈을 공유한다는 것을 뜻한다. 섹스는 밈을 맘껏 확산하고, 통제하고, 조작하게 해주는 멋진 신세계다.

이제 20세기로 돌아올 시간이다. 나는 인간의 진화에서 밈이 어떻게 등장했는지, 밈이 어떻게 유전자를 압박하여 예외적으로 큰 뇌와 언어 능력을 지닌 생물체를 만들어 냈는지 설명하는 데 많은 지면을 할애했다. 기나긴 진화 역사에서 대부분의 기간에 우리 인간 조상들의 수중에는 밈이 몇 가지 없었다. 그들은 비교적 단순한 사회에 살았고, 멀리 떨어진 집단들 사이에 소통이 거의 없었다. 오늘날은 사정이 다르다. 사회에 유통되는 밈의 수가 훨씬 많을 뿐만 아니라, 밈이 전달되는 방식도 바뀌었다.

많은 밈이 부모에게서 아이에게로 전달된다. 부모는 자식에게 사회의 여러 규칙을 가르친다. 젓가락 쥐는 법이나 칼과 포크를 쓰는 법, 상황에 어울리는 옷 입는 법, '죄송합니다' '고맙습니다' '괜찮아요'를 말하는 법, 기타 수많은 유용한 것을 가르친다. 아이는 부모에게서 최초의 언어를 배우고, 보통 부모의 종교도 물려 받는다. 카발리-스포르차와 펠드먼은 이것을 가리켜 (동료들 간의) 수평적 전달에 대비된다는 뜻에서 수직적 전달 혹은 사선적 전달이라고(가령 삼촌에게서 조카로, 나이 많은 사촌 형제에게서 어린 형제로의 전달) 했다.[1981] 전달 양식이 중요한 이유는 그것이 밈과 유전자의 관계에 영향을 미치기 때문이다.

밈이 수직적으로 전달될 때는 유전자와 함께 나란히 전수된다. 그렇다면 한쪽에 유리한 것이 일반적으로 다른 쪽에도 유리하다는 말이 된다. 가령 엄마가 아이에게 음식을 찾는 법, 위험을 피하는 법, 매력적인 복장을 갖추는 법 등을 가르칠 때, 엄마는 아이의 생존을 도움과 동시에 자기 유전자와 밈이 전파되도록 돕는 것이다. 모든 전달이 수직적이라면 밈과 유전자 사이에 갈등이 거의 없을 것이다(밈학도 필요 없다). 사회생물학자의 목줄은 바싹 당겨진 상태이고, 그럴 때 탄생하는 밈은 적어도 이론적으로는 모두 유전자를 도와야 한다. 현실적으로는 밈이 온갖 방법을 동원해서 이런 이상적 상황에서 일탈할 테고 유전자를 바싹 쫓아가기를 거부할 테지만, 원리는 분명히 그렇다. 내가 어떤 생각을 아이에게 전달할 때는 아이의 번식 성공률을 높이는 생각을 전해 주는 것이 내 유전자의 이익에도 부합한다. 밈의 관점에서 보더라도, 나의 번식이 성공해야 밈이 생존한다.

그렇다면 공진화와 밈 추진은 수직적 밈 전달로만 구성되지는 않을 것이라는 짐작이 가능하다. 실제로 앞서 거론했던 모든 밈 추진 사례에서 아무리 조금이라도 반드시 수평적 전달 요소가 개입했다는 것을 떠올려 보자. 일례로 나는 사람들이 최고의 모방자를 모방한다고 가정했는데, 그렇다면 당연히 수평적 전달이나 사선적 전달이 생겨난다. 언어의 탄생을 떠올려 보면 알 수 있듯이, 사람들이 자기 부모나 자식하고만 대화를 나누는 언어 공동체는 있을 법하지 않기 때문이다.

밈은 수평적으로 전달되는 곳에서는 유전자와 거의 무관하게 움직일 수 있다. 생각은 한 세대 내의 한 사람에게서 다른 사람에게로, 또 다른 사람에게로 얼마든지 전달된다. 밈은 유용할 때 번지지만, 중립적이거나 심지어 해로울 가능성이 있을 때도 번진다. 거짓된 설명, 중독 습관, 사악한 소문 등이 그렇다. 수평적 전달이 흔할 때만이 진정으로 밈이 유전자에게서 독립한다고도 말할 수 있다.

현대 산업 사회는 수평적 전달의 세상이다. 우리는 여전히 부모로부터 모국어를 배우고, 습관과 가치관도 대부분 부모에게서 배운다. 다른 종교보다는 부모의 종교를 그대로 따르는 경우가 압도적으로 많고, 부모를 따라 투표하기까지 한다. 하지만 나이가 들수록 부모의 영향력은 점점 적어지고, 더구나 우리는 삶에서 점점 더 오래 학습을 하는 추세다. 우리가 정보를 얻는 주공급원은 기나긴 진화 역사에서는 존재하지도 않았던 것들이다. 학교, 라디오, 텔레비전, 신문, 책과 잡지, 온 도시와 온 나라와 심지어 전 세계에 널리 퍼진 수많은 친구와 지인이다.

요즘은 밈이 더 다양한 방법으로 퍼지고, 더 빨리 퍼지며, 유전자의 요구에 덜 구속된다. 전통적인 수렵채집 사회나 단순한 농경 사회에서 밈의 성공 여부를 결정했던 요인들은 현대 산업 사회의 요인들과는 사뭇 달랐다. 전자의 사회들에서는 삶이 천천히 변화했고, 전달은 대체로 수직적이었고, 밈은 그 보유자의 건강과 수명과 번식 성공률에 기여할 때(혹은 기여하는 듯이 보일 때) 성공하기 쉬웠다. 후자의 사회들에서는, 밈이 숙주에서 숙주로 더 신속하게 더 효율적으로 옮겨 탈 수 있을 때, 그리고 숙주의 생존이나 번식 성공률에는 신경을 쓰지 않을 때 성공하기 쉽다. 물론 감염시킬 숙주가 얼마든지 많이 있다는 가정 하에서다. 우리는 후자의 사회에 살고 있으며, 밈은 우리의 생활방식을 심각하게 바꿔놓았다. 그리고 지금도 바꿔가고 있다.

성과 성적 밈이라는 주제로 돌아가자. 나는 논의의 편의상 사회를 두 종류로 나눌 것이다. 하지만 그 사이에 무수한 단계들이 존재한다는 것, 순수하게 한쪽에만 해당되는 사회는 거의 없다는 것을 잘 알고 있다. 자,

한쪽에는 밈이 대체로 수직적으로 전달되기 때문에 유전자를 바싹 쫓는 사회들이 있고, 다른 쪽에는 밈이 대체로 수평적으로 전달되기 때문에 유전자를 쫓지 않는 사회들이 있다.

우선 수직적 전달부터 살펴보자. 많은 밈이 생물학적으로 결정되는 행위들에 편승한다. 짝 선택 같은 성적 행위의 어떤 측면에 대한 생물학적 성향을 이용하는 밈들이 모두 여기에 해당한다. 앞 장에서 이야기했던 예들을 떠올려 보면 개중 상당수가 이런 밈임을 알 수 있다. 잘록한 허리, 밝은 색의 긴 머리카락, 총기 있는 눈, 대칭적인 눈을 가진 아름다운 여인의 사진. 남들의 섹스 장면을 담은 영화나 비디오. 그 밖에 섹스의 요소가 듬뿍 가미된 온갖 이야기들. 사람들이 이런 영상을 보는 것을 좋아하기 때문에 이것들을 이용해서 돈을 벌 수도 있는 것이다. 질투하는 남편과 버려진 아내에 관한 이야기는 언제나 잘 팔리고, 젊고 아리따운 간호사와 똑똑하고 유능한 의사의 사랑 이야기도 마찬가지다(이런 것은 다 옛말이라고 생각하는 사람이 있다면 가까운 책방에 가서 로맨스 소설 코너를 살펴보라!).

결혼에 관한 밈들도 또 다른 분명한 사례다. 쉽게 알 수 있다시피, 펄럭대는 흰 드레스나 부케에서 처녀성 상실 의식이나 간통에 대한 끔찍한 처벌에 이르기까지 결혼을 둘러싼 많은 밈이 생물학적 이득에 바탕을 둔다. 미국의 밈 연구자 애런 린치는 성 역할이나 부계 상속을 비롯하여 많은 결혼 관련 전통이 생물학적 이득을 추구한다는 것을 보여 주었다.[1996] 메커니즘은 단순하다. 특정 형태의 결혼 제도를 시행하는 사람들이 다른 제도를 시행하는 사람들보다 아이를 더 많이 낳았을 것이고, 그래서 더 많은 자식에게 그 제도를 전수했을 것이며, 그래서 그 풍습이 더 효과적으로 퍼졌을 것이다.

게다가 최선의 제도란 환경에 따라 변할지도 모른다. 사회생태학자들은 특이한 결혼 풍습을 많이 찾아냈고, 신부와 함께 대가나 지참금이 오가는 사례들도 보여 주었다. 이런 것들은 정말로 환경을 쫓아간 형태인 듯하다. 그 풍습을 시행하는 사람들의 유전적 적응도를 높여 주는 형태인 듯하다. 일부다처제도 일부일처제만큼이나 흔한데, 어떤 혹독한 환경에서는 또 다른 제도도 성행한다. 일례로 히말라야 고산지대의 춥고 황량하고 외딴 계곡들에는 세상에서 몇 안 되는 형제 일처다부제 문화가 있다. 그것은 둘 이상의 형제가 한 여성과 결혼하여 가족의 땅을 물려받아 살아가는 제도다. 다른 많은 남녀는 금욕생활을 하는데, 미혼 여성은 보통 농사를 돕고, 미혼 남성은 수도승이 된다. 이들을 깊이 연구했던 영국의 사회생태학자 존 크룩은 이 제도가 실제로 유전적 적응도를 극대화한다고 주장했다.[1989] 일처다부제를 시행하는 딸을 둔 여성은 일부일처제를 시행하는 딸을 둔 여성보다 더 많은 후손을 갖게 되는 것으로 드러났다.[크룩 1995]

이 현상을 사회생물학적 시각에서 바라보든 밈의 시각에서 바라보든, 결과는 비슷하다. 주어진 환경에서 최대의 유전적 이득을 제공하는 풍습이(혹은 밈이) 성공한다는 것이다.

널리 영향을 미치는 성적 금기들도 마찬가지다. 예전에는 자위를 불결하고, 역겹고, 불쾌하고, 사람의 '생기'를 뽑아내는 일로 여겼다. 과거 여러 세대의 소년들은 '손장난'을 하면 눈이 멀거나, 사마귀가 나거나, 손바닥에 털이 자란다는 말을 믿고 자랐다. 청년들은 성욕이 강하므로, 그들에게 자위를 하지 말라고 설득하면 자연히 여성과의 질 성교 횟수가 늘어날 것이다. 그럼으로써 그들이 낳는 후손이 많아질 것이고, 그 후손들에게도 금기가 전달될 것이다.[린치 1996] 린치는 할례 밈이 성공한 것에 대해서도 비슷한 설명을 내놓았다. 할례를 받으면 자위는 좀 더 어려워지지만 질 성교는 어려워지지 않는다는 것이다.

흥미롭게도, 여성의 자위를 막는 금기는 거의 없다고 해도 좋을 정도다. 최근의 조사에 따르면, 여성이 남성보다 자위를 덜 하기는 해도 많은 여성이 성인이 된 이후로 평생 주 1회 이상 자위를 한다.^{R.R. 베이커 1996} 여성은 일반적으로 성교를 더 한다고 해서 후손을 늘릴 수 없다는 점을 떠올리면 금기의 부재가 이해가 된다. 그런 관점에서는 여성이 자위를 하든 말든 상관이 없는 것이다.

동성애에 대한 금기도 같은 논리를 따른다. 동성애자들은 대부분 조금이나마 양성애자 성향이 있으므로, 강력한 금기가 구속하는 상황에서는 하는 수 없이 결혼을 하고 아이를 낳을 것이다. 그래서 금기를 후손에게 전달할 것이다. 임신을 목적으로 하지 않는 모든 성 행위를 반대하는 금기도 비슷한 식으로 퍼질 수 있다. 산아 제한에 반대하는 금기도 여기에 포함된다. 한편 간통에 대한 금기는 좀 다른 식으로 작동한다. 브로디의 말을 빌리면, 남성은 남들에게는 간통을 저지르지 말라고 설득하면서 자신은 간통을 저지를 때 자신의 유전적 이익을 가장 만족시킨다.[1996] 따라서 간통에 반대하는 밈과 위선의 밈이 함께 퍼진다.

마지막으로, 성을 이용해서 자신을 퍼뜨리는 종교가 많다. 밈이 수직으로 전달된다고 가정할 때, 대가족을 장려하는 종교는 핵가족을 장려하는 종교보다 제 품에 들어오는 아기를 더 많이 확보할 것이다. 따라서 종교 밈들은 유전적 성공을 부추기는 강력한 요인이 된다. 가톨릭은 산아 제한을 금하는 방침을 채택함으로써 전 세계를 수백만 명의 가톨릭 신자로 채웠고, 이들은 자기 아이들에게 콘돔과 피임약은 사악한 것이며 신은 우리가 가급적 많은 아이를 낳기를 바란다고 가르친다.

내가 '밈이 수직으로 전달된다고 가정할 때'라고 말한 것에 주목하자. 위의 논증은 부모가 아이에게 자신의 밈을 물려준다는 전제 하에 유효하다. 왜냐하면 그 경우에만 자녀의 수가 밈의 성공을 결정하기 때문이다. 아마도 인류의 진화 역사에서 대부분의 기간에는 수직적 전달이 밈 복제의 주 경로였을 것이다. 초기 인류는 100명에서 많아 봐야 200명까지 한 집단을 이루어 살았을 것이다. 집단 내 사람들끼리는 많이 소통했겠지만, 그보다 더 넓게 소통했을 것 같지는 않다. 우리가 아는 한 과거 수천 년 동안에는 문화적 전통이 몹시 느리게 변화했기 때문에, 부모가 아이에게 물려준 밈들은 아이가 살아가는 동안에도 평생 유효했을 것이다. 그런 상황이라면, 생물학적 이득이 있는 밈이 대개 성공했을 것이다.

이상의 사례들에서는 사회생물학적 설명과 밈학의 설명이 거의 차이가 없다. 두 이론의 예측들이 서로 다르지 않다. 그러면 밈의 시각을 취한다고 해서 딱히 더 얻을 것이 없으므로, 사회생물학에 만족하는 편이 나을 것이다.

하지만 밈 전달이 대체로 수직적으로 이뤄지던 시절은 지났다. 밈들이 보통 수평적으로 확산되는 상황이라면, 성은 어떻게 바뀔까? 생물학적 이득이 점점 덜 유효해질 것이라는 게 간략한 대답이다. 내가 언급했던 섹스 관련 밈들 중 첫 번째 종류를 생각해 보자. 섹시한 여성의 사진과 마음을 울리는 사랑 이야기 말이다. 이것들은 아무 영향도 받지 않을 것이다. 이것들은 우리의 타고난 생물학적 성향에 의존하는데, 이 성향은 쉽게 사라지지 않기 때문이다. 우리가 대부분의 밈을 수평적으로 퍼뜨리게 되었다고 해도, 우리 뇌는 500년 전 사람들의 뇌나 5,000년 전 사람들의 뇌와 비슷하다. 우리는 여전히 크고 거무스름하고 강인한 남성을 좋아하고, 날씬하고 눈이 또렷한 여성을 좋아한다. 우리는 여전히 섹스 장면을 목격하면 흥분하고, 자위 중에 이상형의 연인을 상상하면서 흥분한다.

그러나 결혼 풍습 같은 사회적 제도들은 사정이 다르다. 요즘은 얼마나 많은 자식을 낳게 해주느냐 하는 점이 결혼 풍습 밈의 성공을 결정짓는 요인이 아니다. 수평적 전달이 몹시 빨라져서 수직적 전달을 능가했기 때문에, 사람들은 어쩌다 알게 된 여러 결혼 제도들 중에서 원하는 것을 고를 수 있다. 아예 고르지 않는 것도 가능하다. 부모의 결혼 제도에서 생산된 자녀의 수와는 무관한 것이다. 일부일처제가 오랫동안 지켜져 왔고 기술이 발전한 오늘날의 사회에서도 여전히 우세하지만, 어떤 나라에서는 이혼율이 50퍼센트에 달하는가 하면 젊은이들이 결혼이라는 '이상'을 아예 거부하기도 함에 따라 분명 이 제도는 위기를 겪고 있다.

히말라야의 일부 지역에서는 유전적 성공을 높이기 위해서 형제 일처 다부제를 시행한다고 앞서 말했다. 요즘은 도시적 생활방식에 접근하기가 쉽고 밈이 수평적으로 더 많이 전달되고 있으니, 그런 체계가 무너져 내릴 것이라고 예측해 볼 수 있다. 실제로 현실이 그렇다. 외진 히말라야 마을들도 전 세계와 접촉하는 시대이다 보니, 젊은 남성은 형과 아내를 공유하는 대신에 도시로 나가 사는 길을 택한다. 크룩 1989

금기도 예전만큼 효과적이지 못하다. 요즘은 '자위 금기' 밈이 '자위는 즐거운 것' 밈과 경쟁한다고 해도 좋을 정도다. 그런 밈을 보유한 사람이 얼마나 많은 자녀를 낳는가는 전혀 상관없는 문제가 되었다. 사람들은 스스로 자식을 낳기 한참 전부터, 하물며 자식을 설득하여 자신의 습관을 복사시키기 한참 전부터, 영화나 라디오, 책, 텔레비전을 통해 밈을 받아들인다. 따라서 수평적 전달이 늘어남에 따라 성적 금기들의 힘은 약화되리라고 기대해볼 수 있다. 현실도 과연 그런 듯하다.

동성애에 대한 금기는 특히 흥미로운 경우다. 동성애에 대해서는 일반적으로 합의되는 생물학적 설명이 없고, 외견상 동성애가 특별히 적응적 현상인 것 같지도 않다. 그럼에도 불구하고 동성애적 소인이 유전된다는 증거는 착착 쌓여가고 있다. 그게 사실이라고 가정해 보자. 그렇다면 과거의 금기는 얄궂게도 동성애 관련 유전자의 생존을 선호해 온 게 된다. 그 유전자를 지닌 사람들로 하여금 본심을 외면하고 결혼하여 아이를 낳도록 강요했으니까 말이다.

그렇다면 미래에 관해 흥미로운 예측이 가능하다. 수평적 전달이 늘어

남에 따라 동성애 금기는 힘을 잃을 것이고, 결국 사라질 것이다. 실제로 많은 사회에서 그렇게 되어가고 있다. 그러면 동성애자들은 다른 동성애자들과 자유롭게 섹스할 것이고, 같은 성 사람들과 길게 관계 맺을 것이고, 아이를 낳지 않을 것이다. 단기적으로는 동성애 행위가 더 공공연하게 드러나고 모든 사람이 그것을 수용하는 효과가 있겠지만, 장기적으로는 동성애 유전자가 더 적어지게 될 것이다.

이 분석에 따르면 해묵은 성적 금기들은 부의 축적이나 산업화 그 자체에 비례하여 사라진다기보다, 수평적 밈 전달의 증가에 비례하여 사라진다. 그러므로 수평적 전달이 적은 문화일수록 금기가 강하고, 그 역도 마찬가지라고 예측할 수 있다. 수평적 전달에 대한 간접적 측정 잣대로는 문맹률, 전화나 라디오나 컴퓨터의 보급률 등 여러 가지가 있다. 보다 직접적인 잣대라면 사회 집단의 평균 규모, 가까운 가족의 테두리 밖에 있는 타인들과 접촉하는 횟수 등이 있을 것이다. 나는 이런 모든 잣대들과 성적 금기의 영향력 사이에 반비례 관계가 있으리라고 예상한다. 밈학은 다른 설명의 틀로는 분명하게 해석할 수 없었던 이런 예측들을 제공해 준다.

금욕주의

이제 내가 사회생물학의 특별한 난제라고 언급했던 현대 사회의 세 가지 측면을 살펴보자. 금욕주의, 산아 제한, 입양이다.

왜 어떤 사람들은 금욕을 선서하여 섹스의 즐거움을 포기할까? 그들의 몸이 우리와 전혀 다르게 만들어진 게 아닌 이상, 그들도 따스한 육체적 관계에 대한 타고난 욕구를 억누르기 위해서, 간간이 혹은 끊임없이 절실하게 밀려오는 성욕을 다스리기 위해서 엄청나게 노력해야 할 것이다. 금욕하는 사람들은 정의상 제 유전자를 넘겨주지 못한다. 그런데 왜들 그러는 것일까?

유전적 설명이 불가능한 것은 아니다. 어떤 상황에서는 금욕하는 남녀가 제 형제자매나 조카들을 돌봄으로써 제 유전자의 생존을 더 잘 보장할 수 있다. 영역 다툼을 하는 몇몇 새들의 경우에는 정말로 그렇다. 제 영역을 확보할 수 없는 젊은 수컷은 대신 형제자매의 둥지를 돌봐 준다. 미래의 어느 시기에는 그도 제 영역을 차지할 수 있을지 모르지만, 현재로서는 조카들을 돕는 것이 유전적으로 최선의 투자다. 사람의 경우에도 미혼의 정다운 이모나 너그러운 삼촌 같은 사례들이 분명히 있고, 족벌주의라는 명칭이 있을 정도로 그런 경향성이 흔하다. 또 빈곤한 환경 때문에 금욕을 지킴으로써 오히려 제 유전자를 잘 보존하는 결혼 제도도 있다는 것을 이미 살펴보았다.

유전자와 환경이 금욕주의의 몇몇 형태를 설명할 수 있다는 것은 알겠다. 하지만 부유한 사회에서 금욕하는 성직자는 어떻게 설명할까? 그가 유전적으로 금욕적 생활방식을 물려받았을 리는 없다. 그는 조카나 조카 손주를 보살피는 데 시간을 쏟지 않을 것이고, 그가 가족을 떠남으로써 가족이 더 많은 식량을 확보하게 되어 이득을 볼 리도 없다. 그가 정말로 금욕을 지킨다면(그렇지 않은 경우도 많다), 그의 유전자는 그와 함께 죽을 것이다. 종교적 금욕은 유전자에게는 막다른 길이다.

리처드 도킨스는 《이기적 유전자》[1976]에서 처음으로 밈을 동원하여 금욕을 설명했다. 그는 이렇게 말했다. 사람들이 밈 확산에 들이는 시간과 노력에 따라 밈의 성패가 결정된다고 가정하자. 밈의 관점에서는 그 밖의 다른 일에 쓰이는 시간은 낭비다. 결혼, 출산, 양육, 심지어 성 행위 자체도 밈에게는 대단한 시간 낭비에 불과하다. 그렇다면 성직자가 결혼한 경우를 생각해 보자. 아내와 자식이 그의 시간과 관심에서 많은 부분을 차지할 것이기 때문에, 그가 신자들에게 미치는 영향력은 약해질 것이다. 그렇다면 금욕을 장려하는 밈은 결혼을 장려하는 밈보다 생존 확률이 높아진다는 말이 된다. 로마 가톨릭처럼 사제의 금욕을 고집하는 종교에는 활발하게 밈을 퍼뜨리는 성직자가 무수히 많을 것이고, 그에 따라 무수한 개종자가 생겨날 것이고, 새롭게 금욕을 선서할 후보자가 줄기차게 공급될 것이다. 사제들이 절제의 고통 때문에 더 열렬하게 신앙을 섬길지도 모르는 노릇이다. 섹스에 대한 사악한 번뇌로부터 관심을 돌리기 위해서 말이다.

이런 밈-유전자 갈등은 숙주와 기생생물의 유전자-유전자 갈등을 떠올리게 한다는 점에서 특히 흥미롭다. 나는 달팽이 껍질의 두께를 놓고 그런 갈등이 있다는 예를 앞에서 언급했다. 어떤 기생생물은 숙주의 유전자 대신 자기 유전자를 복제하는 방향으로 숙주의 에너지를 돌리기 위해서 숙주를 아예 거세시킨다(보통은 물리적 거세가 아니라 화학적 거세다). 종교적 금욕은 숙주의 유전자가 아니라 종교적 밈의 복제를 지원하는 방향으로 숙주의 에너지를 돌리고자 밈이 취하는 전략이다.[볼 1984]

이 해석이 정말로 옳다면, 어떤 조건에서 금욕주의가 진화하고 어떤 조건에서 진화하지 않는지 예측할 수 있어야 한다. 이 이야기는 뒤에서 종교에 관해 논할 때 다시 살펴보겠다. 지금으로서는 내 주장의 논지가 충분히 명확하다. 밈학에 따르면, 어떤 행위는 밈에게 좋다는 이유만으로 확산된다. 다음과 같은 식으로 생각해도 된다. 한 사람에게 주어진 시간과 노력과 돈에는 한계가 있다. 따라서 그 사람의 밈과 유전자는 자원을 서로 통제하려고 경쟁한다. 금욕을 지키는 성직자의 경우에는 밈이 낙승을 거둔 셈이다. 설령 타락한 성직자의 경우라도 밈에게는 그다지 나쁠 것이 없다. 최근의 여러 추문에서 알 수 있듯이, 여성과 몰래 관계를 맺어

아버지가 되는 성직자들이 적지 않다. 하지만 물론 그 사실은 비밀로 해야 한다. 그들은 보통 종교 생활을 포기하지 않으므로, 자식에게 시간과 노력을 쏟는다거나 많은 돈을 줄 여력이 없다. 그들은 여성에게 전적으로 양육을 의존할 수밖에 없다. 여성이 기꺼이 그렇게 한다면, 죄 많은 남자의 밈과 유전자는 둘 다 만족스러운 결과를 얻은 셈이다.

산아 제한

산아 제한도 정확하게 같은 논리로 해석된다. 게다가 이 해석에 따르면 밈과 유전자 양쪽의 미래에 극적인 결과가 예견된다.

다음과 같이 가정해 보자. 아이를 많이 둔 여성은 너무 바빠서 사회생활을 활발히 할 수가 없고, 대부분의 시간을 파트너와 가족과 함께 보낸다. 기껏 만나는 몇 안 되는 사람도 아이를 둔 다른 엄마들일 때가 많으므로, 양육 밈을 일부나마 공유하는 사람들이다. 여성이 아이를 많이 낳을수록 이런 방식으로 살아가는 시간이 길어진다. 따라서 그들은 가족의 가치 밈이나 다자녀의 즐거움 밈을 포함하는 자신의 밈들을 퍼뜨릴 여유가 부족하다.

반면에 아이를 한둘만 두었거나 아예 두지 않은 여성은 집 밖에서 직장을 갖고, 역동적인 사회생활을 즐기고, 이메일을 사용하고, 책이나 논문이나 글을 쓰고, 정치가나 방송인이 되는 등 자신의 밈을 퍼뜨리는 행위를 병행할 가능성이 높다. 그들의 밈에는 산아 제한과 핵가족의 즐거움에 관한 밈도 포함된다. 이런 여성들의 사진이 대중매체에 실리고, 그들의 성공 사례가 남들을 고무시키고, 이들이 다른 여성들의 역할 모델이 된다.

이것은 싸움이 벌어지는 상황이라고도 할 수 있다. 밈과 유전자가 여성의 몸과 마음이라는 복제 기기를 서로 통제하겠다며 싸우는 상황이다. 한 사람에게 평생 주어진 시간과 에너지에는 한계가 있다. 사람들은 그것을 스스로의 선택에 따라 나눠 사용하지만, 아이를 많이 낳는 동시에 밈 확산에도 최대한의 시간과 노력을 쏟을 수는 없다. 이런 싸움은 주로 여성의 삶에서 확연하게 드러나며, 밈에 의해 추진되는 현대 사회에서 여성이 갈수록 더 두드러진 역할을 맡게 됨에 따라 갈수록 중요한 문제가 되고 있다. 내 주장은 단순하다. 유전자보다 밈에 시간을 더 많이 쏟는 여성은 눈에 잘 띄는 인물일 테고, 따라서 더 많이 모방되는 인물일 것이다. 이 과정에서 이들은 더 많은 여성으로 하여금 유전자 확산 대신 밈 확산을 선호하도록 효과적으로 장려한다.

이 단순한 불균형 때문에, 산아 제한을 선호하는 밈은 그 보유자의 유전자에 해로움에도 불구하고 널리 퍼질 것이다. 핵가족이나 산아 제한의 이점에 관한 밈만 있는 것이 아니다. 실제로 출산을 통제해 주는 피임약이나 콘돔이나 좌약, 사회에 난무하는 유희로서의 섹스에 관한 온갖 생각들, 그런 생각을 부추기는 영화나 책이나 텔레비전 프로그램, 성에 너그러운 사회에서 임신을 하거나 에이즈에 걸릴 위험 없이 안전한 섹스를 하도록 아이들을 가르치는 성 교육도 있다. 내 이론이 옳다면, 출산율이 다시 오를 일은 없을 것이다. 이 단순한 불균형이 계속 출산율을 끌어내릴 것이기 때문이다.

내 가설은 옳을까? 내가 사용한 여러 가정들은 확인의 여지가 있는 것들이다. 가장 중요한 것은 아이가 적은 여성이 밈을 더 많이 복제한다는 가정이었다. 금전적 여유와 정보 접근성을 갖춘 중산층 여성일수록 아이를 적게 낳는 현실을 볼 때 이 가정은 아마도 옳은 듯한데, 어쨌든 확인해 보기는 쉬울 것이다. 가령 여성의 사회적 접촉 횟수, 여성이 남들과 이야기하는 데 쓰는 시간, 독서에 쓰는 시간, 발표하는 글의 양이나 방송 출연 횟수, 이메일이나 팩스를 사용하는 비중 등을 헤아려볼 수 있다. 그 결과 여성의 밈 산출량이 자녀 수와 반비례해야만 위 가정이 옳다는 증거다.

또 다른 가정으로, 여성이 자녀를 많이 둔 친구보다는 자녀를 적게 둔 (혹은 그런 것처럼 보이는) 대중매체의 인물을 더 많이 모방한다는 게 있었다. 사회심리학, 마케팅, 광고 분야의 연구를 보면 사람들은 유력하거나 유명해 보이는 인물에게 더 쉽게 설득되는 경향이 있다. 가족 규모도 예외가 아닐 것이다. 성공한 여성이 아이를 적게 둔다면, 다른 사람들도 그 선례를 따를 것이다. 이 두 가정이 모두 옳다면, 수평적 전달이 횡행하는 분위기에서는 산아 제한이 더 널리 퍼지고 가족의 규모가 더 작아지리라는 결론이 따른다.

예측도 가능하다. 예를 들어 한 사회의 가족 규모는 밈의 수평적 확산이 얼마나 쉬우냐에 달려 있어야 한다. 다른 이론들에 따르면 출산율 하락의 주요인이 (중국식 강제를 논외로 할 때) 경제적 문제, 산아 제한 기술에 대한 접근성, 농촌 일꾼으로서 아이의 가치, 종교의 쇠락 등이 되겠지만, 밈 이론에 따르면 일반적으로 여성이 소통하는 사람의 수, 인쇄나 방송 매체에 대한 접근성 등이 더 중요하다. 여기에서는 엄마가 되는 여성이 제일 중요하다는 사실에 주목하자. 밈 이론은 가족 규모를 바꾸는 데 있어서 여성에 대한 교육이 제일 중요한 이유를 쉽게 설명해 준다.

교육 문제는 제쳐두더라도, 이런 식으로 생각하다 보면 결국 역설적인 전망이 생겨난다. 야한 잡지나 이메일로 광고되는 섹스 웹사이트나 섹스숍이 많아질수록 출산율이 낮아질 것이라는 점이다. 현대 사회의 성 판매는 유전자 확산과는 무관하다. 성은 이미 밈에게 장악되었다.

예를 들어 생각해 보자. 보수가 좋고 업무량이 많은 직업에 종사하는 부부가 있다. 여자는 잡지 편집자이고, 남자는 경영 컨설턴트라고 하자. 부부의 넓은 집은 일터 겸용이다. 컴퓨터, 팩스, 전화, 작업할 것이 가득

쌓인 책상이 있고, 부부는 일에 많은 시간을 쏟는다. 여자는 잡지사에 출근을 하지만, 가끔 집에서도 일한다. 외고 기사를 편집하고, 자기 기사를 쓰거나 관련된 문제들을 처리한다. 일이 없을 때는 외출해서 친구들을 만나 반갑게 휴식을 취하기도 한다.

부부가 아이 문제를 결정할 시기가 되었다. 여자는 삼십 대다. 그녀는 막연하게나마 늘 아이를 원했지만, 과연 감당할 수 있을까? 그녀는 가정과 직장을 병행하느라 정신이 없는 친구들을 옆에서 많이 보았고, 아이가 잡아먹는 시간이 얼마나 될지, 얼마나 잠을 빼앗길지, 보모 문제는 또 어떤지, 돈이 얼마나 드는지 알고 있다. 그녀는 자기 일을 생각해 본다. 회사는 곧 또 다른 잡지를 인수할 예정이다. 그녀가 둘 다 편집할 수 있을까? 출산 휴가를 내면 그 일을 잃게 될까? 남자는 자기 고객들을 생각해 본다. 아이가 있으면 방해가 될까? 집 말고 따로 사무실을 얻어야 할까? 그가 주말이나 밤에 일하지 않는다면 경쟁자에게 따라잡힐까? 아이를 학교에 데려다 주는 일이나 제 몫의 기저귀 갈기나 우유 먹이기를 맡아야 한다면 어떨까? 부부는 모든 것을 고려하여 결국 아이를 갖지 않기로 결정한다.

이것은 어찌 된 일일까? 두 사람이 아이를 갖기보다 일에 에너지를 쏟겠다는 합리적 선택을 한 것이라고 말할 수도 있다. 어떤 면에서는 그 말이 옳다. 하지만 밈의 관점에서 상황을 바라보자. 밈들이 상당히 잘 해냈다는 것을 알게 된다. 밈들은 부부를 설득하여 유전자보다 밈에 에너지를 쏟게 만들었다. 밈들이 의식적인 계획이나 혜안으로 그렇게 한 것은 아니다. 그저 그들이 복제자이기 때문에 그렇게 되었다. 이런 관점에서 보면, 부부의 생각, 감정, 성공에 대한 욕구, 기꺼이 열심히 일하겠다는 결의 등은 모두 밈 확산에 헌신하는(혹은 헌신하지 않는) 복제 기기의 여러 측면들이다. 흡사 잡지를 찍어내는 인쇄기나 컴퓨터를 제조하는 공장과 같다.

잡지 구매자나 컨설팅 고객도 이런 밈들이 번성할 환경을 구성하는 부속들이다. 이 밈들은 자신의 전파를 위해 우리를 활용한다.

요즘은 이런 사람이 많다. 우리의 환경에 밈과 밈 복제 기기가 갈수록 많아지기 때문에, 점점 더 많은 사람이 밈 전파에 삶을 투자하라고 부추기는 밈에 감염된다. 밈은 원래 그런 것이기 때문이다.

과학자는 과로에 시달리면서도 최신 연구 논문을 모두 읽어내려고 안달한다. 일하느라 지친 의사는 건강 분야의 최신 정보를 다 따라잡지 못해서 점점 더 오래 일한다. 홍보 담당자에게는 새롭게 다뤄야 할 아이디어가 산처럼 쌓인다. 슈퍼마켓 계산대의 직원은 최신 기술을 익히지 못하면 일자리를 잃는다. 인터넷이 도래하여 점점 더 많은 사람이 접속을 하고, 그 속의 새로운 밈들과 노는 일에 과도하게 많은 시간을 쏟을 우려가 있다. 컴퓨터광은 자기 몸의 유전자에 예속된 상태라기보다는 차라리 자기가 가지고 노는 밈에게 예속된 상태다.

이 모든 현상의 자연스러운 결말은 아이 없는 사회인 것처럼 보인다. 하지만 유전자는 우리에게 아이를 낳고 돌보고 싶어 하는 강력한 욕구를 부여했다. 나는 밈에게 이끌리는 현대 사회의 출산율이 일정한 수준에서 안정되리라고 예상한다. 유전자가 장착해놓은 아이에 대한 욕구가 밈이 장착해놓은 밈 확산 선호 욕구와 균형을 이루는 수준에서 말이다.

입양

마지막으로 입양이 있다. 사회생물학자는 다음과 같은 합리적인 주장을 펼칠 것이다. 아이 없는 커플도 아이를 낳아 기르고 싶은 유전적 욕구에 시달린다. 그러다 보면 입양아는 자신들의 유전자를 전달하지 못한다는 명백한 단점마저 눈 감을 정도로 욕구가 커질 수도 있다. 달리 말해, 유전자의 관점에서 보면 입양은 실수일 뿐이다. 그런데 그냥 실수라고 하기에는 대가가 너무나 크다. 아무런 유전적 보상이 없는 일에 막대한 시간과 돈을 쏟아야 한다. 속아서 뻐꾸기 새끼를 기르게 된 새나 남의 자식을 기르게 된 남자가 겪는 실수와 다르지 않다. 생물학적 진화는 이런 현상을 막기 위해 갖가지 전략을 고안해낸다는 것, 남성은 자신이 자식의 친부임을 확신하기 위해서 여성에게 갖가지 압력을 가한다는 것을 이미 이야기했다. 유전자만 고려한다면, 불임인 사람은 조카의 양육을 돕는 게 낫다. 실제로 그렇게 하는 사람도 있다. 하지만 요즘 입양 기관의 문턱에 줄이 길게 늘어선 것을 보자면, 사회생물학적 견해에 도전하는 뭔가가 있는 게 분명하다.

밈의 관점에서 보면, 입양의 이점은 분명하다. 밈만을 고려하는 한, 입양아에 쏟는 시간과 노력은 친자에게 쏟는 시간과 노력만큼이나 값지다. 부모가 자식에게 수직적으로 전달하는 밈에는 여러 종류가 있다. 이런 식으로 성공리에 전파되는 밈은(그래서 밈풀을 채우게 되는 밈은) 우리가 남에게 전달하기를 갈망하는 밈이다. 종교적 견해, 정치적 견해, 사회적 관습, 윤리적 기준이 여기에 해당할 테고(어떤 아이는 어쨌든 이런 유산을 완전히 무시하겠지만), 아울러 밈이 풍부한 사회에서 우리가 갖게 되는 많은 소유물도 여기에 포함된다. 우리가 집과 물건을 소유하고, 사회에서 지위를 차지하고, 주식과 현금을 소유하는 것이 궁극적으로는 밈에 의한 일이다. 밈에 기반한 사회가 아니라면 이런 것들은 하나도 존재하지 않을 것이다. 우리는 바로 그런 것들을 위해 땀 흘려 일하며, 죽을 때에는 소중한 누군가에게 그런 것들을 남기고 싶어한다.

아이를 입양한 사람에게 왜 입양을 했느냐고 물어도 '내 밈을 전달하기 위해서'라는 답은 들을 수 없을 것이다. 섹스를 즐기는 사람에게 왜냐고 물어도 '내 유전자를 전달하기 위해서' 라는 답은 나오지 않는 것과 마찬가지다. 어쨌든 밈의 관점에서는 자신의 경험과 소유물을 물려주고자 하는 인간의 욕구는 밈을 퍼뜨릴 절호의 기회다. 따라서 밈이 없는 종의 개체들은 갖은 수를 써서라도 친척이 아닌 새끼를 양육하는 상황을 피하려 하겠지만, 밈과 유전자를 둘 다 가진 종에서는 생물학적으로 친자든 아니든 아이를 원하는 개체들이 존재할 것이다. 입양, 산아 제한, 금욕은 유전자에게는 실수일지 몰라도 밈에게는 그렇지 않다.

◆ ◆ ◆

밈은 인간의 성적 행위를 다른 방식으로도 다양하게 이용한다. 섹스는 친밀함을 뜻하고, 친밀함은 밈을 공유한다는 것을 뜻한다. 정치인을 침대로 끌어들여 원하는 정보를 얻는 스파이가 얼마나 많았는가. 스크린에 제 모습을 보여서 무수한 대중에게 관람되고 모방되고 싶다는 희망 때문에 캐스팅 담당자에게 성을 상납하는 젊은 여배우가 얼마나 많은가. 권력은 강력한 최음제이고, 오늘날의 권력은 하나부터 열까지 밈 확산에 관련된다. 정치인은 섹스를 무기로, 영향력 확보 도구로, 동맹을 다지는 방편으로 활용하는 것으로 유명하다. 그 동맹이라는 것도 모두 정치적 밈을 퍼뜨리기 위한 것이다. 섹스는 밈을 맘껏 확산하고, 통제하고, 조작하게 해 주는 멋진 신세계다.

나는 성에 대한 사회생물학적 견해와(모두 유전자를 위한 일이라는 견해) 밈의 견해를(유전자뿐만 아니라 밈을 위한 일이기도 하다는 견해) 대비시켰다. 두 접근법은 밈을 가진 종의 장기적 미래에 대해 사뭇 다른 예측을 내 놓는다. 만약에 사회생물학자들이 옳다면(적어도 그 창시자인 에드워드 O. 윌슨에 동조하는 사람들이라면) 유전자가 결국에는 목줄을 다시 거머쥘 것이다. 유전자가 근본적으로 명령을 내리는 입장이라면, 어떻게 해서든 실수를 바로잡고 균형을 되돌려 놓을 방법을 찾아낼 것이다. 실수가 치명적인 것만 아니라면, 차차 사람들이 유전적으로 바뀌어서 더는 잡지나 전문직이나 인터넷의 꼬임에 넘어가지 않고 대신에 더 많은 사람을 만들어 내는 합당한 작업에 집중하게 될 것이다.

밈학의 견해에서는 그렇게 바싹 목줄이 당겨질 여지가 없다. 밈이 정말로 독자적 복제자라면, 그들은 그저 이기적으로 퍼지고 또 퍼질 것이다. 밈은 더 빠르게 퍼질 것이고, 더 많아질 것이다. 유전자가 어느 정도까지는 밈을 쫓아올 수 있다고 해도 더는 그러지 못하는 지점이 있을 테고, 결국 밈 진화는 유전자를 뒤에 버려둔 채 달음질칠 것이다.

현대 세계에서 여전히 수렵채집인으로 살아가는 사람은 극히 적다. 많은 사람이 빠르게 변화하는 나라에서 농부나 산업 노동자로 살아간다. 또 어떤 사람들은 컴퓨터, 휴대폰, 텔레비전이 있는 사회에서 발전된 밈 확산자로 살아간다. 출산율은 개발도상국이 가장 높고 기술이 발달한 나라가 가장 낮으므로, 현재로서는 저개발국 사람들의 유전자를 선호하는 방향으로 밈이 압력을 가하는 셈이다. 저개발국 사람들의 유전자는 아주 조금이나마 선진국 사람들의 유전자와 다를 것이므로, 이 현상은 인류 전체의 유전자풀에 다소나마 영향을 미칠 것이다. 하지만 이 현상이 상당한 효과를 발휘하려면 앞으로도 여러 세대 동안 안정되게 선택압이 작용해야 할 텐데, 현재의 빠른 문화 변화를 감안하자면 그럴 것 같지 않다. 그렇다면 앞으로 어떤 일이 벌어질까?

지난 200~300만 년의 역사에서 대부분의 기간 동안 밈은 천천히 진화했다. 사람들이 훌륭한 모방자와 짝짓는 경향이 있기 때문에 밈이 유전자에게 영향을 미치긴 했으나, 성적 행위에 있어서는 그 수준 이상으로 대단한 파급력을 미치지는 못했다. 우리의 성을 추진한 것은 주로 유전자였고, 그 방향은 유전자의 복제를 추구하는 것이었다. 지금도 우리의 성은 그 길었던 과정의 유산을 잘 보여 준다. 하지만 현대 사회에 와서는 밈이 우리의 성을 장악하여 밈 확산에 투입했다. 산아 제한 기술은 유례없이 성공적인 밈 집합으로서, 한편으로는 성 산업을 촉진했고 다른 한편으로는 평생의 자녀 양육이 아닌 다른 일들로 사람들의 에너지를 돌려놓았다. 하지만 유전자와 마찬가지로 밈도 선견지명이 없다. 밈은 앞을 내다볼 수 없기 때문에, 사실상 어떤 일이라도 일어날 수 있다. 심지어 밈이 우리 에너지를 유전자가 아닌 다른 곳으로 돌리려고 애쓰는 과정 때문에 결국 우리가 절멸할지도 모른다.

그러나 사실은 그런 가능성이 현실화할 확률은 희박하다. 다음과 같은 이유 때문이다. 전 세계의 출산율이 떨어지면 전 세계 인구가 줄 것이다. 이것은 나머지 생물계에게는 희소식이겠지만, 밈에게는 나쁜 소식이다. 어떤 시점이 되면 인구 밀도가 너무 낮아지는 바람에 번성하는 밈 세상을 지탱할 정도의 하부구조를 제공하지 못할 것이고, 그래서 밈 추진 속도가 누그러지면 더불어 산아 제한도 덜 시행될 것이다. 그렇다면 유전자가 다시 주도권을 쥐고 인구를 불릴 것이다. 새로운 밈 전성기가 가능할 때까지 말이다. 기생생물이나 질병의 확산에서 알 수 있듯이, 그들이 숙주를 완전히 말살시키는 일은 드물다. 밈도 그러지는 않을 것이라 예상된다.

사실, 실제 상황은 이보다 더 복잡하고 예측이 어렵다. 오늘날 여러 사회들 간의 불균형이 극심한 것을 감안할 때, 기술이 발전된 사회에서는 출산율이 계속 떨어지고 덜 발전된 사회에서는 계속 증가할 가능성이 높다. 그렇다면 밈의 영향력은 덜 발달된 나라들로 집중될 것이고, 그곳에서 출산율이 떨어지기 시작할 것이다. 즉 밈과 유전자가 서로 아웅다웅하면서 각자의 복제에 사람들의 삶을 투자시키려고 함에 따라, 출산율도 이랬다저랬다 흔들릴 것이다. 경쟁하는 두 복제자를 지닌 생물이 된다는 것은 바로 이런 것이다.

마지막으로, 밈은 유전자에게 더 직접적으로 간섭하는 방안을 고안해 내느라 분주하다. 우리는 벌써 유전자 조작 식물을 만들어 냈다. 반대의 목소리를 높이며 밈 압력을 행사하는 세력이 있음에도 불구하고, 유전자 조작 동물도 곧 만들어 낼 것이다. 빠르게 성장하고, 맛이 좋고, 단조롭거나 끔찍한 제 삶에 이의를 제기하지 않는 동물을 말이다.

DNA 검사로 친자 확인이 가능하므로, 여성은 파트너를 속여 다른 남자의 아이를 기르게 하기 어려울 것이다. 남성은 가벼운 관계에서 태어난 아이에게 양육비를 지급하게 될 것이다. 우리의 성적 욕구는 여전히 유전적 진화의 명령을 따를 테지만, 밈 진화가 그 규칙들을 바꾸고 있다. 이미 유전공학이 보편화되었고, 주요 유전병 중에서 일부는 발병 유전자를 제거해 버리는 간단한 방법으로 머지않아 퇴치될지도 모른다. 양 같은 큰 동물을 복제하는 것도 가능하다. 나아가 머리와 뇌가 없는 클론을 탄생시킬 수 있으므로, 부자들은 유전적으로 자신과 동일한 인체 부품을 여분으로 생산해두었다가 새로 심장이나 간이 필요할 때 언제든 갖게 될 수도 있다. 미래의 '생식유전학reprogenetics'은 또한 두 여성의 유전자를 물려받는 아기를 탄생시킬 수도 있고, 에이즈 저항 유전자를 배아에 삽입할 수도 있다. 부자들은 아기의 게놈 전체를 합성 유전자들로 구성해서 설계 배아를 얻을 수도 있을 것이다.^{실버 1998}

나는 '밈은 방안을 고안해 내느라 분주하다'고 말했다. 이것을 보다 정확한 표현으로 바꾸면, DNA 검사의 밈, 게놈 서열 분석의 밈, 유전공학의 밈이 현대 사회에서 성공적으로 복제한다는 말이다. 왜일까? 그들의 성공에 힘을 보태주는 다른 밈 요소들이 많기 때문이다. 고등 교육을 받은 사람이 많고, 필수 장비를 잘 갖춘 연구소들이 있고, 현존하는 밈을 이리저리 조합해서 새로운 발명을 만들어 내는 똑똑한 사람들이 있고, 그들에게 교육과 자금을 지원할 만한 부가 있다. 물론 건강하고, 행복하고, 성공하는 아이를 갖고 싶어 하는 인간의 욕구도 빼놓을 수 없다. 언제나 더 좋은 음식을 더 많이 먹고 싶어 하고, 더 멋지고 더 편안한 인생을 보장받고 싶어 하는 인간의 탐욕이 있다.

그렇다면 우리는 불변의 이기적 존재일 뿐일까? 경쟁하는 두 복제자의 힘에 좌지우지되며 아무 생각 없이 평생 탐욕을 추구하도록 되어 있을까? 전혀 아니다. 어쩌면 좀 놀라운 일인지도 모르겠지만, 밈 진화의 결과 중 하나는 유전자만이 명령을 내릴 때보다 더욱 이타적인 인간이 탄생한다는 사실이다.

제12장

이타성에 대한 밈 이론의 설명

M E M E

이타성은 자신을 희생하여 다른 생물체에게 도움을 주는 행위라고 정의된다. 즉 남을 위해 자신의 시간, 노력, 자원을 소비하는 것이다. 따라서 사회생물학이 당면한 최대의 미스터리로 인정된다. 지금까지는 겉보기에 이타적인 행동이 실제로는 유전자의 이득을 꾀한다는 설명과 인간에게는 특유의 도덕성과 영적인 능력이 있다는 식으로 설명되었다. 여기에 밈학은 세 번째 가능성을 제공한다. 이타적인 사람은 인기 있고, 따라서 모방되고, 결국 그의 밈이 다른 사람보다 더 널리 퍼진다는 것이다.

A MEMETIC THEORY OF ALTRUISM

유전자를 섬기기 위한 이타성

한때 사회생물학이 당면한 최대의 미스터리는 이타성 문제였다. 지금은 그것을 사회생물학 최대의 성공으로 보아도 좋을 것이다.

이타성은 자신을 희생하여 다른 생물체에게 도움을 주는 행위라고 정의된다. 달리 말해, 이타성은 남을 위해서 자신의 시간, 노력, 자원을 소비하는 행동이다. 가령 다른 동물에게 식량을 제공하는 것, 스스로를 위험에 노출시키면서까지 남을 위해 경고 신호를 울리는 것, 다른 동물을 보호하기 위해 적과 싸우는 것이다. 자연에는 이런 사례가 넘쳐난다. 공동체의 이익을 중심에 놓고 살아가는 사회적 곤충도 있고, 덮쳐오는 포식자의 발자국 소리를 동료들에게 경고해 주는 토끼, 식량에 해당하는 피를 나눠먹는 흡혈박쥐도 있다. 사람은 그중에서도 특히 협동적인 동물로서, 자신을 넘어서 남을 이롭게 하는 일에 상당한 시간을 쓴다. 심리학자들은 이것을 '친사회적 행동prosocial behaviour' 이라고 부른다. 사람은 도덕 관념을 갖고 있고, 옳고 그름을 강하게 의식한다. 사람은 이타주의자다.

인간이 합리적으로 자신의 이익만을 추구한다고 가정했던 사회심리학자들과 경제학자들에게는 이타성이 난감한 문제였다. 이것은 또한 다윈주의에게도 문제였지만, 늘 그렇게 인식되었던 것은 아니다. 선택이 어떤 수준에서 벌어지는가, 달리 말해 진화가 무엇을 위해 진행된다고 생각하는가에 따라서 문제가 다르게 보였다. 초기 다윈주의자들의 생각처럼 진화가 궁극적으로 개체의 이익을 위해 진행된다면, 왜 개체가 심각한 비용을 감수하면서까지 남을 돕겠는가? 개체는 자신만을 위해 움직여야 하고, 자연은 정말로 '피로 물든 이빨과 발톱' 같아야 한다. 그러나 현실은 그렇지 않다. 많은 동물이 사회를 이루어 협동하며 살아가고, 부모는 자식에게 아낌없이 헌신하며, 많은 포유류가 친구나 이웃의 털을 골라 주는 데에 상당한 시간을 쓴다. 왜 그럴까?

유효하지 않은 답이긴 해도, 한 가지 대답이 있었다. 영국 철학자 헬레나 크로닌이 '대의주의greater-goodism'라고 부른 것으로서,[1991] 진화가 집단이나 종의 이익을 추구하는 방향으로 진행한다는 견해다. 대의주의는 20세기 초반의 생물학적 사고에 침투해 있었고, 요즘도 진화에 대해 오해하는 사람들이 흔히 채택하는 견해다. 이런 시각에서는 선택이 '종의 생존을 위해서' 혹은 '인류의 이익을 위해서' 작동한다. 그러나 사실은 아주 단순한 이유에서 그런 것은 불가능하다. 배신의 가능성을 생각해 보면 된다. 서로를 위해 토끼를 잡아다 주고, 평화롭게 조화를 이루며 무리지어 살아가는 들개 종이 있다고 하자. 조화가 유지되는 한, 모든 개들이 이득을 본다. 하지만 주어지는 고기를 날름 먹기만 하고 남에게 잡아다 주지 않는 개가 등장한다고 하자. 그 개는 가장 잘 먹을 것이고, 우수한 암캐를 쫓아다닐 시간이 더 많을 것이고, 일반적으로 더 잘 살 것이다. 분명 그 개는 잘 먹고 잘 자라는 제 새끼들에게 이기성 유전자를 물려줄 것이다. 무리의 이득은 온데간데없게 된다. 개체의 이기심은 언제나 수지맞는 일이다.

점차 학자들은 종의 이득 개념에는 문제가 있다는 것을 깨닫게 되었고, 1960년대 초가 되면 '집단 선택group selection' 개념은 신다윈주의neo-Darwinism에서 거의 깡그리 일소되었다(몇몇 예외는 나중에 이야기할 것이다). 그리고 드디어 이타성 문제를 살짝 비틀어서 성공리에 풀어낸 대답이 등장했다. 그것이 이기적 유전자 이론이다. 우리가 복제자를 진화의 중심에 두면, 즉 특정 유전자의 이득을 다른 유전자의 이득보다 앞세우는 것이 선택이라고 보면, 이타성의 여러 형태들이 불현듯 완벽하게 이해가 된다.

가령 부모의 투자를 생각해 보자. 내 친자식은 내 유전자의 절반을 물려받는다. 내 유전자가 미래 세대로 직접 전달되는 방법은 내 아이를 낳는 것밖에 없으므로, 부모의 투자는 꼭 필요하다. 그런데 이 원리는 여러 이타적 행위들에도 적용된다. 다윈은 '선택이 가족에게 적용될지도 모른다'는 말로 단서를 주었지만,[1859] 이 생각을 더 이어나가지는 않았다. 영국 생물학자 J. B. S. 홀데인은 1955년에 처음으로 이렇게 지적했다. 내가 물에 빠진 아이를 구하기 위해 위험한 강물로 뛰어듦으로써 자신을 버린다 해도, 그 아이가 내 자식이라면 내 유전자는 번성할 것이다. 그런데 그 아이가 내 사촌이나 조카나 더 먼 친척이라도, 정도는 좀 낮아지겠지만, 마찬가지로 내 유전자가 번성할 것이다.

1963년, 런던에서 박사과정을 밟던 한 젊은 학생은 첫 번째 논문을 막 퇴짜 맞았다. 그는 이타성이라는 인기 없는 주제와 씨름하고 있었다. 그는 익숙하지도 않은 수학을 붙들고 외롭게 고군분투해야 했기 때문에, 그저 주변에 사람이 있으면 좋겠다는 이유만으로 워털루 기차역 대합실로 가서 저녁 내내 일하곤 했다.[해밀턴 1996] 윌리엄 해밀턴의 다음 논문, 〈사회적 행동의 유전적 진화〉[1964]는 고전이 되었다. 그는 홀데인의 예측을 수치화했고, 친족 선택 이론이라고 불리게 될 이론을 발전시켰다. 그는 모종의 이타적 행위를 일으키는 유전자 G를 상정한 뒤, "적자생존" 원리가 있음에도 불구하고, G의 확산을 결정짓는 궁극의 기준은 그 행위가 행위자에게 유리한가 아닌가 아니라 유전자 G에게 유리한가 아닌가이다'라고 말했다.[해밀턴 1963] 동물이 이타성을 발휘하는 대상이 친족인 한, 이타적 행위가 개체군에서 퍼질 수 있다는 뜻이다. 내가 대가를 치르면서까지 상대의 유전자 확산을 돕는 것이 얼마나 가치 있는 일인가 하는 것은 나와 상대의 관계가 얼마나 가까우냐에 달렸다. 이때는 개체의 적응도로써 매사를 평가하는 게 아니라, '포괄 적응도inclusive fitness'라는 더 중요한 정량적 개념이 척도가 된다. 한마디로 유전자가 이득을 볼 수 있는 온갖 간접적 방식들까지 다 함께 고려하는 개념이다.[해밀턴 1964] 실생활에서는 이 수학이 어마어마하게 복잡해질 수 있지만, 원리는 아주 단순하다.

그런데 유전자는 눈에 보이지 않는다. 원숭이가 기꺼이 남과 음식을 나누려고 해도, 상대가 정말로 내 형제인지 아닌지 확신할 방법이 없다. 하물며 속을 들여다봐서 서로 얼마나 많은 유전자를 공유하는지 알아볼 수도 없다. 그래도 이 원리가 작동하는 데는 별 문제가 없다. 생판 남이 아니라 친족과 자원을 공유하는 원숭이는 일반적으로 제 유전자를 후세대로 더 많이 넘겨줄 텐데, 원숭이들이 그 목적을 달성하는 방법은 여러 가지가 있을 수 있다. 가장 흔한 방법은 아마도 '함께 자란 원숭이와 공유하라', '외모나 냄새나 느낌이 엄마와 비슷한 원숭이와 공유하라', '많은 시간을 함께 보내는 원숭이와 공유하라' 같은 단순한 경험적 법칙을 사용하는 것이다. 동물의 생활방식마다 어울리는 법칙이 다를 것이다. 이런 법칙은 원숭이에게 실제로 계산을 시키는 게 아니다. 단지 적절하게 행동하도록 하는 육감을 준다. 마찬가지 원리가 인간에게도 적용된다. 사람도

'의식적 계산을 통해서 진화 논리를 수행하는 게 아니라, 논리 수행자로 기능하도록 설계된 감정을 따를 뿐이다.' 라이트 1994

　인간은 제 자식을 사랑한다(대부분의 경우에 그렇다). 우리가 설령 형을 짜증나는 존재로 생각하고 이모를 경멸할지라도, 그들에게 생일 선물을 주거나 카드를 보내거나 길에서 마주친 사람에게보다는 더 신경을 쓰는 것이 자연스럽고 당연한 일이라고 생각한다. 친족 선택 이론은 이보다 훨씬 미묘한 가족 내 역학 관계들까지 설명해 준다. 젖떼기를 놓고 벌어지는 다툼, 부모의 자원을 놓고 벌어지는 형제의 경쟁, 그 밖에도 사랑이 아닌 분쟁의 갖가지 형태들을 설명한다.

　생물학이 거둔 또 하나의 승리는 상호적 이타성을 설명한 것이다. 다윈은 사람이 동료를 도울 때는 나중에 보답을 바라는 것이라고 추론했다.[1871] 100년 뒤, 로버트 트리버스는 이 추론을 발전시켜서 상호적 이타성 이론을 구축했다.[1971] 이 이론은 궂을 때 도움을 돌려받길 기대하면서 좋을 때 남는 자원을 나눠 주는 동물처럼 상호 우애를 발휘하는 동물들이 어떻게 자연선택에 의해 선호되었는지 설명했다. 많은 동물이 그렇게 한다고 알려져 있는데, 여기에는 전제가 하나 있다. 내가 호의를 돌려주려면, 혹은 속지 않으려면, 나는 다른 개체들을 인식할 수 있어야 한다. 대부분의 동물은 이런 인식 능력이 없다. 하지만 많은 영장류를 비롯하여 코끼리, 돌고래는 가능하고, 흡혈박쥐처럼 의외의 종도 가능하다. 몸집이 아주 작은 흡혈박쥐는 내리 이틀 이상 피를 먹지 못하면 쉽게 죽는다. 다행스럽게도, 한 번에 한 박쥐가 섭취하는 피의 양은 실제로 필요한 것보다 더 많다. 따라서 해결책은 서로의 피를 나눠 주는 것이다. 그리고 누가 누구에게 꾸었는지 기억해 두는 것이다.

　감사, 우정, 연민, 신뢰, 의분, 죄의식, 복수심이 모두 상호적 이타성에서 기인했다는 해석도 있다. 인간의 도덕적 공격성, 즉 공정하지 못한 것을 보면 심란해하는 성향도 마찬가지라고 한다. 우리가 남들과 자원을 공유하되 내 유전자의 이득을 단속하는 것도 잊지 않도록 진화했다면, 정말로 우리의 감정들은 진화가 제공한 도구들일지도 모른다. 이 이론에서는 도덕 감정뿐 아니라 정의 개념이나 법 체계의 기원까지도 상호적 이타성 reciprocal altruism의 진화와 연결 짓는다. 매트 리들리 1996; 와그스타프 1998; 라이트 1994

한편 게임 이론은 다양한 전략들이 왜, 어떻게 진화했는지 알려 주었다. 트리버스는 죄수의 딜레마Prisoner's Dilemma를 언급했다. 두 사람을 따로 떨어뜨려두고, 가령 10년쯤 복역해야 하는 죄로 고발당했다고 알려준다. 둘 다 입을 다문다면 3년쯤으로 더 짧은 형량을 구형 받겠지만, 한쪽이 상대에게 불리한 증거를 제공하면 그 배신자만 풀려난다. 두 사람은 어떻게 해야 할까? 모든 조건을 감안할 때, 둘 다 침묵을 지키는 것이 최선이다. 하지만 배신하고자 하는 충동이 강할 것이다. 더군다나 상대도 충동을 느낀다면 어떨까? 나도 충동을 느낄 수밖에 없다. 벌점이나 돈, 그 밖의 자원을 사용하는 여러 형태의 죄수의 딜레마가 있다. 어쨌든 요는, 완벽하게 합리적이고 이기적인 개인이라면 언제나 배신을 해서 제 이득을 챙기리라는 것이다. 그렇다면 협동 행위는 대체 어떻게 생겨났을까?

답은 일회성 게임에서는 결코 협동이 이뤄지지 않는다는 것, 하지만 인생은 일회성 게임이 아니라는 것이다. 우리는 만났던 사람을 또 만나고, 그들의 신뢰도에 대해 판단을 내린다. 죄수의 딜레마를 해소하는 길은 해답은 반복에 있다. 죄수의 딜레마를 거듭 겪으면, 사람들은 상대가 어떤 행동을 할지 짐작하게 되고, 따라서 협동을 통해 이득을 나눌 수 있다. 이전에 서로 만나지 못했던 사이라면 서로를 따라 할 때가 많다. 협력자에게는 협력하고, 배신자에게는 배신하는 것이다. 지속적으로 배신만 하는 사람은 누구나 꺼리는 상대가 되므로, 그는 남을 이용할 기회를 점점 잃게 된다.

경제학자, 수학자, 컴퓨터 모형가도 이런 종류의 게임을 사용해 왔다. 1979년, 미국 정치학자 로버트 액슬로드는 컴퓨터 프로그래머들에게 게임 전략을 제출하도록 하여 토너먼트를 열었다. 참가한 14팀은 각각 다른 팀을 상대로, 자신의 전략을 상대로, 무작위 프로그램을 상대로 200회씩 게임을 치렀다. 우승자는 '팃포탯'(Tit-for-tat, 받은 대로 돌려준다, 응수한다는 뜻 ─ 옮긴이) 프로그램이었는데, 이것이 단순하면서도 '착한' 전략이라는 사실에 많은 사람이 놀랐다. 팃포탯은 처음에는 협력으로 시작하고, 나중에는 상대가 하는 대로 따라 한다. 상대가 협력하면, 둘 다 계속 협력하여 둘 다 좋은 결과를 얻는다. 상대가 배신하면, 팃포탯은 보복한다. 그래서 배신자를 상대하더라도 크게 잃지는 않는다. 제2회 토너먼트에서는 60여종의 프로그램들이 팃포탯을 물리치려 했지만 모두 실패했다.

이후에 연구자들은 더 많은 행위자로 더 복잡한 상황을 만들어 보았고, 이것을 진화 과정에 대한 시뮬레이션으로 사용했다. 팃포탯은 배신 전략이 압도적으로 많은 상황에서 게임을 시작하지 않는 한, 결국 널리 퍼져서 개체군을 장악했다. 이것이 이른바 '진화적으로 안정한 전략'이다. 하지만 현실 세계는 그보다 더 복잡하다. 그리고 팃포탯이 실수를 저지르는 경우나 행위자가 많고 불확실성이 높을 경우에는 팃포탯도 그렇게 잘 작동하지 못한다. 그래도 이런 실험 덕분에 우리는 순전히 개인적인 전략들만 있는 상황에서도 얼마든지 집단 이득이 생겨날 수 있다는 것을 알게 되었다. '대의주의적' 진화에 호소하지 않아도 되는 것이다.

협력 행위는 실제로 그렇게 진화했을까? 정말 그렇다면, 처음에 어떤 착한 행동이 하나 등장해서 그 과정을 개시해야 했다. 트리버스는 친족 선택이 그 시작이었을 것이라고 주장했다. 친족에 대한 애정과 관심을 이미 갖고 있는 동물이라면 그것을 쉽게 일반화했을 것이고, 그럼으로써 팃포탯이 시작될 계기를 마련해 주었으리라는 것이다.

죄수의 딜레마는 '제로섬' 게임이 아니라는 것을 명심하자. 제로섬 게임에서는 내가 얻으면 당신은 잃는다. 역도 마찬가지다. 그러나 실생활의 여러 상황들은 그렇지 않다. 절반의 피 식사는 굶주린 어린 흡혈박쥐에게는 생사를 가르는 문제겠지만, 숙련된 사냥꾼이라 배가 잔뜩 부른 녀석에게는 미래의 호의를 보장해 두는 손쉬운 방법에 지나지 않는다. 그렇기 때문에 사실 조금은 불쾌하다고도 할 수 있는 이른바 협상 사냥꾼이 등장한다. 이것은 절실한 처지에 놓인 상대들만 일부러 골라서 도와주는 것인데, 그러면 그들이 내게 지는 빚이 최대가 되기 때문이다. 이런 관점에서 바라보면 도덕의 진화도 이해할 수 있다. 우리는 응당 배신자를 처벌해야 마땅하고, 심지어 배신자를 처벌하지 않는 사람도 처벌해야 마땅하다. 이런 게임에서는 신뢰도가 귀중한 화폐나 다름없다. 우리는 협동적인 사람으로 보이는 것이 유리하다. 그래야 추후에 보답을 거둘 수 있을지 모르기 때문이다.

지금까지 한두 사례를 통해서 사회생물학이 이타성 문제를 어떻게 다루었는지 살펴보았다. ^{다음 책에서 더 폭넓은 소개를 볼 수 있다. 크로닌 1991; 매트 리들리 1996; 라이트} ¹⁹⁹⁴ 이 정도로도 사회생물학이 얼마나 성공적이었는지 충분히 느낄 수 있다. 이것은 상호성에서 상호성을 제거한 접근법이라고도 할 수 있다. 친절과 협동은 결국 그 행위를 하는 이기적 유전자의 생존을 돕기 때문에 존재한다는 설명이다. 이것으로 문제가 다 풀렸을까? 인간의 모든 이타성은 결국 친족 선택과 상호적 이타성으로 귀결할까?

인간의 이타성에서 이상한 점들

현대 세계에서 우리는 우리와 관련이 없는 사람, 다시는 만나지 않을

게 분명한 사람과 자주 상대한다. 그렇다면 사회는 갈수록 덜 친절하고 덜 협동적인 방향으로 변해야 하지만, 현실은 그렇지 않은 듯하다. 심리학자들은 오래 전부터 원조와 협동 행위를 연구해왔는데, 1970년대의 실험들은 주로 방관자 무관심 현상에 집중되었다. 사람들이 다친 사람을 길에서 보고도 아무런 조치를 취하지 않을 때가 많다는 우울한 발견 때문이었다. 심리학자들에 따르면, 목격자가 도움을 제공할 수 있는 유일한 사람인 경우에는 돕는 확률이 굉장히 높아졌고, 사람들이 곁에 많지만 다들 돕지 않을 때는 그 목격자가 돕는 확률도 낮아졌다. 이것 역시 사람들이 서로 모방하는 사례인 것이다. 하지만 보다 최근 연구들에 따르면, 사람들은 다양한 상황에서 흔쾌히 도움을 주는 듯하다. 이런 효과를 유도해본 실험들에 따르면, 사람들이 남을 돕는 이유는 고통 받는 사람에게 연민을 느끼기 때문이었다. 자신과 관계있는 사람이어서가 아니었고, 보답을 기대해서도 아니었다. [뱃슨 1995]

우리가 상상할 수 있는 한 최고로 이타적인 행동을 떠올려 보자. 도킨스는 헌혈을 꼽았다. 영국에서는 건강한 성인에게 일 년에 두 번씩 헌혈을 하라고 권장한다(실제로 다들 그러는 것은 아니지만 적어도 권유는 받는다). 헌혈자는 대가를 받지 않는다. 차 한 잔과 과자 한 조각을 받고, 열 번 헌혈하고 나면 작은 배지 하나를 받을 뿐이다. 도킨스는 이것이야말로 '순수하고 사심 없는 이타성'이라고 했다. [1976] 다른 사람들이 든 예로는 결코 재방문하지 않을 식당에서 후하게 팁을 주는 행동, 에티오피아로 가서 굶주리는 고아들을 돕는 행동이 있다. 길에서 주운 귀중품을 경찰에게 넘기는 행동, 남이 버린 쓰레기를 청소하는 행동, 쓰레기 재활용 습관, 결코 만날 일 없는 사람들을 돕기 위해 자선 단체에 자동이체를 신청하는 행동도 있다. 유기된 개나 고양이를 돌보는 보호소가 있고, 날개가 부러진 새나 학대당한 당나귀를 돌보는 사람들도 있다. 이 모든 행동이 언뜻

'진정한' 이타성 사례로 보이지만, 사회생물학자들은 그것이 사실 친족 선택과 상호적 이타성의 부산물이라고 주장할 것이다. 우리는 친척에게 (혹은 친척일지도 모른다고 생각되는 사람에게는) 더 관대하고, 친척 아닌 남에게는 선하고 믿을 만하다는 평판을 쌓기 위해서 친절하게 대한다. 이 설명으로 충분할까?

몇몇 사례를 더 자세하게 살펴보자. 굶주리는 아프리카 사람들에게 돈을 보내는 오스트레일리아 사람, 아니면 방글라데시로 돈을 보내는 미국 사람을 상상해 보자. 이런 사람은 아주 많다. 일부는 자신의 선행을 야단스럽게 광고하지도 않는다. 그저 수표를 보내고, 남들에게는 일언반구도 하지 않는다. 이것은 친족 선택이 될 수 없다. 대개의 경우에는 기부자와 최종 수혜자의 관계가 그보다 더 멀 수가 없을 것이기 때문이다. 지구의 자원은 한정되어 있으니, 이런 식의 너그러움은 기부자의 유전적 이해관계에 철저히 어긋난다고 말할 수 있다. 선물에 드는 비용치고는 지나치게 과한 것이다. 그래도 이것이 상호적 이타성일까? 액면 그대로 판단하자면 절대 아니다. 기부자는 언젠가 수혜자를 만나리라고 기대하지 않는다. 어떤 식으로든 감사의 말을 들으리라고도 기대하지 않는다. 하지만 진화심리학자들은 그런 너그러움 덕분에 기부자에게 너그러운 사람이라는 평판이 쌓인다고 지적한다.^{매트 리들리 1996} 그러나 평판을 위해서라면, 사람들은 기부 행위를 있는 대로 떠벌리고 다녀야 한다. 하지만 그러지 않는 사람이 많지 않은가. 물론 이조차 상호적 이타성의 일부로 설명하려면 못할 것은 없다. 진화가 체계의 원만한 작동을 위해서 우리에게 죄의식을 심어 놓았기 때문이고, 남모르게 하는 선행은 결국 실수라고 설명하면 된다. 인간 고유의 감정 때문에 치르는 대가라고 하면 된다.

지금까지 거론한 예들은 대개 일회적 선행이었다. 그런데 이타성은 그보다 더 깊숙하게 삶에 침투해 있다. 무수히 많은 사람이 남을 돕고 싶다는 이유에서 박봉의 직업을 택한다. 보상이 변변찮고, 근무 시간은 길고, 스트레스가 심한 직업을 택한다. 사회 복지 업무, 심리 치료, 노인 돌보기, 불량 청소년 돌보기, 환경 보호 운동 등이 그렇다. 대체 무엇 때문에 사람들은 여러 해의 수련을 거쳐 간호사가 된 뒤, 평생 불규칙하고 긴 교대 시간을 감수하며 일할까? 까다로운 환자들을 상대하고, 끔찍한 난장판을 청소하고, 고통과 질병이 가득한 환경에서 몇 시간 동안 약을 나눠주거나 침대를 정돈하는 일을, 꺼림칙할 정도로 낮은 연봉을 받으면서도 기꺼이 수행하는 건 왜일까? 물질적 보수나 유전적 이득이 답일 수는 없다. 간호사들에게 직접 물어본다면 아마 남을 돕고 싶어서라고 답할 것이다. 그래야만 자신이 충족되는 느낌이 들기 때문이고, 인생은 남을 도울 때에만 가치 있는 것이라고 믿기 때문이고, 스스로의 건강에 감사하는 만큼 그렇지 않은 사람을 돕고 싶기 때문이고, 돈이 행복의 전부는 아니라고 믿기 때문이라고 대답할 것이다.

사회생물학에 따르면, 이런 이유들은 모두 상호적 이타성의 부산물이다. 하지만 내가 볼 때 그것은 이론을 지나치게 잡아 늘인 설명이다. 자연선택은 실로 가차 없다. 이런 선행에 따르는 대가는 너무나 크다. 과거에 어떻게든 그런 대가를 치르지 않았던 사람은 치르는 사람보다 더 유리했을 것이고, 따라서 회피의 유전자를 물려주었을 것이다. 이 점에 대해 진화심리학자들은 아마 이렇게 대꾸할 것이다. 우리의 감정 체계는 수렵채집 생활방식에 맞게 설계되었기 때문에, 부유하고 기술이 발달한 세계에서 잘못 작동하는 것도 당연하다(그래서 지나친 너그러움을 낳을 수 있다). 어쩌면 우리는 '이 사람을 다시 볼 일은 없을 텐데'라고 깨달아 보았자, 먼 과거에서부터 유전자에 의해 프로그래밍된 근본적 감정들에게 당하지 못하는 것인지도 모른다. 하지만 그렇다면, 우리는 또 다시 우리의 행동을 실수라고 설명하는 처지가 된다.

대안은 없을까?

지금까지는 이타성을 설명하는 방법으로 크게 두 가지 선택지가 있었다. 첫째는 겉보기에 이타적인 듯한 모든 행동이 실제로는 (아무리 막연하더라도) 유전자의 이득을 꾀한다는 설명이다. 이런 관점에서는 '진정한' 이타성이란 없다. 진정한 이타성인 양 보이는 것은 자연선택이 미처 근절하지 못하고 놓아둔 실수일 뿐이다. 이것이 사회생물학적 설명이다. 둘째는 '진정한' 이타성을 구원하기 위해서 인간에게만 뭔가 추가적인 성질을 부여하는 설명이다. 진정한 도덕성이랄지, 독립적인 도덕의식이랄지, 영적이고 종교적인 성질이랄지, 좌우간 유전자의 이기적 명령을 극복하게 해주는 무언가를 말이다. 하지만 별도의 마법을 끌어들이지 않고서 인간 행동을 이해하고자 하는 대부분의 과학자들은 이 견해를 선호하지 않는다. 그리고 내게는 어느 쪽도 만족스러워 보이지 않는다.

밈학은 세 번째 가능성을 제공한다. 제2의 복제자가 인간의 마음과 뇌에 작용한다면, 가능성이 확장된다. 유전자를 섬기는 행동뿐 아니라 밈의 이해관계를 섬기는 행동도 예상할 수 있기 때문이다. 마법을 끌어들이지 않아도 사람이 어째서 다른 동물들과 다른지, 어째서 협동적이고 이타적인 행동을 훨씬 많이 보이는지 이해할 수 있다.

밈 선택에 관한 예의 그 질문을 다시 던져 보자. 세상에 수많은 뇌가 있지만, 밈은 그보다 더 많아서 모두가 깃들 곳을 찾을 수는 없다. 어떤 밈이 더 쉽게 안전한 집을 찾고, 다시 다른 뇌로 전달될까? 나는 이타적이고, 협동적이고, 너그러운 행동 방식이 성공적인 밈이라고 생각한다.

두 사람을 상상해 보자. 케빈은 이타주의자다. 그는 친절하고, 너그럽고, 사려 깊다. 그는 멋진 파티를 열고, 술집에서 사람들에게 곧잘 술을 산다. 친구들을 집으로 초대해서 식사 대접을 하고, 생일 카드도 많이 보낸다. 친구가 도움을 필요로 하면 그는 수고를 마다 않고 전화를 걸고, 나서서 돕고, 문병을 간다. 게빈은 치사하고 이기적이다. 그는 남에게 술사는 것을 싫어하고, 생일 카드는 돈 낭비라고 생각한다. 식사 초대를 하는 일은 절대로 없다. 그의 (몇 안 되는) 친구들이 곤란에 처하면 그는 항상 더 중요한 다른 골칫거리가 있다. 이제 물어보자. 누가 밈을 더 많이 퍼뜨릴까?

다른 조건들이 다 같다면, 케빈일 것이다. 그는 친구가 많고 친구들과 이야기하는 시간도 많다. 친구들은 그를 좋아하고, 그의 말을 경청한다. 그가 퍼뜨리는 밈으로는 그가 하는 이야기, 그가 좋아하는 음악, 그가 입는 옷, 그가 따르는 유행 등이 있다. 그가 토론하길 좋아하는 과학 이론, 그가 신봉하는 경제 이론, 그의 정치적 견해도 포함된다. 더 중요한 점은, 그를 그답게 만들어 주는 모든 밈이 역시 포함된다는 것이다. 멋진 파티를 여는 밈, 카드를 보내는 밈, 어려움에 처한 사람을 돕는 밈, 술을 사는 밈 말이다. 심리학 실험에 따르면 사람들은 자기가 좋아하는 상대에게서 더 크게 영향을 받고, 더 쉽게 설득된다.^{치알디니 1994; 이글리와 체이켄 1984} 케빈의 친구들은 그의 사교적인 행동을 모방할 것이고, 따라서 그의 이타주의가 확산될 것이다. 그에게 친구가 더 많이 생길수록, 더 많은 사람이 그의 사교적인 태도를 닮아갈 가능성이 있다. 우리는 케빈을 밈 분수meme-fountain라고 불러도 좋다.^{데닛 1998}

게빈은 친구가 별로 없다. 그는 그나마 있는 친구와도 자주 이야기할 기회를 만들지 않고, 이웃과 술 한 잔을 놓고 수다를 떨거나 함께 시간을 보내는 일이 거의 없다. 그의 밈은 복제될 기회가 적다. 잠재적으로 그를 모방할 만한 소수의 사람들조차 거의 그러지 않기 때문이다. 그가 시국에 대해 어떻게 생각하든, 최고의 애플파이 만드는 법에 대해 어떻게 생각하든, 그의 생각은 널리 퍼질 가능성이 낮다. 사람들이 그의 말을 잘 듣지 않고, 듣는다 해도 그를 싫어하기에 그의 생각을 받아들이지 않기 때문이다. 우리는 게빈을 밈 배수구meme-sink라고 불러도 좋다.

밈 이론은 이 차이에 기반하여 이타성을 설명한다. 밈학의 요점은 이렇다. 이타적인 사람은 인기인이 된다. 인기 있기 때문에 모방되고, 모방되기 때문에 그의 밈은 덜 이타적인 사람의 밈보다 더 널리 퍼진다. 이타성 밈 자체를 포함해서 말이다. 이것이 이타적 행동의 확산 메커니즘이다.

이타적 행동을 밈으로 간주한 것이 내가 처음은 아니다. 앞으로 살펴보겠지만, 폴 D. 앨리슨은 이와는 꽤 다른 메커니즘을 제안했다.[1992] 뒤 프리는 이기적 담론과 이타적 담론 모두를 진화하는 밈으로 가정했지만, 왜 이타성이 대가를 감수하면서까지 퍼지는지 정확하게 설명하지 않았다.[1996] 이타적 행동에도 여러 종류가 있다. 나는 모두를 뭉뚱그려서 말하고 있지만, 가령 너그러움, 친절함, 배려 등으로 나눠볼 수도 있다. 어쨌든 그런 성질을 지닌 사람과 많은 시간을 함께 보내고 싶게 만드는 것, 그리하여 그를 모방하고 그의 밈을 받아들이고 싶게 만드는 것이라면 모두 해당된다. 이타성 밈이 이렇게 기능하려면 두 가지 전제가 있어야 한다. 첫째, 사람들이 모방을 한다는 것, 둘째, 사람들이 이타주의자를 더 많이 모방한다는 것이다. 두 가정이 모두 사실이라면, 사람들은 스스로 이유를 모른다 해도 어쨌든 남을 도우며 이타적으로 행동하게 될 것이다.

나는 우리의 진화 과거에서 그런 행동이 어떻게 생겨났는지 추론해 보고자 한다. (현대의 이타성에 대해서는 다음 장에서 다룰 것이다. 그 쪽이 결과를 시험하기가 더 쉬우므로, 밈 이론이 정말로 필요한지는 그때 판단해볼 수 있을 것이다.) 상호적 이타성에서 이야기를 시작하자. 우리는 남에게 친절함으로써 자신도 친절로 보답 받기를 바라고, 우리의 감정은 그 일에 적합하게 설계되어 있다. 우리는 되갚아줄 것 같은 사람들에게 너그럽게 굴고, 남에게 호감을 사고 싶어한다. 여기에 모방 능력을 더하고, '이타주의자를 따라 하라'는 전략까지 더하면, 두 가지 결과가 따라 나온다. 첫째, 친절하고 너그러운 행동이 모방에 의해 확산된다. 둘째, 친절하고 너그러운 것처럼 보이는 행동, 혹은 친절하고 너그러운 사람이 드러내는 다른 행동도 모방에 의해 확산된다.

사람의 모방이 어떻게 생겨났는지는 앞서 이미 이야기했다. 그런데 팃포탯 전략도 모방을 끌어들인다는 점이 흥미롭다. 팃포탯은 사실상 '남을 모방하라'는 전략이다. 따라서 어쩌면 협동을 선호하는 선택압이 모방 자체의 진화에서도 뭔가 역할을 했을지 모른다. 어쨌든, 일단 모방이 생겨나자 사람들은 서로 따라 하게 되었고, 갖가지 행동 방식들이 개체군 전역으로 퍼졌다. 음식을 나누고, 선물을 주고, 병자를 돌보는 자선 행위들도 거기에 포함되었을 것이다. 그런 자선 행위 자체는 우리가 이미 살펴보았던 유효한 유전적 원칙들, 즉 친족 선택, 짝짓기 체계, 상호적 이타성으로부터 생겨났을 것이다.

그렇게 모방을 전제하자. 다음 과정이 굴러가려면, 사람들이 이타주의자를 더 많이 따라 한다는 가정이 있어야 한다. 이 가정은 합리적이다. 왜냐하면 내가 상호적 이타성이 발휘되는 공동체에 사는 한, 너그럽다고 알려진 사람과 가까이 지내야 내게도 이득이 되기 때문이다. 그러니 너그러운 사람은 남들과 많이 접촉할 것이고, 밈을 퍼뜨릴 기회도 많을 것이다. 이타주의자를 모방하는 게 유리한 이유가 하나 더 있다. 상호적 이타성의 근본 원칙은 누구나 자신을 너그럽게 대하는 상대에게 더 너그럽다는 것인데, 이 체계를 기만하는 방법이 있다. 만약에 내가 보답을 바라지만(남들의 너그러움) 대가는 치르기 싫다면(실제로 내가 너그럽고 싶지 않다면) 너그러운 사람인 듯 보이려고 노력하면 된다. 실제 너그러운 사람을 피상적으로 따라 하는 게 내게 유리하다는 말이다. 그래서 '이타주의자를 따라 하라' 전략이 퍼진다. 이것은 처음에는 유전자의 이득을 추구하는 전략이었지만, 이 과정이 이제 제2의 복제자를 중심으로 돌아가기 때문에 결국 유전자는 과정을 통제할 수 없게 된다. '이타주의자를 따라 하라' 전략은 생물학적 이득을 노리는 전략으로 탄생했으되, 끝내 밈을 퍼뜨리는 전략이 되고 말았다. 이타성 밈을 포함해서 말이다(물론 이타성 밈에만 국한된 것은 아니다). 이타적 행동에는 대가가 따르기 때문에 항상 그에 반하는 선택압이 있겠지만, 일단 모방이 등장하면 이타성을 향한 밈 선택압도 생긴다.

초기 인류의 두 사냥꾼을 상상해 보자. 그들은 활과 화살, 가죽 화살통, 털옷을 갖추고 떠나서 식량을 잡아온다. 케브는 잡아온 고기를 주변 사람들과 나눈다. 친족 선택과 상호적 이타성이 그에게 최소한의 이타적 행위를 지시하는 유전자를 주었기 때문이다. 한편 게이브는 자기 가족에게만 고기를 나눠 준다. 그는 덜 너그러운 유전자를 타고났다. 그렇다면 어떤 행동이 더 많이 복사될까? 케브의 행동이다. 케브는 사람을 많이 만나고, 사람들은 그를 좋아하기 때문에 그를 따라 한다. 그래서 케브의 화살통 스타일, 옷 입는 스타일, 행동 방식이 남에게 전달될 확률이 게이브보다 높다. 이타적 행동도 포함해서 말이다. 이런 식으로 케브는 초기의 밈 분수가 된다. 케브는 이타적 행동 덕분에 밈을 퍼뜨린다.

이것은 두 가지 현상이 공존해서 생기는 상황이다. 첫째는 이타적 행위가 스스로를 복사하여 퍼뜨리는 현상이다. 둘째는 이타적 행위가 이타적 사람에게 존재하는 다른 밈을 퍼뜨리는 현상이다. 후자의 현상 때문에 묘한 결과가 생겨날 가능성도 있다. 생물학적 진화에서 그렇듯이, 여기에서도 역사적 우연이 심대한 효과를 미칠지도 모르는 것이다. 가령 한 선조 집단에서 어쩌다 보니 너그러운 사람이 말쑥한 푸른 깃털 화살을 만들었다면, 푸른 깃털 화살이 갈색 깃털 화살보다 더 널리 퍼질 것이다. 어떤 종류의 밈이든 그 보유자가 이타적이라면, 그 덕분에 확산될 수 있는 것이다.

밈은 더욱 복잡한 방법으로 이타성을 퍼뜨릴 수도 있다. 사회학자 폴 앨리슨은 '선행의 규칙beneficent rule' 이라는 표현을 썼다. 선행이 어떤 규칙의 생존을 보장하는 경우가 무수히 많다는 것이다. 그런 규칙의 일반적인 형태는 '이 규범을 따를 가능성이 평균 이상으로 높은 사람에게 선행을 베풀라' 이다. 이 원칙은 '이타주의자를 따라 하라' 전략이 아니라 '성공한 사람을 따라 하라' 전략에 의존하여 작동한다. 앨리슨이 설명했듯이, 이런 규칙을 따르는 A라는 사람이 B를 돕는다고 가정해 보자. B는 도움 덕분에 좀 더 쉽게 성공할 것이고, 따라서 남들에게 모방될 가능성이 높아질 것이고, 따라서 처음에 A로 하여금 B를 돕게 만들었던 그 규칙을 B도 사람들에게 전달할 가능성이 높아진다. 규칙은 이런 식으로 스스로를 확산시킨다.

물론 이 과정은 B가 선행의 규칙을 받아들일 때에만 작동한다. B가 친절을 날름 받기만 하고 모른 척한다면 작동될 수 없다. 일반적으로 '이 규범을 따를 가능성이 높은 사람에게 선행을 베풀라' 라고 표현된다고 했던 것은 바로 이 때문이다. 그러면 어떤 사람이 그런 사람일까? 이런 규칙의 다양한 형태들을 생각해 보자. '당신을 모방하는 사람에게 친절하라' '아이들에게 친절하라' '당신의 문화적 선조들에게 친절하라' 혹은 보다 일반적으로 '당신과 문화적으로 가까운 사람에게 친절하라' 등이다. 예를 들어 당신이 '문화적으로 가까운 사람들에게 친절하라' 규칙을 따른다고 하자. 만약에 당신의 주변 사람들이 이미 당신의 다른 밈들을 받아들인 상태이고, 대체로 당신을 잘 따라 한다면, 그들은 당신의 선행 규칙까지 쉽게 받아들일 것이다. 그들에게 전달된 친절함이 그들의 문화적 적응도를 높일 것이고, 따라서 그들이 그것을 또 남에게 쉽게 전달할 것이다. 이런 식으로 규칙은 번창한다. 이 과정은 생물학적 부모자식 관계에도 적용될 수 있다. 하지만 그 경우에는 친족 선택과 구분하기 어려울 것이므로, 이 과정은 친족 아닌 관계에 적용될 때가 더 흥미롭다. 앨리슨은 교수와 대학원생 제자들의 예를 들었다. 학생들에게 너그러운 교수는 (시간이든 노력이든 기타 어떤 잣대에서든) 그들의 문화적 적응도를 높여 주는 셈이고, 따라서 선행의 규칙을 포함한 그들의 밈이 또 다른 학생들에게 전달될 가능성이 높아진다. 이것은 합리적인 추론이다. 학생을 열심히 돌보는 자상한 교수에게는 더 많은 학생이, 그리고 아마 더 좋은 학생이 끌려들 것이고, 이들이 나중에 같은 일을 할 가능성이 높기 때문이다.

여기에서 이익을 보는 것은 교수가 아니라 규칙임을 명심하자. 합리적으로 따지자면 교수는 자상하게 굴 필요가 없다. 하지만 교수는 규칙을 채택했고, 규칙은 스스로 번성하므로, 교수는 자상하게 굴 것이다. 앨리슨이 '밈'이라는 용어를 쓰진 않았지만, 그가 말한 '선행의 규칙'은 틀림없이 밈이다. 그것이 모방과 가르침을 통해 전달된다고 그가 확실히 규정했기 때문이다. 그의 분석은 합리적 선택 이론이나 유전적 이득에 기반해서는 쉽게 설명할 수 없는 행동을 밈의 관점에서는(혹은 '규범의 관점에서는') 설명할 수 있다는 것을 보여 준다.

앨리슨의 체계는 문화적 친척을 향한 이타성에 가장 잘 들어맞는다는 점도 주목하자. 그도 지적했듯이, 이 체계는 큰 집단이나 대중 일반을 향한 이타성은 설명하지 못한다. 대조적으로, '이타주의자를 따라 하라' 전략에 기초한 밈적 이타성은 보편적 이타성까지도 너끈히 설명해낸다.

밈 대 유전자

밈이 이끌어가는 이타적 행위는 행위자의 유전적 적응도를 낮출 우려가 있다. 달리 말해, 인간의 이타성은 밈과 유전자가 다투는 경쟁의 장이다. 케브의 이타적 행동은 그에게 많은 친구를 안겨 주지만, 그와 자식들의 생존 가능성을 낮춘다. 고기를 나눔으로써 제 몫은 줄어드니까 말이다. 그의 유전자는 선행이 장기적으로 유전자 전달에 유리하게 작용할 때에만 선행에 '신경' 쓸 것이고, 유전자의 이해관계를 섬기는 감정과 행동을 그에게 심어놓았다. 하지만 그의 밈은 유전자를 전혀 '신경' 쓰지 않는다. 밈은 복사될 수 있다면 반드시 복사할 뿐이다. 그의 밈은 실제로 많이 복사된다. 사람들은 자신이 좋아하는 사람을 따라 하기 때문이다. 그러므로 설령 밈에 의한 이타적 행위가 개체에게는 무거운 짐이 되더라도, 어쨌든 그 행위가 사회에 널리 확산된다. 한마디로, 사람들이 이타주의자를 따라 하기 시작한 이상, 유전자가 그들을 멈출 수 있다는 보장이 없다.

밈적 이타성이 유전자의 손아귀를 완전히 벗어날 수도 있을까? 목줄이 끊어질 지경까지 잡아당길 수도 있을까? 이따금 사람들은 능력을 벗어나서까지 남에게 베풀 때가 있다. 더 후한 선물, 더 과시적인 선물을 줘가면서 상대와 경쟁한다. 매트 리들리가 지적했듯이, 선물은 협상의 대가, 뇌물, 무기가 될 수 있다.[1996] 가장 특이한 사례가 '포틀래치potlatch' 풍습이다. 포틀래치라는 말은 치누크 족의 언어에서 왔고, 이것이 아메리카 원주민들에게 널리 존재하는 관행이지만, 뉴기니 같은 다른 지역에도 간혹 이런 풍습이 있다. 이것은 대립하는 집단들이 상대에게 사치스러운 선물을 주거나 제 소유물을 파괴함으로써 과시하는 행사다. 사람들은 카누, 동물 가죽, 구슬, 놋그릇, 담요, 음식을 선물한다. 자신의 가장 귀중한 소유물을 불 태우고, 노예를 죽이고, 소중한 향료를 모닥불에 쏟아버린다.

이런 소모적인 전통은 일상적인 상호적 이타성과 다르다는 것을 명심하자. 대부분의 상호적 이타성 사례에서는 협동을 통해 양쪽 모두 이득을 보는 반면, 포틀래치에서는 모두가 잃는다(적어도 물질적인 면에서는 그렇다). 포틀래치가 모방에 의존한다는 점에도 주목하자. 그런 전통은 누군가가 다른 누군가의 행동을 따라 함으로써 번졌을 것이고, 그러다 보니 사회 전체의 규범이 되었을 것이다. 모방만이 그처럼 특이한 행동을 가능케 한다. 유전자는 일단 우리에게 모방 능력을 준 이상, 도로 빼앗을 수 없었다. 포틀래치는 숙주를 죽일 수 있는, 그러나 꼭 죽이라는 법은 없는 기생생물과 비슷하다. 반면에 대부분의 이타적 행동은 숙주와 공생하거나 숙주에게 유용하다.

이 대목에서 우리는 인간을 다른 종과 다르게 만들어 주는 것이 바로 모방이라는 사실을 다시 한 번 깨닫는다. 다른 종들은 친족끼리만 선물을 주고받는다. 그것도 특별한 협정을 위해서라거나 특수한 상황에서만 그렇게 한다. 가령 거미 수컷이 암컷에게 돌돌 만 파리를 선물하는 것은 암컷이 그것을 먹느라 바쁜 동안 교미를 해치우기 위해서다. 반면에 인간의 문화에서는 선물이 흔하다. 우리는 남의 집에 초대받았을 때 선물을 챙겨 가고, 특별한 날에 선물로 기념하며, 결혼식이나 생일 잔치에도 선물을 준다. 영국은 총 경제 생산의 7에서 8퍼센트 가량이 선물로 주어질 물건들에 해당하고, 일본에서는 수치가 아마 더 높을 것이다. 다행스럽게도 포틀래치는 드문 관습이다. 대부분의 사람들은 선물을 인간다운 즐거운 풍습으로 여긴다.

마지막 단계는 다시 밈-유전자 공진화다. 나는 최고의 모방자나 최고의 밈을 지닌 사람이 생존에 유리할 것이고, 그들과 짝짓는 사람도 마찬가지라고 주장했다. 따라서 '최고의 모방자와 짝이 되라' 전략이 퍼진다. 현실에서는 이 말이 유행하는 밈을 지닌 사람과(꼭 유용한 밈일 필요는 없

다) 짝지으라는 뜻이 되므로, 그렇다면 이타성도 밈의 유행 여부를 결정 짓는 요인으로 관여하는 셈이다.

밈 분수인 케브는 더 많은 친구를 만들고 더 많은 밈을 퍼뜨리는 것을 넘어서, 더 훌륭한 배우자를 끌어들일 것이다. 그의 밈이 인기 있기 때문이다. 그는 자신을 이타적으로 만들어 준 유전자를 후손에게 물려줄 것이다. 최초의 이타적 행동을 낳았던 유전적 변이가 더 많은 후손에게 전달되고, 따라서 이타적 행위가 밈적으로만이 아니라 유전적으로도 퍼질 것이다. 앞에서 우리는 밈들이 이타성 밈을 추진하는 과정을 이야기했지만, 여기에서는 그뿐 아니라 밈들이 이타성 유전자를 추진하는 과정도 벌어지는 셈이다. 인간의 이타성 유전자는 이런 식으로 밈에 의해 추진되었고, 그리하여 우리는 밈이 없을 때보다 밈이 있을 때 유전적으로도 더 이타성을 띠게 되었다.

이것은 두 가지 전략이 연합한 결과라는 것을 잊지 말자. '이타주의자를 모방하라' 전략과 (이타성 밈이 자주 모방되고 인기 있으니) '이타주의자와 짝지으라' 전략이다. 앨리슨이 말한 선행의 규범들에는 이 상황이 적용되지 않는다. 왜냐하면 그 규범들은 '성공한 사람과 짝지으라' 전략에 의존하는데, 그것은 결국 유전자의 이해관계로 귀결하는 전략이고, 그런 현상이야 그렇지 않아도 이미 널리 퍼져 있기 때문이다. 달리 말해, 앨리슨의 규칙에서는 유전자만 개입되든 밈도 함께 개입되든 어차피 결과가 비슷하다.

나는 '이타주의자를 모방하라' 전략으로 인해 두 가지 결과가 생겨난다고 주장했다. 이타성 밈이 확산되는 결과, 그리고 이타주의자에게 관련된 다른 밈이 확산되는 결과다. 밈이 유전자를 이끄는 경우에도 이것은 마찬가지다. 단순히 이타성 유전자가 선호되는 것을 넘어서, 얄궂은 역사적 우연으로 다른 유전자까지 영향을 받을지도 모른다. 가령 케브가 모종의 유전적 소인 때문에(색각에 변이가 있거나 해서) 푸른 깃털을 선호한다고 가정해 보자. 너그러운 사람인 케브가 푸른 깃털 화살을 만들었기 때문에, 푸른 깃털 화살이 유행한다. 사람들은 그의 깃털을 모방할 뿐만 아니라 유행하는 푸른 깃털 화살을 가진 사람과 짝짓기를 선호한다. 따라서 푸른 깃털을 선호하는 유전자가 유리해진다. 유행이 충분히 많은 세대에 걸쳐 유지된다면, 유전자 빈도도 변하기 시작할 것이다. 푸른 깃털 화살에 본질적인 장점 따위는 없어도 된다는 점을 명심하자. 그저 유행을 일으킨 사람이 이타적인 사람이었기 때문에 이 과정이 시작되었다.

이런 식의 밈 추진이 실제로 벌어졌는지 아닌지는 나도 알 수 없지만, 관찰에 따른 증거가 몇 가지 있긴 하다. 사람 아기는 어릴 때부터 남과 공유하는 성향을 드러내는데(물론 이기적 성향도 드러낸다), 다른 영장류들의 아기는 그렇지 않다. 사람에게 선천적 바탕이 있음을 암시하는 현상이다. 개미나 벌처럼 친족 선택에 따라 움직이는 사회적 곤충을 제외한다면, 사람은 다른 어떤 종보다도 협동적인 사회를 꾸리고 산다. 밈에 기반한 이타성 이론은 이런 현상들을 해석할 수 있다. 밈과 유전자가 종종 대립함에도 불구하고 외견상 대체로 두 복제자의 관계가 성공적이라는 사실도 설명할 수 있을지 모른다. 밈은 사람들에게 협동을 장려하기 때문에, 기생생물이라기보다는 공생생물에 가깝다.

인간 외에도 밈을 지닌 다른 종이 있다면 비교가 쉽겠지만, 현실에서는 그런 종이 없다. 새들은 서로의 노래를 모방하곤 하므로, 어쩌면 모방하는 새가 모방하지 않는 새에 비해 더 이타적일지도 모른다. 돌고래는 모방 능력이 있는 몇 안 되는 동물 중 하나인데, 영웅적인 구출담으로도 유명하다. 돌고래가 물에 빠진 사람을 수면으로 올려 주었다는 이야기, 뭍으로 밀어 주었다는 이야기가 있다. 사람이 아닌 다른 종이 이렇게 한다는 것은 무척 신기한 일이다. 하지만 이것들은 일화적인 사례일 뿐이다.

실제로 이 생각이 유효한지 아닌지 확인하기 위해서는 많은 연구를 해야한다. 먼 과거의 인간 행동에 관한 연구가 으레 그렇듯이, 밈에 의한 이타성 추진 과정이 실제 일어났었는지 확인하는 연구는 몹시 어려울 것이다.

그에 비하면 현대의 인간 행동에 관한 연구는 전망이 훨씬 밝다. 자, 그러니 케브나 게이브에 관한 추론은 그만두고, 현대의 사람들에게로 돌아가자. 오늘날의 복잡한 사회에서도 친절하고, 너그럽고, 친근한 행동이 밈 확산에 중요한 역할을 한다는 사실을 보게 될 것이다.

제13장

이타성을 가장하라

M E M E

밈의 일생에서 유일하게 중요한 것은 <u>스스로의 생존과 복제이다</u>. 따라서 이타적 행동은 이타성 밈을 복제함으로써 우리를 더 이타적인 인간으로 만든다. 또한 이타성은 다른 밈들의 확산을 돕는다. 다른 밈들에게 요긴한 복제 전략을 제공하는 셈이다. 하지만 종종 밈은 이타성 술수를 부리기도 한다. 정치적, 종교적, 사회적 목적을 띤 이타적 행동을 통해 다른 사람을 끌어들이고, 그들에게 밈을 전파하려는 것이다.

THE ALTRUISM TRICK

나는 현대 세계에서는 밈–유전자 공진화를 무시해도 좋다고 가정할 것이다. 세상에 두 복제자가 존재하는 한 그들은 계속 상호작용할 것이므로, 당연히 이것은 적잖이 단순화한 가정이다. 하지만 이제 밈의 진화 속도는 인간의 유전적 진화 속도보다 훨씬 빠르기 때문에, 대부분의 경우에는 후자를 무시해도 괜찮다. 유전자는 밈을 따라 잡지 못한다. 다만 우리가 무시해선 안 될 것은, 과거의 기나긴 공진화 과정이 현재에 남긴 유산이다. 인간의 크고 똑똑한 뇌는 밈–유전자 공진화로 탄생했다. 인간의 사고와 감각 방식도 진화의 산물이고, 이것들이 이제 밈의 성패를 결정한다. 가령 우리가 섹스를 좋아하기 때문에 섹스 밈은 유리한 출발선에 서고, 남녀에게 다르게 작용한다. 우리는 음식을 좋아하고, 권력과 흥분을 좋아한다. 우리가 수학을 어렵게 느끼기 때문에, 수학 밈은 상당한 격려를 받아야만 확산된다. 우리의 언어 구조가 어떤 밈이 더 수월하게 전달되느냐에 영향을 미친다. 우리가 창조한 이론과 신화는 우리가 새 밈을 다루는 방식에 영향을 미친다. 예를 들자면 한이 없다.

사회생물학은 이와는 다르게 단순화한 가정을 사용했다. 밈의 역할을 무시했던 것이다. 많은 경우에 이것은 적절한 접근법이었고, 우리가 사회생물학의 발견을 통해서 우리의 뇌와 흔한 생각과 행동을 통찰해볼 수 있지만, 그것이 전체 그림을 보여 주진 못했다. 이제 관심을 돌려 보자. 점점 더 많은 교육을 받으며 점점 더 과로하는 뇌들이 한정된 수만큼 존재하고, 그보다 훨씬 더 많은 밈들이 그 안에 들어가기 위해서 경쟁하는 상황을 살펴보자.

우리는 밈의 관점을 취해 보아야 한다. 밈의 일생에서 유일하게 중요한 것은 스스로의 생존과 복제라는 점을 잊지 말자. 나는 밈이 무엇을 '원하고' '필요로 하고' '노력한다'는 말을 자주 쓸 테지만, 여러분은 이런 표현이 그 '무엇' 덕분에 밈의 복사 가능성이 높아진다는 말을 줄인 것임을 기억하기 바란다. 밈에게는 의식적인 의도가 없다. 밈이 실제로 무언가를 추구하며 분투하는 것이 아니다. 밈은 (정의상) 복제될 뿐이고, 겉으로 드러난 밈의 노력과 의도는 모두 그 점에서 비롯된다. 복제되는 존재는 적게 복제되거나 많이 복제되거나 둘 중 하나일 뿐이다. 밈은 선해서, 진실해서, 유용해서, 아름다워서 복제될 수 있겠지만, 다른 이유 때문에 성공할 수도 있다. 지금부터 그 다른 이유들을 살펴볼 것이다.

밈 분수에 들어간 밈은 밈 배수구에 들어간 밈보다 더 잘 살아간다. 누가 밈 분수인지는 쉽게 짐작이 된다. 사회심리학 실험들을 보면, 우리는 유력한 사람(혹은 권력의 냄새를 풍기는 외모를 갖춘 사람), 전문가로 인식되는 사람, 권력자를 더 자주 모방한다. 이들은 '성공한 사람을 모방하라' 전략의 대상이다. 이들은 쉽게 남을 설득해서 자기 말을 듣게 하거나 자기 생각을 받아들이게 한다. 세일즈맨, 광고 전문가, 정치인 등은 이 사실을 예전부터 알고 있었다. 브로디는 이른바 '권력 버튼power button'을 언급하면서,[1996] TV 쇼는 큰 차, 총, 번드르르한 옷을 사용해서 시청률을 높이고 자신의 밈을 권장한다고 말했다. 명성은 밈을 퍼뜨린다. 텔레비전 스타나 영화배우는 수백만의 시청자에게 관찰 대상이 되고, 그럼으로써 옷, 말투, 흡연, 음주, 차, 음식, 생활방식에서의 유행을 선도한다. 하지만 유력자만이 밈 분수로 기능하는 것은 아니다. 다른 종류의 밈 분수도 있다. 일례로 우리는 자신과 비슷하다고 생각되는 사람에게 더 쉽게 설득된다. 판매원들은 이 점에 착안하여 잠재적 구매자의 행동을 모방하거나, 비슷한 신념이나 취미를 가진 척하는 영리한 판매 전략을 쓴다.치알디니 1994

앞에서 나는 이타적 행동이 밈 확산의 한 방법이라고 주장했다. 언뜻 와닿지 않을지도 모르는 그 밈 분수 전략이 어떤 결과를 낳는지 살펴보자. 첫째, 이타적 행동은 이타성 밈을 복제함으로써 우리를 더 이타적인 인간으로 만든다. 둘째, 이타성은 다른 밈들의 확산을 돕는다. 다른 밈들에게 요긴한 복제 전략을 제공하는 셈이다.

이타성은 이타성을 퍼뜨린다

우선 이타적 행동 자체가 복제되는 경우를 살펴보자. 서로 다른 두 밈이(혹은 밈 집합이) 있다고 하자. 하나는 친구가 어려움에 처했을 때 도와주는 밈이다. 친구의 차가 고장 났을 때 태워 주거나, 친구가 애인에게 버림받았을 때 하소연을 들어주는 것이다. 다른 하나는 친구가 당신을 필요로 해도 무시하는 밈이다. 이런 행동들은 한 사람에게서 다른 사람에게로 복사될 수 있으므로, 분명히 밈이다. 그런데 잠깐, 내가 여기에서 '무언가를 하는 밈'이라고 표현한 것에 주목하자. 사실 이것은 위험의 소지가 있는 표현이다. 그 사람더러 친구를 돕게 하는 지침이 뇌의 특정 부분에 구체적인 형태로 저장되어 있다는 뜻으로 들릴 수도 있기 때문이다. 이것은 우스꽝스러워 보인다. 하지만 꼭 그렇게 해석할 필요는 없다. 사람들이 서로의 행동에서 특정 측면을 모방할 때, 한 사람에게서 다른 사람에게로 무언가가 전달된다고만 가정하면 충분하다. 그 무엇이 무엇인지 머리를 싸맬 필요는 없는 것이다. 모방이 벌어지면(실제로 벌어진다) 무언가가 전달된다는 것, 그 무언가를 밈이라고 부른다는 것. 이 단순한 사실이면 충분하다. 따라서 내가 '친구를 돕는 밈'이라고 말했을 때는 한 사람이 다른 사람을 모방하여 남을 도움으로써 돕는 행동의 어떤 측면이 전달되었다는 뜻이다.

자, 처음의 중요한 질문으로 돌아가자. 두 밈 중에서 어느 쪽이 더 잘 살까? 첫 번째일 것이다. 당신이 그 밈을 취하면 친구는 당신을 좋아하게 되고, 함께 어울리고 싶어 한다. 나아가 남을 안 돕는 다른 친구보다 당신을 더 많이 모방할 것이고, 따라서 당신의 이타성 밈이 그에게 퍼진다. 그러면 그도 또 다른 친구를 도울 것이고, 밈은 더 멀리 퍼진다. 보유자를 인기인으로 만들어 주는 밈에도 같은 논리가 적용된다. 이런 밈을 받아들인 사람이 딱히 자신의 행동을 의식하는 것은 아니다. 그들은 그저 불쾌한 사람이 아니라 착한 사람과 닮고 싶다고 느낄 뿐이다. 우리가 느끼는 많은 감정이 유전자를 위해 일하듯이, 이런 감정은 밈을 위해 일한다. 그리고 이것은 부끄럽게 생각할 일이 아니다.

그렇다면 모든 사람이 무한히 착해지고 착해지고 또 착해진다는 뜻일까? 물론 아니다. 가장 큰 이유는 친절하고 너그럽고 이타적인 행동에는 시간과 돈이라는 값비싼 대가가 따르기 때문이다. 이타성을 억누르려는 선택압이 언제나 작동할 테고, 밈도 이타성 외에 다른 전략을 얼마든지 사용할 수 있다. 그렇지만 일반적으로 모방 능력이 없을 때보다 있을 때 우리가 더 이타적인 존재가 되리라는 추측은 가능하다.

이것이 현대적인 환경에서 밈이 이타성을 이끌어가는 사례다(앞장 끝에서 이야기했던 상황, 즉 밈이 이타성 유전자를 추진하는 상황과는 다르다는 것을 명심하자). 이런 식으로 밈이 이타성을 추진할 때는 밈간 경쟁을 통해서 남을 위한 값비싼 행동이 생겨나는 셈이다. 이런 행동은 유전자가 아니라 밈에 의해 추진되기 때문에, 보유자의 유전적 이해관계에 꼭 좌우될 필요가 없다. 유전자가 아니라 밈이 이익을 보는 이런 경우는 밈적인 설명의 유효성을 확인해 볼 수 있는 좋은 사례다. 가령 아이를 낳지 않고 평생 자선 사업이나 복지 업무에 종사하는 사람들이 좋은 대상이다. 그들의 희생은 유전적 이득으로는 도저히 설명되지 않지만, 밈에 비추어 보면 간단하게 설명된다.

이론적으로, 밈에 의한 이타성은 최고로 순수하고 사심 없는 선행을 낳아야 한다. 실제로 가끔은 그럴지도 모른다. 그런데 이타성은 스스로를 퍼뜨릴 뿐만 아니라, 다른 밈들을 퍼뜨려 줄 수도 있다. 다른 밈들의 입장에서는 요긴하게 이용할 확산 메커니즘이 하나 생긴 셈이다. 나는 그런 일이 실제로 벌어진다고 생각하며, 밈에 의한 이타성 확산을 다른 밈들이 도용하는 여러 방법을 지금부터 설명할 것이다. 나는 이런 방법을 통틀어서 '이타성 술수altruism trick'라고 부른다.

이타성 술수는 단순한 하나의 발상에 의존한다. (케빈처럼) 이타적이거나 친근한 사람이 지닌 밈은 (게빈처럼) 치사한 사람이 지닌 밈보다 더 쉽게 복사된다는 발상이다. 그렇다면 어떤 종류의 밈이 이타주의자의 마음 속에 쉽게 들어갈까?

첫째, 어떤 밈은 실제로는 그렇지 않은데도 불구하고 마치 이타적인 듯 보인다. 그래서 이타적인 사람의 마음에 쉽게 끼어든다. 둘째, 밈들이 밈플렉스로 뭉쳐서 단체로 다양한 전략을 구사함으로써 이타주의자의 마음에 쉽게 들어간다.

이타성을 가장하기

이타적인 듯 보이면 된다는 첫 번째 술수는 그야말로 확실하다. 친절하고 너그러운 사람인 양 보이게 하는 밈은 큰 비용을 치르지 않고도 남에게 모방될 가능성, 따라서 밈이 확산될 가능성을 높여 준다. 이런 행동의 예는 많이 있다. 우리는 남에게 미소를 짓고, 나한테 미소 짓는 사람에게 미소로 화답한다. 우리는 친절하고 정중한 인사를 건넨다. '잘 지내요?' '부모님께서 건강하셔야 할 텐데요.' '파티에서 재미있게 놀아요.' '도와드릴까요?' '좋은 하루!' '새해 복 많이 받으세요.' 이처럼 흔한 밈들을 통해서 우리는 솔직히 별로 신경 쓰지 않으면서도 겉으로는 상대를 배려하는 듯한 인상을 준다. 그래서 그 밈들이 성공한 것이다. 우리의 일상 대화는 이런 밈들로 가득하다.

이와 밀접하게 관련된 것으로, 이타주의자에게 몰래 잘 숨어드는 밈들도 있다. 밈이 외따로 존재하는 경우는 없다. 모든 밈이 수명의 특정 단계에서만이라도 반드시 사람의 뇌에 저장되는데, 사람은 자신의 생각에 어느 정도 일관성을 부여하려고 애쓰는 복잡한 생물이다. 자기 일관성 원리consistency principle'는 사람의 사고와 행동을 이해할 때 결정적인 요소다. 어떤 사람이 이타적인 성향이라면, 유전적 소인 때문에 그렇게 되었든 살면서 이타성 밈을 많이 체득해서 그렇게 되었든(대부분은 둘 다일 것이다), 다른 이타성 밈이 그에게 똬리를 틀기가 더 쉽다.

케빈과 게빈의 삶에 새 밈이 등장했다고 하자. 그들은 다 쓴 우표를 모았다가 자선 단체에 보내달라는 요청을 받았다. 게빈보다는 케빈이 이 밈을 훨씬 잘 받아들이고, 그대로 시행할 것이다. 이 밈은 케빈의 다른 행동들과 잘 어울리기 때문이다. 케빈은 스스로를 온정적인 사람으로 생각하기 때문이다. 만약에 한 몫 거들기를 거부한다면, 그는 '인지 부조화

cognitive dissonance'를 겪는다. 이것은 상충하는 두 가치관을 동시에 지닌 불쾌한 상태를 말한다. 이 경우에는 케빈이 스스로를 따스한 사람으로 생각하는 견해와 우표 모집을 돕지 않겠다고 한 견해가 상충한다. 많은 심리학적 연구가 보여 준 바, 사람들은 배치되는 생각들 사이의 부조화를 줄이려고 항상 노력하며, 보통 일관성 자체를 높이 평가하고 따라 한다._{치알디니 1994; 페스팅어 1957} 한편 이 밈은 케빈에게는 잘 정착하지 못할 것이다. 그는 이런 일이든 다른 일이든 도움을 거절한다고 해서 인지 부조화를 겪지 않기 때문이다.

사람이 일관성을 추구하고 부조화를 꺼린다는 사실을 알면, 왜 사람마다 서로 다른 조합의 밈들이 뭉치는지 이해할 수 있다. 한 사람이 일단 특정 집합의 밈들에게 헌신하면, 그 기존의 주장이나 신념이나 행동의 목록이 새 밈의 안착 여부에 영향을 미친다. 기존의 배경이 어떤 것인가와는 무관하게 아무튼 누구에게서나 밈 일반화가 일어나는 것이다. 착한 사람이 착한 일을 하고 못된 사람이 못된 일을 하는 것은 상식이 아니냐고 할지 몰라도, 밈학은 그 상식을 조금 다른 관점에서 보게 한다. 밈의 성공 여부는 그것을 접한 사람의 유전적 성향에 따라서도 달라지지만, 또한 그에게 기존에 존재하는 배경적 밈들에 따라서도 달라지게된다.

그런데 상황을 더 복잡하게 만드는 요인이 있다. 유행은 변한다는 사실이다. 밈풀 전체가 변해감에 따라 사람들이 잘 받아들이는 밈도 달라질 것이다. 지금은 이런 식의 기부가 적절해 보일지 몰라도, 몇 년 뒤에는 전혀 다른 식의 기부가 장악할지도 모른다. 하지만 이 복잡성이 기본 원리까지 가리는 것은 아니다. 일단 밈이 이타성을 추진하기 시작하면, 이타성은 곧 보편화된다. 이미 이타성 밈에 감염되어서 스스로를 특정한 시각으로 바라보는 사람에게는 종류가 무엇이든 친절하고 너그러운 행동이 쉽게 자리 잡는다. 이 사람은 더 많이 모방되고, 따라서 밈이 더 널리 퍼진다.

다른 관점에서 볼 때는 다소 혼란스러운 행동들도 이 과정을 적용하면 설명할 수 있다. 동물에 대한 친절을 예로 들어 보자. 많은 사람이 고난에 처한 동물을 기꺼이 돕는다. 개나 고양이를 위한 쉼터가 있는가 하면, 아픈 당나귀나 부상당한 야생동물을 위한 보호소도 있다. 동물보호구역이 있고, 멸종 위기종을 구하기 위한 국제적 노력이 있다. '동물 살리기' 운동에 이익금을 쓰는 자선 가게가 있고, 야생동물 보호 단체를 후원하기 위한 카드가 있다.

내가 이것을 혼란스러운 행동이라고 말한 까닭은, 합리적 사익 추구나 유전적 이득이나 진화심리학의 용어로는 이종 간 친절을 쉽게 설명할 수 없기 때문이다. 수렵채집인에게는 상처 입은 호랑이를 구해 주는 것이 하등의 이득이 없는 일이었을 것이다. 인류가 동물을 사육하기 시작한 것은 불과 1만 년 전, 지중해 동쪽의 '비옥한 초승달 지대'에서였다. 아메리카 대륙에서는 불과 1,000년 전부터 가축화가 시행되었고, 세계의 어떤 지역에서는 아예 가축화가 진행되지 않았다.^{다이아몬드 1997} 따라서 인류의 진화 역사에서 대부분의 기간에는 인간 주변의 동물이 잠재적 사냥감 아니면 우리를 잡아먹을 포식자였다. 그들을 죽음에서 구해 주는 것은 유전적으로 합리적인 일이 못 되며, 하물며 그들의 고통을 덜어 주려고 노력하는 것은 더 그렇다. 이런 친절에 대한 사회생물학적 설명을 들어본 적은 없지만, 내가 직접 몇 가지 가설을 생각해 볼 수는 있다. 동물들은 대개 우리의 호의를 갚지 못하므로, 직접적인 상호적 이타성으로는 설명이 안 된다. 하지만 상호적 이타성이 인간에게 부여한 감정들 때문에 이런 행동이 추진된다고 주장할 수는 있겠다. 그래서 우리는 고통 받는 동물에게 연민을 느끼고, 그 고통을 덜어 주고 싶어 하며, 그러지 않으면 죄의식을 느낀다는 것이다. 또 다른 가설은, 우리가 상호적 이타성 관계에서 제 지위를 높이기 위해 '친절한 사람으로 보이기' 전략을 쓴다는 것이다. 그러나 나는 이 가설은 말이 되지 않는다고 확신한다. 그에 따르는 대가가 너무나 크기 때문이다. 자연선택은 동물에게 지나치게 친절하게 대하는 성향을 모조리 제거할 것이 분명하다. 특히 위험한 야생동물이 대상이라면 말이다. 이런 가설들은 게다가 확인도 어렵다.

그렇다면 우리는 대체 왜 그렇게 행동할까? 이미 이타성 밈에 감염된 사람들에게는 동물에 대한 친절이 쉽게 자리 잡을 수 있다는 것이 내 주장이다. 그들은 스스로를 친절한 사람이라고 생각하며, 계속 그렇게 보이기 위해서 신경을 쓴다. 그들의 행동 덕분에 그들은 더 많이 모방되고, 따라서 동물에 대한 친절도 확산된다.

요즘은 육식을 거부하는 사람이 갈수록 늘고 있는데, 이 현상에 대해서도 같은 논리를 펼 수 있다. 사람은 분명히 일정량의 고기를 먹게 되어 있다. 육류는 단백질과 지방이 풍부하다. 우리 먼 선조의 뇌가 커지기 시작했을 때 그에 필요한 영양을 공급한 것도 육류였을 것이다. 그렇지만 요즘은 나를 포함해서 많은 사람이 고기를 먹지 않는다. 채식이 몸에 맞아서라고 이유를 대는 사람도 있고 그냥 고기가 싫어서라는 사람도 소수 있지만, 대부분은 식량으로 사육되고 도살되는 동물들의 고통을 묵과할 수 없어서라고 한다. 내 주장은, 우리가 동물을 아끼는 착한 사람을 닮고 싶어서 그런 사람들을 따라 하기 때문에 채식주의 밈이 성공한다는 것이다. 물론 누구나 이 밈에 감염되지는 않는다. 고기를 아주 좋아하는 사람도 있고, 이 밈과 배치되는 밈 집합을 갖고 있는 사람도 있다. 그럼에도 불구하고 이 밈은 썩 잘 해나가고 있다. 채식주의는 밈적으로 확산된 이타적 유행이다.

내 주장이 옳다면, 우리는 그런 밈들의 역사적 기원을 추적할 수 있어야 한다. 그런 밈들이 서서히 등장한 과정, 그리하여 온 개체군을 장악한 과정을 알 수 있어야 한다. 또한 소통이 적게 이루어지고 밈 확산 방법이 많지 않은 사회에서는 그런 행동을 찾아볼 수 없어야 한다. 반대로 여러분의 자원이 풍부하고 새 밈을 습득할 기회가 풍부한 사회에서는 그런 행동이 흔하게 발견되어야 한다. 그리고 사람들이 동물에게 베푸는 친절을 반드시 떠벌리면서 광고하지는 않아야 하고, 그저 그러고 싶다는 기분을 느껴야 한다.

주목할 점은, 외견상 친절한 이런 행동이 정말로 동물에게 도움이 될 필요는 없다는 것이다. 상처 입은 동물을 구조하면 일시적으로는 동물에게 도움이 될지도 모른다. 칸막이 닭장에서 태어나 부화도 못하는 병아리는 차라리 존재하지 않는 편이 나았을지도 모른다. 하지만 장기적 전망은 모호하다. 특히 서식지나 종 전체를 구하려는 계획들의 전망은 모호하다. 밈의 시각에서는, 목표로 내건 가치를 성취하지 못하는 행동이 퍼지는 이유도 이해할 수 있다. 그것은 사람들이 잘못된 추론을 하기 때문만은 아니다. 그 점이야 우리가 이미 너무 잘 아는 사실이다. 차라리 사람들이 특정 종류의 실수를 특히 잘 저지르기 때문이라고 해야 한다. 이 경우에는 이타적으로 보일 뿐인 행동을 따라 하는 실수다.

마지막으로 소개할 사례는 쓰레기 재활용이다. 재활용은 틀림없이 밈이다. 남들을 따라서 하게 되는 행동이기 때문이다. 글에서 읽었든, 텔레비전에서 보았든, 이웃들이 다 그렇게 하는 것을 보고 깨닫게 되었든 말이다. 많은 사람이 종류가 다른 쓰레기를 분리하고, 집이나 창고에 나누어 보관하고, 재활용품 수거 장소까지 가져가고, 재활용된 제품을 구입하는 일에 상당한 노력을 들인다. 재활용 밈은 엄청나게 성공한 밈이다. 전세계 선진국들에서 널리 퍼져 있으며, 엄청나게 다양한 다른 여러 행동들도 이끌고 있다. 어떤 전문가는 쓰레기를 죄다 매립하고 물건을 다 새로 만드는 데 드는 에너지가 재활용에 드는 에너지보다 훨씬 적을 것이라고 주장한다. 그 말이 사실인지는 잘 모르겠지만, 밈의 관점에서는 어떻든 어차피 문제가 안 된다. 이런 행동이 퍼지는 까닭은 이전부터 너그럽고 사려 깊고 '친환경적인' 행동을 다양하게 실시하던 사람들이 이 밈을 쉽게 받아들이기 때문이다. 따라서 그들이 더욱 이타적인 사람으로 보이고, 더 많이 모방되기 때문이다. '친환경 운동'과 그에 투입되는 모든 노력은 밈이 이타성을 추진하는 과정 덕분에 존재한다.

밈플렉스와 이타성 술수

이타성과 아무 관련이 없는 밈들도 무임승차를 통해서 '이타주의자를 따라 하라' 현상으로부터 이득을 볼 수 있다. 동굴인 케브의 화려한 푸른 깃털 화살처럼, 어떤 밈은 운 좋게도 우연히 이타적인 사람에게 채택된다. 하지만 밈들이 요행에만 의지하는 것은 아니다. 밈들은 스스로 이타적인 밈이 되지 않고도 이타적인 사람에게 교묘하게 끼어드는 전략을 고안했다(정확하게 표현하자면, 그런 전략을 알아낸 밈은 다른 밈들보다 잘 생존할 것이고, 따라서 우리는 주변에서 그런 밈을 많이 목격하게 될 것이다). 그런 예가 있을까?

물론이다. 서로 협동하는 소규모 밈 집단부터 몹시 복잡한 밈플렉스까지 다양하게 있다. 밈플렉스의 핵심은 그 안에 들어간 밈들이 혼자일 때보다 집단 구성원일 때 더 잘 복사된다는 것임을 명심하자. 단순한 밈플렉스를 몇 가지 떠올려 보면 원리를 쉽게 이해할 수 있다. 첫 번째 사례는 누구나 남들에게 사랑 받고 싶어 한다는 가정을 바탕에 깔고 있다. 이것은 누구나 싫은 사람보다는 좋은 사람을 모방한다는 원리를 구성하는 한 축이다. 내가 좋은 사람을 모방하면 나도 남들에게 사랑 받을 가능성이 높아지고, 남들에게 좋은 사람으로 인식되면 더 친절한 대접을 기대할 수 있다.

자, 부모가 아이에게 어떤 행동을 설득하는 상황을 생각해 보자. 정리 정돈을 하라거나, 던 이모에게 인사를 제대로 하라거나, 혼전순결을 지키라고 말이다. 아이가 그런 명령을 잘 따를까? 두려워서, 혹은 강압에 마지못해서 따르기도 할 것이다. 그런데 사실은 명령을 이런 식으로 바꾼 술책이 더 흔히 쓰인다. '착한 아이는 옷을 더럽히지 않아요' '착한 사람은 인사를 제대로 하는 거야' '착한 여자아이는 결혼 전에는 섹스하지 않아'. 이 단순한 밈플렉스들은 딱 두 부분으로 구성된다. 하나의 명령, 그리고 착한 사람이라는 개념이다. '그런 짓을 하면 사람들이 너를 싫어할 거야'도 비슷한 사례다. 훌륭한 사람은 보수당에 투표한다는 암시나, 저녁 8시에 식사를 하는 게 남들 보기에도 좋을 거라는 말이나, 착한 사람은 교회에 나간다는 말도 마찬가지다.

앞서 동물에 대한 친절이나 재활용을 이타성 사례로 들었는데, 이런 이타성을 중심에 두고 더 복잡한 밈플렉스가 구축되는 경우도 있다. 수많은 다른 밈들이 이 이타성에 편승하는 것이다. 재활용 표시는 한 조각의 작은 정보에 지나지 않지만, 전 세계적으로 어마어마하게 많이 복사되며 성공을 거뒀다. 자선 단체의 이름이나 로고도 그런 사례이고, 딸랑딸랑 소리 내는 거리 모금함, 자선 단체의 상점을 이용하는 습관, 특정한 물건을 모아 달라며 나눠 주는 특별한 봉지, 그 밖에 기부의 세계에서 번성하는 온갖 행동들이 그렇다. 밈플렉스들이 점점 더 복잡하게 진화함에 따라 자꾸만 새로운 생태지위가 탄생하고, 새로운 종류의 밈들이 그 공간에서 번성한다. 기부 문화가 확산됨에 따라 오만가지 다른 밈들이 번성할 새로운 공간이 그 안에 열리는 것이다.

이타성을 활용해서 음악이나 유행을 팔 수도 있다. 보브 겔도프는 실제로 아프리카의 굶주리는 사람들에게 돈을 모아 주었지만, 그 과정에서 자기 음반을 수백만 장 팔았다.(영국 가수 겔도프는 1984년에 주변 음악인들과 '밴드 에이드'를 결성하여 자선 음반을 냄으로써 에티오피아에 보낼 기부금을 모았다 — 옮긴이) 다이애나 왕세자비 추모 기금은 그녀의 이름을 건 자선 활동을 실제로 후원했지만, 그 과정에서 다이애나 관련 밈을 수백만 명에게 퍼뜨렸다. 사진, 이야기, 개인적 회상, 추측과 소문, 그녀의 일생을 다룬 비디오, 물론 '바람 앞의 촛불' 노래와 가사도(영국 가수 엘튼 존이 원래 마릴린 먼로의 추모곡으로 작곡했던 이 노래를 97년에 다이애나 추모곡으로 리메이크해 불렀다 — 옮긴이).

이런 단순한 사례들만 보아도, 밈에 의한 이타성은 밈들이 쉽게 활용할 만한 술수라는 사실을 충분히 알 수 있다. 그러니 세상에서 가장 강력하고 보편적인 밈플렉스들 중 다수가 이 술수를 다양하게 사용하는 것은 어쩌면 당연한 일이다. 그중에서도 제일 두드러지는 것이 종교들이다. 종교가 사용하는 방법을 하나 이야기해 보자. 우리가 일단 밈의 관점에서 보기 시작하면 세상에 이처럼 단순한 방법이 있을까 싶은 것인데, 즉 신자들에게 이타적 행동을 장려하는 종교는 이타성 술수 덕분에 잘 확산된다는 것이다.

일전에 내가 브리스틀의 공원에서 자전거를 탈 때, 갑자기 체인이 빠졌다. 내가 안장에서 내리기도 전에 어디선가 두 청년이 쏜살같이 달려오더니, 정중하게 도움의 손길을 내밀고, 전문가처럼 체인을 끼워 주었다. 그러고는 상냥한 미소를 지으면서 그 자리에 서 있었다. '정말 고맙습니다.' 나는 인사를 하면서도 어리둥절했다. 한 번도 만난 적 없는 사람들인 데다가, 고양이 펠릭스가 그려진 자전거 헬멧을 쓴 내 모습은 매력과는 거리가 멀었기 때문이다. 곧 청년들의 입에서 하느님의 이름이 흘러나왔고, 잽싸게 뒤를 이어 조지프 스미스와 솔트레이크시티 이야기가 흘러나왔다. 모르몬교는 이타성 술수를 의도적으로, 솜씨 좋게 확산시킨다. 그것이 모두에게 잘 작동하는 것은 아니겠지만, 그 밈을 지금껏 살려둘 만큼은 충분히 잘 작동한다.

이타성 술수는 다음과 같은 메커니즘으로 작동한다. 정치적 정당, 종교적 분파, 컬트적 종교, 지역 공제회 등 복잡한 신념 체계를 아무거나 놓고, 그 추종자는 선행을 해야 한다는 개념을 융합하자. 선행 때문에 사람들은 추종자들을 좋아할 것이고, 그들을 따라 할 것이다. 그 과정에서 신념 체계의 다른 밈들까지 복사할 것이다. 이 메커니즘에는 실제적인 '선행'이 관여한다. 겔도프나 다이애나의 예처럼 말이다. 반면에 선행하는 척만 하거나, 추종자로 하여금 자신이 선행을 한다고 착각하게 하는 메커니즘도 있다. 상대에게 선물을 안김으로써 빚진 느낌을 유도하는 메커니즘도 있다. 어떤 신념을 가진 사람이 당신에게 호의를 베풀면 당신은 그에게 빚진 느낌이 들 것이고, 빚을 갚는 확실한 방법은 그가 원하는 일을 하는 것이다. 즉 그의 밈을 받아들이는 것이다(아니면 받아들이는 척하는 것이다). 기본적인 '이타성 술수'에도 여러 변형 형태들이 있는 것이다. 그런 몇몇 형태들의 작동방식은 나중에 종교에 관해 이야기할 때 상세히 논할 것이다. 그때 앨리슨이 말했던 '선행의 규범들'의 뜻도 더 살펴볼 것이다.[1992]

이타성 술수는 해당 밈의 보유자를 효과적으로 조종한다. 컬트에 가입한 사람이나 특정 이데올로기를 받아들인 사람이 재산을 내놓고, 선행을 하고, 남을 돕는 것은 그런 행동을 통해서 자신이 감염된 밈을 퍼뜨릴 수 있기 때문이다. 그러면 더 많은 사람이 그 밈을 복사하여 또 밈을 위해 일한다. 그렇기 때문에 이 술수를 쓰는 밈플렉스들이 과거에 잘 살아남았고, 현재도 우리 주변에 아주 많이 존재한다. 우리가 밈을 위해 일한다는 개념을 이야기한 것은 이번이 두 번째다(첫 번째는 우리의 성이 유전자 확산이 아니라 밈 확산을 추구한다는 이야기였다). 뒤에서도 비슷한 사례를 이야기할 일이 또 있을 것이다. 밈은 이렇게 인간의 행동을 끌어가고 있다.

혹시라도 이 생각이 소름 끼치게 느껴진다면, 왜 그런지 스스로 물어보자. 정말로 인간의 행동을 추진하는 것은 무엇일까? 다윈주의나 사회생물학 등 인간 행동을 탐구하는 과학에 반대하는 사람들의 마음에는 인간을 스스로의 운명을 책임지는 독립적이고 마술적인 행위자로 보고 싶다는 욕망이 분명하게 깔려 있다. 나는 나중에 이런 견해에 관해 좀 더 이야기하겠지만, 당장은 이렇게만 대답하겠다. 그렇다. 밈학은 그런 시각을 무너뜨린다. 인간의 행동을 놓고서 다양한 목적을 거론하며 다양한 방식으로 설명할 수 있겠지만, 모든 설명의 바탕에는 결국 복제자 간의 경쟁이 깔려 있다. 밈이야말로 인간의 행동과 그 도구들을 추진하는 막후 세력이다. 인체의 구조를 자연선택으로만 이해할 수 있듯이, 인간 마음의 구조는 밈 선택으로만 이해할 수 있다.

빚, 의무, 교환

이타성에 관한 밈 이론을 시험해 볼 수 있을까? 한 가지 방법은 이론이 바탕에 둔 기본 가정들을 점검해 보는 것이다. 가장 중심적인 가정은 누구나 자기가 좋아하는 사람을 선택적으로 따라 한다는 것이었다. 내가 그런 가정을 세운 것은 그런 사실을 암시하는 내용이 여러 문헌에 많이 등장하기 때문이다. 미국 심리학자 로버트 치알디니가 설득의 심리학에 관해 쓴 책은 널리 인용되는 베스트셀러인데,[1994] 그 속에서 저자는 누구나 자신이 좋아하는 사람에게 더 쉽게 영향을 받고, 그런 사람의 요청에 더 쉽게 응하고, 그런 사람이 권하는 제품을 더 쉽게 구입한다는 증거들을 모아서 보여 주었다. 터퍼웨어 파티가(제조사가 주부들의 모임을 후원함으로써 자연스럽게 제품을 홍보하고 판매하는 전략으로, 주방용품 회사 터퍼웨어가 처음 고안했다고 알려져 있다 — 옮긴이) 유효한 판매 전략이 되는 까닭은 주최자가 자기를 좋아하는 친구들을 초청하기 때문이고, 따라서 그 친구들은 원하지도 않았던 제품을 쉽게 구입하기 때문이다. 유능한 자동차 판매원은 잠재적 구매자들을 칭찬하고, 자신이 그들과 비슷한 사람인 척하고, 자잘한 특전을 공짜로 주고, 상사를 거스르면서까지 그들을 챙겨 주는 척하여 호감을 산다. 이것은 모두 고객이 판매원을 좋아하게 만드는 전략이고, 그리하여 희생자의 주머니에서 쉽게 돈을 꺼내는 방법이다. 호감을 증대시키는 주요인으로는 육체적 매력, 공통점, 협조성, 상대가 나를 좋아한다는 믿음 등이 있다. 판매왕 기록을 보유한 어느 세일즈맨은 '나는 당신을 좋아합니다' 라는 요지의 카드를 한 달에 1만 3000장이나 고객들에게 보냈다고 한다. 아마도 헛돈을 쓴 것은 아니었을 것이다.

한편 호감이 모방으로 직결되는가 하는 점은 확실하지 않다. 여기에 대해서는 사회심리학자들의 연구가 많지 않은데, 아마도 모방 자체가 그간 강조된 적이 없었기 때문일 것이다. 어쨌든 만약에 그 말이 사실이라면, 다음과 같은 결과가 마땅히 따라 나와야 한다. 사람들은 호감 가는 사람으로부터 더 쉽게 물건을 구입하고, 더 쉽게 설득 당해 마음을 바꾸고, 더 자주 그 의견에 동의할 것이다. 위에서 말했던 사회심리학적 발견들은 누구나 근본적으로 좋아하는 사람을 모방하는 성향이 있다는 사실에서 따라 나온 결과인지도 모른다. 그렇다면, 호감 가는 사람과 호감 가지 않는 사람에 대한 모방 정도가 실제 얼마나 되는가를 실험을 통해 면밀하게 확인할 필요가 있다. 예를 들어, 피험자가 좋아하는 사람과 싫어하는 사람을 각각 부르자. 피험자가 지켜보는 앞에서 둘에게 같은 일을 다른 방식으로 수행하게 한 뒤, 피험자에게도 그 일을 시켜 보자. 더 나아가, 호감도를 어떤 식으로 조작해야 최고로 효과적인 모방을 끌어낼 수 있는지 알아보는 실험도 가능하다. 만약에 행동 모방에 영향을 미치는 조작이 설득이나 의견에 대한 동의에도 영향을 미치는 것으로 확인되면, 그것은 모든 모방이 비슷한 과정이라는 뜻이 된다. 나는 또 이타주의자에 대한 사람들의 호감도가 높다고 가정했다. 이것은 시험이 필요 없을 정도로 당연한 일인지도 모르지만, 어쨌든 이 가정에 대해서도 위와 비슷한 실험을 구축해서 확인해볼 수 있겠다. 이타적으로 행동하는 사람은 더 많이 모방되는 결과가 나와야 할 것이다. 만약에 이런 예상들이 유효하지 않은 것으로 드러난다면, 밈이 이런 식으로 이타성을 끌어낸다는 이론 전체가 설 곳을 잃을 것이다.

그런데 이런 실험들의 결과를 복잡하게 꼬아놓을 만한 요인이 하나 있다. 이른바 '상호성 법칙reciprocation rule'의 효과다. 이것은 사회심리학에서 잘 알려진 현상으로서, 친절을 경험한 사람은 갚아야 한다고 느낀다는 것, 갚지 않으면 빚진 기분이 된다는 것이다.[치알디니 1995] 이런 경향은 여러 문화에 퍼져 있다. 가난한 나라가 부자 나라의 원조를 항상 흔쾌하게 받아들이는 것은 아니라는 사실도 이와 관련이 있는지도 모르겠다.[모가담 외 1993] 이런 상호성 개념은 인간이 상호적 이타성을 진화시킨 탓에 발생했을 것이다. 자, 이 개념을 염두에 두고서 앞서 말한 실험들을 다시 생각해 보자. 친절을 경험한 피험자는 상대에게 빚진 기분을 느끼고, 그 기분이 불쾌하기 때문에 상대를 오히려 좋아하지 않을지도 모른다. 그러면 문제가 복잡해진다. 밈의 관점에서 가장 흥미로운 결과는, 이타주의자를 모방하는 것이(가령 이타주의자의 밈을 받아들이는 것이) 일종의 보상처럼 작용할 경우이다. 즉 상대의 견해를 받아들이는 것이 친절에 대한 '되갚음'이 되는 경우이다.

이것은 상호적 이타성에서 유래한 '상호성 법칙'과 '당신을 모방하는 사람에게 친절하라'는 앨리슨식 선행의 규범이 결합한 결과일지도 모른다. 상호성 법칙에 따르면, A가 B를 모방할 경우에 B는 A에게 빚진 기분을 느낀다. 그렇다면 비단 교수가 학생들에게 친절하게 대하는 경우를 넘어서까지 선행의 규범이 적용될 수 있다. 누구나 자신에게 동의하는 사람에게, 자신의 견해를 채택하는 사람에게, 기타 여러 방식으로 자신을 모방하는 사람에게 더 친절하게 대하게 된다. 그리고 만약에 이 과정의 역도 유효하다면, C가 D에게 선물을 줌으로써 D가 C에게 빚진 기분을 느끼는 경우, D는 C의 의견에 동의함으로써(혹은 어떤 식으로든 C의 믿을 받아들임으로써) 빚을 갚을 수 있을지도 모른다. 일상생활에서 이런 효과가 드러나는 경우가 있을까? 초대 받은 손님이 주인의 의견에 쉽게 동의하는 경향, 종속적인 위치에 있는 사람이 권력자에게 동의하는 경향, 앞서 말했던 종교의 술책 등이 있다. 마지막으로, 사람들이 모방 대신 물건 교환을 택하여 빚을 갚아버리려는 경향이 생길 수도 있다. 가령 선물을 갖고 온 손님은 빈 손으로 온 손님에 비해서 주인의 말에 동의해야 한다는 압박을 덜 느낄 것이다.

혹시 믿을 받아들이는 대신 물건을 준다는 개념이 낯설게 느껴진다면, 우리 주변에 존재하는 온갖 믿들에 대해 물질적인 대가가 오간다는 사실을 떠올려 보자. 우리는 원하는 정보를 얻기 위해 돈을 낸다는 생각에 익숙하다. 우리는 책이나 신문을 사고, TV 수신료를 내고, 영화표를 산다. 누구나 우리에게 자신의 생각을 강제하고 싶다면, 우리의 주의를 사는 대가로 돈을 지불해야 한다. 광고인이나 정치인이 그렇게 하고 있다. 이 점에 관해서는 인터넷에 올리는 정보에 대해서 사용자가 아니라 공급자가 비용을 지불하는 현상을 논할 때 다시 이야기하자.

교환 행위는 모두 확인이 가능하다. 일례로 이런 실험을 상상해 보자. 제임스가 그다지 인기 없는 어떤 의견을 사람들에게 말한다. 혹은 자신이 몸 담은 조직에 참여하라고 사람들을 설득한다. 달리 어떤 상황이든 상관없다. 사람들 가운데 그렉이 일어나더니 공공연히 제임스에게 동의한다. 그러면 제임스는 그렉에게 빚진 기분이 되고, 그래서 그렉에게만 유독 너그럽게 대할 것이다. 이런 실험을 해보면 밈이 마치 물건처럼 일종의 화폐로 교환되는지 확인해볼 수 있을 것이다.

혹은 반대되는 견해를 지닌 사람들이나 어떤 일의 수행 방식을 놓고 의견이 갈리는 사람들을 모아두고, 그들이 서로의 마음을 바꾸기 위해서 실제로 어떤 방법을 동원하는지 관찰할 수도 있다. 이전에도 사람들의 행동변화를 연구한 사례는 많았지만, 광고나 정치적 설득처럼 물질적 이해관계가 걸린 상황에 대한 연구가 대부분이었다. 그런데 밈 이론의 예상대로라면, 사람들은 설령 물질적 이득이 관여하지 않아도 자신이 설득시키고 싶은 사람에게 항상 더 너그럽게 굴 것이다. 아울러 이미 자신에게 동의한 사람이나 개종의 여지가 전무하다고 판단되는 사람에게는 너그러울 이유가 없다. 즉 설득될 가능성이 있는 상대에게 최대의 이타성을 발휘하는 현상이 목격되어야 한다. 로즈 1997

그런데 사실은 상호성 효과가 이보다 더 복잡하다. 다음 실험을 상상해보자. 두 사람만 관여하는 상황이다(실제로 실험을 한다면 여러 쌍으로 많이 반복해야 할 것이다). 재닛에게 논쟁적인 주제에 관한 의견을 말할 기회를 주고, 메그는 잠자코 듣게 한다. 그 후에 재닛이 어떤 식으로든 메그에게 친절하게 행동한다(커피를 사주거나, 작업을 도와준다). 그 뒤에 메그에게 재닛을 얼마나 좋아하느냐고 물어본다. 당연히 재닛이 친절하지 않을 때보다 친절할 때 메그의 호감이 더 클 것이다. 이제, 메그에게 예의 그 논쟁적 주제에 관한 본인의 견해는 어떤지 물어보고, 그 후에 다시 재닛에 대한 호감도를 물어보자. 내 이론에 의하면 두 가지 예측이 가능하다. 다소 명백한 첫 번째 예측은, 재닛이 메그에게 뭔가를 해주었을 때 메그가 재닛의 의견에 더 쉽게 동의하리라는 것이다. 덜 분명한 두 번째 예측은, 동의를 표하는 것이 친절에 대한 보답처럼 기능하리라는 것이다. 따라서 메그가 재닛에게 동의하는 발언을 공공연히 한다면(메그가 실제로 그렇게 생각하든 말든), 그러지 않았을 때보다 재닛을 더 좋아하게 된다는 예측이 가능하다. 재닛이 메그에게 친절했다는 이유에 더하여, 이제 메그가 재닛에게 동의함으로써 빚을 갚아서 더는 의무감을 느끼지 않기 때문에, 재닛을 더 좋아할 수 있는 것이다.

이것은 극히 작위적인 상황이지만, 나는 가급적 단순하게 설정해 보려고 애썼다. 현실에서는 우리가 상대의 행동을 구체적으로 따라 하는 것, 다른 누군가에게 정보를 전달하겠다고 약속하는 것, 상대의 말을 받아 적는 것, 상대가 속한 집단에 가입하는 것 등 여러 방법으로 남의 밈을 받아들인다. 어쨌든 내가 말한 원리가 분명하게 이해되었기를 바란다. 너그러운 상대에 대한 피험자의 호감도는 상대를 모방할 기회가 주어질 때 더 높아진다는 원리다. 왜냐하면 의무감이 줄어들기 때문이다. 내가 볼 때 이것은 다른 이론으로는 쉽게 예상하거나 설명할 수 없으며, 직관에도 반하는 결과다.

이런 예측들이 옳다면, 우리가 갖가지 방식으로 밈과 자원을 교환할 수 있다는 뜻이다. 우리는 남에게 내 생각을 주입시키기 위해 돈을 치를 수도 있고, 빚을 갚겠다는 생각으로 남에게 동의할 수도 있고, 겉으로는 그저 너그럽게만 보이는 행동을 통해서 상대의 동의를 강요할 수도 있다. 어쩌면 돈으로 사람들의 동의를 짜내는 것의 메커니즘이 이렇지 않을까 하는 흥미로운 생각도 든다. 이런 예측들 중에서 몇 가지는 밈의 이타성 추진 과정에서 근본적인 가정들이므로, 이것들이 사실로 밝혀지지 않는다면 내 이론은 틀린 것이 될 것이다.

제14장

뉴에이지에
오염된 밈

M E M E

임사체험, 종교적 환상, 점성술, 대체의학 등 우리는 늘 수많은 사이비과
학과 마주한다. 그런 것들은 과학적으로 입증되지도 않고, 증명될 수도
없다. 하지만, 뉴에이지 이야기는 어느 사회, 어느 시대에나 널리 퍼진
다. 그런 뉴에이지 밈들의 작동기제는 무엇일까? 여기에서 이타성의 술
수가 작동한다. 뉴에이지 신봉자들은 이타적인 행동을 통해 사람들의
환심을 사고 자신들의 편으로 끌어들인다. 뉴에이지 밈이 확산되는 방
법이다.

　1997년의 어느 날, 학생 하나가 미디어 프로젝트 때문에 나를 인터뷰하러 왔다. 내가 충분히 예상했던 몇 가지 질문을 던진 뒤, 그는 갑자기 이렇게 말했다. '블랙모어 박사님, 박사님은 외계인 납치가 수면마비의 한 형태라는 이론으로 유명하시지요. 그런데 저는 수면마비도 겪어 봤고 또 외계인한테 납치된 경험도 있거든요. 그래서 말인데 두 가지는 전혀 같은 게 아니라고 말씀드릴 수 있어요.'

　내가 질문을 던질 차례였다. 이후 몇 시간 동안 그는 수차례의 납치 경험을 이야기해 주었다. 처음은 그가 다섯 살 때였고, 성인이 되어서도 이어졌다. 외계인들이 그의 집 밖 들판에 착륙했고, 그의 방으로 들어왔고, 그를 우주선으로 데려가서 수술을 시켰다고 했다. 마지막으로 그는 작은 금속 물체를 하나 보여 주었다. 외계인들이 그의 입천장에 심어 둔 것인데, 2주나 불편을 겪다가 겨우 빼낸 것이라고 했다. UFO에 대해 '닫힌 마음'을 갖고 있는 박사님께서 이것을 과학적으로 분석해 볼 생각이 있으신가요?

당연히 나는 그러겠다고 했다. 외계인 납치에 대한 내 회의적 견해는 바로 이런 물체의 도전을 기다리고 있었다. 세상에는 외계인에게 납치당했다고 주장하는 사람이 수천 명이나 있고, 여러 유명 학자들이 기꺼이 그들을 지지한다.제이콥스 1993; 맥 1994 사람들이 들려주는 이야기는 상당히 일관성이 있다. 그들은 보통 평균적인 지능과 교육 수준을 보이고, 심리학적으로도 건강한 것으로 알려져 있다.스파노스 외 1993 하지만 얼룩이 묻은 옷가지나 몇몇 '이식물' 외에 확실한 물리적 증거가 제공된 사례는 전혀 없었다. 그러나 누가 알겠는가, 지금 이것이 바로 그 증거일지. 과학자라면 모름지기 상상도 못한 결과를 가져오는 물체를 은밀히 꿈꾸는 법. 이것이 정말로 외계 문명에서 온 기술의 한 조각일지도 모르는 것 아닌가. 물론 나는 분석해 보고 싶었다.

분석은 간단했고, 답도 간단했다. 전자현미경 아래에서 다른 '이식물'들과 무척 비슷하게 보였던 수수께끼의 물체는 치아를 때울 때 쓰는 아말감이었다. 청년은 반은 실망하고 반은 안도했다. 하지만 내가 알기로 그는 아직도 납치가 사실이라고 믿는다. 이제는 외계인들이 자기 몸에 또 다른 물체를 이식해두었을까 봐 걱정하지는 않지만 말이다.

이것은 대체 어떤 일일까? 그들이 신빙성 없는 이야기를 꾸며낸다, 혹은 망상을 앓고 있다고 비난하는 것은 공정하지 못하다. 완벽하게 평범하고 제정신인 듯 보이는 사람이 많기 때문이다(나도 많이 만나 보았기 때문에 잘 안다). 그들은 자신에게 무슨 일인가 벌어졌다며 겁에 질려 있고, 그것이 외계인 때문이라고 믿는다.

외계인에 의한 납치라는 밈플렉스

나는 외계인에 대한 주장이 밈플렉스라고 생각한다. 120센티미터의 호리호리한 몸에 커다란 머리와 크고 까만 눈의 생물체가 있다는 생각, 그들이 타고 오는 우주선의 이미지, 그들이 시행한다는 수술, 그들이 지구를 방문한 의도, 그 밖에 각종 매체가 전달하는 여러 상세한 내용들로 구성된 하나의 밈플렉스다. 일레인 쇼월터는 《히스토리》[1997]라는 책에서 그런 생각은 이야기를 통해 퍼지는 전염병이라고 주장했다(나라면 정신병적이라고까지 묘사하지는 않겠지만 말이다). 흥미롭게도, 연구하는 학파마다 외계인의 의도를 다르게 파악하는 듯하다. 존 맥을 따르는 사람들은 친환경적인 외계인을 믿는 경향이 있다. 그들이 임박한 환경 재앙을 경고해주기 위해서 온다는 것이다. 반면에 이른바 제이콥스 학파의 추종자들은 외계인이 반인 반외계인의 아기를 만드는 번식 프로그램을 통해 지구를 점령하기 위해서 사람들을 납치한다고 믿는다.

외계인 납치를 밈적으로 바라본다는 것은 왜 이런 생각이 진실이 아닌데도 성공적으로 확산되는지 묻는 것이다. 진실되고 유용한 생각이 성공리에 확산되는 현상에는 수수께끼랄 것이 없다. 사람들이 그 생각을 원하기 때문이고, 잘 활용할 수 있기 때문이다. 따라서 훌륭한 과학 이론이나 정확한 뉴스의 성공을 이해하는 문제에 있어서는 밈학이 다른 시각들보다 딱히 더 유리할 것이 없다. 하지만 거짓되고, 기묘하고, 심지어 해롭기까지 한 생각의 확산을 설명할 때는 밈학이 유리하다. 외계인 납치가 그런 예이다.

외계인 납치를 이해하는 열쇠는 가위눌림이라고도 하는 수면마비 현상이다. 우리가 자다가 꿈을 꿀 때는 몸의 근육들이 대부분 마비된다. 그래야 꿈에 따라 실제로 행동하는 일이 없을 테니까 말이다. 잠에서 깰 때쯤에는 보통 마비가 다 풀리고, 기억은 전혀 남지 않는다(중간에 실험자가 개입을 하지 않는다면 말이다). 그런데 간혹 의식과 꿈을 갈라놓는 메커니즘이 잘못될 때가 있다. 불규칙한 시간대로 일하거나 심하게 잠을 설치는 사람일수록 그러기 쉽다. 잠에서 깨어 주변을 둘러보고 똑똑히 생각을 하지만, 몸은 거의 움직이지 못하는 경우가 있다. 마비와 더불어 윙윙거리거나 웅웅거리는 잡음, 몸이나 침대의 진동, 다른 사람이나 사물이 방에 함께 있다는 느낌, 둥둥 떠다니는 듯한 이상한 불빛 같은 감각도 흔히 느껴진다. 꿈을 꿀 때 흔히 발기가 되기 때문에, 마비에서 그 상태가 지속되기도 한다. 가끔은 누가 나를 만지거나 잡아당기는 느낌, 심지어 내가 내몸에서 빠져나간 느낌이 들 때도 있다. 이런 증상을 인지한다면, 그러고도 침착을 유지할 수 있다면, 최선의 대응은 긴장을 풀고 가만히 기다리는 것이다. 그러면 일이 분 안에 마비가 풀린다. 괜히 벗어나려고 안간힘을 쓰면 사태가 더 악화된다.

대체 무슨 일인지 알지 못한다면, 이것은 꽤 무서운 경험이 될 수도 있다. 그럴 때 사람들의 자연스러운 반응은 다른 사람이나 물체 탓을 하거나, 무엇이 되었든 해석을 찾아내는 것이다. 과거 역사에서 여러 문화들이 다양한 '해석'을 제안했다. 중세에는 잉큐버스incubus와 서큐버스succubus라는 악령들이(둘 다 몽마라고도 하며, 잉큐버스는 남성이고 서큐버스는 여성이다 — 옮긴이) 못된 사람을 꾀어 성적인 행동을 시키는 것이라고 설명했다. 잉글랜드 남부 사람들은 20세기 초까지도 마녀가 몸에 걸터앉아서 그런 일이 생긴다고 했고, 뉴펀들랜드 사람들은 요즘도 '노파 마녀Old Hag'가 밤에 사람들의 가슴에 앉아서 숨을 못 쉬게 만든다고 말한다. 일본의 카나시바리(金縛り, 속박한다는 뜻이다 — 옮긴이), 세인트루시아 섬의 코크마, 잔지바르 섬의 포포바와도 수면마비에 관한 미신이다. 이런 미신은 모두 성공적인 밈이다.

현재의 우리 문화에는 외계 공간, 우주선, UFO, 사악한 외계인에 관한 이야기가 가득하다. 그래서 우리가 수면마비를 겪으면서도 그게 무엇인지 알지 못한다면, 우리 마음은 쉽게 떠올릴 수 있는 '해답'을 끌어들인다. 마비되어 겁에 질린 상태에서 한 번 외계인을 떠올리면, 갈수록 그 생각이 더 실감나게 느껴진다. 납치되었다고 믿게 되는 것도 무리가 아니다.

실험에 따르면, 납치되었다고 주장하는 사람들은 보통의 대조군 사람들에 비해서 수면마비를 포함한 수면장애를 더 많이 겪는다. 스파노스 외 1993 위의 해석을 지지하는 증거인 셈이다. 아직 시험을 통해 확인되진 않았지만, 나는 수면마비의 심리적 원리를 이해하는 사람은 납치를 경험할 가능성이 없으리라고 예상한다. 그들은 이미 더 나은 해석을 알고 있기 때문이다.

어떤 사람들은 혼란스러운 경험에 대해서 희미한 기억만을 갖고 있고, 대체 무슨 일이었을까 어리둥절해 한다. 그들이 어쩌다가 외계인 납치의 '기억 복구'를 전문으로 한다는 최면술사를 만나면, 그들은 그 체험을 자꾸 다시 재현하도록 부추김을 받는다. 그래서 결국 자기가 하는 말가 진짜 기억을 구분하지 못하게 된다. 그리하여 외계인이나 기술에 관해 세부적인 내용까지 갖추게 된다.

하지만 이것이 전부는 아니다. 납치 미신이 성공적인 밈 집합이 된 데는 다른 이유들도 있다. 확인이 극히 어렵다는 것도 한 가지 이유다. 덕분에 해체될 염려가 없는 것이다. 외계인들은 무척 똑똑하기 때문에 벽을 가만히 놔둔 채 천장을 통과해 잠입할 수 있고, 사람을 가볍게 나를 수 있고, 사악한 실험을 한 뒤에 다시 되돌려 놓을 수 있고, 그러면서도 아무에게도 들키지 않을 수 있다고 한다. 게다가 납치 기억을 억압하는 것도 외계인들에게는 쉬운 일이라서, 우리에게는 불확실한 기억의 편린과 다리나 코의 영문 모를 작은 상처만 남는다. 숙련된 최면술사의 도움을 받아야만(납치 경험자들을 많이 다뤄 보아서 적절한 질문을 물을 줄 아는 사람이어야 한단다) '기억'을 온전하게 찾을 수 있다. 외계인들은 엄청나게 발전된 기술을 갖고 있기 때문에, 레이더에 잡히거나 제대로 사진에 찍히는 일이 거의 없다. 왜 외계인 착륙의 증거를 제공하는 정부가 한 곳도 없느냐고? 뻔하지 않은가, 음모 때문이다. 각국 정부는 당연히 우주선을 확보하고 있고 심지어 외계인 시체도 냉동해두고 있지만, 수많은 사람을 동원해서 증거를 은폐하며, 대중에게 절대 알려지지 않게 막는다. 어째서 그 일에 고용된 사람들 중에서 한 명이라도 비밀을 누설하지 않느냐고? 그것이야 말로 음모가 얼마나 강력한지 보여 주는 증거다. 흥미롭게도, 미신에 반하는 증거, 가령 이식물이라고 했던 것이 사실은 충전재라고 밝혀진 이야기 같은 것은 거의 아무런 영향도 미치지 못한다. 굳게 믿는 사람이라면 한 조각의 부정적 증거로는 신념을 반증할 수 없다는, 상당히 일리 있는 지적을 할 테고, 믿지 않는 사람이라면 처음부터 그것이 이식물이라고 생각하지 않았을 테니까 말이다.

납치 밈플렉스가 그간 어마어마한 성공을 거둬온 이유를 우리는 이제 알 만하다. 첫째, 그것은 진정한 기능을 수행한다. 즉 오싹한 경험에 대한 해석을 제공한다. 내 학생이 첫 납치를 경험하기 전에 수면마비에 관해서 알았다면, 그것이 납치 경험으로 변모되지 않았을 것이라는 게 내 생각이다. 둘째, 이 생각은 현대 미국 문화에 어울리는 호소력이 있다(유럽에서는 정도가 덜하다). 다른 영장류 친척들과 마찬가지로, 사람은 지위가 높은 수컷을 따르며 두려워하는 성향을 진화시켰다. 이 타고난 성향에 기대어 가장 주가를 올리는 것은 신이지만, 그 밖에도 여러 현대적이고 유력한 존재들이 그것을 활용한다. 과학의 탈을 쓴 채 사람들의 기술에 대한 순진한 두려움을 이용하는 것이다. 셋째, 방송사들이 그런 생각을 부추긴다. 시청자들이 선정적인 프로그램을 원하기 때문이다. 출연자는 놀랍고,

독특하고, 환상적인 이야기를 직접 겪었다고 이야기함으로써 자신이 몹시 특별한 사람인 듯 느끼는 것을 즐긴다(아마 돈도 벌 것이다). 마지막으로, 이 생각은 반박이 거의 불가능하다. 사실인지 아닌지 알 수 없는 음모론에 의해 안전하게 보호된다.

그 보호가 얼마나 굳건하느냐에 따라서 이 밈플렉스가 얼마나 오래 존속하느냐가 결정될 것이다. 이 밈플렉스는 마치 바이러스처럼 개체군에 최대한 널리 퍼져서 수용적인 개체들을 대부분 감염시킨 뒤, 역시 바이러스처럼 더는 확산하지 못하고 멈출 것이다. 이 밈플렉스의 유일한 진짜 기능은 사람들이 수면마비를 모른다는 것을 전제로 하므로, 수면에 대한 과학적 이해가 널리 퍼진다면 타격을 입을 것이다. 또 많은 사람이 구체적인 증거를 요구하는데도 실제 제시되는 것은 하나도 없기 때문에, 결국에는 주장이 잦아들 수밖에 없을 것이다. 이런 이야기를 내보내는 방송들은 참신함과 놀라움을 먹고 살기 때문에, 제작자들이 언제까지나 납치 경험자를 초대해서 이야기를 들려달라고 요청하지는 않을 것이다. 이 밈플렉스는 성공적이긴 해도 분명 수명에 한계가 있다. 반면에 더 공고해 보이는 밈플렉스들도 있다.

죽음과 진실성 술수

연령과 배경을 불문하고, 죽음의 목전에 이르렀다가 소생한 사람들은 다들 상당히 비슷한 체험을 하는 것으로 알려져 있다. 블랙모어 1993 사실 별다른 일을 겪지 않는 사람이 대부분이지만, 특별한 일을 겪었다고 말하는 사람들은 보통 캄캄한 터널을 통과하여 저 멀리 환한 빛을 향해 간다거나, 자기 몸을 빠져 나와서 공중에서 그것을 내려다본다거나, 환하게 빛

나는 존재들이 기다리는 아름다운 장소로 여행한다거나, 가끔은 자기 인생의 장면들이 순식간에 재현되는 것을 보았다고 한다. 그러다가 이윽고 정상적인 삶으로 돌아가야겠다는 결정을 아주 힘들게 내린다는 것이다. 대개는 이것이 행복하고 평화로운 경험이지만, 간혹 지옥 같은 경험일 때도 있다. 무엇보다도 이것은 절대적으로 현실처럼 느껴진다. '현실보다 더 현실적으로' 느껴진다. 나도 그런 경험을 한 적이 있는데(하지만 죽음에 가까이 간 것은 아니었다), 내 경우에는 그것이 생생하고, 아름답고, 절대적으로 현실적인 경험이었고, 그 체험은 내 인생에 극적인 영향을 미쳤다. 일찍이 2천 년 전부터 여러 문화에서 이런 기록이 존재하는 것을 볼 때, 이 경험의 기본 요소들은 어느 곳의 어떤 사람에게나 공통된 듯하며, 모두에게 심대한 영향을 미치는 듯하다.

이 복잡한 경험의 핵심 요소들은 스트레스 상태의 뇌가 겪는 현상들로 설명할 수 있다. 놀랍도록 긍정적인 감정이 밀려드는 것은 스트레스를 받은 뇌가 엔도르핀endorphin을(모르핀과 비슷한 화학물질이다) 분비하기 때문인지도 모른다. 뇌 전역에서 뉴런들이 무작위적으로 폭넓게 점화하면 공포와 스트레스가 느껴질 수 있는데, 이 점화 현상의 위치에 따라 느껴지는 기분이 다르다. 가령 측두엽이 자극을 받으면(실험으로 해볼 수도 있다) 둥둥 떠서 나는 듯한 감각, 기억 플래시백, 종교적인 감정 등이 유도된다. 가장 흥미로운 것은 왜 터널을 보느냐 하는 문제다. 시각계를 구성하는 세포들은 시야의 중심으로 갈수록 빽빽하게 분포하고 가장자리에는 훨씬 적게 분포해 있다. 그래서 모든 세포들이 무작위적으로 점화할 경우에, 가운데는 밝고 가장자리로 갈수록 어두워지는 영상 혹은 나선이나 고리 모양의 띠나 선을 보게 된다. 임사체험자가 보는 터널은 아마 이 현상에 기인할 것이고, 샤먼들이 종종 그림으로 그리는 터널이나 특정 약물 복용자가 보는 터널도 여기에서 비롯할 것이다.

임사체험near-death experience, NDE 경험자들 중에는 이성적인 설명을 듣고 기꺼워하는 사람도 있다. 하지만 설명을 기각해 버리는 사람이 더 많다. 그들은 자신이 정말로 예수를 보았다고 생각한다. 어떤 현실보다도 더 현실적인 예수를 만났다고 말한다. 자신의 영혼이 육체를 벗어났고, 터널을 따라 천국으로 여행했다고 생각한다. 그 경험이 사후의 삶에 대한 증명이라고 생각하는 것이다.

밈의 관점에서 흥미로운 점은, 기독교인은 대개 예수를 만나고 힌두교인은 대개 힌두교 신들을 만난다는 것이다. 오시스와 하랄드손 1977 특정 종교색을 띠지 않은 '존재'를 만났다는 사람도 있지만, 자신의 종교와 다른 종교의 신을 만났다고 보고한 사람은 단 한 명도 없다. 어떤 기독교인들은 진주로 장식된 천국의 문 앞에서 성 베드로를 만났다고 하며, 힌두교인들은 명계의 기록부를 갖고 있는 치트로굽타를 만나서 자신의 이름 아래 적힌 내용에 따라 판결을 받았다고 한다. 미국인들은 천상의 존재를 순순히 따라가는 경우가 많지만, 인도인들은 자신을 데려가려고 하는 명계의 지배자 야마(염라)나 그 대리인인 얌두트에게 저항할 때가 많다. 미국인들은 어머니를 만나는 경우가 많지만, 인도인들은 여성은 거의 만나지 않는다.

이런 영상은 정말 '진짜처럼' 감각되기 때문에, 직접 경험한 사람들은 일체의 자연적인 설명을 거부하는 경우가 많다. 과학 문헌에서도 의견이 정확하게 양분되어 있다. 임사체험이 사후 세계의 증거라고 확신하는 사람들과 그렇지 않다고 확신하는 나 같은 사람들이다. 베일리와 예이츠 1996 사실 임사체험을 묘사한 사람들이 전부 아직 살아 있다는 이유 때문에라도 그 경험은 결코 사후 세계의 증거가 될 수 없다. 그러나 동시에, 아무리 완전하고 만족스러운 자연적 설명이라도 사후 세계가 없다는 증거는 되지 못한다. 이 논쟁은 본질적으로 헛되다. 하지만 밈의 관점에서는 이 문제에 결론이 없다는 것이 아무런 문제가 안 된다. 대신에 다른 질문을 묻게 된다. 임사체험 밈은 왜 성공적일까?

답은 외계인 납치의 경우와 비슷하다. 임사체험 이야기에는 현실적인 기능이 있다. 첫째, 죽음에 가까이 간 사람은 사람의 뇌 깊은 곳에 존재하는 어떤 조건 때문에 특정 체험을 하는 경향이 있고, 그는 이 현상에 대한 설명을 갈구한다. 그래서 그는 당시에 자신에게 주어진 밈들을 동원하여 해석을 해내는데, 그것은 텔레비전에서 온 밈일 수도 있고, 과학이나 종교적 양육 환경에서 온 밈일 수도 있다. 전형적인 임사체험 이야기의 또 다른 기능은 죽음에 대한 공포를 줄여 주는 것, 삶의 의미와 목적에 대한 확신을 주는 것이다. 죽음에 대한 공포는 수면마비에 대한 공포와는 비교도 안 되게 강한 동기이고 우리가 사후 세계를 바라는 마음 또한 몹시 크기 때문에, 임사체험 밈에게는 이것이 훌륭한 미끼다. 밈이 꼭 진실이어야만 성공하는 것은 아니다.

그렇지만 밈은 자신이 진실이라고 주장한다. 우리는 일반적으로 거짓된 생각보다는 진실된 생각을 선호하는 성향을 자연선택을 통해 갖게 되었다. 우리의 인식체계는 바깥세상을 가급적 정확하게 모형화하도록 설계되었다. 우리의 사고 능력과 문제 해결 능력은 거짓된 답보다는 진실된 답을 찾도록 설계되었다. 따라서 일반적으로 거짓된 밈보다 진실된 밈이 더 잘 살아나간다. 그런데 여기에는 속임수의 여지가 있다. 진실을 가장하는 속임수가 가능한 것이다. 첫째, 거짓된 주장이 진실된 주장으로 이루어진 밈플렉스에 끼어들어서 진실된 밈들의 보호를 받을 수 있다. 이것을 '진실성 술수truth trick'라고 부르자. 둘째, 밈은 자신이 진실이라고 그저 우길 수도 있다. 심지어 '유일한 진리'라고 주장할 수도 있다. UFO를 믿는 사람들은 분명하고 유일한 이 진실을 억압하려는 음모가 있다고 주장한다. 임사체험자는 제 눈으로 똑똑히 분명하고 유일한 진실을 보았다고 주장한다. 신과 내세를 믿는 사람은 유일한 그 진실을 그저 느껴서 알

뿐이라고 말한다. 이것은 '진실성 술수'와는 살짝 다른 형태인데, 왜냐하면 주장의 타당성에 대한 증거를 전혀 갖추지 않아도 되기 때문이다.

마지막으로, 임사체험 밈은 '이타성 술수'를 사용한다. 죽음의 문턱에 이르렀다가 살아난 사람은 그 경험 때문에 이후 남들을 잘 보살피고, 자신을 잘 희생하는 변화를 보이기 쉽다.[링 1992] 현재 우리에게 주어진 몇 안 되는 증거를 볼 때 그 변화는 구체적인 임사체험에 의한 것이 아니라 그저 죽을 뻔했다는 사실 때문인 듯하지만, 아무튼 임사체험자의 이타적 행동은 임사체험 밈 확산에 도움이 된다. '나는 괜찮은 사람이에요. 이제는 예전처럼 이기적이지 않아요. 나를 믿으세요. 나는 정말로 천국에 갔다 왔다니까요.' 꾸밈없이 선량한 듯한 이 사람에게 상대는 쉽게 동의할 마음을 먹고, 그래서 밈이 퍼진다. 임사체험자가 당신을 도우면, 당신은 친절에 보답하는 의미에서 임사체험 밈을 받아들일지도 모른다. 이렇게 해서 임사체험 관련 밈들이 퍼지고, 임사체험자는 이타적이라는 생각도 그 속에 포함된다.

훨씬 고약한 이타성 술수도 있다. 기독교인들의 임사체험은 착한 사람만 천국에 간다는 생각에 깊게 의존한다. 아름다운 임사체험을 했다는 것은 그 사람이 착한 사람이라는 뜻이고, 따라서 그것은 믿을 만한 이야기가 된다. 그 말인즉, 끔찍한 임사체험을 한 사람들은 경험을 보고하지 않을 가능성이 높고, 따라서 그들의 밈은 덜 퍼진다는 뜻이다(경험을 터놓고 말하지 못하는 사람이 느낄 두려움과 외로움은 얼마나 크겠는가). 내세를 불신하는 사람이나 뇌과학적 설명을 추구하는 학자는 못된 사람 취급을 받는다. 선하지 않아서 눈앞의 진실을 못 본다는 것이다. 이것은 천국에 관한 임사체험 밈들이 유리한 고지를 점하는 또 한 가지 책략이다. 누구도 못된 사람의 신념을 공유하기를 바라지 않기 때문이다.

오늘날 북아메리카에서 가장 성공적인 임사체험 밈플렉스는 다소 병적인 기독교적 형태다. 체험자들은 천국의 광경, 고전적인 예수, 너무나 편협한 도덕적 해석에 바탕을 둔 판결, 인생이라는 학교에서 배운 교훈에 관해 이야기한다. 그런 사람들이 쓴 책이 몇 달씩 베스트셀러 순위에 오르고, 그들 중 일부는 부자가 된다. 유럽에서는 다른 형태의 밈플렉스들이 경쟁에서 좀 더 잘 싸우는 듯하지만, 과학적 설명이 지금까지는 죽을 쑤고 있다는 점은 어디나 같다.

자연적인 설명과 종교적인 설명을 나란히 놓고 볼 때, 밈적 관점은 전자와 더 어울리는 것으로 보인다. 하지만 어차피 밈학은 이쪽이냐 저쪽이냐 결정하기 불가능한 이 주제에 대해서 정답을 내려 주지 못한다. 밈학이 설명할 수 있는 것은 왜 강력한 미신이 온 문화로 퍼지느냐, 그리하여 삶에서 가장 심오한 경험에 대해 해석 틀을 제공하느냐 하는 문제다. 무릇 인간의 체험이 다 그렇듯이, 이런 기묘한 체험도 유전자와 밈 둘 다에 의해 형성된 우리 뇌의 조건들에 달렸다. '진실된' 체험과 '진실이 아닌' 체험 사이에 애써 선을 그으려 하는 대신, 어떻게 자연선택과 밈 선택이 특정 경험을 만들어 내는지 묻는 편이 낫지 않을까? 그래야만 이런 체험을 더 잘 이해할 수 있다는 게 내 생각이다.

외계인 납치와 임사체험을 볼 때, 이런 밈플렉스들의 성공 공식이 대강 짐작이 된다. 우선 인간의 자연스러운 경험 중에서 감정을 몹시 고조시키는 것, 그런데 이렇다 할 설명이 없는 것을 고른다. 그런 뒤에 마치 그것을 설명해 주는 듯한 미신을 제공하고, 쉽게 확인되지 않는 모종의 강력한 존재나 보이지 않는 힘을 끼워 넣는다. 선택 사항으로, 사회적 강압(나쁜 짓을 하면 늙은 마녀가 들러붙는다), 두려움 다스리기(천국에서 영생을 누릴 수 있단다), 이타성 술수(선한 사람은 이런 체험을 한다, 혹은 이런 신화를 믿는다), 진실성 술수(이 설명이 유일한 진리야) 같은 기능을 포함시킬 수 있다.

지금까지는 이런 밈플렉스를 일부러 설계한 예는 없었다. 이것들은 모두 밈 선택을 통해 설계되었다. 상상해 보자. 지난 수천 년간 셀 수 없이 많은 미신과 이야기가 발명되었을 것이고, 셀 수 없이 많은 사람이 그것을 전달했을 것이다. 기억과 전파에 유용한 술수를 가졌던 밈들은 거기서 살아남은 소수가 되었다. 현대 문화는 수천 년의 밈 진화가 남긴 유산이다.

점술과 운세

수정구슬이나 타로 카드에서 방향요법(아로마테라피)이나 동종요법의 치유력까지, 이런 밈플렉스들도 내가 설명한 술수들을 써서 확산된다. 이런 밈플렉스의 보유자가 남들을 끌어들여 돈을 벌기도 한다. 타로 카드를 예로 들어 보자. 당신이 타로 점을 보러 갔는데, 카드 읽어 주는 사람이 당신의 과거와 성격을 너무 잘 아는 것 같고, 지금 당신을 괴롭히는 문제에 대해 너무 정확한 조언을 주는 것 같아 얼떨떨하다고 하자. 그 사람은 오싹할 만큼 당신을 잘 이해하는 것 같고, 그가 절대로 알 리가 없는 세세한 내용까지 알고 있다. 어쩌면 그는 당신에게 이렇게 말할지도 모른다 (아래 글을 읽을 때, 진심으로 당신을 염려하는 듯한 여성이 당신에게 직접 말을 한다고 상상하자. 그녀는 당신의 어려움에 정말로 관심을 쏟는 듯하고, 앞에 깔린 카드들을 바라보는 사이사이 당신의 눈을 그윽하게 들여다본다).

당신은 남들의 애정과 인정을 받아야만 하는 타입이면서도 스스로에 대해서는 엄격하네요. 겉으로는 절도 있고 자신을 잘 통제하는 것처럼 보이지만, 속으로는 걱정이 많고 불안감도 많이 느끼고요. 가끔은 내가 제대로 된 결정을 내렸을까 하고 심각하게 고민하는군요.

카드를 보니, 당신은 동물을 사랑하는 사람이네요. 고양이를 키우지요? 작년에는 여행을 다녀왔겠군요. 아마 프랑스였겠지요. 요통으로 고생하나요? 이 카드의 방향을 볼 때 곧 나아질 테니 걱정할 것은 없겠어요. 카드를 통해서 어릴 적의 당신이 노는 모습을 들여다보니…… 혹시 잊고 있었을지도 모르겠지만, 자세히 살펴보면 왼쪽 무릎에 흉터가 있을 거예요.

여러 증거를 볼 때, 타로카드로 점을 치는 사람들은 완벽하게 정상적인 심리적 기술들을 사용해서 성공적으로 예측을 해내는 것뿐이다(그들도 무의식중에 해낼 때가 많다). 상대의 반응을 보고서 그에 맞게 대응하고, 미묘한 몸짓을 읽고, '바넘 효과Barnum effect'를 쓰는 것이다. 바넘 효과란 거의 누구나 스스로에 대해서는 참이라고 생각하지만 남에 대해서는 그렇게 생각하지 않는 진술을 던지는 것이다. 예로 들었던 위의 글에서 첫 세 문장은 고전적인 바넘 성격 진단표에서 가져온 것이다.^{포러 1949} 바넘 진술에는 긍정적 진술(스스로를 따스한 사람으로 여기지 않는 사람은 거의 없다), 양면적 진술(절반은 당신에게 맞는 말일 수밖에 없다), 모호한 진술(당신의 특징을 읽어내는 것이다) 등이 있다. 정확한 이름이나 날짜는 시행착오로 범위를 좁혀가며 알아낸다. 고객은 잘못된 시도는 절대 기억하지 않으며 질문조차 사실적 진술인 양 기억한다는 점을 확신하기 때문이다. 그 뒤에 나열된 자잘한 사항들은 내가 영국의 신문 구독자 6,000여 명을 조사할 때 썼던 항목들인데,^{블랙모어 1997} 내가 주변에서 하도 자주 듣는 말들이라서 포함시켜 보았다. 당시의 내 조사 결과, 29퍼센트는 실제로 고양이를 키웠고, 27퍼센트는 전해에 프랑스에 다녀왔고, 30퍼센트는 요통을 겪고 있었으며(과거에 겪었을지도 모르는 사람은 제외했다), 34퍼센트는 왼쪽 무릎에 흉터가 있었다(외계인 납치에서도 흉터가 중요한 요소였음을 떠올려보자). 꼭 모든 진술을 완벽하게 맞추지 않아도 얼마든지 대단한 인상을 줄 수 있다.

고객은 깊은 인상을 안고 돌아가고, 카드 읽는 사람은 자신의 능력을 한층 확신한다. 그런데 이야기가 여기에서 끝나는 것이 아니다. 고객은 타로 카드 밈들도 함께 안고 돌아간다. 내게 없는 특수한 능력이 카드 읽는 사람에게는 있다는 밈, 타로 카드에 담긴 고대의 신비는 믿지 않는 사람에게 보이지 않는다는 밈, 우주의 리듬이 카드 섞는 행위와 마술적으로 공명해서 내 은밀한 운명을 펼쳐 보여 준다는 밈, 카드가 내 장점을 끌어내고 지고의 자연과 접촉하게 해준다는 밈.

이런 밈들은 마치 고객의 경험을 설명해 주는 것처럼 보이기 때문에, 그리고 온갖 효과적인 술수들을 다 포함하고 있기 때문에, 성공을 거둔다. 그것들은 불확실성에 대한 우리의 두려움, 끔찍하게 복잡한 이 세상에서 잘못된 결정을 내리면 어쩌나 하는 두려움을 먹고 산다. 사람들은 보통 기분이 최악으로 저조할 때, 그래서 누군가의 안내를 원할 때 점을 보러 간다. 그래서 영적인 힘이나 특별한 통찰을 자처하는 사람의 말에 더 넘어가기 쉽다. 우리가 이런 밈들을 선호하는 데에는 '통제 망상illusion of control'도 작용한다. 사람은 상황에 대한 통제력이 클 때 스트레스가 줄어드는데, 만약에 현실적으로 통제가 불가능한 상황이라면 통제한다는 망상을 끌어들여서라도 대처하려고 한다.랭어 1975 이 강력한 망상은 많은 실험에서 이미 입증되었다. 그리고 초정상paranormal(초자연적 현상은 아니지만 과학적인 설명이 없는 현상 — 옮긴이)을 믿는 사람은 안 믿는 사람보다 이 망상에 빠지기가 쉽다.블랙모어와 트로키안코 1985 투시력, 손금, 풍수, 진자를 이용한 점, 막대기를 이용한 수맥 찾기 밈플렉스에도 비슷한 해석이 가능하다. 실험을 통해 점성술의 허구성을 명명백백하게 증명한 연구가 말 그대로 수천 건이나 있는데도딘 외 1996 미국 성인의 4분의 1은 점성술의 기본 원리를 믿고, 10퍼센트는 정기적으로 별자리 칼럼을 찾아 읽는다.갤럽과 뉴포트 1991 내가 볼 때, 그 많은 사람이 다 멍청하고 무지하고 어수룩해서라고 말하기보다는 밈들이 스스로를 복제하는 힘 때문이라고 하는 편이 이 혼란한 현상을 더 잘 설명한다.

어떤 뉴에이지 현상들은(뉴에이지는 물질적 가치를 거부하고 영적인 면을 강조한 20세기 후반의 각종 운동, 예술, 철학을 통칭한다 ―옮긴이) 강력한 이 타성 술수까지 동원한다. 수정구슬의 특별한 힘은 당신을 돕기 위한 것이라고 하고, 고대 이집트인이 복용했던 식품 보충제는 당신의 타고난 생기를 충전시켜 생활을 개선시켜 준다고 하며, 색채요법사에게 상담을 받으면 당신의 에너지를 우주와 조화시킬 수 있다고 한다. 영능력자는 영적인 능력을 통해서 당신을 도우려는 사람이라고 한다(사실은 딱히 요금을 받을 생각도 없다는 것이다). 점술 기법들은 상대의 미래나 마음을 읽는 척하는 기술에 불과하지만, 친절, 사랑, 연민, 영성을 끌어들여 이야기할 때가 많다. 대체 점성술이나 수정구슬의 어떤 면이 '영적'이란 말인가? 우리는 이 뻔한 질문을 좀처럼 묻지 않는다. 확실한 답이 없는데도 불구하고, 이런 기법들은 영성과 결부되어 다뤄진다. 서점에서는 '마음, 몸, 영성'이라는 하나의 분류 아래에 그런 책들을 놓아둔다. 이것은 돈 벌이를 추구하는 뉴에이지 밈들에게는 반가운 일이지만, 진정한 연민과 영성에게는 반가운 일이 못된다.

나는 어쩌면 시시해 보일지도 모르는 밈플렉스들을 일부러 먼저 소개했다. 사소해 보일지언정, 이것들은 현대 사회에 가공할 만한 영향력을 행사하며 막대한 돈을 이동시키는 밈플렉스들이다. 이것들은 우리가 스스로를 바라보는 방식에 영향을 미친다. 더 중요한 점은, 거짓임이 확실히 입증된 현상들을 많은 사람에게 믿게 만든다는 것이다. 그런 영향을 미치는 밈플렉스라면 아무리 사소한 것이라도 우리가 잘 이해할 필요가 있다. 그리고 대체의학이나 사이비 치료법에 이르면 문제가 더는 사소하지 않다.

건강을 판매하는 밈

한 조사에 따르면, 미국인들이 비정통적인 치료법을 시술 받는 횟수는 매년 42억 5000만 번이고, 거기에 130억 달러가 쓰이며, 미국인의 50퍼센트가 그런 요법들을 받는다.^{아이젠버그 외 1993} 대체의학이나 보완요법의 정의를 좁게 잡으면 수치가 낮아지고(최소 10퍼센트까지 떨어진다), 영국에서는 이미 유행이 지났다는 분석도 있다.^{에른스트 1998} 그렇더라도 실로 큰 돈이 걸려 있다.

어떤 요법은 적당한 조건에서는 효과가 있을지도 모른다. 이완, 최면, 방향요법(향료를 써서 마사지하는 것), 몇몇 허브요법이 그렇다. 어떤 것은 확실히 효과는 있지만 자신들이 말하는 이유 때문은 아니다. 가령 침술은 실제로 진통 효과가 있지만, 요즘은 그 효능을 전통적인 기 이론으로 설명하기보다는 엔도르핀(뇌가 스스로 생성하는 화합물로서 모르핀 같은 효과를 낸다)에 의한 효과라고 본다.^{울레트 1992; 울레트 외 1998} 카이로프락틱 요법도 효과적인 처치일 수 있지만, 치료사들이 주장하는 이론은 사실이 아니고, 가끔은 위험할 수도 있다. 이 밖에도 효과적인 처치와 효과 없는 처치를 섞어서 쓰는 요법이 많이 있다. 그리고 효과가 전혀 없는데다가 심지어 건강에 나쁠지도 모르는 요법들 또한 널리 시행된다.^{배럿과 자비스 1993}

사람들이 얼마나 멍청하면 뻔히 효과가 없다고 입증된 요법에 돈을 가져다 바칠까, 왜 똑똑한 사람들도 사이비 의사에게 쉽게 속을까, 치료사들은 환자를 염려한다면서 왜 무력한 환자에게 거짓 신념을 불어 넣는 사악한 짓을 할까, 이런 질문은 밈의 관점에서는 물을 필요가 없다. 대신에 이런 요법들이 어떤 밈 확산 술수를 쓰는지 살펴보아야 한다. 그러면 왜 더 효과적인 요법을 놔두고 이런 요법들이 번지는지, 왜 이런 요법들이 사회에 강한 영향을 미치는지 이해할 수 있다. 정확하게 어떤 요법이 효과가 있고 어떤 요법은 없는지 물을 필요가 없다(물론 내가 아플 때는 꼭 정확하게 알아야 한다!). 요법의 효력은 밈 성공을 좌우하는 한 가지 기준일 뿐이고, 그 밖에도 다른 기준이 많기 때문이다. 일단 이런 식으로 생각하기 시작하면, 익숙한 단서들이 쉽게 눈에 들어온다.

대체의학은 사람들의 두려움을 먹고 산다. 통증에 대한 두려움, 질병에 대한 두려움, 죽음에 대한 두려움이다. 또 이것은 인간의 자연스러운 경험 중에서 (대부분의 사람들이 보기에) 만족스러운 해석이 없는 현상, 즉 치료사에게 다녀오면 몸이 한결 나아진다는 경험을 이용한다. 사람들이 침술사, 허브 치료사, 카이로프락틱 치료사, 동종요법 치료사에게 다녀오면 일반적으로 낫게 느낀다는 것은 분명한 사실이다. 환자들은 진료를 받거나 처방된 '요법'을 구입하는 데에 보통 꽤 많은 돈을 쓰기 때문이다. 특히 영국처럼 국민건강보험이 통상적인 의학적 진료를 무료로 제공하는 나라에서 이 효과가 두드러진다. 이런 현상은 인지 부조화 이론으로 설명된다. 효과 없는 진료에 50파운드나 쓴 사람은 자신이 얼간이 같은 짓을 했다거나 아까운 돈을 낭비했다는 생각 때문에 부조화를 겪기 쉬운데, 그 부조화를 줄이는 한 가지 확실한 방법은 몸이 좀 나아졌다고 스스로 세뇌시키는 것이다(돈을 많이 쓸수록 더 많이 나아진 것처럼 느낄 것이다). 이런 '통제 망상'은 스트레스를 줄여 주므로, 증상도 일부 약화시켜 준다. 적어도 내가 건강을 위해서 뭔가를 하긴 한다는 생각이 들기 때문이다. 여기에 사회적 압력도 끼어든다. 치료사가 요전번의 처치는 효과가 있더냐고 물어보면, 우리는 그렇다고 대답하거나 적어도 조금은 긍정적인 답변을 해야 할 것처럼 느낀다. 일단 그렇다고 대답하고 나면, 일관성을 유지하려는 욕구 때문에 스스로를 더 세뇌시킨다. 이런 위약 효과는 어마어마하게 강력하다고 알려져 있다. 특히 치료사가 권위 있어 보일 때, 뭔가 강력한 이름의 기법을 사용할 때, 이해는 안 가지만 인상적인 설명을 제공할 때 효과가 크다.

그들의 설명에는 과학적인 듯한 용어와 신비로운 용어가 섞여 있다. 어떤 힘을 가진 존재라거나 눈에 보이지 않는 힘이라는 표현이 수시로 등장한다. 신이나 영혼이 영적인 치료사의 손을 매개로 작용한다고 한다. 대체의학이 제일 자주 쓰는 단어는 '에너지'일 것이다. 에너지는 눈에 안 보이고, 시험해볼 수도 없다. 침술의 기나 카이로프락틱의 '자연 치유력'은 현재의 과학 기술로는 조사할 수 없을 정도로 미묘한 것이라고 한다. 덕분에 그 밈들은 반증으로부터 안전하게 보호되는 것이다. 마지막으로 이들은 이타성 술수도 방만하게 사용한다. '사랑의 힘' 운운하는 것이다. 사실 대체요법사들은 진심으로 환자를 염려하며 돕고 싶어할 때가 많고, 자신이 정말 도움이 된다고 믿는다. 좀 나은 것 같다는 환자들의 말을 들으면, 치료사는 자연히 자신의 치료 이론에 대한 (잘못된) 확신을 다진다. 물론 치료사가 진심으로 염려하는 척 연기하는 것일 수도 있다. 어느 쪽이든, 환자는 이타적인 치료사의 밈을 더 쉽게 받아들인다. 진실된 밈은 물론이고 거짓된 밈까지 말이다. 이 모두를 합치면 오래오래 돈 벌이를 할 수 있는 밈플렉스에 대한 강력한 공식이 나온다. 그런 밈플렉스들이 이처럼 횡행하는 것도 무리가 아니다.

제15장

종교적 밈의 책략

M E M E

우리는 어떻게든 종교와 얽혀서 살아가고 있다. 그리고 거의 모든 종교는 도저히 과학적으로 신뢰할 수 없는 자신들만의 신화를 가지고 있다. 왜 종교적 밈은 진실성과 무관하게 성공했을까? 여기에는 몇 가지 답이 있다. 종교적 밈은 두려움과 이타성으로 자신을 무장한 채 전파된다. 그럼으로써 구성원들에 더 많이 모방되고 전파된다. 그런 과정을 통해 종교적 유전자와 종교적 밈이 생존하는 것이다.

RELIGIONS AS MEMEPLEXES

좋든 싫든, 우리는 종교에 둘러싸여 있다. 세계의 주요 종교들은 역사가 수천 년에 이르고, 우리의 달력과 명절에, 교육과 양육에, 신념과 도덕에 영향을 미쳐왔다. 전 세계의 수많은 사람이 장려한 건축물을 세우고 그곳에서 자신의 신을 섬기는 일에 막대한 시간과 돈을 쏟는다. 우리는 종교에서 벗어날 수 없다. 그러나 종교가 왜, 어떻게 힘을 갖게 되었는지 이해할 수는 있다. 밈학을 이용해서 말이다.

세상의 거대 종교들은 대개 카리스마 있는 지도자를 갖춘 소규모의 컬트로 시작했다. 그중 몇몇은 세월이 지나감에 따라 날로 세력이 확산되어서, 전 세계적으로 수십억 명의 신자를 거느리게 되었다. 인류 역사에 작은 컬트들이 얼마나 많았을지 상상해 보라. 그중에서 대다수는 지도자가 죽거나 몇 안 되는 추종자들이 흩어진 뒤에 가뭇없이 사라졌지만, 극소수는 끈질기게 살아남아서 거대한 신앙 체계가 되었다. 왜 그랬을까?

밈을 동원하여 이 문제에 처음 답한 사람은 도킨스였다.^{도킨스1986, 1993,} ^{1996b} 종교에 대한 그의 생각은 자주 비판의 도마에 오르지만 말이다.^{보우커}

1995; 개더러 1998 도킨스는 로마 가톨릭 교회를 예로 들었다. 전지전능한 신의 개념, 예수 그리스도가 하느님의 아들이었고 동정녀 마리아에게 태어났으며 십자가에 못 박혀 죽은 뒤 부활했다는 믿음, 지금도(앞으로도 영원히) 우리 기도를 듣고 계시다는 믿음 등이 모두 가톨릭의 밈이다. 가톨릭 신자들은 사제가 고해성사를 통해서 신자들의 죄를 사한다고 믿고, 교황은 말 그대로 하느님의 말씀을 전하는 사람이라고 믿으며, 사제가 미사를 집전할 때 제병과 포도주가 말 그대로 그리스도의 몸과 피로 변한다고 믿는다.

기독교 밈에 감염되지 않은 사람에게는 이런 생각들이 너무나 이상해 보인다. 실체가 없는 하느님이 어떻게 전능한 동시에 전지적일까? 동정녀가 출산을 했다는 2,000년 된 이야기를 어떻게 믿을 수 있을까? 포도주가 '말 그대로' 그리스도의 피로 변한다는 게 대체 무슨 뜻일까? 어떻게 예수는 당시에 아직 태어나지도 않은 우리의 죄를 대신 짊어졌다는 것일까? 예수는 어떻게 부활을 했고, 지금은 대체 어디에 존재한다는 것일까? 어떻게 내가 속으로만 읊조린 기도가 효력이 있단 말인가?

기도가 정말로 병자를 낫게 한다고 주장하는 사람이 많다. 그 주장을 뒷받침하는 실험적 증거도 조금 존재한다. 베노 1994; 도시 1993 하지만 위약 효과나 기대 효과, 자연적 회복 같은 요소들을 적절하게 통제한 실험은 거의 없었다. 신앙심이 강한 사람일수록 오히려 급성 질병에서 회복할 가능성이 낮다는 결과도 있었다. 킹 외 1994 수많은 사람이 자기네 왕족이나 국가 원수의 건강을 기원하며 수백 년 동안 기도해왔지만 별 효과가 없었다는 것, 현대의 종교적 치유자들이 병원에서 별 뚜렷한 차이를 보이지 않는다는 것도 반대 증거다. 게다가 무수히 많은 전쟁에서 양 진영이 신에게 기도를 올려 자신의 편을 들어달라고, 적을 죽여달라고 줄기차게 애원하지 않았는가. 그런데도 아직 전 세계 수백만 명이 가톨릭 신자를 자처하고,

예수와 성모 마리아와 하느님 아버지에게 기도를 올리며, 신앙을 지지하고 포교하는 일에 귀중한 시간과 돈을 막대하게 소비한다. 가톨릭 교회는 세상에서 가장 부유한 조직 중 하나다. 왜 종교적 밈은 진실성과 무관하게 성공했을까? 도킨스는 그 이유를 설명했다.[1993]

가톨릭의 신은 언제 어디서나 우리를 지켜본다. 자신의 계율을 지키지 않는 사람에게는 더없이 끔찍한 벌을 내린다. 지옥불에서 영원히 타오르게 된다는 식이다. 이런 협박은 확인하기가 어렵다. 하느님이든 지옥이든 눈에 보이지 않기 때문이고, 이런 공포를 주입 받는 사람이 어린아이인 경우가 많기 때문이다. 나는 내 친구가 어릴 때 소중하게 여겼다는 책을 본 적이 있는데, 착한 소년과 나쁜 소년을 그림으로 보여 주는 책이었다. 아이들의 코트를 펼쳐서 열자, 착한 아이의 몸에는 반짝거리는 흰 심장이 그려져 있었고, 나쁜 아이의 몸에는 아이가 저지른 죄의 개수만큼 검은 반점이 나 있었다. 생각해 보라. 제 몸을 들여다보지 못하는 어린 독자는 작고 검은 점이 제 몸 안에 쌓인다고 상상할 것이다. 수업 시간에 떠들었을 때, 컨닝을 했을 때, 동생의 장난감을 빼앗았을 때, 초콜릿 과자를 훔쳤을 때, 못된 생각을 했을 때, 하느님의 진리와 선함을 의심했을 때 …… 그때마다 검은 반점이 하나씩 생긴다고 믿었을 것이다.

가톨릭은 일단 이렇게 두려움을 심은 뒤에 그것을 해소해 준다. 그리스도를 따르면 용서받을 수 있다는 것이다. 신실하게 죄를 뉘우치고, 아이를 신자로 키우고, 정기적으로 미사에 참석한다면, 죄 많고 하찮은 사람이라도 하느님의 용서를 받을 수 있다. 하느님의 사랑은 언제든 구할 수 있지만, 거기에는 대가가 따른다. 사람들은 기꺼운 마음으로 대가를 치르기 때문에, 대가가 있다는 것 자체를 까맣게 잊곤 하지만 말이다. 그 대가란 종교 생활에 막대한 시간과 에너지와 돈을 투자하는 것이다. 즉 밈을 위해 일하는 것이다. 도킨스가 지적했듯이, 가톨릭 신자들은 가톨릭 신앙을 퍼뜨리기 위해서 열심히 노력한다.

앞 장에서 나는 뉴에이지 밈플렉스가 사용하는 여러 술수들을 설명했다. 종교에서도 그 모든 기법들을 찾아볼 수 있다. 첫째, 외계인 납치나 임사체험 밈과 마찬가지로, 종교도 진정한 기능을 수행한다. 종교는 고래로부터 존재했던 갖가지 의문들에 답을 준다. 우리는 어디에서 왔을까? 우리는 왜 여기에 있을까? 우리는 죽으면 어디로 갈까? 세상은 왜 고통으로 가득할까? 종교적인 대답은 거짓일지도 모르지만, 답은 답이다. 종교에 헌신하는 사람은 또 소속감을 느낀다. 종교가 나이 든 사람들의 사회적 통합을 도와준다는 조사 결과도 있다.[존슨 1995] 종교는 삶에 유용한 규칙들을 부여할 때도 있다. 유대교의 식사 율법이나 위생 규칙은 과거에 사람들을 질병으로부터 보호했을 것이다. 이런 유용한 기능은 다른 밈들을 나르는 역할을 한다.

진실성 술수도 널리 사용된다. 많은 종교가 신과 진리를 동의어로 취급한다. 신앙에 대한 거부는 진리에 등을 돌리는 짓인 반면, 남을 개종시키는 것은 진실된 신앙이라는 선물을 주는 것이다. 종교적 주장들 가운데 거짓이 얼마나 많은지 떠올리면 이런 생각이 참 이상하게 보이지만, 그런데도 이것이 작동하는 데에는 여러 이유가 있다. 가령 종교적인 분위기에서 진지한 체험을 한 사람은 그 종교의 밈을 쉽게 받아들이곤 한다. 그리고 사람들은 자신이 좋아하고 존경하는 상대가 말하는 진리라면 의심 없이 믿곤 한다. 극단적인 경우에는 신을 위해 거짓말을 하고서도 스스로는 물론이고 남들에게도 진리의 이름으로 그렇게 했다고 믿게 만든다. 일례로 '창조 과학자Creation Scientist'들은 지구의 나이가 6,000년에 불과하다는 것이 '진리'라고 주장한다. 그들은 화석 기록을 부정하고, 방대한 우주와 오래된 지구라는 '착각'은 창조 이후에 빛의 속도가 느려졌기 때문이라고 보충 설명까지 한다.[플리머 1994]

아름다움도 신자들을 고무시켜서 신에게 가까이 끌어들인다. 세상에서 가장 아름다운 건물들 중 몇몇은 부처, 예수 그리스도, 마호메트의 이름으로 지어졌다. 힌두교의 아름다운 조각과 매혹적인 이야기, 인상적인 삽화로 장식된 필사본과 스테인드글라스, 소년 합창단의 가늘게 떨리는 목소리나 대규모 합창단의 숭고한 노래. 이런 것을 접하면 깊은 감정이 고취되어 종교적 황홀경이나 환희에까지 이를 수 있다. 사람들은 그런 현상에 대한 설명을 갈구하고, 종교는 설명을 제공하는 것이다. 물론 황홀경 자체는 실제의 현실이지만, 밈의 관점에서 보면 아름다움도 밈 번식을 위한 또 하나의 술수에 불과하다.

이타성 술수도 종교적 가르침의 확산을 돕는다. 신자들 중에는 정말로 착한 사람이 많다. 그들은 신앙의 이름으로 이웃을 돕고, 가난한 자에게 기부하고, 정직하고 도덕적인 삶을 꾸리려고 노력한다. 그들이 성공적으로 그렇게 해낸다면, 사람들은 일반적으로 그들을 더 좋아하고 존경할 것이고, 따라서 더 많이 모방할 것이다. 이렇게 선하고 정직한 행위가 확산되면서 그에 결부된 종교적 밈도 확산된다. 그리고 겉으로만 선한 행동도 함께 확산된다. 비단 친절하고 이타적인 행동만이 아니라 신앙의 규칙과 의무를 준수하는 행동으로까지 선함의 정의가 확장되기 때문에, 위선이 판칠 수 있다. 교회, 사찰, 유대 예배당이 받는 기부금에서 많은 부분이 가난한 자나 절실한 자에게 사용되는 대신에 아름다운 건물의 건축비나 성직자의 보수로 쓰인다. 종교적 밈 확산에 투자되는 것이다. 이점이 불확실한 밈 확산 행동마저 '선'으로 정의되곤 한다. 정해진 시각에 기도하는 것, 식사 때마다 감사기도하는 것, 일주일에 하루를 신을 섬기는 날로 정하는 것 등이 그렇다. 신자들은 자신의 시간에서 많은 부분을 기꺼이 신앙의 유지와 확산에 바친다.

많은 사람이 테레사 수녀를 성인으로 생각한다. 실제로 머지않아 가톨릭 교회가 그녀를 공식적으로 시성할지도 모른다. 진정으로 사심 없고 이타적인 영웅이라고 하면 그녀를 떠올리는 사람이 많다. 하지만 그녀가 실제로 한 일이 무엇이었을까? 어떤 콜카타 시민들은 정말로 도움이 필요한 도시 빈민들에게 가야 할 관심을 그녀가 다른 곳으로 돌렸다고 비판한다. 혹은 그녀가 콜카타 시를 악명 높은 곳으로 만들었다고 비판하고, 그녀가 가톨릭 교의를 받아들이는 사람만 도와주었다고 비판한다. 그녀는 분명 열렬한 낙태 반대론자이자 산아 제한 반대론자였다. 그녀가 도운 젊은 여성들 중에는 피임법을 시행할 수 없었던 여성, 강간을 면하기 어려웠던 여성, 임신해도 건강 관리를 전혀 받을 수 없는 여성이 많았다. 그 여성들에게 좋은 유일한 방법은 스스로 출산을 통제하도록 돕는 것이었지만, 테레사 수녀는 가톨릭 교리에 입각하여 끈질기게 반대 입장을 고집했다. 그녀가 콜카타의 굶주린 자들을 얼마나 도왔는가 하는 문제에 대해서는 이견이 있을 수 있지만, 그녀의 행동이 이타성 술수를 통해서 가톨릭 밈을 효과적으로 퍼뜨렸다는 것만은 분명하다.

심지어 악과 잔인함마저 선으로 재정의된다. 코란은 간통을 저지른 여인에게 매질을 100번 하고, 동정심을 품지 말라고 이른다. 간통을 안 하면 될 것 아니냐고 쉽게 생각하는 사람이 있을지도 모르겠지만, 와라크의 글을 보면[1995] 이슬람 율법을 엄격하게 지키는 나라에서 무슬림 여성의 삶이 얼마나 불편한지 알 수 있다. 여성은 너무 무력해서 성희롱에 저항할 수 없을 때가 많고, 희롱 당한 여성은 처벌을 받는데 가해자 남성은 자유롭게 풀려난다. 여성은 혐오의 대상이기 때문에, 남자는 자신이 거느리는 여성이 아닌 다른 여성을 만지면 안 된다. 여성은 주로 집에 갇혀 지내고, 외출이 허락되더라도 남자의 뒤에서만 걸어야 한다. 그리고 온몸을 적절하게 가려야 하는데, 머리에서 발끝까지 답답한 천을 둘러쓰고 눈에만 좁은 틈을 내서 밖을 보게 한 의상을 입어야 하는 나라가 많다. 이런 규칙을 철두철미 준수하는 것이 무슬림의 '선'이다. 그런 관행이 낳는 괴로움은 전혀 참작되지 않는다.

보다 정직하게 선과 이타성을 사용하는 사례로 돌아가자. 앨리슨이 말한 '선행의 규범' 이론은 종교에 특히 잘 적용된다.[1992] 그가 예로 든 일반적 규칙들 중에 '당신의 문화적 친척에게 선행을 베풀라'는 원칙이 있었다. 유전자의 친족 선택에 해당하는 밈 규칙인 셈이다. 하지만 나의 문화적 친척을 어떻게 알아볼까? 수직적 밈 전달이 압도적인 문화에서는 생물학적 친족 관계에 곧장 이 규칙을 적용해도 된다. 그런 문화에서는 생물학적 친척을 통해서 대부분의 밈을 얻을 테니까 말이다. 하지만 수평적 전달이 횡행하는 문화에서는 다른 식별 방법이 필요하다. 한 가지 방법은 '당신과 비슷하게 행동하는 사람에게 선행을 베풀라'는 것이다. 이 규칙은 다음과 같이 작동한다. 나와 비슷하게 행동하는 사람은 나와 공통의 문화적 선조를 지녔을 가능성이 높다. 내가 그를 도와주면 그의 성공 확률을 높여 주는 셈이고, 따라서 그는 자신의 밈을 잘 퍼뜨리게 될 것이다. 그리고 그의 밈에는 '당신과 비슷하게 행동하는 사람에게 선행을 베풀라'는 밈도 포함될 것이다. 앨리슨은 이것을 '표지 체계marker scheme'라고 불렀고, 터번을 쓰는 것이나 특정 음식을 꺼리는 것 등을 표지 체계의 사례로 꼽았다. 우리는 여기에 맨체스터 유나이티드를 응원하는 것, 힙합을 듣는 것, 무릎을 꿇고 예배를 드리는 것, 정신적 지도자의 작은 초상을 목에 걸고 다니는 것 등도 덧붙일 수 있겠다. 앨리슨은 배우기 어렵거나 큰 대가가 따르는 표지일수록 외부인의 남용을 억제하는 효과가 있다고 했다. 언어가 그 좋은 예이겠는데, 더 좋은 예가 바로 종교적 의식이다. 종교적 의식은 익히는 데에 몇 년씩 걸리곤 하며, 종교적 할례 같은 경우에는 성인에게 실로 엄청난 대가를 요구한다.

이런 식의 이타성이 발휘된 결과, 사람들은 내부인에게는 친절하고 너

그렇게 굴지만 외부인에게는 그러지 않는다. 따라서 집단 구성원들이 더 잘 살아가게 되고, 그럼으로써 더 많이 모방될 것이며, 그리하여 그 신앙을 더 많이 전달한다. 세계의 주요 종교들은 정확하게 바로 이런 모습을 보여 준다. 요즘 우리는 '네 이웃을 네 몸 같이 사랑하라'는 계율을 '모든 사람을 사랑하라'는 뜻으로 이해하지만, 계율이 처음 씌어졌던 부족사회에서는 아마 문자 그대로의 의미였을 것이다. 자기 부족과 자기 가족을 사랑하라는 말이지, 남도 다 사랑하라는 뜻은 아니었을 것이다. _{하르퉁 1995}

살인하지 말라는 훈계도 원래는 집단 내부에만 적용되었을 것이다. 하르퉁의 지적에 따르면, 탈무드의 랍비들은 이스라엘 사람이 다른 이스라엘 사람을 의도적으로 죽였을 때는 살인죄를 물었지만 다른 부족 사람을 죽였을 때는 살인으로 간주하지 않았다.

어떤 종교는 다른 신앙을 가진 사람에 대한 살인과 전쟁을 적극 장려한다. 이슬람 사회에는 불신자, 특히 신앙에 해를 입힌 사람이나 변절한 사람을 죽이는 것을 정당화하는 파트와와 지하드가 있다(파트와는 율법 해석, 지하드는 성전의 의무를 뜻한다 — 옮긴이). 1989년 2월, 아야톨라 호메이니가 작가 살만 루시디에 대해 파트와를 선언했던 것은 유명한 일이다. 이것은 《악마의 시》를 써서 신성한 코란에 대해 모독 행위를 저지른 루시디를 살해해도 좋다는 직접적인 명령을 모든 무슬림에게 내린 것이나 마찬가지였다. 종교를 버리거나 비난하는 행위에 대한 처벌이 이처럼 극심할 때는 종교적 밈이 무척 안전하게 보호된다.

힌두교 신자, 무슬림, 기독교 신자는 다들 신의 이름으로 거듭 전쟁을 일으켰다. 고작 수백 명의 스페인 사람이 수천 명의 잉카인을 살해하여 문명 전체를 파괴할 때에도 그들은 신의 영광과 신성한 가톨릭 신앙을 위한 일이라고 말했다. 보다 교묘한 방법을 쓰긴 하지만, 오늘날에도 선교사들은 여전히 고대 문화를 파괴하고 있다. 사람들은 잘못된 신앙을 가졌다는 이유로 고문을 당했고, 산 채 불태워졌고, 총을 맞았다. 종교의 가르침에 따르면 신은 우리가 진실된 이해를 온 세상에 퍼뜨리기를 원하므로, 난도질하고, 강간하고, 약탈하고, 훔치고, 살인해도 괜찮다.

우리는 음모론이 어떻게 UFO 밈을 보호해 주는지 살펴보았는데, 종교적 밈도 비슷한 메커니즘으로 보호된다. 도킨스가 지적했듯이,[1993] 훌륭한 가톨릭 신자는 그냥 믿을 뿐 증명을 필요로 하지 않는다. 포도주가 정말 피로 변한다는 등 절대로 불가능한 이야기를 의심 없이 믿는 것이야말로 영성과 신앙심의 척도로 여겨진다. 컵 속의 액체는 여전히 포도주 맛이고 포도주처럼 보이고 포도주 냄새가 나므로, 이 말은 애초에 시험이 불가능하다. 그것이 정말 그리스도의 피라고 그냥 믿는 수밖에 없다. 의심하는 마음이 들라치면 억눌러야 한다. 하느님은 우리 눈에 보이지 않는 것은 물론이고, 그 분의 섭리는 신비하다. 신비도 종교라는 꾸러미의 일부이므로, 그 자체를 숭앙해야 마땅한 것이다. 이렇게 시험이 불가능한 밈은 기각될 염려가 없다.

종교적 밈은 위대한 경전의 형태로 저장됨으로써 기나긴 수명을 누린다. 신학자 휴 파이퍼는 성경을 가리켜 역사상 가장 성공한 텍스트라고 했다.[1998] '만약에 "적자생존"이란 슬로건이 이 문제에 대해서도 유효하다면, 성경은 모든 텍스트들 가운데 가장 뛰어난 적자라는 찬사를 받을 자격이 충분하다'. 성경은 2천여 가지 언어로 번역되었고, 어떤 언어에서는 여러 다양한 판본으로 존재하며, 일본처럼 기독교 인구가 전체 인구의 1 내지 2퍼센트밖에 안 되는 나라에서도 모든 가정의 4분의 1 이상이 한 권씩 갖고 있다. 파이퍼는 서구 문화란 성경이 더 많은 성경을 만들어온 과정이라고까지 주장했다. 성경은 왜 이렇게 성공적일까? 자신이 복제될 가능성을 높이는 방향으로 주변 환경을 변화시켰기 때문이다. 성경은 후대에 전수할 가치가 있는 지침들을 제 안에 많이 담아 두었고, 독자라면 누구나 한 부씩 갖춰야 할 필수품인 것처럼 스스로를 묘사한다. 성경은 대부분의 내용이 자기모순적일 정도로 융통성이 크기 때문에, 사실상 그 어떤 행동이나 도덕적 견지도 수월하게 정당화해 준다.

밈의 관점에서 바라보면, 종교가 왜 이렇게 성공적이었는지 이해할 수 있다. 종교적 밈이 처음부터 성공하겠다는 의도를 갖고 있었던 것은 아니다. 그것은 그저 어떤 행동이나 사상이나 이야기로서, 세상을 이해하고자 하는 인류의 오랜 노력에 끼어들어 한 사람에게서 다른 사람에게로 계속 복사되었을 뿐이다. 종교적 밈들은 한 덩어리로 뭉쳐서 서로 보완하는 관계를 이루었기 때문에, 그리고 무수히 많은 뇌와 책과 건물에 안전하게 저장되어 더욱 더 많은 대상에게 전달되도록 도와주는 온갖 술수를 다 썼기 때문에 성공했다. 이것들은 강렬한 감정과 생소한 체험을 일으킨다. 현실의 의문들에 대해 신화적인 대답을 제공한다. 신화는 협박과 약속, 그리고 확인이 불가능하다는 점 덕분에 안전하게 보호된다. 이것들은 공포를 조장했다가 다시 해소시킴으로써 사람들의 순종을 끌어내고, 아름다움 술수와 진실성 술수와 이타성 술수를 씀으로써 확산을 부추긴다. 그렇기 때문에 종교적 밈들이 아직 우리 주변에 존재하는 것이고, 거짓이거나 절대로 확인이 불가능한 생각들이 수백만 인구의 행동을 통제하는 것이다.

◆ ◆ ◆

현명한 술수를 갖춘 이런 신앙은 누군가의 손에서 설계된 게 아니다. 그들은 밈 선택에 의해 점진적으로 진화했다. 그러나 요즘은 종교를 퍼뜨리거나 돈을 벌기 위해서 밈 술수를 교묘하게 활용하는 사례도 많다. 밈 조작 기술은 오랜 경험과 연구에서 비롯했고, 선전선동이나 마케팅 분야의 기술과 비슷하다. 우리는 라디오, 텔레비전, 인터넷을 통해서 과거 어느 때보다 더 멀리, 더 빠르게 밈을 퍼뜨릴 수 있다. 빌리 그레이엄 식의 텔레비전 선교가 좋은 예다. 그는 먼저 공포를 조장한다. 세상에서 벌어지는 온갖 끔찍한 일을 떠올리게 하고, 우리의 무력함과 유한한 목숨을 강조한다. 과학은 답이 되기는커녕 세상의 해악을 낳을 뿐이라고 주장한 뒤, 유일한 구원의 희망인 전능하신 하나님께 무릎을 꿇으라고 설득한다. 복종의 경험은 강렬한 감정을 불러일으킨다. 사람들은 떼로 신에게 귀의한다.

어떤 선교사들은 치유 능력을 활용해서 말씀을 퍼뜨린다. 우리가 완벽하게 정상적인 심리학적 과정을 통해서 착각으로 치료 효과를 느끼곤 한다는 사실은 앞에서 이야기했다. 치유력은 그것을 주장하는 종교 밈을 받아들일 강한 동기가 된다. 루르드로의 여행은 비싸고 번거로우니, 사람들의 기대가 그만큼 높다(루르드는 프랑스의 작은 도시로, 그곳의 성수는 치유력이 있다고 하여 순례자들이 줄을 잇는다 — 옮긴이). 영적 치유사들은 친절하고 그럴싸하며, 환자의 곤란을 진심으로 안타까워하는 것처럼 보인다.

가짜로 치유 능력을 꾸미는 사기꾼들도 있다. 1980년대에 피터 파포프와 엘리자베스 파포프 부부는 수백만 명의 미국인을 하나님 앞에 인도했고, 치유 사업을 통해서 수백만 달러를 챙겼다. 한 가득 모인 청중은 노래를 부르고 기도를 하며, 심각한 병에 걸린 사람이 비틀비틀 무대로 올라가는 것을 지켜보았다. 파포프 부부는 기부를 종용하면서 청중의 감정을 고조시켰다. 피터는 환자의 병을 정확하게 진단한 뒤, 이제 병자는 다 나았노라고 선언했다. 사람들은 한 시간 전에 엘리자베스가 청중을 누비면서 기도 카드를 수거했다는 사실을 까맣게 잊었다. 그 카드에 사람들은 자신의 이름, 주소, 병명, 기타 핵심적인 사항들을 적어서 제출했다. 엘리자베스는 무대 뒤의 컴퓨터로 그 내용을 데이터베이스화한 뒤, 피터의 왼

쪽 귀에 꽂힌 이어폰으로 정보를 전송해 주었던 것이다. 스타인 1996

자고로 불신자를 개종시키기 위해 온갖 기적이 동원되었다. 예수는 물 위를 걸었고 죽은 자를 되살렸다. 19세기의 영매들은 '엑토플라즘 ectoplasm'으로 구성된 심령체를 만들어 보였고, 초월명상법을 갈고 닦은 수행자들은 공중부양을 할 수 있다고 주장했다. 어떤 사람은 특별한 능력 과 이타성 술수를 효과적으로 결합했다. 영국에서 대단히 사랑 받았던 영 매 도리스 스토크스가 그런 경우였다. 할머니처럼 인자한 그녀는 자기가 잘 아는 고객들을 청중 속에 심는 방법으로 수백만 명을 속였다. I. 윌슨 1987 고객들 중에는 남편이나 아내나 자식을 잃은 지 얼마 안 되는 사람이 많 았다. 스토크스가 전하는 사자의 메시지에 그들이 위안을 받은 것은 사실 이었겠지만, 차라리 죽음이라는 현실을 인정하도록 도움을 받았다면 슬 픔을 더 잘 이겨냈을지도 모른다.

지금까지 내가 심란한 이야기를 늘어놓긴 했지만, 어떤 종교든 진실 따 위는 없다고 말하려는 것은 아니다. 앞서 설명한 밈 메커니즘 때문에 철 저히 거짓에만 기반한 종교가 융성할 수 있다는 것은 사실이지만, 진실된 생각을 포함한 종교가 존재하는 것도 사실이다. 대체요법이 몇 가지 유효 한 처치를 포함함으로써 융성하듯이, 종교가 그릇된 미신과 더불어 유효 한 통찰을 품을 때도 있다.

신비주의적 전통을 중심에 놓은 종교도 많다. 기독교에서는 14세기에 발견된 작자 미상의 저서 《무지의 구름》이나 노리치의 성녀 줄리안의 가 르침이 그랬고, 이슬람에서는 수피즘이 그렇고, 불교에서는 각성의 이야 기가 그렇다. 이런 전통들은 직접적인 영적 경험을 강조하는데, 이것은 말로 표현하기가 힘들기 때문에 남에게 전달하기도 어렵다. 신비 체험을 했다고 주장하는 사람들은 보통 있는 그대로의 세상을 통찰하는 느낌이 었다고 설명한다. 물아일체의 느낌, 있는 그대로의 세상을 직관한다는 느낌, 만물이 혼연일체가 되어 가벼워진 느낌이라는 것이다. 이것은 정말 유효한 통찰일 가능성이 있지만(나는 그렇다고 믿는다), 밈으로서는 매우 성공적인 것은 못 된다. 그렇기 때문에 위에서 이야기했던 더 강력한 종교적 발상들에 쉽게 잠식된다.

가장 좋은 예가 불교다. 경전에 따르면, 부처는 깨달음을 얻고자 하는 강한 마음을 품고 보리수나무 밑에 앉아 있다가, 일순간 각성을 했다. 그는 자신이 본 것을 제자들에게 가르쳤다. 만물은 무상하다는 것, 생은 고통이라는 것, 번뇌는 열망이나 집착에서 온다는 것, 열망을 버려야 번뇌에서 놓여날 수 있다는 것. 그는 도덕적인 행동 규범을 마련했고, 제자들에게 마음을 고요하게 가라앉히고 매 순간에 집중하는 수행을 함으로써 스스로 깨달음을 얻으라고 가르쳤다. 이런 말은 별로 위안이 안 된다. 아무도 도와줄 사람 없고 근본적으로 불만족스러운 이 세상에서 각자 혼자 힘으로 깨달아야 한다는 말이기 때문이다. 어떻게든 더 나은 상황을 만들려고 애쓰는 순간 우리는 당장 열망에 사로잡히고, 따라서 번뇌에 시달린다. 각성은 얻어내는 것이 아니다. 오히려 거의 모든 것을 포기하는 것에 가깝다. 내 학생 하나는 이런 표현을 썼다. '나는 초콜릿을 원하지 않는 상태 자체를 견딜 수가 없어요. 아무 것도 갈망하지 않는 것은 고사하고, 초콜릿을 갈망하지 않는 것조차 상상할 수 없어요.'

이렇게 까다로운 생각들의 운명은 어떨까? 놀랍게도 이들 역시 살아남을 수 있고, 실제로 살아남았다. 대개는 깨달음과 지도력을 갖춘 스승이 열성적인 제자들에게 사상을 전달함으로써 후대로 면면히 이어진 경우다. 일례로 선불교는 몹시 단순한 가르침만으로 구성되어 있고, 신적인 존재나 미지의 힘을 가정하지 않는다. 이타성 술수나 아름다움 술수도 쓰지 않는다. 누구나 스스로 진리를 발견해야 한다고 하며, 분명한 깨달음을 얻을 때까지 그저 가만히 정좌하여 자신의 마음을 들여다보는 수련을 하라고 한다. 이 어려운 생각은 동양에서 거의 맥이 끊길 지경이었다가 가까스로 소생했으며, 지금은 서양에서 널리 퍼지고 있다.^{배첼러 1994} 하지만 전 세계적으로는 이와는 다른 형태의 불교가 더 인기가 있다. 예를 들어 티베트 불교에는 강력한 신들이 수없이 많고, 아름다운 건물과 그림이 있고, 놀라운 기적의 이야기가 있고, 수트라나 성가나 기도를 암송하는 풍습이 있다. 그 종교의 핵심에 진정한 통찰이 있든 없든, 그것은 문제가 아니다. 가장 꾀바른 밈이 복제 경쟁에서 이긴다는 것만이 유일하게 확실한 사실이다.

우리는 왜 종교들이 강한 힘과 지속력을 지니는지 알게 되었다. 그렇다면 다음으로 두 가지 추가적인 질문을 던져 보자. 첫째, 밈-유전자 공진화에서 종교가 모종의 역할을 했을까? 둘째, 현대적인 기술을 통해 밈이 확산되는 요즘, 종교는 어떻게 변하고 있을까?

종교와 유전자의 공진화

공진화 질문은 이렇다. 과거에 융성했던 종교적 밈들이 유전자의 성공 여부에도 영향을 미쳤을까? 그랬다면 그것은 밈 추진의 또 한 가지 사례가 될 것이다. 나는 이 점을 숙고해 보면서, 앞으로의 연구를 통해 대답되었으면 하는 질문들을 몇 가지 더 던질 것이다.

우리는 최초의 종교에 관해서 거의 아는 바가 없다. 13만 년 전에서 14만 년 전에 살았던 네안데르탈인들에게 장례 풍습이 있었다는 증거가 있지만, 그들이 우리의 직접 선조는 아니었을 것이다. 약 5만 년 전에는 이른바 '대도약' 현상이 등장했는데, 도구 제작이 한결 개선되고, 예술이 등장하고, 장신구가 만들어지고, 장신구를 이따금 무덤에 함께 묻는 풍습이 등장했던 시기를 말한다. 당시 사람들의 종교적 신념에 관해서는 추측만 가능할 뿐이지만, 매장 풍습이 있었다는 것은 적어도 사후 세계에 대한 관념이 있었다는 것을 암시한다. 현존하는 수렵채집 사회를 보면 조상 숭배, 사제나 샤먼에게 특수한 능력이 있다는 믿음, 내세에 대한 믿음 등 다양한 종교적 신념이 확인되므로, 초기 인류의 종교도 대강 그와 비슷했을 것이다.

초기 인류는 군사회나 부족사회를 이루었고, 그로부터 점진적으로 더 복잡한 계층 사회가 진화했다. 군장사회나 국가에 이르면 노동 분업이 충분히 발달했으므로, 식량 생산에서 완전히 손을 떼는 사람들이 등장했다. 이들은 보통 다양한 형태의 통치자들이었고, 군인이나 사제도 포함되었다. 다이아몬드는 군장사회에 등장한 이데올로기와 종교의 기능은 부의 재분배, 통치자의 권위, 전쟁을 정당화하는 것이라고 주장했다.[1997] 군장들은 보통 노동 인구로부터 어마어마하게 많은 부를 얻어냈고, 그중 일부를 사용하여 장엄한 신전이나 공공건물을 지음으로써 자신의 권세를 가시적으로 드러냈다. 백성은 그 대가로 얻는 이득이 있기 때문에 기꺼이 부를 상납했을 것이다. 현대 사회에서 시민들이 잠자코 세금을 내는 이유가 있는 것처럼 말이다. 그 이득이란 사회 내 폭력의 감소, 적으로부터의 보호, 유용한 공공 시설 등이었을 것이다. 통치자와 사제가 동일인인 경우도 있었지만, 큰 사회일수록 종교적 기능만 담당하는 별도의 사제가 있었다. 사제들은 종교적 믿음을 장려하고 단속했다. 그 믿음을 통해서 다른 집단에 대한 정복을 정당화했고, 그럼으로써 더 많은 재물과 권력을 약탈해왔다.

밈의 용어로 이 상황을 설명하자면, 종교적 밈은 다른 경쟁 밈들보다 생존과 번식 확률이 더 높다는 것이다. 사제가 없고, 세금을 걷지 않고, 위풍당당한 건물을 짓지 않는 종교는 더 불리하다. 그 말인즉, 고도로 조직화된 계층 사회가 더 쉽게 확산했을 것이고, 종교를 가르치며 관리하는 사제들도 더 쉽게 확산했을 것이라는 뜻이다. 그렇다면 종교적 밈들은 인간 사회의 발전에도 중요한 역할을 수행했던 셈이다.

공진화 질문으로 돌아가자. 그 과정에서 종교적 밈들이 유전자에게도 영향을 미쳤을까? E. O. 윌슨은 종교야말로 자신이 수립한 새로운 사회생물학의 최대 과제라고 보았고,[1978] 종교적 신념이 우리에게 어떤 유전적 이득을 제공하는지를 고찰했다. 어떤 종교는 오염 가능성이 높은 음식을 금지하고, 근친상간 같은 위험한 성적 행위를 금지하며, 신자들에게 대가족을 꾸려서 잘 보살피라고 장려한다. 종교적 신념은 이런 식으로 신자들의 유전자에 도움을 주었을 것이고, 덕택에 자신도 더 오래 유지되었을 것이다. 한편 진화심리학자 스티븐 핑커는 종교적 신념이 뭔가 다른 일을 위해 설계된 뇌 모듈들의 부산물이라고 주장했다.[1997] 영혼이나 신 개념은 동물과 사람에 대한 인간의 인식에 바탕한 것일 테고, 초자연적인 힘 개념은 자연의 힘에서 유추된 것이며, 다른 세계에 대한 생각은 꿈이나 환각에 기반한 것이라는 설명이다. 핑커는 이렇게 말했다. '종교적 신념들은 눈에 띄게 상상력이 부족하다(신은 질투하는 남자이고, 천국과 지옥은 공간이며, 영혼은 날개 달린 사람이다).' 핑커 1997 그러니까 이런 저자들은 종교 자체에 유전적 이득이 있다고 주장하거나, 아니면 한때 유전적 이득이 있었던 다른 일의 부산물로 종교가 생겨났다고 주장한다. 이들은 밈의 이득이 관여할 가능성은 생각하지 않으며, 밈이 유전자를 추진할 가능성도 생각하지 않는다.

밈이 유전자에 영향을 미치는 방법은 여러 가지가 있다. 사제들은 날씨나 질병이나 작황을 예측함으로써(혹은 예측하는 척함으로써), 장대한 신전을 짓거나 자신을 그것에 연관시킴으로써, 귀하고 인상적인 옷을 걸침으로써, 초자연적인 힘을 주장함으로써 권세와 지위를 얻는다. 사제나 통치자에게 신의 지위를 부여하는 문화도 많다. 우리가 아는 대로 여성은 지위가 높은 남성과 짝짓기를 선호하므로, 그런 남성은 아내를 많이 두거나 아내가 아닌 여성에게서도 자식을 낳음으로써 남들보다 후손을 많이 본다. 사제가 금욕 생활을 해야 해서 자신의 유전자를 물려주지 못하는(적어도 그러면 안 되는) 사회에서는 그 사제와 연관된 다른 사람들이 권력을 얻는다. 그들이 종교적 행동을 통해서 더 많은 짝을 얻을 수 있다면, 그들을 종교적인 사람으로 만들어 준 유전자도 더불어 번성할 것이다. 종교적 밈은 이런 과정을 통해서 종교적 행위에 관련된 유전자를 육성한다.

'종교적 행위에 관련된 유전자'라는 개념은 말이 안 되는 해괴한 것이 아니다. 알다시피 그것은 종교적 신념이나 행위를 잘 받아들이는 성향을 띠게 만드는 유전자라는 뜻이다. 사람의 뇌는 유전자의 통제 하에 발달하며, 유독 종교적 신념이나 경험에 잘 기우는 뇌가 있다고 한다. 예를 들어 측두엽이 불안정한 사람은 안정한 사람에 비해 신비주의적이거나 초자연적이거나 종교적인 체험을 더 자주 겪고, 초자연적인 힘을 더 잘 믿는다. ^{퍼싱어 1983} 무릇 인간의 심리학적 변이들이 다 그렇듯이, 신앙심에도 유전적 요소가 있다고 한다. 오늘날에도 말이다. 일란성 쌍둥이는 이란성 쌍둥이나 보통의 형제자매에 비해서 신앙심의 정도가 서로 더 비슷하다. 오늘날과 다름없이 과거에도 사람들의 종교적 행동에는 유전적인 변이가 존재했을 것이다. 어쩌면 지금보다 변이가 더 컸을지도 모른다. 그렇다면 다음의 두 가지 효과를 예측해볼 수 있다. 첫째, 새롭게 등장한 밈 환경이 종교적 행동에 관련된 유전자의 선택에 영향을 미쳤을 것이다(종교적 행위를 전반적으로 장려하거나 억압함으로써). 둘째, 어떤 시점에 어떤 종교가 존재했는가 하는 사실이 어떤 종류의 유전자가 생존할 것인가에 영향을 미쳤을 것이다(해당 종교에 가장 잘 부합하는 종교적 행동을 낳는 유전자가 선호되었을 것이다). 정말 그랬다면, 그것이야말로 밈에 의한 유전자 추진이다.

집단 선택

종교적 밈이 유전자를 추진하는 방법으로 한 가지를 더 생각해 볼 수 있다. 집단 선택을 통하는 방법이다. 집단 선택 개념은 구구한 논쟁으로 점철된 복잡한 역사를 갖고 있다. 20세기 초에는 집단이나 사회 전체에 유익한 듯한 온갖 행동을 설명할 때 이 개념이 들먹여졌다. 생물학자들은 구체적인 메커니즘에 관해서는 한 마디도 하지 않은 채 '집단 적응' '종의 이득' 같은 용어를 사용했다. 그 오류를 지적한 것은 고전이 된 조지 윌리엄스의 저서 《적응과 자연선택》[1966]이었다. 생각해 보라. 이기적 개체가 언제든지 이타적 집단에 잠입하여 남들을 희생시키고 자신만 번성할 수 있을 것이 아닌가. 또 집단은 개체보다 생명주기가 느리다. 개체가 집단 사이를 옮겨 다닐 수도 있다. 따라서 개체의 적응이 언제나 집단의 적응을 압도할 것이다. 그러므로 집단 선택의 힘이 개체들로 하여금 '집단의 이득'을 위해 제 유전적 이해관계를 희생하게 만든다는 생각은 잘못이다.

요즘은 대부분의 생물학자들이 자연에서의 집단 선택을 아주 약한 힘으로 간주한다.[마크 리들리 1996] 하지만 가끔은 정말로 집단 차원의 선택이 일어나는 경우가 발생한다. 복제자와 운반자를 구분한 도킨스의 개념을 여기에 적용해 보면 유용하다. 대부분의 생물학적 상황에서 복제자는(복사되는 대상은) 유전자이고, 운반자는 생물체이다. 고양이, 당나귀, 난초, 바퀴벌레라는 개별 생물체가 살고 죽는 과정을 통해서 그 유전자가 전달되거나 전달되지 못하거나 한다. 한 운반자에 담긴 유전자들은 모두 같은 운명이다. (가장 흔한) 이런 경우에는 선택이 생물체 차원에서 일어난다.

그런데 생물체들이 집단적으로 살거나 죽는 경우도 간혹 발생한다. 그래서 집단 내의 유전자 전부가 단숨에 죽어버리기도 한다. 이런 경우에는 집단 전체가 하나의 운반자가 되는 셈이고, 집단 차원에서 선택이 일어나는 셈이다. 가령 종이 멸종하는 경우가 그렇고, 작은 섬에 고립되어 살아가는 개체군들 중에서 일부는 생존하고 일부는 생존하지 못하는 경우가 그렇다. 이런 경우에는 개체 선택과 집단 선택 사이에 갈등이 없고(이타적 행동에 관한 논의에서는 그런 갈등이 있었다), 선택이 집단 차원에서 행해진다.

마크 리들리는 개체의 이주율이 불가능에 가깝게 낮고 집단의 멸종 확률이 불가능에 가깝게 높을 때에만 집단 선택이 작용한다고 결론을 내렸다.[1996] 다르게 표현한다면, 집단 내부의 생물학적 적응도 편차를 줄이는 반면에 집단 사이의 편차를 늘리는 메커니즘, 그럼으로써 집단 차원에서의 선택에 집중하게 만드는 메커니즘이 있어야만 집단 선택이 선호된다는 것이다.[D. S. 윌슨과 소버 1994]

밈이 바로 이런 종류의 메커니즘을 제공해 주는지도 모른다. 보이드와 리처슨은 행동 변이가 문화적으로 습득되는 경우에 집단 선택이 일어나기 쉽다는 것을 수학 모형으로 보여 주었다.[1990] 집단이 크고 이주율이 상당히 높은 경우에도 가능하다고 했다. 요컨대 밈은 집단 내 편차를 줄이고 집단 간 편차를 늘리는 효과가 있다.

식습관을 예로 들어 보자. 어떤 집단 사람들은 조개를 주요 식량으로 삼아서, 홍합이나 대합의 조리법을 갖가지로 개발하고 조개를 껍데기에서 꺼내는 방법도 연구했다. 다른 집단 사람들에게는 조개를 먹지 말라는 금기가 있다. 집단 내의 사람들은 자기들끼리 더 비슷하고, 상대 집단 사람들과는 덜 비슷하다. 집단 사이의 이주는 어렵다. 식습관이 오랫동안 고정되어 왔기 때문이고, 새로운 조리법을 익히기가 어렵기 때문이다. 어떤 환경에서는 단백질을 많이 섭취하는 첫 번째 집단이 잘 살아갈 것이다. 또 다른 환경에서는 감염된 조개에 의한 치명적 질병을 겪지 않는 두 번째 집단이 잘 살아갈 것이다. 질병이 발발하거나 기근이 닥치면, 집단 전체가 죽거나 살 것이다. 실제로 음식에 관한 금기를 중요하게 생각하는 종교가 많다. 정통 유대교인들은 갑각류와 돼지고기를 먹지 않고, 육류와 유제품을 섞지 않는다. 불교나 힌두교를 믿는 사람들 중에는 채식주의자가 많다. 살생을 원치 않기 때문이다. 이런 금기에 깔린 신념 때문에 어떤 집단은 통째 생존하고 다른 집단은 통째 절멸할지도 모른다. 그럴 때는 그들의 유전자와 밈이 함께 사라질 것이다.

종교는 또한 성 풍속을 지배하고, 특정 종류의 협동 행위를 장려하고, 공격성과 폭력성을 규제한다. 원시 부족들은 목가적으로 평화롭게 살았으리라고 믿는 사람이 많지만, 이 신화는 (인류학의 숱한 신화들이 그랬듯이) 허구로 밝혀졌다. 인류학자 나폴레온 섀그넌은 브라질 우림에서 사냥을 하거나 임시 텃밭에서 먹을 것을 길러 살아가는 야노마뫼Yanomamö족과 함께 몇 년을 지냈다.다이아몬드 1992 그가 본 것은 폭력적인 삶이었다. 마을 간의 전투가 흔했고, 살인은 더 많은 보복 살인을 낳았다. 세계 각지에서 이와 비슷한 이야기가 보고되었다. 뉴기니의 유목민인 파유 족은 작은 가족 집단으로 살아가는데, 다른 가족들과는 거의 만나지 않는다. 만날 때마다 보복 살인이 자행되기 때문이다. 신부를 교환할 때처럼 피치 못하게 모이는 자리에는 어김없이 위험이 도사리고 있다. 살인은 많은 부족 사회에서 주요 사망 원인이 되고 있다.[1997] 현대 도시의 거주자들은 자신들이 과거보다 살인 위험이 높아진 사회에서 살고 있다고 믿지만, 실은 군사회나 부족사회보다 도시사회가 훨씬 안전하다. 정부나 종교에 의한 사회 조직화는 이런 종류의 폭력을 낮추는 효과가 있다. 물론 대규모 전쟁은 오히려 더 정당화되는 경향도 있다.

전쟁의 역사는 사람들이 종교적인 이유에서 서로를 죽인 역사라고 해도 과언이 아니다. 종교는 사람들에게 개인적 이해관계가 아니라 남을 위해서 제 목숨을 희생할 동기를 준다. 군사회나 부족사회에서는 그런 일이 없었다. 청년들은 신을 위해 죽는 것이 선한 일이라고 믿을지도 모른다. 종교 전쟁에서 죽는 것은 영웅적인 일이고, 천국을 예약하는 일이라고 믿을지도 모른다. 용맹한 청년들이 신앙을 위해 기꺼이 목숨을 내놓는 사회와 사람들이 자신의 안전이나 가족의 복수에만 신경을 쓰는 사회가 전쟁을 한다면, 전자가 이길 확률이 높을 것이다. 그 승리는 애초에 그런 차이를 빚어낸 밈들의 승리이고, 생존한 유전자들의 승리이다.

이제 여러분은 밈학에서 집단 선택이 왜 중요한지 이해했을 것이다. 종교는 집단 내 편차를 줄이는 반면에 집단 간 편차를 늘리고, 집단의 멸종률을 높이는 메커니즘이다. 많은 종교가 신자들의 순응을 장려하고, 금지 행위를 처벌하며, 신자와 비신자의 차이를 과장하고, 다른 신앙을 믿는 사람들에 대한 공포와 적개심을 부추긴다. 다른 종교로의 이동은 어렵거나 불가능하다. 종교 집단들 사이의 전쟁은 참으로 흔하고, 인류의 진화 역사에는 종교 때문에 생사가 결정된 집단이 무수히 많았다. 이 모든 상황 때문에 집단 선택이 일어나기 쉬워진다. 만약에 집단들 사이에 유전적 차이도 존재한다면, 한 집단이 살고 다른 집단이 멸종할 때 유전자풀에도 영향이 미칠 것이다. 종교적 밈들이 유전자를 이끌어가는 경우이다.

만약에 이 집단은 이 종교를 택하고 저 집단은 저 종교를 택한 데에 모종의 유전적 이유가 있다면, 그것이야말로 참으로 흥미로운 사례일 것이다. 이렇게 상상해 보자. 이웃한 두 호미니드 집단이 있었다. 그중 한 집단은 우연히도 죽은 사람을 정교한 방식으로 묻는 유전적 성향을 갖게 되었다. 벌레나 말벌에서 토끼나 개에 이르기까지 많은 동물이 유전자의 통제 하에 땅을 파고 묻는 행동을 한다는 사실을 떠올려볼 때, 이것은 터무니없는 상상이 아니다. 이들이 그 성향 때문에 조상 숭배나 내세에 대한 믿음을 바탕에 깐 종교를 만들었다고 가정하고, 이들을 '내세 신봉자

Afterlifer' 라고 부르자. 한편 다른 집단은 자연의 영령을 숭배하는 종교를 만들었다고 가정하고, 이들을 '자연주의자Naturist' 라고 부르자. 나아가 내세 신봉자들이 전쟁을 추구하는 호전성을 띠게 되었다고 가정하자. 그들은 조상의 영이 자신들을 도와줄 것이라고 믿고, 적에게 죽임을 당하면 천국에 간다고 믿는다. 반면에 자연주의자들은 자기 일에만 신경 쓰면서 살아간다. 그렇다면 내세 신봉자들과 자연주의자들의 싸움에서 전자가 자주 이길 것이고, 그들의 밈이 퍼질 것이다. 물론 그들의 유전자도 함께 퍼질 것이다. 밈이 이끈 집단 선택을 통해서 매장 행위에 관한 유전자가 선택된 셈이다.

나는 이 일련의 사건이 실제로 벌어졌다고 주장하는 것이 아니다. 이런 식의 일반적인 메커니즘에 의해 인간 본성이 빚어졌을 가능성이 있고, 나아가 인간의 종교적 성향이 만들어졌을 가능성이 있다고 말하는 것이다. 이것은 일반 원리이므로, 이론적으로는 모든 종류의 유전적 경향성에 적용될 수 있다. 가령 쉽게 순응하는 성향, 종교적 체험을 하는 성향, 의식과 숭배를 즐기는 성향, 사후 세계를 믿는 성향 등이다. 이런 과정 때문에 어쩌면 다른 면에서는 적응에 해로운 유전자가 선호되었을 수도 있고, 다른 면에서는 적응에 유리한 유전자가 쓸려나갔을 수도 있다. 그러니 인간 본성의 몇몇 측면들은 유전자가 아니라 밈을 위해서 생겨난 것인지도 모른다. 인간의 신념은 집단 선택에 의해 형성되었을지도 모른다. 정말 그렇다면, 현재의 인간은 오랜 밈 역사를 거치며 자연스럽게 종교적 생물로 진화한 셈이다.

종교는 수천 년 동안 막강한 힘을 발휘했다. 그러나 시대는 변하고, 종교도 변한다. 가장 뚜렷한 변화는 느린 수직적 전달이 빠른 수평적 전달에 밀려나는 것이다(252~253쪽을 참고하라). 텔레비전, 라디오, 신문, 인터넷에서 새로운 생각을 접할 기회가 늘어남에 따라, 사람들은 여러 종교를 비교하며 까다로운 질문을 던지기 시작했다. 그러니 아프가니스탄의 탈레반 이슬람 운동 세력이 텔레비전과 라디오를 금지하는 것, 그런 물건을 찾아내는 족족 파괴하며 소유자를 처벌하는 것은 슬프지만 그 논리가 납득이 가는 일이다. 소통이 잘 되는 나라에서는 종교의 해묵은 술수들이 예전만큼 잘 먹히지 않는다. 사람들이 영화를 보고, 미술관에 가고, 내키는 대로 아무 음악이나 들으면, 아름다움 술수의 효력이 떨어진다. 텔레비전을 통해서 종교 전쟁의 추악한 결과를 접하면, 이타성 술수가 정당성을 잃는다. 기독교 지도자들이 동성애가 정말로 죄악이냐 하는 문제로 입씨름하는 것을 보게 되면, 진실성 술수의 세력이 약화된다.

과거에는 대가족을 장려하는 종교가 성공적이었다. 부모의 신앙을 물려받을 아이가 많이 생기기 때문이다. 린치는 고대 이슬람교부터 비교적 최근 들어 융성한 모르몬교까지, 후손을 늘림으로써 확산을 꾀하는 종교를 여럿 예로 들었다.[1996] 하지만 그는 수직적 전달과 수평적 전달의 효과를 확실하게 구분하지 않았다. 현대에 들어 수평적 전달이 득세하자, 사람들은 부모의 신앙에 더는 구속 받지 않는다. 밈이 점점 더 빠르게 확산됨에 따라, 출산율은 점점 덜 중요한 것이 되어간다. 따라서 기술이 발전한 사회에서는 출산율에 의존하는 종교보다 전도에 의존하는 종교가 더 융성하리라는 예측이 가능하다. 이런 형태의 새로운 종교나 변화하는 오래된 신앙 중에서도 시대상에 제 밈을 적응시킬 줄 아는 신앙은 살아남을 것이고, 그렇지 못한 종교는 멸종할 것이다.

나는 인간에게 종교 없는 날이 오리라고는 기대하지 않는다. 내가 위에서 펼친 논증이 옳다면, 종교는 아주 강력한 두 힘에 의해 추진되고 있다. 첫째, 인간의 마음과 뇌는 종교적 생각을 잘 받아들이도록 형성되었다. 둘째, 종교적 밈은 이 책에 소개된 밈 술수들을 전부 다 사용함으로써 자신의 생존과 번식을 추구한다. 과학 지식이 발전한 사회에도 종교가 끈질기게 존속하는 이유는 이 때문일 것이다. 정치적 교조에 따라 종교 행위를 근절하려 했던 사회들이 결국 다 실패했던 것도 이 때문일 것이다. 어쩌면 우리의 뇌와 마음은 자연스럽게 종교를 받아들이도록 형성되었는지도 모른다. 그래서 논리나 과학 증거로는 사고방식을 바꾸기가 어려운지도 모른다. 그러나 어렵다고는 해도 불가능하지는 않을 것이다.

과학과 종교

나는 과학이 어떤 면에서는 종교보다 우월하다는 듯이 이야기를 해왔다. 나는 실제로 이 견해를 옹호하고 싶다. 물론 과학도 종교처럼 수많은 밈플렉스로 구성되어 있다. 이론과 가설, 방법론과 실험 패러다임, 지적 전통, 요즘도 끈질기게 남아 있는 잘못된 이분법, 이 모두가 밈플렉스다. 과학에도 인간이 발명한 생각들이 가득하고, 임의적 관행이나 역사적 우연이 끼어들어 있다. 다른 어떤 밈플렉스와 마찬가지로, 과학도 '궁극의 진리'는 아니다. 하지만 밈학의 맥락에서 따져 보면, 과학이 종교보다 더 나은 진리를 제공한다는 주장이 가능하다.

인간은 진리를 추구하는 생물로 자연선택되어 왔다. 우리의 인식 체계는 세상에 대한 적절한 모형을 구축하고 다음에 벌어질 일을 정확하게 예측하도록 진화해왔다. 우리의 뇌는 효과적으로 문제를 해결하고 건전한 결정을 내리도록 설계되었다. 물론 우리의 인식은 부분적이고, 우리의 의사 결정은 탁월함과는 거리가 있다. 그래도 쓸모없다고 할 정도는 아니다. 그보다는 훨씬 낫다. 우리에게 밈이 없다면 어떨까? 적어도 순간순간의 상황에 있어서는 세상을 더 정확하게 이해할지도 모른다. 하지만 우리는 밈을 갖게 되었다. 더불어 세상을 통제하고 예측하는 새로운 방법들을 갖게 되었고, 그뿐 아니라 밈의 술수, 무임승차하는 밈, 호도하는 밈, 거짓된 밈도 갖게 되었다.

과학은 본질적으로 하나의 과정이다. 진실된 밈과 거짓된 밈을 구별하려고 노력하는 일군의 기법들이다. 과학의 핵심은 세상에 관한 이론을 구축하고 그것을 시험하는 것이다. 이것은 인간의 인식 체계와도 비슷하다. 과학은 완벽하지 않다. 과학자들도 간혹 세력과 영향력을 얻기 위해서 사기 행위를 한다. 그들의 거짓 결과가 수십 년을 살아남아서 수많은 후대 과학자를 호도하는 경우도 있다. 종교와 마찬가지로 과학에서도 거짓된 이론이 융성하곤 하며, 그 이유도 대부분 종교와 비슷하다. 무시무시한 생각보다는 안심되는 생각이 더 오래 버티고, 인간을 찬양하는 생각이 그렇지 않은 생각보다 더 인기를 누린다. 진화 이론은 사람들의 마음에 들지 않는 인간관을 제공한다는 이유로 어마어마한 반대를 겪었다. 밈학도 비슷한 일을 겪을지 모른다. 하지만 과학에는 어떤 생각이든 확인을 요구해야 한다는 원칙이 깔려 있다. 과학자들은 이론이 유효할 경우에 어떤 현상들이 벌어질지 예측한 뒤, 그것이 사실인지 확인해 본다. 내가 밈 이론에 대해 하려는 일도 그런 것이다.

종교는 그렇지 않다. 종교는 세상에 대한 이론을 구축한 뒤, 아무도 그것을 확인해 보지 못하게 막는다. 종교는 근사하고, 매력적이고, 위안이 되는 생각들을 제공한 뒤, '진실, 아름다움, 선함' 의 가면을 씌워 그것을 은폐한다. 그러면 설령 진실되지 못하고, 추하고, 잔인한 이론이라 할지라도 번성을 누리게 된다.

결국, 우리가 발굴해 내고 영원히 간직해야 할 궁극의 진리란 존재하지 않는다. 그러나 상대적으로 더 진실되고 덜 진실된 이론이 있고, 상대적으로 더 낫고 덜 나은 예측이 있다. 그렇기 때문에 나는 최선의 과학은 종교보다 진실에 가깝다는 생각을 굳게 변호한다.

제16장

인터넷, 새로운 혁명인가?

M E M E

1989년, 월드와이드웹이 발명되었다. 그리고 세상은 변했다. 이제는 스마트폰으로 시간과 장소에 구애를 받지 않고 개인이 전 세계와 소통할 수 있게 되었다. 그리고 밈의 양태도 바뀌었다. 행동과 관습과 지식을 보거나 들어서 "모방"하는 것이 아니라 인터넷을 통해 복사되고 있다. 새로운 밈 진화가 시작되고 있다. 어쩌면 이제 밈 진화는 유전적 진화에 가까워질 수도 있다. 즉 생산물에 대한 모방이 아닌, 지침에 대한 복사와 복제가 확산되는 것이다.

우리 집에는 전화선이 네 개, 팩스가 두 대, 텔레비전이 세 대, 오디오
가 네 대, 라디오가 일고여덟 개, 컴퓨터가 다섯 대, 모뎀이 두 개 있다.
우리 가족은 네 명뿐인데 말이다. 우리 집에는 또 책이 수천 권 있고, CD
와 오디오테이프와 비디오테이프도 제법 있다. 이 모든 물건들이 대체 어
떻게, 왜 생겨났을까?

이런 질문을 한 번도 던져 보지 않은 사람이라면, 답이 너무 뻔하지 않
느냐고 대꾸할지도 모르겠다. 이것들은 모두 훌륭한 발명품이고, 우리 삶
을 더 편하게, 더 재미있게 만들어 주기 위해서 사람들이 창조한 것 아닌
가. 하지만 이것이 옳은 대답일까? 밈학은 전혀 다른 시각을 제공한다.
직관에 반한다는 느낌마저 드는 시각이다.

이런 물건들을 만들어낸 것은 밈 선택이었다는 게 내 주장이다. 밈은
세상에 등장하자마자 자신의 충실도, 다산성, 수명을 늘리는 방향으로 진
화하기 시작했고, 그 과정에서 갈수록 뛰어난 밈 복제 도구들을 설계했
다. 책, 전화, 팩스는 밈이 스스로를 복제하고자 만들어낸 물건들이다.

밈은 한 사람에게서 다른 사람에게로 복사되는 정보에 불과하다는 것을 떠올리면, 이 말이 이상하게 들릴 수도 있다. 어떻게 한낱 정보 조각들이 라디오와 컴퓨터를 만든단 말인가? 하지만 우리는 유전자에 대해서도 같은 질문을 물을 수 있다. 어떻게 한낱 DNA에 저장된 정보 조각들이 각다귀나 코끼리를 만든단 말인가? 두 경우 모두 해답은 하나다. 정보가 복제자이고, 선택을 경험하기 때문이다. 그래서 진화 알고리즘이 작동되고, 진화 알고리즘은 구조를 만들어 낼 수 있다. 이런 의미에서 밈 선택이 컴퓨터를 설계했다고 말할 수 있고, 이것은 유전자 선택이 숲을 설계한 것만큼이나 신비로울 것 없는 일이다. 어느 과정이든 설계자의 의식이라는 인과 요인은 작용하지 않았다. 설계는 거의 전적으로 진화 알고리즘의 작동에서만 생겨났다.

• • •

우리는 자연선택이 동식물을 설계한다는 개념에는 익숙하다. 그런데 자연선택을 가능케 하는 복제 도구들이 어떻게 진화했는지도 꼭 생각해 보아야 한다. 두 가지는 함께 진화했기 때문이다. 나는 밈도 그렇게 분석할 수 있다고 본다. 밈은 아직 DNA만큼 정확한 복사 도구를 갖진 못했다. 밈은 지금도 복사 기계를 진화시키는 중이고, 바로 그 일을 위해서 기술이 존재한다.

과거에 유전자의 상황이 어땠는지 돌아보는 것도 우리에게 도움이 될 것이다. 어쨌거나 우리가 잘 아는 복제자는 유전자뿐이기 때문이다.^{메이너드 스미스와 사트마리 1995} 지구에 최초로 등장한 복제자는 DNA가 아니었을 것이다. 단순한 전구물질이었거나, 아니면 DNA와 전혀 다르지만 역시 복제 기능이 있는 화합물이었을 것이다. 그것이 무엇이든, 당시에는 세포의 복제 도구들이 존재하지 않았을 게 분명하다. 생명의 초창기에는 고양이나 개 같은 복잡한 생물체들 사이에서 자연선택이 이뤄진 게 아니었다. 서로 다른 종류의 단순한 세포들 사이에서 선택이 이뤄진 것도 아니었다. 아마도 서로 다른 단백질 조각들이나 서로 다른 화합물들 사이에서 선택이 이뤄졌을 것이다. 단백질들 중에서 더 자주 복사되는 것, 더 정확하게 복사되는 것, 더 오래 지속되는 것이 다른 단백질들을 누르고 살아남았을 것이다. 이렇게 과정이 시작된 뒤, 자연선택은 단백질을 더 많이 만들기만 하는 게 아니라 점차 다른 단백질의 복사에 관여하는 단백질도 만들어 냈을 것이다. 그리하여 복제자들의 집단 체계가 진화했고, 복제 도구들이 진화했고, 마침내 오늘날 우리가 목격하는 운반자들이 진화했다. 현재 지구의 생물이 모두 동일한(혹은 아주 비슷한) 복제 체계를 사용한다는 것만 보아도 이 체계가 얼마나 잘 정착했는지 알 수 있다. 이것은 수명이 긴 복제자를 지극히 충실하게, 지극히 많이 복사해내는 체계다.

나는 현재 밈에도 같은 과정이 진행되고 있다고 생각한다. 이제 막 발걸음을 뗀 단계라는 것이 다를 뿐이다. 도킨스가 말했듯이, 새 복제자는 '아직도 자신의 원시 수프에서 서툴게 부동하고 있다.' 도킨스 1976 이것은 인간의 문화, 인간의 인공물, 인공적인 복제 체계로 이루어진 수프다. 여러분과 내가 사는 시대는 새로운 복제자의 복제 도구들이 한창 진화하는 시기이고, 그것들이 아직 안정된 형태로 자리매김하지 않은 단계다. 내 집을 가득 채운 기기들, 가령 펜이나 책이나 컴퓨터나 오디오가 모두 그런 밈 복제 도구다.

이런 시각에서 바라보면, 인간 문화에서 결정적이었던 발명품들은 죄다 밈 복제 진화의 각 단계였던 것 같다. 나는 앞서 언어를 이런 시각에서 다룸으로써 언어의 기원에 관해 새로운 가설을 제안했다. 지금부터는 구어를 넘어서 문자로, 현대적인 정보처리 기술의 발명으로 이야기를 확장해 보자. 앞서와 마찬가지로, 이 진화 과정의 방향도 복제자의 충실도, 다산성, 수명을 늘리는 쪽이었다.

글쓰기

글은 확실히 밈에게 도움이 되는 발전이다. 언어의 수명을 늘려 주기 때문이다. 언어 덕분에 복사 가능한 발성의 다산성과 충실도가 높아졌다는 이야기는 앞에서 했는데, 문제는 수명이었다. 말로 한 이야기가 뇌에 쉽게 기억되기는 하지만, 소리 자체는 덧없을 수밖에 없다. 글은 언어의 수명을 늘리는 첫 단계다.

아무것도 없는 상태에서 문자가 발명된 사건이 역사상 몇 차례나 있었는지는 아무도 모르지만, 그것이 가공할 만한 작업이었으리라는 점만은 확실하다. 무에서 문자를 만든다는 것은 발성을 어떻게 나눌까, 발성을 표현하는 기호들을 어떻게 조직할까에 관해 무수한 결정을 일일이 내려야 한다는 뜻이다. 메소포타미아의 수메르인들은 지금으로부터 약 4,000년 전에 문자를 발명했고, 멕시코 원주민들은 기원전 600년쯤에 문자를 발명했다. 이집트와 중국의 문자 체계도 독자적으로 발생했을 것이다. 문자 체계들이 으레 그렇듯이, 수메르의 설형문자도 처음에는 가축이나 곡물의 양을 기록하는 회계 체계였다. 처음에는 점토물표 형태였던 것이 이후 점토판에 표기하는 체계로 진화했고, 왼쪽에서 오른쪽으로, 위에서 아래로 기호를 배열하는 관행도 생겨났다. 당연한 말이지만, 다른 체계들은 다른 관행을 쓴다. 그렇다면 이제 밈의 관점에서 상상해 보자. 수많은 사람이 제각기 다른 표기법을 시험했을 것이고, 개중 몇몇 방법들이 다른 방법들보다 더 많이 복사되었을 것이다. 이런 선택적 복사가 곧 밈 진화 과정이었고, 그 결과 점점 더 나은 문자 체계가 탄생했다.

다른 문자 체계를 시발점으로 삼거나, 그도 아니면 문자라는 발상만을 빌려와서 만들어진 체계도 있다. 1820년, 세쿼이아라는 이름의 체로키 아메리카 원주민은 유럽인들이 종이에 뭔가 표기하는 광경을 보고서는 직접 체로키 말을 받아쓰는 체계를 고안했다. 그는 문자를 몰랐고 영어도 몰랐지만, 남들의 문자 사용을 관찰하는 것만으로 충분히 성공적인 문자 체계를 발명할 수 있었다. 곧 체로키 사람들은 읽고 쓰게 되었고, 자기 말로 된 책과 신문을 찍어내게 되었다. ^{다이아몬드 1997}

나는 인간의 의식이 언어 탄생의 추진력은 아니라고 주장했다(사실 의식은 그 어떤 것의 추진력도 아니다). 세쿼이아는 내 말이 틀렸다는 것을 보여 주는 이상적인 사례로 느껴질지도 모르는데, 사실 나는 내 주장을 정확하게 설명할 기회로서 일부러 이 이야기를 꺼냈다. 어느 인간이나 그렇듯이, 세쿼이아에게도 의식이 있었을 것이다. 사람들은 인간의 창조성에 관해 이야기할 때 어떤 식으로든 인간의 의식이 창조성을 낳았을 것이라고 곧잘 가정한다. 하지만 그것이 정확하게 무슨 뜻인지 상상해 보는 순간, 이 견해의 심각한 문제가 드러난다. 그 견해대로라면 우리가 이원론적 입장을 취하지 않을 수 없기 때문이다. 의식은 뇌와 분리된 무언가로서, 마술처럼 이것저것 발명해 내는 존재라고 생각해야 하기 때문이다. 한편 과학에서는 의식을 무시하는 견해가 흔한데, 창조성을 개인의 지능이나 능력에 따르는 부산물로 취급함으로써 결국 뇌의 메커니즘으로 환원하는 입장이다. 이런 견해는 이원론의 덫에 잡히지는 않지만, 창조자의 환경에 기존에 존재했던 갖가지 생각들의 중요성을 무시하게 된다. 한편 밈의 시각은 이 모두를 아우른다. 내 의견은 다음과 같다.

사람의 뇌와 마음은 유전자와 밈이 협력해서 만든 산물이다. 데닛이 말했듯이,¹⁹⁹¹ '사람의 마음 자체도 밈이 인간의 뇌를 재구성하여 자신에게 알맞은 서식지로 만드는 과정에서 생겨났다'. 세쿼이아는 분명 예외적으로 뛰어난 뇌와 예외적으로 굳건한 결단력과 동기를 가졌다. 그가 남들의 문자 체계를 접한 시점도 마침 좋아서, 그의 부족이 그의 생각을 기꺼이 받아들여 사용할 만한 상황이었다. 세쿼이아 개인의 사고가 그 과정에서 핵심적인 부분이었던 것은 사실이지만, 그 사고부터가 밈과 유전자의 상호작용에서 생겨났다. 세쿼이아의 사례는 복제자들이 무에서 설계를 창조해 내는 과정을 멋지게 보여 준다. 언제나 그렇듯이, 여기에는 진화 과정 외에는 다른 어떤 설계자도 없었다.

문자 체계에는 기본적으로 세 가지 전략이 있다. 기호 하나로 단어 전체를 뜻하는 방법, 음절을 뜻하는 방법, 더 작은 음소를 뜻하는 방법이다. 밈은 최소 음절 하나로도 전달될 수 있는데, 그런 밈들에게는 이 차이가 중요하다. 한 단어 당 한 기호를 쓰는 체계는 가장 번거롭다. 정말이지 엄청나게 많은 단어가 있는데다가, 새 단어가 발명될 때마다 새 기호를 생각해내야 하기 때문이다. 반대쪽 극단은 음소마다 기호를 부여하는 체계인데, 적은 수의 기호들을 다양하게 조합하여 쓰는 방법이다. 알파벳의 26개 문자처럼 말이다. 문자 체계에 따라서 사람들의 뇌에 가해지는 인지적 부담이 달라진다. 알파벳 26개와 그 소리를 배우는 것은 상대적으로 쉬운데도 불구하고 학생들이 그것을 다 익히는 데는 보통 몇 달에서 몇 년까지 걸린다. 일본어의 간지(일문한자)를 배우는 것은 훨씬 더 오래 걸리고, 간지 문자를 2000~3000개쯤 익히지 않고서는 일본어 신문을 읽을 수 없다.

여러 근거를 볼 때 음소에 기반을 둔 문자 체계는 비교적 적은 수고로 밈을 전달할 것이므로, 그런 체계는 다른 체계들과의 경쟁에서 쉽게 이길 것이다. 물론 경쟁이 항상 정정당당한 것은 아니다. 문자 체계는 역사적 과정을 밟아 다듬어졌기 때문에, 변덕스럽고 기묘하고 임의적인 온갖 관행이 그 속에 끼어들고, 일단 충분히 많은 사람이 관행을 익히고 나면 그것에 어느 정도 안정성이 부여된다. 생물학적 진화에서 중요한 원리 하나는, 진화가 언제나 그 시점에 주어진 것들에 기초하여 작업한다는 것이다. 진화에 신이 있다면 가령 눈의 설계를 보고 '이 부분을 없애고 다시 그리는 게 낫겠다'고 말할지도 모르지만, 그런 신은 없다. 다시 시작할 수는 없다. 같은 원리가 문자 체계에도 적용된다. 문자 체계는 각 시점에 주어진 것들을 바탕으로 하여 점진적으로 진화했다. 그렇기 때문에 26개 문자의 알파벳이라도 밈의 신이 만들었을 법한 이상적인 형태와는 거리가 멀다. 하지만 그나마 이것이 다른 체계들보다는 낫기 때문에, 직접적인 경쟁이 붙는다면 쉽게 이길 것이다. 어떤 언어들은 보다 번거로운 표시 체계에서 로마 문자 체계로 바꾸었다. 터키어가 그렇다. 로마 문자에 변모음, 곡절 악센트, 복모음을 더하거나 새 문자를 몇 개 더한 변이 형태를 쓰는 언어도 많다. 요즘처럼 밈 전달이 제일의 가치이고 영어가 압도적인 세상에서, 일본이 경제적, 문화적 영향력만으로 자신들의 복잡한 문자 체계를 계속 지켜낼 수 있을까? 두고 볼 문제다. 밈의 관점에서 볼 때 어렵지 않을까 하는 것이 내 판단이다.

비슷한 논리가 숫자 체계에도 적용된다. 로마 숫자로는 산수를 하기가 가공할 만큼 어렵지만, 숫자의 위치에 따라 크기가 정해지는 기수법을 쓰면 쉽다. 오늘날 세계 대부분의 사람들이 사용하는 아라비아 체계가 후자의 예다.

숫자 체계가 전 세계적으로 통일되어 왔다는 것은 흥미로운 대목이다. 통일을 향한 추진력이 언어 진화의 경우보다 더 컸다고 봐도 좋다. 문자도 새 체계를 발명하는 것은 여간 어려운 일이 아니기 때문에, 다른 곳의 것을 빌려오는 일이 흔하다. 새로운 체계는 불리하다. 일단 먼저 진화한 체계는 설령 역사적 우연이나 임의적 관행 때문에 여러 단점이 있더라도 무조건 유리한 입장이다. 소수의 체계들이 공존하는 경우라면, 좀 더 오래 가는 복사물을 좀 더 많이, 좀 더 훌륭하게 만들어 내는 체계의 생산물이 세상을 채우기 시작할 것이다. 생산물들은 그 복사 체계의 개념을 함께 실어 나른다. 그 결과, 하나의 복사 체계를 향한 압력이 다른 체계들을 짓누른다.

우리는 이런 과정에 익숙하다. 영어의 표준 자판 배열인 쿼티 체계는 초창기의 수동 타자기에서 문자들이 서로 붙어 찍히는 것을 막을 요량으로 고안되었다. 이것은 현대의 키보드에서는 최적의 배열이 아닌데도 여태 거의 보편적으로 쓰인다. 음악을 녹음하고 저장하는 방법이 발명된 뒤, 처음에는 두 가지 크기에 세 가지 회전 속도가 있는 비닐 레코드가 시장을 석권했지만, 지금은 그것들이 거의 다 사라졌다. 그 후 한동안은 오픈릴식 테이프가 사용되었다가, 훨씬 작은 카세트테이프가 발명되어 바통을 이어 받았다. 카세트테이프는 한 가지 형식으로 줄곧 사용되어 왔으나, 이제 CD가 등장했으니 앞으로는 CD와 나란히 존재하거나 사라지거나 할 것이다. 우리는 밈의 원리로 그 존속 여부를 예측해볼 수 있다. 하나의 CD에 채워 넣을 수 있는 밈의 양은 테이프와는 비교가 안 되게 많다. CD 기술은 내용에 대한 무작위 접근도 쉽고 빠르다. 그러므로 일단 값싼 CD 복제 도구가 등장하면 틀림없이 CD가 카세트보다 많아질 것이고, 그 CD들이 복사 메커니즘 자체를 함께 퍼뜨릴 것이다. 현재 세상에는 CD가 어마어마하게 많다. 공장에서 합법적으로 제작되는 수도 많거니와, 불법적으로 복제되는 수는 더 많다. 따라서 또 다른 새 체계가 CD를 밀어내고 자리를 잡으려면 복제 충실도나 다산성 면에서 어마어마한 발전을 보여 줘야 할 것이다. 컴퓨터 디스켓의 형식도 비슷한 과정을 겪었다.

밈과 유전자를 비교하는 데에는 늘 위험이 따른다는 것을 염두에 둬야겠지만, 두 경우에 모두 많은 생산물을 충실하게 복사해내는 단 하나의 체계로 점차 수렴되는 과정이 적용된다고 봐도 될 것 같다. 유전자는 이미 그 과정을 마치고 정착했다. 대단한 충실도를 자랑하는 DNA 디지털 복제 체계가 대부분의 경우에 사용된다. 반면에 밈은 아직 그런 고품질의 체계를 만들어 내지 못했고, 아마 앞으로도 한동안은 하나의 체계로 정착하지 않을 것이다.

글쓰기 이야기로 돌아가자. 문자의 진화는 언어에 기반을 둔 밈들의 수명 연장 단계라고 했다. 그런데 이 단계 덕분에 충실도와 다산성을 높이는 후속 단계들도 가능하게 되었다. 철자의 변이가 크면, 글이 모호해지고 충실도가 떨어진다. 많은 언어가 처음에는 철자에 선택의 여지를 주었다가, 차차 단어마다 '정확한' 철자를 부여하는 방향으로 변화했다. 정확한 철자를 알려 주는 사전이 등장했고, 최근에는 전자적 텍스트에 강제로 맞춤법을 적용시키는 기능까지 등장했다.

글쓰기가 느리고 어려운 과정일 때는 다산성에 분명한 한계가 있었다. 단어를 기록하기 위해서 점토에 표시를 새기거나 점토물표를 빚어야 했던 때를 상상해 보라. 인류 역사에서 대부분의 기간에, 글쓰기는 소수의 숙달된 전문 필사자들에게 국한된 기술이었다. 여기에는 정치적 의미도 있었다. 문자는 통치자에게 권력을 부여했기 때문이다. 통치자만이 필사자들에게 명령을 내려서 재화의 흐름이나 세금을 기록시킬 수 있었고, 억압과 전쟁을 정당화하는 신성한 문서들을 관리할 수 있었다. 어쨌든 초기의 문자 체계는 한정된 종류의 정보만을 기록했다. 문자 자체는 물론이고 정치와 경제도 함께 변화한 뒤에야 비로소 사람들은 시나 소설을 쓰고, 사적인 편지를 작성하고, 역사를 기록하는 일에 문자를 이용할 수 있었다. 종이 위의 기호로 저장되고 전달되는 밈의 수가 극적으로 증가하자, 많은 사람이 글을 배워 알게 되었다.

인쇄기는 다산성과 충실도를 높이는 또 하나의 결정적인 단계였다. 15세기까지만 해도 유럽에서는 모든 텍스트 복사가 필사자들의 손으로 이루어졌다. 대개는 종교적 작품을 복사하고 꾸미는 일에 인생의 막대한 부분을 투자하는 수도사들의 몫이었다. 일은 더뎠고, 실수도 많았다. 텍스트의 역사를 추적하는 요즘의 역사학자들에게는 그런 실수가 대단히 흥미롭겠지만, 그것이 복사의 충실도에 도움이 안 된다는 것은 분명한 사실이었다. 시간이 많이 들기 때문에 복사본은 수가 적을 수밖에 없었고, 책은 부유하고 유력한 사람들만 소장하는 값비싼 상품이었다. 따라서 책에 담긴 내용도 재정적 뒷받침이 가능한 것, 즉 정치적, 경제적, 종교적 권력 유지에 도움이 되는 내용으로 제한되었다. 그러나 마침내 싼 값에 책을 제작할 수 있게 되자 그 안에 담긴 밈의 종류가 폭발적으로 늘어났고, 내용도 변했다. 세금이나 종교에 관한 내용만이 문서에 담기던 시대는 지났고, 요즘의 문서는 그와는 사뭇 다른 시장의 힘에 의해 구속된다. 밈이 책으로 들어간 것은 정말로 획기적인 한 발짝이었다.

책 속의 밈은 선택 체계가 어떻게 작동하는지 잘 보여 주는 훌륭한 사례다. 이때의 복제자는 물론 밈이다. 문자로 전달되는 발상, 이야기, 이론, 지침 등은 복사되거나 복사되지 못할 운명의 복제자이고, 그들의 내용이 그들의 복사 가능성에 영향을 미친다. 이때의 복사 기계는 출판사, 인쇄기, 제본사 등이다. 밈이 최종적인 텍스트로 구현되려고 서로 경쟁을 벌이는 작가의 마음속, 책의 재고를 갖춰둘까 말까를 결정하는 세상의 서점들, 책을 홍보할까 말까를 결정하는 서평 기사와 잡지, 책을 사서 읽고 친구에게 추천할까 말까를 결정하는 독자들이 선택 환경이다. 전 과정에서 인간은 필수불가결한 요소이지만, 무에서부터 생각을 짜내는 독립적인 설계자 같은 창조적 역할을 우리가 하는 것은 아니다. 우리는 차라리 복사 기계다. 우리는 밈들의 경쟁이 이끌어가는 방대한 진화 과정에서 선택 환경의 일부일 뿐이다.

이 책을 쓰는 동안, 내 마음은 생각의 격전지나 다름없었다. 내 안에는 수많은 생각이 있지만, 최종적으로 인쇄될 수 있는 수는 아주 적다. '나'는 무에서 생각을 창조해내는 독립적인 의식 주체가 아니다. 내 뇌는 과거의 교육으로부터, 독서로부터, 오랜 사고로부터 무수히 많은 밈을 얻었고, 내 손가락이 이 문장을 타이핑하는 동안에도 내 뇌에서 그 밈들이 뒤엉켜 발효하고 있다. 나의 내부적 선택 과정이 끝나서 원고가 내 손을 떠나면, 또 다른 선택이 개시될 것이다. 우선은 출판사가 선정한 검토자들에 의해서, 다음에는 서평자들에 의해서, 그리고 바깥세상의 서점들과 독자들에 의해서. 이 책이 수백 권이 팔릴지 수십만 권이 팔릴지는 전적으로 그 선택 과정에 달렸다.

소통

철도, 도로, 배는 밈 복사와 직접적인 관계가 없는 것처럼 보일지도 모른다. 하지만 이것들은 밈 경쟁을 가속하는 역할을 한다. 이것들은 밈이 적힌 편지, 생각을 간직한 재화와 사람을 멀리까지 운반한다. 한 개인이 접촉하는 사람의 수를 늘림으로써 크고 다채로운 밈풀을 만든다. 생물학적 진화가 좁은 섬에서보다 넓은 대륙에서 더 많은 종을 낳듯이, 밈 진화는 더 많은 사람이 밈 체계에 연결될 때 더 많은 발전을 낳는다. 도로, 철도, 비행기는 점점 더 많은 사람을 하나로 연결한다. 언어 및 문자 체계의 통일과 비슷한 효과라고 할 수 있다.

1901년에 발표해 고전이 된《우주 의식》에서, 신비주의자 리처드 버크는 '항공 항해'가 발명된 이후의 세상을 예측했다. 그는 앞으로는 도시가 필요하지 않을 것이고, 부자들은 지구에 고르게 퍼져서 다른 아름다운 장소에 거주할 것이라고 예측했다. 그러나 현실에서는 도시 인구가 극적으로 늘었고, 농촌의 인구 감소는 보편적인 법칙이 되었다. 왜 그럴까? 복사 기술을 논하던 맥락에서 살짝 벗어나는 이야기이지만, 이제 여러분에게도 제법 친숙하게 느껴질 밈의 관점에서 대답이 가능하다. 도시 거주자는 외진 곳의 거주자보다 사람을 더 많이 만나고, 따라서 밈을 더 많이 받아들이고 전달한다. 밈들 중에는 도시에서만 가능한(혹은 도시에서 훨씬 쉬운) 행동도 있다. 외식을 하거나 술집에 가는 것, 영화관이나 극장이나 박물관이나 미술관에 가는 것, 즉석에서 약속을 잡아 친구를 만나는 것, 각종 사건의 중심지에서 유력한 직업을 갖는 것. 도시 거주자는 스스로 이런 밈을 받아들이는 것은 물론이고, 이런 밈을 간직한 사람을 많이 만난다. 일단 몸에 익힌 습관은 떨쳐내기 어렵다.

시골에 사는 사람은 만나는 상대의 수가 적고, 간간이 도시로 나가지 않는 한 생기 넘치는 도시 생활의 습관을 체득할 기회가 없다. 이들이 도시로 나가면 도시의 온갖 밈에 유혹당할지도 모른다. 보다시피 이 상황은 상당히 불균형하다. 시골 거주자는 드문드문 퍼져서 살기 때문에, 도시 거주자는 시골에 나가도 그곳 사람을 만날 기회가 적다. 더구나 시골에는 밈이 많지 않기 때문에, 도시 거주자가 그곳 밈을 받아들일 기회도 적다. 반면에 도시로 나들이한 시골 주민은 엄청나게 많은 도시 사람을 만나고, 엄청나게 많은 새로운 생각을 접한다. 그 결과, 도시 거주를 선호하는 밈 압력이 작용한다.

여러분은 이 분석에 반대할지도 모른다. 우리는 경제적 조건에 따라서, 혹은 어떤 삶이 더 행복할까 하는 자유로운 선택에 따라서 살 곳을 정한다고 생각할지도 모르겠다. 하지만 정말 그럴까? 우리가 말하는 경제적 조건은 가족에게 식량과 옷가지를 제공하는 문제를 넘어설 때가 많다. 텔레비전이나 자동차, 그 밖에 밈이 풍족한 생활을 위한 각종 장식물을 구입하는 문제일 때가 많다. 우리는 밈에 많이 노출될수록 그런 것들을 갈망하게 되고, 갈망은 쉽게 충족되지 않는다. 게다가 행복이란 판단하기 어려운 것이다. 우리는 세상의 중심에 가까운 곳에서 활발하게 살아가는 것을 행복이라고 생각하곤 하지만, 어쩌면 이것은 틀린 생각인지도 모른다. 믿고 싶지 않겠지만, 밈의 압력은 우리의 선택에 큰 영향을 미친다.

밈을 고려할 경우, 다음 조건이 갖춰질 때 사람들은 대도시 선호 압력을 받으리라는 예측이 가능하다. 첫째, 시골과 도시 사이에 충분히 소통이 이뤄져서 불균형이 느껴져야 한다. 둘째, 사람들의 주된 소통 형태가 여전히 직접 대면이거나 값싼 시외통화여야 한다. 이와 달리 밈 전달이 진정으로 거리에 무관한 상황이라면, 인구 분포에 대한 밈 압력도 다르게 작용할 것이다.

◆ ◆ ◆

전신과 전화, 라디오와 텔레비전은 모두 밈을 더 효과적으로 퍼뜨리기 위한 발전 단계들이다. 이들은 밈 복제의 다산성을 높이고, 작동 거리를 늘린다. 어떤 발명품이 실제로 사용될지, 어떤 것은 존속하고 어떤 것은 사라질지 예측하기 어려울 때가 종종 있는데, 밈의 관점을 취하면 예측이 비교적 쉬워진다. 경쟁자보다 뛰어난 충실도, 다산성, 수명을 자랑하는 발명품이 성공할 테니까 말이다. 1838년에 등장한 최초의 전신에서 텔렉스(가입자들끼리 쉽게 전보를 주고받을 수 있었던 1930년대의 전신망 — 옮긴이)를 거쳐 팩스에 이르기까지, 충실도와 다산성은 꾸준히 증가했다. 그 과정에서 더 새로운 발전이 등장할 가능성도 열렸다.

전화의 성공은 떼 놓은 당상이었다. 인간은 수다 떨기, 소식 전달, 의견

교환을 좋아하도록 유전적으로 진화했고,^{던바 1996} 그 와중에 많은 밈을 만든다. 몇 분이나 몇 시간 걸려 쓴 편지를 며칠씩 기다려 받아봄으로써 밈을 퍼뜨리던 사람들이 이제 간단히 전화를 걸게 되었다. 이 편이 훨씬 빠르므로 전화를 쓰는 사람은 더 많은 생각을 퍼뜨릴 수 있고, 그 생각 안에는 전화 사용이라는 개념도 포함된다. 중역들이나 갖고 다니는 사치품이었던 휴대폰은 모든 의사와 배관공과 할 말 많은 십 대가 가져야 할 필수품으로 빠르게 변했다.

편지는 다산성보다 수명을 담보할 필요가 있을 때에만 우세할 것이다. 팩스는 문자의 충실도와 수명을 전화의 속도와(그에 따른 다산성과) 결합시켰다. 복사기는 다산성을 높이는 환상적인 발명품이다. 흥미롭게도, 사람들은 오래 전부터 줄곧 책의 종말을 점쳐왔다. 라디오가 세상에 등장하자 독서 인구가 사라질 것이라는 예측이 돌았고, 텔레비전이나 개인용 컴퓨터가 등장했을 때도 마찬가지였다. 그러나 현실에서는 텔레비전 드라마를 소설화한 책이 수백만 권 팔리고, 서점들은 어느 때보다도 많은 책을 팔아 치운다. 어쩌면 밈의 성공 경로가 하나가 아니기 때문인지도 모른다. 유전자가 r 선택 상황일 때와 K 선택 상황일 때 각기 다른 전략을 취하는 것처럼 말이다(199쪽을 참고하라). 이메일은 높은 다산성, 낮은 충실도, 짧은 수명을 추구한다(사람들은 이메일을 수시로 쏘아대지만 구태여 꼼꼼히 작성하거나 실수를 바로잡지 않으며, 읽은 즉시 지우곤 한다). 편지는 낮은 다산성, 높은 충실도, 긴 수명을 추구한다(사람들은 편지를 많이 쓰지 않지만 쓸 때는 꼼꼼하고 진지하게 작성하며, 다 읽은 것도 보관할 때가 많다). 책은 세 기준에서 모두 높은 점수를 기록한다.

이것은 밈이 관여하는 경쟁이라고 보아야 이해가 쉽다. 높은 충실도, 긴 수명, 풍부한 다산성을 성공적으로 조합한 복사 과정은 경쟁자보다 밈을 더 많이 퍼뜨릴 것이고, 그 과정에서 자기 자신도 퍼뜨릴 것이다. 과정이 진행되면 될수록 더 많은 밈이 더 빠르게 확산된다. 그 결과로 애먼 우리만 골머리를 앓게 된다. 사업, 출판, 예술, 과학에서의 경쟁은 모두 밈 전달에 달렸다. 밈 전달이 가속되면 경쟁도 가속되고, 최신 기술이 없는 사람은 경쟁에서 낙오한다. 최신 기술은 우리를 부추겨서 저 많은 책을 오늘 다 읽게 하고, 저 팩스를 오늘 꼭 보내게 하며, 새벽 세 시에 일본에서 걸려올 전화를 기다리게 한다. 우리는 이 모두가 우리의 행복을 위해 설계된 것이라고 생각하며, 실제로 가끔은 밈이 풍부한 생활을 상당히 즐겁게 느낀다. 하지만 과정의 배후에 있는 진정한 추진력은 밈의 이해관계인 것이다.

생산물 복사에서 지침 복사로

지금까지 나는 충실도 향상 방법을 다소 두루뭉술하게 설명했다. 이제 더 구체적으로 짚어 보자. 복사 체계가 충실도를 높이는 방법에는 두 가지 원리가 있다. 첫째는 아날로그에서 디지털 체계로 전환하는 것이고, 둘째는 생산물 복사에서 지침 복사로 전환하는 것이다.

정보의 디지털화는 좋은 충실도 향상 방법이다. 저장과 전송의 실수를 줄여 주기 때문이다(130쪽을 참고하라). 말은 이산적인 단어들로 구성되므로, 울음이나 아우성이나 외침 같은 소통 방법보다 더 디지털에 가깝다. 글은 특정 발성을 특정 문자로 연결 짓고, 표준 맞춤법을 강제하고, 무엇보다도 문자를 익힌 사람이라면 누구든 남들의 괴상한 필체까지도 수월하게 판독하게 해줌으로써 디지털화를 더욱 진전시켰다. 난삽하고 독특한 손 글씨를 읽어내는 인간의 능력은 대단하다. 컴퓨터는 아직도 그 작업에 서툴다. 우리는 어마어마하게 편차가 큰 낙서를 보고서도 그것이

'p'인지 'a'인지 해독하는 능력을 타고났고, 그럼으로써 아날로그 정보에서 디지털 신호를 끌어낸다. 음성 수신 기술도 마찬가지였다. 레코드판의 홈이나 카세트테이프의 아날로그 자기 신호가 요즘은 디지털 녹음 및 저장으로 바뀌었다. 바로 이 디지털 녹음 덕분에 우리는 디지털이 아날로그보다 낫다는 것을 확실히 알게 되었다. 벌써 많은 라디오 방송국이 100퍼센트 디지털 체계로 바꿈으로써 음질을 현격하게 개선했다. DNA 복사 체계에는 실수를 바로잡는 메커니즘까지 내장되어 있는데, 이것은 밈이 현재까지 만들어 낸 그 어떤 메커니즘보다 월등히 낫다.

두 번째 원리는 생산물이 아니라 지침을 복사하는 것이다. 나는 앞에서 수프 조리법을 예로 들었다. 요리사라면 수프의 맛만 보고도 그것을 복사할 수 있을지 모르지만, 조리법을 놓고 작업한다면 더욱 더 비슷하게 모방할 수 있다. 왜일까? 인체를 만드는 유전적 지침이든 케이크를 만드는 조리법이든, 지침을 밟아가는 것은 일반적으로 비가역적 과정이기 때문이다. 도킨스 1982 적절한 조건에서 적절한 방식으로 유전적 지침을 밟으면 몸이 만들어진다. 하지만 몸을 놓고 지침을 거꾸로 밟아서 게놈을 얻어낼 수는 없다. 수프도 마찬가지다. 시도는 해볼 수 있겠지만, 생산물을 복사하는 역공학 과정에는 실수가 끼어들기 마련이다. 어떻게 만들어진 것인지 스스로 알아내어 직접 시행해 보아야 하기 때문이다. 복사물을 또 복사하기를 거듭한다면 실수가 가중되고, 원래의 생산물에 담겨 있던 훌륭한 발상은 사라지고 만다. 그보다는 확실한 지침을 따르는 편이 훨씬 낫다.

문자의 발명은 이런 방향의 발전을 가능하게 해주었다. 조리법은 한 예일 뿐이다. 자동차 정비 지침, 파티장 찾아가는 길을 적은 것, 오디오나 가스오븐의 사용 안내서, 모형 비행기 조립 지침서, 최신 유행 스타일로 집 꾸미는 법 소개 등이 모두 그런 예다. 이런 사례들이나 그 밖의 많은 경우에 생산물이나 행동을 보고 어떻게 만들어졌는지 짐작하는 게 가능할지도 모르겠지만, 말이나 글로 된 지침이 있으면 크게 도움이 된다.

또 지침을 복사하는 것이 훨씬 안정적이다. 글은 디지털인데다가 중복이 대단히 많기 때문에, 맞춤법의 실수나 해상도 하락이 있더라도 조리법이나 지침이 전달될 때 쉽게 극복된다. 컴퓨터 매뉴얼처럼 하나의 지침을 수백만 명에게 복사해 줄 수 있고, 그럴 경우에 모두가 정확하게 같은 정보를 받는다. 책자를 손에서 손으로 돌려 보아도 세부사항에 누락이 일어나는 일은 없다.

내가 이 원리를 다시 한 번 강조하는 까닭은, 이것이 컴퓨터 혁명에서 몹시 중요한 부분이기 때문이다. 컴퓨터 프로그램은 하나의 지침이다. 그것은 생산물 복사 원리가 아니라 지침 복사 원리에 기반하여 작동한다. 내가 이 책을 쓸 때 사용한 워드 6.0 같은 문서 작성 프로그램을 예로 들어 보자. 워드는 여러 단계를 거치며 진화했고, 현재 전 세계에는 다양한 버전의 사본 수백만 개가 사무실이나 가정의 PC 수백만 대 속에 깔려 있다. 디스켓이나 CD로 구입한 사람도 있고, (합법적이든 불법적이든) 남의 것을 복사한 사람도 있다. 일단 설치된 프로그램은 다 같은 일을 한다. 모니터에 활자를 띄우고, 사용자의 명령에 따라 텍스트를 이동시키고, 프린터로 데이터를 전송한다. 워드프로세서의 작업 과정이나 그것이 만들어낸 문서를 겉으로 보기만 해서는 누구도 프로그램의 기계어 코드를 재구성해낼 수 없다. 워드가 간직한 밈들이 환상적인 성공을 거둔 것은 이 프로그램이 사용자들에게 유용하다는 이유도 있지만, 디지털 복사 기법을 작동 기반으로 삼는다는 사실, 그리고 생산물이 아니라 지침을 복사한다는 사실도 한 몫 했다. 워드의 밈들 중에서 적어도 일부는 워드 6.0보다 오래 살아남을 것이다. 앞으로 워드 8이나 9가 만들어진다면, 틀림없이 이전 버전의 코드들 중에서 많은 부분이 재사용될 것이다.

워드프로세서가 만들어낸 수십억 개의 생산물은 워드프로세서 자체에 깃든 밈들과는 다른 방식으로 복사된다. 그렇지만 이들 생산물이 워드의 복사 과정에 아주 무관한 것도 아니다. 사용자들이 프로그램에 만족하지 않는다면, 혹은 프로그램을 써서 글자나 문서나 책을 작성하는 게 쉽지 않다면, 워드 6.0은 전혀 복사되지 않을 것이다. 워드프로세서의 성공 여부는 그것이 만드는 문서의 양과 질에 달렸다. 문서들과 워드 밈의 관계는 생물체들과 유전자의 관계와 비슷하다고 할 수 있다. 이 경우에는 문서 안에 복제자가 담겨 있는 것은 아니지만, 어떤 의미에서는 문서가 운반자인 셈이다. 문서 자체는 파기될지도 모르지만, 그것을 만들어낸 지침에서 어떤 부분이 복사될지 결정하는 것은 바로 그 문서의 존재다. 유전자와 마찬가지로 이 지침도 영원히 복사될 잠재력이 있다.

컴퓨터가 탄생하기까지 여러 밈 복사 단계들이 선행해야 했다. 언어의 발명, 문자를 통한 언어의 수명 연장, 도로나 철로를 통한 소통 증대, 전화와 텔레비전의 발명, 디지털 컴퓨터의 발명, 프로그래밍 언어의 발명, 디지털 저장 기기의 발명, 마지막으로 워드프로세서나 통계 프로그램이나 스프레드시트나 데이터베이스 같은 사용자 프로그램의 탄생이 있어야 했다. 이런 프로그램은 밈플렉스이고, 프로그램이 만들어낸 문서는 밈플렉스의 운반자다. 이 과정은 앞으로도 지속되어 갈수록 더 깊게 컴퓨터에 의존하는 지침을 낳을지도 모른다. 사용자에게는 그런 지침의 작동법이 불가해하게 느껴지겠지만, 그야 어쨌든 지침의 복제 여부를 결정하는 것은 지침의 생산물일 것이다.

밈 복제 메커니즘이 이런 식으로 진화한다면 갈수록 유전적 진화에 가까워질 것이라는 점에 주목하자. 연구자들은 밈 전달이 라마르크식 '획득 형질의 유전'이라는 비판을 걱정해 왔다. 그런데 방금 보았듯이, 밈 복사 기술이 발달할수록 비 라마르크식 메커니즘을 지향하는 경향성이 있다. 즉 생산물 복사가 아니라 지침 복사를 추구한다. 이것은 유전자도 마찬가지였을 것이다. 구체적인 방식은 밈과 유전자가 항상 다를 수밖에 없지만, 복제자들의 경쟁 때문에 갈수록 더 나은 복사 체계가 발명된다는 기본 원리는 같다. 최고의 체계는 디지털이어야 하고, 효과적인 오류 수정 메커니즘이 있어야 하고, 생산물이 아니라 생산 지침을 복사해야 한다.

웹에 걸리다

1989년, 월드와이드웹이 발명되었다. 인터넷은 그 몇 년 전부터 벌써 확장되는 중이었고, 소수의 정부 과학자들을 잇고자 만들어진 작은 체계는 급속하게 전 세계적 체계로 발전했다. 이제 컴퓨터와 모뎀이 있는 사람은 누구나 월드와이드웹에 저장된 정보를 세상 어느 곳에서든 끌어올 수 있게 되었다. 이것은 밈에게 있어 대단한 도약이었다. 이제는 가령 멜버른에 있는 어느 컴퓨터의 하드디스크에 저장된 밈이 하루 중 어느 때든 전화선이나 위성 접속을 통해 런던, 피렌체, 시카고, 도쿄의 다른 컴퓨터로 오류 없이 복사될 수 있다. 물론 그 과정에는 수많은 사람의 에너지 자원이 소비된다.

웹 속의 밈들은 다른 생산물을 만드는 데 쓰일 수도 있다(가령 학교 숙제나 사업 계획을 세우는 데). 다른 장소에서 다시 디스크에 저장될 수도 있고, 저장 공간을 아끼기 위해서 링크만 저장했다가 필요할 때 다시 정보를 불러오는 경우도 있다. 후자는 우리 시각계가 쓰는 술책과도 비슷하다. 우리 눈앞의 세상은 너무나 복잡하기 때문에, 변화하는 영상의 극히 일부를 저장하는 것조차도 나름대로 방대한 뇌의 용량을 넘어선다. 그래서 뇌는 정보의 대부분을 버린다. 대신에 필요하다면 얼마든지 다시 볼 수 있다는 능력에 의존한다. 우리는 창밖을 바라볼 때 아름답고 풍부한 시각적 영상이 고스란히 머릿속에 구축된다는 인상을 받지만, 사실 뇌는 영상의 중앙에서 작은 부분만을 확보한다. 나머지는 아주 대강만 스케치한 뒤에, 필요할 때 재빨리 초점을 바꾸어서 다시 바라보는 반응 능력을 사용한다.^{블랙모어 외 1995} 마찬가지로, 우리는 웹에서 나중에 다시 보고 싶은 정보를 만났을 때 그것을 내 컴퓨터에 몽땅 저장하는 대신에 표시만 해둔다. 밈은 시드니든 로마든 원래의 장소에 그대로 있고, 우리는 그것을 다시 불러내는 지름길만 알아둔다.

월드와이드웹의 사용은 무료다. 앞으로는 상황이 바뀔지도 모르지만, 현재로서는 체계에 접속할 때 필요한 컴퓨터와 전화선 비용만 지불하면 된다. 저 너머 사이버 공간에는 수백만 명의 사용자가 자기 웹사이트에 올려둔 갖가지 이야기, 사진, 프로그램, 게임이 있다. 디지털 정보로 구성된 가상 세계인 셈이다. 줄여서 머드MUD라고 부르는 다중 사용자 도메인도 있는데, 이것은 사람들이 모여서 놀 수 있도록 만든 가상 공간이다. 어떤 사람은 현실의 일상보다 이 가상 세계를 더 현실처럼 느낀다.^{터클 1995} 머드는 자격 있는 사람만 입장하도록 통제되지만, 경제적인 통제는 아니다. 결국 인터넷도 사람들이 자신의 이익을 위해 만들어낸 것이라고 생각해 보면, 이 상황은 좀 이상하다. 그렇다면 우리가 인터넷 사용에 대가를 지불해야 마땅하기 때문이다. 그러나 밈들이 자신의 복제를 뒷받침하기 위해서 웹을 만들었고, 그 속에서 경쟁하며 당신의 주의를 끌려는 것이라고 생각하면, 비로소 이해가 간다. 밈은 복사할 수 있는 한 반드시 복사하고, 인터넷은 무수히 많은 복사물을 만들게 도와준다.

넷에는 우리가 꼭 필요할까? 그렇다. 적어도 현재는 그렇다. 하지만 영원히 그러라는 법은 없다. 물론 인터넷의 기반이 되는 하드웨어와 소프트웨어를 우리가 만들었고, 인터넷의 유지를 위해서도 우리가 필요하다. 우리가 없으면 복사 체계는 붕괴한다. 더 중요한 것은, 생물학적으로 진화한 우리의 본성이 밈의 성공 여부를 결정하는 역할을 여전히 크게 떠맡는다는 점이다. 그렇기 때문에 자연히 성과 음식과 싸움에 관한 밈들이 쉽게 성공한다. 월드와이드웹에서 가장 많이 검색되는 주제는 섹스다. 사람들은 머드에서 가짜 신분을 써서 서로 만나고, 잡담하고, 가상 섹스를 한다. 상대의 위치나 생물학적 성별을 모르는 채로 말이다. 컴퓨터 게임들 중에는 살육이나 전쟁을 소재로 한 것이 압도적으로 많다. 그런 밈플렉스에 들어가거나 편승하는 밈은 성공 가능성이 높다. 이런 의미에서 인터넷은 여전히 우리를 필요로 하며, 밈뿐만 아니라 유전자의 영향도 받는다.

하지만 미래에는 많은 변화가 기다린다. 이미 사이버 공간을 자유롭게 떠다니는 봇이라는 프로그램들이 있다(로봇 프로그램을 줄인 말이다). 인공지능의 나아갈 바는, 각각은 작고 멍청하지만 함께 뭉치면 똑똑하게 활약하는 단위들을 만들어 내는 것이다. 독립적이고 멍청한 그 존재들이 넷을 가득 채우고 돌아다니면서 유용한 일을 하는 상황도 상상할 수 있다. 예를 들어, 밈의 원리를 볼 때 넷의 규모와 복잡성은 틀림없이 갈수록 증가할 것이고 그에 따라 트래픽 흐름과 통제 문제도 갈수록 심각해질 텐데, 한 가지 해법은 작은 프로그램들을 넷에 풀어서 그들로 하여금 여러 경로의 트래픽 정보를 제공하게 하는 것이다. 곤충이 화학물질의 자취를 남기면서 돌아다니는 것처럼 말이다. 오류 수정이나 검열을 맡는 프로그램도 가능할 것이다. 지금으로서는 음흉한(혹은 그냥 짓궂은) 사람들이 일부러 만들어낸 바이러스나 기생 프로그램만 있지만, 봇들이 돌연변이를 일으켜 바이러스가 될 수도 있을까? 그래서 시스템을 정체시킬 수도 있을까? 어떤 체계든 복사 오류가 발생하기 마련이고, 그것이 이따금 잘 증식하는 생산물이 될 때가 있다. 일반적인 진화 원리에 따르면, 넷의 환상적인 복사 및 저장 체계가 충분히 오랫동안 존속할 경우에는 실제로 그런 일이 일어날지도 모른다.

또 어떤 프로그램은 사람을 모방한다. 사람들과 대화를 나누거나, 상대의 심리를 읽어내는 작업을 하거나, 게임에 참여한다. 일례로 우리가 외로울 때 대화 상대로 삼을 수 있는 '채팅 로봇'이 있다. 사람인 척하는 봇들이 게임에서 진짜 사람들을 속이는 경우도 있다. 커다란 체계에 충분한 시간이 주어진다면, 그런 봇들이 더 효과적인 '사람'의 형태로 돌연변이를 일으키는 것도 충분히 가능할 것이다.

우리가 넷의 운영 기법을 만들었으니 우리가 그것을 통제한다고 믿는 사람이 많지만, 그것은 결코 사실이 아니다. 요즘은 브리티시텔레콤 사가 자신들의 전화망을 속속들이 이해하기가 불가능하다. 전 세계를 아우르는 체계는 지금도 계속 더 커지고 더 복잡해진다. 내가 앞서 말한 밈적 분석이 옳다면, 넷은 갈수록 확산하여 결국 한 사람이나 사물이 통제할 수 없는 지경이 될 것이다. 흡사 방대한 자연 생태계처럼 말이다.

같은 말이 로봇에도 적용된다. 현재의 로봇들은 대개 인간의 통제 하에 단순한 작업을 수행할 뿐이지만, 밈학의 관점에서는 다음과 같은 흥미로운 전망이 보인다. 로봇이 사람을 닮기 위해서는, 즉 사람 같은 인공지능과 인공 의식을 갖추기 위해서는, 로봇에게도 밈이 있어야 한다. 로봇에게 구체적인 작업 능력을 프로그래밍 해주는 것만으로는 부족하다. 요즘의 몇몇 사례들처럼 주변 환경에 대한 학습 능력을 주는 것만으로도 역시 부족하다. 모방 능력을 주어야 한다. 로봇이 사람이나 다른 로봇의 행동을 모방할 수 있다면, 로봇의 밈이 한 로봇에게서 다른 로봇에게로 퍼질 것이고, 새로운 밈 진화가 개시될 것이며, 어쩌면 새로운 언어나 소통 방식이 발명될지도 모른다. 로봇의 밈이 로봇을 이끌어서 새로운 활동을 하게 만들지도 모른다. 우리로서는 그들의 동기를 그저 짐작해볼 수밖에 없을 것이다. 그런 로봇들이 취하는 행동을 사람이 모두 모방할 수는 없을 것이므로, 우리는 로봇의 문화 진화에서 배제될 것이다. 우리가 그것을 통제하기란 불가능할 것이다.

이런 생각을 하다 보면 결국 인간의 통제력과 정체성의 본성은 무엇인가 하는 흥미로운 질문에 이른다. 어쩌면 겁나는 질문인지도 모른다. 밈학은 근본에서부터 이런 질문을 제기하는 학문이지만, 나는 지금까지는 이 까다로운 질문을 교묘히 회피해왔다. 그러나 이제 정식으로 물을 때가 되었다. 나는 누구인가? 나는 왜 여기에 있는가?

제17장

자아라는 밈플렉스

M E M E

나는 누구인가? 자아는 무엇인가? 이것은 인류의 역사와 함께해 온 질문이고, 많은 철학자와 과학자들이 집중했던 질문이다. 이제 밈학은 자아를 보는 새로운 관점을 제공한다. 자아는 거대한 밈플렉스다. 아마 그 어떤 밈플렉스보다 교묘하고 침투성 강한 밈플렉스일 것이다. 이것이 '자아 복합체selfplex이다. 자아복합체는 그 속에 든 밈들이 우리를 설득하여 제 확산을 위해 일하도록 만든다. 우리는 거짓을 말하고, 불행하고, 혼란스럽다. 바로 밈들이 우리를 그렇게 만들었다.

'지구에서 오직 우리만이 이기적 복제자들의 폭정에 대항할 수 있다.' 밈 개념을 처음 말했던 도킨스의 《이기적 유전자》는 이런 문장으로 끝을 맺는다. 그런데 여기서 말한 '우리'란 누구일까? 나는 이제 그 질문을 살펴보고 싶다. '궁극의 밈플렉스'는 과학소설에 나올 법한 미래의 발명품을 말하는 것이 아니다. 우리가 너무나 친숙한 우리 자신을 말하는 것이다.

잠시 자기 자신에 대해 생각해 보자. '진정한 나', 내면의 자아, 절절한 감정을 정말로 느끼는 내 안의 한 부분, 한때(혹은 여러 번) 사랑에 빠졌던 나의 한 부분, 의식하고 신경 쓰고 생각하고 열심히 일하고 믿고 꿈꾸고 상상하는 나. 진정한 나라고 할 수 있는 나 말이다. 이 문제를 심사숙고 해보지 않은 사람이라면 스스로에 대해서 금세 여러 가지 결론을 내릴지도 모른다. 자아란 내 삶에서 연속성을 유지하며 존속하는 것이고, 내가 느끼는 의식의 중심지이고, 혹은 기억을 보관하고, 신념을 지키고, 인생에서 중대한 결정들을 내리는 주체라고 말이다.

나는 그 '진정한 나'에 관해 이런 간단한 질문들을 던지고 싶다. 나는 무엇인가? 나는 어디에 있는가? 나는 무엇을 하는가?

나는 무엇인가?

당신은 영혼의 존재를 믿는 대다수의 사람들과 의견을 같이 할지도 모르겠다. 민족지학적 조사에 따르면, 대부분의 인류 문화에 영혼의 개념이 있고, 절반 가까운 문화가 영혼은 육체에서 분리될 수 있다고 믿는다. 쉴즈 1978 미국인의 88퍼센트는 사람의 영혼을 믿고, 유럽인은 61퍼센트가 믿는다. 신, 내세, 초자연적 현상 등을 믿는 사람의 비율과도 비례하는 수치다. 갤럽과 뉴포트 1991; 험프리 1995 사람들은 영혼을 자기 안에 있는 자아이자 '진정한 나'라고 생각하며, 자신의 육체가 죽어도 영혼은 살아남는다고 믿는다.

철학자들과 과학자들이 이런 견해를 연구한 역사는 아주 오래 되었다. 17세기에 프랑스 철학자 르네 데카르트는 대단히 회의적인 시각으로 세상을 바라보면서, 자신이 아는 모든 신념과 의견에 대해 일일이 의문을 제기해 보았다. 그는 '확실한 무언가를 발견하기 전에는, 혹은 적어도 세상에 확실한 것은 없다는 사실을 확실하게 알게 되기 전에는' 모든 것을 철저한 거짓으로 취급하기로 했다. 데카르트 1641 그런 회의 가운데에서 그는 자신이 생각한다는 사실만큼은 의심할 수 없다는 결론에 이르렀다. 그리하여 그 유명한 '코기토 에르고 숨Cogito ergo sum' 즉 '나는 생각한다, 고로 나는 존재한다'가 탄생했다. 더불어 오늘날 그의 이름을 따서 '데카르트 이원론'이라고 불리는 개념이 탄생했다. 사유하는 것은 물리적인 것, 공간을 점유하는 것과는 다르다는 생각이다. 우리 몸이 설사 일종의 기계라고 해도, '우리'는 그와는 다른 무언가라는 것이다.

이원론은 유혹적이지만 거짓된 이론이다. 우선 그런 별개의 무언가를 찾아낼 길이 없다. 찾아낼 수 있다면 그것은 물질계의 일부인 셈이니 별개의 존재가 아닌 게 된다. 거꾸로 원칙적으로 어떤 물리적 방도를 동원해도 찾을 수 없다면, 그것이 어떻게 뇌를 통제하는지 알아볼 수도 없다. 비물질적인 마음과 물질적인 몸이 어떻게 상호작용하겠는가? 데카르트의 '사유하는 것'과 마찬가지로, 영혼이나 다른 자아 개념들도 그런 임무를 수행하기에는 역부족으로 보인다.

그럼에도 불구하고, 몇몇 과학자들은 이원론 이론을 개발하려고 노력했다. 철학자 칼 포퍼 경과 신경과학자 존 에클스 경은 자아가 뉴런들 사이의 시냅스에(즉 화학적 연접부에) 개입함으로써 뇌를 통제한다고 주장했다.[1977] 그렇지만 우리가 뉴런과 시냅스의 작동법을 속속들이 알아가는 요즘, 기계를 통제하는 유령을 가정할 필요성이 점점 줄어들고 있다. 수학자 로저 펜로즈와 마취전문의 스튜어트 해머로프는 의식이 뉴런 막 속에 있는 작은 미세소관들에 작용함으로써 양자적 차원에서 작동한다고 주장했다.[1994] 그렇지만 그들의 가설은 하나의 수수께끼를 다른 수수께끼로 대체한 것에 불과하다. 철학자 패트리샤 처칠랜드가 말했듯이, '시냅스 속에 요정의 가루가 있다는 생각은 미세소관의 양자적 결맞음 가설 정도의 설명력밖에 갖지 못한다.'[1998] 현재의 지식에 난 빈틈에서 자아를 찾아내려는 시도는 도움이 안 된다. 이런 이론에 설득되는 과학자나 철학자는 거의 없다.

정반대 극단에는 자아를 뇌나 몸 전체와 동일시하는 견해가 있다. 이것은 좀 더 설득력 있게 느껴질지도 모른다. 뭐니뭐니 해도 우리가 사이먼이라는 사람을 이야기할 때는 그의 온몸, 그 사람 전체를 지칭하는 것이니까 말이다. 그런데 우리는 왜 자기 자신에 대해서는 똑같이 말하지 않을까? 우리가 지금 붙잡고 있는 문제, 즉 내 안에 의식적인 결정을 내리는 누군가가 들어 있는 것처럼 느껴진다는 문제를 해결해 주지 못하기 때문이다. 우리가 자신의 몸을 가리키면서 '이게 나야'라고 말하더라도, 솔직한 진심은 아닐 때가 많다. 사고실험을 하나 해보자. 당신에게 두 가지 선택지가 주어졌다고 하자(둘 다 싫다는 대답은 허락되지 않는다). 당신의 몸을 전혀 다른 사람의 몸과 완전히 바꾸되 내부의 의식적 자아는 유지하는 것, 아니면 내적인 자아를 다른 어떤 자아와 바꾸되 몸을 유지하는 것 중에서 골라야 한다. 당신은 어느 쪽을 택하겠는가?

물론 이것은 현실적으로는 물론이고 개념적으로도 어리석은 이야기다. 우리가 내적 자아를 확인하지 못하는 한 이런 실험은 수행할 수 없거니와, 수행한다 하더라도 그 내적 자아와는 또 다른 자아가 있어서 선택을 한다는 뜻이기 때문이다. 그야 어쨌든 이야기의 요점은 이렇다. 모르긴 몰라도 당신은 틀림없이 내적 자아를 지키는 쪽을 골랐을 것이다. 자아라는 개념이 제아무리 어리석은 것이라도 우리는 분명히 그것을 믿고 있으며, 심지어 강하게 믿는다. 우리는 스스로를 뇌나 몸과는 분리된 무언가로 여긴다. 이것은 반드시 설명이 필요한 상황인데, 현재까지는 그다지 시원한 해석이 없었다.

자아감을 배제하는 과학 이론은 반드시 이런 문제에 맞닥뜨린다. 그런 환원주의적 견해들 중에서 가장 철저한 것은 노벨상 수상자 프랜시스 크릭이 주장한 이른바 '놀라운 가설'이다.

'당신', 당신의 기쁨과 슬픔, 당신의 기억과 야망, 당신이 느끼는 정체성과 자유의지가 사실은 방대한 수의 신경세포들과 그에 연관된 분자들이 취하는 행동에 지나지 않는다는 것, 이것이 바로 '놀라운 가설'이다. 루이스 캐롤의 앨리스라면 이렇게 표현했을 것이다. '너는 뉴런 덩어리에 지나지 않아.' 크릭 1994

이 말에는 적어도 두 가지 문제가 있다. 첫째, 우리는 스스로 뉴런 덩어리라고 느끼지 않는다. 그러니 이 이론은 어떻게 뉴런 덩어리가 스스로를 진정한 독자적 의식 주체라고 믿는지를 추가로 설명해야 하는데, 그러지 못했다. 둘째, 이 이론은 어떤 뉴런들인지 짚어 말하지 않았다. 모든 뉴런이 다 나일 수는 없다. 왜냐하면 '나'는 내 뇌에서 벌어지는 일의 대부분을 의식하지 못하기 때문이다. '나'는 혈당을 통제하는 뉴런들이나 반듯하게 앉아 있도록 움직임을 미세 조정해 주는 뉴런들과 자신을 동일시하지 않는다. 그렇다고 구체적인 '자아' 뉴런을 짚어 내려고 시도하면, 즉각 어려움에 봉착할 수밖에 없다. 현미경으로 보면 모든 뉴런들이 거의 다 같게 보이는데다가, '내'가 무엇을 하느냐와 무관하게 모든 뉴런들이 항상 뭔가 일을 하고 있기 때문이다. 크릭은 초당 40회의 주기로 동시에 점화하는 일군의 뉴런들이 시각적 인식의 기초라는 이론을 개발하려 노력했지만, 그것이 의식적 자아의 이론은 될 수 없다.

크릭의 이론은 어떤 이론보다도 철저한 환원주의적 입장이라는 점을 눈여겨 보자. 크릭은 당신이 신경세포들의 활동에 전적으로 의존한 존재라고 가정하는 것을 넘어서(대부분의 신경과학자들이 이 가정은 받아들인다), 당신은 뉴런 덩어리에 지나지 않는다고까지 가정했다. 한편 어떤 과학자들은 단순한 현상들로부터 새로운 현상이 발생할 수 있다고 가정하며, 기저의 뉴런들이나 그 연결을 이해하는 것만으로는 새로운 현상을 이해할 수 없다고 생각한다. 컴퓨터의 칩이나 회로를 들여다보는 것만으로는 컴퓨터의 활동을 이해할 수 없듯이, 뉴런들의 행동이나 연결을 관찰하는 것만으로는 인간의 의도, 동기, 감정을 이해할 수 없다는 것이다. 널리 받아들여지고 있는 이 견해에 따르면, 인간의 의도가 전적으로 뉴런들에 의존하는 것은 사실이지만(컴퓨터의 연산이 전적으로 칩들에 의존하는 것처럼), 설명의 차원을 적당하게 잡아야만 그 현상을 이해할 수 있다. 그렇다면 자아를 설명하는 적당한 차원은 무엇일까? 뉴런의 행동 차원은 아닌 것 같다.

또 다른 접근법은 자아를 기억이나 성격과 동일시하는 것이다. 빅토리아 시대의 심령론자들은 '인간의 성격'이 자아의 핵심이며, 그것이 물리적 죽음을 넘어서서 살아남는다고 믿었다.^{마이어스 1903} 하지만 오늘날의 학자들은 성격을 별도의 존재로 이해하지 않는다. 성격은 한 개인의 상당히 일관된 행동 방식으로서, 그 사람을 다른 사람과 구분시켜 주는 것이라고 정의된다. 개인의 행동 방식은 그가 타고난 뇌와 평생의 경험을 반영한다. 기억이 뇌나 몸과 분리될 수 없듯이, 성격도 분리될 수 없다. 우리가 성격과 뇌에 관해 많이 알아갈수록, 그것은 살아 있는 뇌의 한 기능이며, 뇌에서 분리할 수 없는 것임이 분명해지고 있다. 당신은 곧 당신의 기억이자 당신의 성격이라는 말에는 중대한 의미가 있다. 그런 것이 없으면 당신은 당신이 아니니까 말이다. 하지만 그것들은 별도의 자아를 구성하는 재료라거나 속성은 아니다. 그것들은 신경 조직의 복잡한 기능들이다.

마지막 방법은, 자아를 사회적 구성물로 보는 것이다. 내가 당신에게 누구냐고 물으면, 당신은 아마 당신의 이름, 직업, 다른 사람들과의 관계(나는 샐리의 엄마예요, 나는 대니얼의 딸이에요), 당신이 지금 여기에 있는 이유(나는 청소부예요, 애덤이 나를 초대했어요) 등을 들어 답할 것이다. 그런 자기 묘사는 당신의 언어 능력으로부터, 남들과의 상호작용으로부터, 당신이 살아가는 담론의 세계로부터 생겨났다. 이것은 어떤 상황에서는 유용한 설명이 되겠지만, 지금 우리가 찾고 있는 '내적 자아'를 말하는 것은 아니다. 항구적인 의식적 실체를 묘사한 것이 아니기 때문이다. 그것은 쉼 없이 변화하는 사회적 생물체에게 붙여진 이름표들이다. 그것은 당신이 머무르는 장소나 함께 있는 사람에 따라 바뀐다. 정체성의 구성 방식에 대해서도 알아볼 점이 많고, 실제로 사회심리학자들이 그 일을 하고 있지만, 그런 연구로 의식적 자아를 찾아내지는 못할 것이다. 내 안의 '나'는 정말이지 손에 잡히지 않는 존재인 것 같다.

나는 어디에 있는가?

어쩌면 당신은 눈 뒤의 어딘가에 '당신'이 있어서 밖을 내다본다고 느낄지도 모른다. 사람들이 가장 흔하게 상상하는 시점은 아마도 그런 것이다. 간혹 머리 꼭대기라거나, 심장이라거나, 목 뒤라고 생각하는 사람도 있다. 이런 상상의 시점에는 문화적 변이도 있다. 당신이 하는 일에 따라서 그 위치가 바뀔지도 모르고, 당신이 마음대로 위치를 바꿀 수 있을지도 모른다. 맹인들은 브라유 점자를 읽을 때 자신이 손가락 끝에 존재하는 것처럼 느낀다고 말하며, 걸을 때는 기다란 흰 막대기 끝에 자신이 있는 것처럼 느낀다고 말한다. 운전자들은 이따금 자신이 자동차 가장자리에 있는 것처럼 느끼며, 뭔가가 그 근처로 너무 가깝게 다가오면 움찔한다. 그 상상의 지점에는 정말로 뭔가 존재할까? 막대기나 자동차의 경우에는 그렇지 않겠지만, 그래도 내가 공간 어딘가에 존재하는 것처럼 느낀다는 점은 변함없는 사실이다. 그렇다면 어디에서 자아를 찾아보아야 할까?

가장 확실한 후보지는 뇌 속이다. 뇌에 영향을 미치는 약물들은 자아감에도 영향을 미치고, 뇌의 몇몇 영역들이 손상을 입으면 자아감이 파괴되거나 변한다. 뇌에 전극으로 자극을 주면 그 사람은 자기 몸에 대한 이미지가 바뀌고, 몸이 줄어들거나 팽창하는 느낌을 받고, 둥둥 떠다니는 감각을 느낀다. 그렇지만 우리는 그 따뜻하고 축축하고 약동하는 기관 속에 내가 존재한다고는 느끼지 않는다. 데닛은 다음과 같은 오싹한 사고실험을 상상했다.[1978] 데닛의 뇌를 몸에서 꺼내어 생명 유지 장치가 달린 통에 담고, 몸은 평소처럼 자유롭게 돌아다니게 놔둔다고 하자. 그의 뇌와 몸은 이전처럼 밀접하게 연결되어 있지만, 신경이 아니라 전파를 통해서 원격으로 이어진다. 데닛은 자신이 어디에 있다고 느낄까? 보고 들을 수 있는 한, 그는 자신의 눈과 귀가 있는 장소에 자신이 있다고 느낄 것이다. 자신이 실험실의 통 안에 있다고는 느끼지 않을 것이다. 물론 데닛의 직관을 시험해 보기 위해서 실제로 이런 실험을 해볼 수는 없지만, 어쨌든 이 사고실험의 결론은 참으로 심란하다. 데닛의 두개골이 텅 비고, 그의 뇌는 통 속에서 몸을 조정하는 상황이라도, 그는 눈 뒤 어딘가에 자신이 있다고 생각하는 것이다.

뇌 속을 들여다봐도 그 안에 자아는 없다. 사람의 뇌를 맨눈으로 보면 돌돌 말린 모양에, 윤기 나는 표면에, 여기저기 좀 더 흰 부분과 좀 더 어두운 회색이 있고, 꽤 단단한 듯한 죽 덩어리 같다. 우리의 사고가 그 안에서 진행된다고는 믿기 힘들 정도다. 현대의 뇌과학 기술을 동원하여 엄청나게 확대를 해야만 그 안에 든 1000억 개 가량의 뉴런 즉 신경세포를 볼 수 있다. 뉴런들은 어질어질할 만큼 복잡하게 연결되어 있고, 그 연결을 통해서 우리의 행동을 통제하는 정보를 저장하고 처리한다. 하지만 자아가 도사리고 있을 만한 하나의 중심지는 없다. 모든 입력이 들어오는 하나의 장소, 모든 지침이 발령되는 하나의 장소는 없다. 이것은 매우 중요하고, 또한 매우 심란한 사실이다. 우리는 스스로가 중앙에서 모든 상황을 관찰하며 통제한다고 느끼지만, 그런 중앙 통제자가 머무르는 장소는 없다.

당신이 어떤 간단한 작업을 수행하는 상황을 생각해 보자. 가령 이 책장에서 '표'을 찾은 뒤에 그것을 손으로 가리켜 보자. 어떤 일이 벌어졌는가? 당신이 '표'을 찾기로 결정하고(구태여 해보지 않기로 했다면 찾지 않기로 결정했을 것이고), 다음 몇 줄을 뒤진 뒤, 하나를 발견하고, 그 지점으로 이동하여 건드리라는 명령을 손가락에게 내린 것처럼 느낄 것이다. 자아의 역할은 분명해 보인다. '당신'이 행동하기로(혹은 하지 않기로) 결정했고, '당신'이 손가락을 움직였고 등등이다.

그러나 정보 처리의 관점에서 보면, '당신'의 역할이 그렇게 분명하지 않다. 우리 눈으로 들어온 빛은 광민감성 세포들로 구성된 막 위에 집중되고, 그곳으로부터 망막에 있는 네 층의 세포막으로 정보가 전달된다. 망막의 각 층은 영상의 테두리나 명도가 변하는 부분을 추출한 뒤, 서로 다른 부분들 사이의 대비를 부각시키고, 세 종류의 수용체들이 저장했던 색깔 정보를 상반된 색깔 쌍들에 기반한 체계로 전환시키고, 불필요한 세부사항을 많이 쳐낸다. 이렇게 부분적으로 소화된 정보는 압축이 된 뒤에 시신경을 통해서 뇌 안의 시상으로 전달된다. 시상은 여러 종류의 영상 정보를 각각 나누어 처리하고, 그 결과를 뇌 뒤쪽에 있는 시각피질의 여러 부분으로 전달한다. 어떤 상황이나 영역에서는 정보가 마치 지도처럼 암호화되어 전달된다. 실제로 이웃한 장소가 지도에서도 이웃한 위치에 그려지는 방식으로 말이다. 하지만 또 어떤 상황이나 영역에서는 형태, 움직임, 질감 등에 관한 추상적인 정보만이 전달된다. 그리고 언제든 체계 전반에서 무수히 많은 일이 동시에 진행된다.

시각피질은 또 뇌의 다른 부분들로 출력을 내보낸다. 가령 언어, 읽기, 말하기, 대상 인식, 기억 등을 담당하는 부분들이다. 당신은 글을 읽을 줄 알기 때문에, 눈으로 'ㅍ'을 쉽게 찾아냈을 것이다. 그 시각 정보의 일부는 행동을 통합 조정하는 운동피질로 간다. 그곳에서 손가락을 짚는 움직임을 개시하라는 전 처리 과정이 벌어졌고, 그것이 시각적으로 피드백된 정보에 맞게 조정되었을 것이며, 그리하여 결국 손가락이 'ㅍ'을 가리키게 되었다.

이런 세부적인 내용이 중요한 것은 아니다. 중요한 것은, 신경과학자들이 뇌의 작동에 관해 알아낸 내용을 볼 때, 뇌에는 중앙 통제적 자아가 존재할 여지가 없다는 점이다. 모든 것이 중앙의 한 장소로 들어가고 나오는 단일한 선은 없다. 체계 전체가 복잡다단하게 병렬적으로 연결되어 있다. 'ㅍ'을 찾기로 결정한 '나', 손가락 움직임을 개시한 '나'를 끌어들여서 설명할 필요가 없다. 책의 지침, 당신의 뇌, 당신의 몸이 주어진다면, 행동이 필연적으로 스스로를 창조한다고도 말할 수 있다.

구체적인 장소가 아니라도, 정보 처리가 집중되는 추상적 중심지로서 자아가 존재할 수는 없을까? 그렇게 주장하는 이론도 더러 있는데, 가령 바르스의 통합 작업 공간 이론이 그렇다.[1997] 작업 공간이란 어느 부분에만 밝은 스포트라이트가 비치는 극장 무대와 같다. 밝은 곳에서 벌어지는 사건만 우리 '의식 안에' 들어온다는 것이다. 하지만 이것은 비유일 뿐이고, 더군다나 오해를 낳을지도 모르는 비유다. 설령 스포트라이트 개념이 유효하더라도, 매 순간마다 정보의 일부만이 주목을 받거나 활발하게 처리된다는 뜻 정도일 뿐이다. 게다가 그 활동의 초점은 우리가 작업을 수행하면서 내리는 복잡한 명령들에 따라서 쉴 새 없이 바뀐다. 굳이 스포트라이트에 빗대자면, 공간 전체를 훑으면서 이쪽저쪽에서 켜졌다 꺼졌다 하는 빛, 한 번에 여러 장소에 비출 수 있는 빛이다. 통합적 작업 공간이 정말로 존재한다고 해도 그것이 특정 장소에 위치할 리는 없다. 그 이론은 '내'가 어디에 있는지 말해 주지 못한다.

자아와 의식을 논할 때 무대에 비유하는 것은 득보다 실이 많은 일이다. 데닛은 대부분의 이론가들이 겉으로는 데카르트 이원론을 거부하면서도 속으로는 여전히 '데카르트 무대Cartesian Theatre'를 믿는다고 지적했다.[1991] 머릿속에 '모든 것이 합쳐지는' 장소가 있다고 상상한다는 것이다. 의식이 작동하는 곳, 마음의 영상들이 마음의 화면에 투영되는 곳, 결정이 내려지고 행동이 개시되는 곳, 삶과 사랑과 의미에 관해 고뇌하는 곳 말이다. 그런 데카르트 무대는 존재하지 않는다. 내부의 작은 자아가 지켜보는 작은 화면 위로 뇌의 감각 입력이 투사되는 게 아니다. 정말로 그렇다면 그 작은 자아에게도 작은 눈과 내부의 화면이 있을 것이다. 데 닛은 뇌의 병렬적 연결망에서 정보가 흐를 때, 뇌가 그 상황에 관한 '다 중 원고들'을 만들어낸다고 주장했다. 사람은 그 원고들 중에서 하나를 택하여 말로 표현할 뿐이면서도, 그 이야기를 쓴 주체가 확실히 있다는 개념, 즉 뇌라는 가상 기계를 운영하는 사용자가 있다는 개념을 굳게 믿 는다. 데닛은 이것을 '무해한 사용자 망상benign user illusion'이라고 불렀 다. 그가 옳다면 우리는 그저 이야기의 구심점일 뿐인지도 모른다. 움직이 고, 느끼고, 결정을 내리는 영속적인 자아라는 하나의 이야기일 뿐인지도 모른다. 무해한 사용자 망상일 뿐인지도 모른다. 망상에는 위치가 없다.

나는 무엇을 하는가?

팔을 앞으로 뻗은 뒤, 마음이 내킬 때 언제든 자발적으로, 즉 당신의 자 유의지에 따라서, 손목을 굽혀 보자. 이것을 여러 차례 반복하면서 당신 이 의식적으로, 자발적으로 행동한다는 기분을 확실하게 느껴 보자. 아직 은 움직이지 말자, 혹은 이제부터 움직이자 하고 정하는 과정에서 당신의 마음속에 어떤 내적인 대화 내지는 결정 과정이 떠올랐을지도 모른다. 이 제 스스로에게 물어보자. 그 과정을 개시하여 행동을 일으킨 주체는 누구 였는가? 당신이었는가?

신경전문의 벤저민 리벳은 이 행동을 대상으로 해서 멋진 실험을 실시 했다.[1985] 그는 피험자들의 손목에 움직임 감지 전극을 달고, 두피에도 뇌파 측정 전극을 달았다. 그러고는 그들에게 시계 판에 붙어 회전하는 점을 잘 보라고 했다. 피험자는 자발적으로 손목을 굽힌 뒤, 자신이 행동을 결정한 순간에 그 점이 어느 위치에 있었는지를 기록했다. 리벳은 세 가지 시점을 측정한 것이었다. 행동이 시작된 시점, 행동하겠다는 결정이 내려진 시점, 준비전위라는 뇌파 패턴이 시작된 시점이다. 준비전위는 우리가 복잡한 행동을 하기 직전에 항상 등장하는 뇌파로서, 뇌가 앞으로 수행할 일련의 동작을 계획하는 과정에 관여하는 뇌파다. 질문은 이렇다. 행동을 결정한 순간과 준비전위 중에서 무엇이 먼저 왔을까?

이원론자라면 결정이 먼저 온다고 생각할 것이다. 그러나 리벳의 발견에 따르면, 준비전위는 행동이 일어나기 약 550밀리초(0.5초가 좀 넘는다) 전에 시작되었고, 행동의 결정은 약 200밀리초(약 0.2초) 전에 일어났다. 달리 말해서, 결정이 시작점이 아니었다. 이것은 우리의 자아감을 위협하는 발견이다. 그의 결과를 두고 논란이 많았고 실험에 대해 비판도 많았지만, 내가 앞서 한 말들을 떠올리면 사실 그의 결과는 충분히 예상할 만한 것이었다. 시냅스 사이로 뛰어들어 행동을 일으키는 별도의 자아는 없다. 내 뇌는 나를 필요로 하지 않는다.

그렇다면 내 자아는 무슨 일을 하는가? 적어도 그것이 내 인식의 중심이라는 것만은 확실하지 않은가? 그것은 내가 삶에서 느끼는 인상들을 받아들이는 무언가가 아닐까? 그렇다고 할 수도 없다. 이 잘못된 견해 역시 데닛이 말한 망상적 데카르트 무대의 한 종류일 뿐이다. 우리는 이 사실을 논리적으로 이해할 수 있지만, 자신의 경험을 제3자처럼 관찰하는 체험을 통해서 느껴볼 수도 있다. 논리적인 해설은 앞에서 다 이야기했으니, 이제 내성적 성찰도 시도해 보자. 자, 편안하게 앉아서, 뭐든 좋으니 별 흥밋거리가 되지 못하는 물건을 바라보자. 당신의 몸에 느껴지는 감각들, 머릿속에서 들려오는 소리들에 집중해 보자. 그 상태에 익숙해질 때까지 오래 가만히 있다가, 스스로에게 질문을 던져 보자. 이 소리는 어디에서 왔을까? 내 머릿속에 있는 것일까, 밖에 있는 것일까? 밖에 있는 소리라면, 그 소리를 듣는 사람은 누구일까? 그 소리를 듣는 주체를 내가 의식할 수 있는가? 그렇다면, 나는 그 주체와도 분리된 또 다른 존재란 말인가?

여러분 스스로 다른 질문들도 생각해낼 수 있을 것이다. 이런 식의 질문은 역사가 깊은 것으로서, 수천 년 동안 여러 전통적인 명상법들이 사용해 왔다. 아무리 자기 자신을 결연하게 직시해 보아도, 확고한 세상을 관찰하는 항구적인 자아는 발견되지 않는다. 오히려 관찰되는 것과 관찰하는 자가 확실하게 구분되지 않은 채, 부단히 변화하는 체험이 줄기차게 이어질 뿐이다. 18세기의 스코틀랜드 철학자 데이비드 흄은 자신 속으로 깊게 침잠할 때마다 매번 모종의 인식에 마주친다고 했다. 더위나 추위나 고통이나 기쁨 같은 인식이 반드시 느껴진다는 것이다. 그는 아무런 인식이 없는 상태의 자신을 한 번도 포착할 수 없었고, 아무런 인식 없이 무언가를 관찰할 수도 없었다. 자아는 '감각들의 묶음'일 뿐이라는 것이 그의 결론이었다. 흄 1739-40 '내'가 소리를 듣고, 감각을 느끼고, 세상을 본다는 개념은 자연스러운 것인지는 몰라도 틀림없이 거짓일 것이다.

우리 이야기를 더욱 흥미롭게 꼬아놓는 요소가 리벳의 또 다른 실험에서 확인되었다.[1981] 리벳은 사람들의 뇌를 자극함으로써 의식적인 감각 인상을 유도해낼 수 있었는데, 다만 약 0.5초 이상 지속적으로 자극을 가했을 때만 가능했다. 즉 의식이 구축되기까지 얼마간 시간이 필요한 듯 보이는 것이다. 그렇다면 우리가 세상에 대해 의식하는 순간이 실제 사건에 비해 뒤처져야 한다는 기묘한 추측이 가능하다. 그러나 실제로는 의식이 뒤처지는 것처럼 느껴지는 일은 없다. 리벳이 '주관적 예기subjective antedating'라고 부르는 과정이 있기 때문이다. 쉽게 설명하면, 우리가 마음속에서 스스로에게 들려주는 이야기 덕분에 사건들이 제 순서를 찾는 다는 것이다. 후속 실험을 보면, 사람들은 짧은 자극을 받았을 때에도(의 식적인 지각을 유도하기에는 너무 짧은 자극이었다) 자신이 자극을 받았는지 아닌지를 정확하게 추측할 수 있었다.리벳 외 1991 달리 말해, 사람들은 지각 하지 않고도 정확한 반응을 보일 수 있었다. 이것 역시 의식이 행동을 지 시하는 건 아니라는 뜻이다. 의식적 지각이 정상적으로 따라오는 경우에 도 그것이 늘 정확한 시점에 오는 것은 아니다. 우리는 고통을 의식하기 전에 이미 불에서 손을 뗀다. 테니스공이 내 쪽으로 날아오는 것을 의식 하기 전에 이미 몸을 피한다. 물웅덩이의 존재를 의식하기 전에 이미 훌 쩍 건너뛴다. 의식은 나중에 온다. 그런데도 우리는 '내'가 의식적으로 그런 일을 한다고 느낀다.

자아가 하는 일로 꼽히는 또 다른 작업은 무언가를 믿는 일이다. 우리 는 신념 때문에 저녁 식사 자리에서 클린턴 대통령이 정말로 그랬을 리 없다고 격렬하게 논쟁하고, 이스라엘 사람들이 그 거주지를 건설해야 한 다고(혹은 하지 말아야 한다고) 주장하고, 사교육이 철폐되어야 한다고 주 장하고, 모든 약물을 합법화해야 한다고 주장한다. 우리는 신을 굳게 믿 기 때문에, 그에 관해서 몇 시간이라도 논쟁할 수 있다(신을 위해서 전쟁에 나가거나 목숨까지 내놓을 수 있다). 우리는 내게 도움이 되었던 대체요법을 굳게 믿기 때문에, 친구들에게도 그 효력을 인정하라며 강요한다. 하지만 내가 무언가를 믿는다는 게 대체 무슨 뜻일까? 마치 신념이라는 무언가 를 소유한 자아가 존재한다는 말 같지만, 달리 보면 현실에는 논쟁하는 사람, 정보를 처리하는 뇌, 복사되거나 복사되지 않는 밈이 존재할 뿐이 다. 현실에서는 믿음도, 믿음을 지닌 자아도 찾아낼 수 없다.

기억도 마찬가지다. 우리는 내 자아가 나만의 창고에서 원하는 대로 자 유롭게 기억을 끌어낸다는 듯이 말한다. 기억은 늘 변화하는 정신적 구성물이라는 것, 기억이 부정확한 경우가 많다는 것, 기억이 내 의지와 무관하게 자동적으로 떠오르곤 한다는 것, 내가 아무런 의식 없이 복잡한 기억을 활용하곤 한다는 것을 짐짓 잊고 산다. 차라리 나는 기억이 필요한 복잡한 일을 수행하는 존재이고, '기억을 떠올린 자아'라는 이야기를 지어내는 존재라는 것이 더 정확한 표현일 것이다.

이런 상황들을 비롯하여 그 밖에도 많은 경우를 볼 때, 스스로를 '자신의' 삶을 통제하는 자아로 묘사하고 싶은 우리의 (잘못된) 욕구는 엄청나게 크다. 영국 심리학자 가이 클랙스턴은 이른바 자기 통제라는 것이 사실은 대강 성공적인 예측일 뿐이라고 했다. 내가 다음에 무엇을 하겠지 하는 스스로의 예측은 대부분의 경우에 꽤 정확하다. 그래서 '내가 이걸 했어' '내가 이걸 하려는 생각이었어'라고 말해도 무방하다. 그러다가 예측이 맞지 않으면, 우리는 허풍을 떤다. 그리고 정말로 무리한 술수들까지 동원해서 망상을 지킨다.

나는 냉정하려고 했지만 그러지 못했다. 나는 돼지고기를 먹지 말아야 하지만 깜박 잊었다. 나는 일찍 자기로 결심했지만 어쩌다 보니 우리는 새벽 네 시에 우스꽝스러운 모자를 쓰고 와인 병을 쥔 채 피커딜리 서커스에 있었다. …… 이런 설명들이 다 실패하면, 우리는 더욱 뻔뻔스러운 책략까지 동원한다. 통제의 실패를 마치 성공인 양 재해석하는 것이다! '나는 마음을 바꿨어.' 우리는 이렇게 말한다.^{클랙스턴 1986}

의식에 대한 클랙스턴의 정의는 이렇다. '불필요하고 부정확한 자아감을 변호하기 위한 목적으로 의심스러운 이야기를 지어내는 메커니즘.'¹⁹⁹⁴ 자아를 내 존재와 분리된 것, 영속적인 것, 독자적인 것으로 생각하는 것이야말로 우리의 실수다. 데닛과 마찬가지로, 클랙스턴은 자아란 자아에 관한 이야기일 뿐이라고 본다. 모든 일을 책임지는 내부의 자아란 개념은 망상이다.

자아의 기능

자아와 의식의 속성을 간략하게 살펴본 지금, 우리가 다다른 결론은 무엇일까? 나는 자아에 관한 두 종류의 이론들을 비교함으로써 이야기를 마무리 짓고자 한다. 한쪽에는 '진정한 자아real self' 가설이라고 부를 만한 이론들이 있다. 이 가설에 따르면 자아는 평생 지속되는 영속적인 실체이고, 뇌나 바깥세상과는 분리된 존재이며, 기억과 신념을 보유하고, 행동을 개시하고, 세상을 경험하고, 결정을 내린다. 다른 쪽에는 '망상적 자아illusory self' 가설이라고 부를 만한 이론들이 있다. 이 가설에 따르면 자아는 공통의 역사를 통해 하나로 묶인 생각들, 감각들, 경험들의 꾸러미다. 흄 1839-40; 파피트 1987 혹은 한 줄로 꿴 진주들에 비유된다. 스트로슨 1997 이런 이론들에 따르면, 연속적이고 독립적인 자아라는 망상은 뇌가 말하는 이야기들, 혹은 뇌가 짜내는 환상들 때문에 생긴다.

일상적인 경험, 정상적인 대화, '상식'은 '진정한 자아'를 선호하는 반면에, 논리와 증거는 (더불어 훈련된 경험은) '망상적 자아'의 편이다. 나는 논리와 증거를 선호하기 때문에, 연속적이고 영속적이고 독자적인 자아는 망상이라는 이론을 기꺼이 받아들인다. 나란 것은 책을 쓰는 나에 관한 이야기에 지나지 않는다. 책에서 내가 '나'라는 단어를 쓴 것은 여러분도 나도 충분히 이해하는 관례에 따른 것일 뿐, 그 단어 뒤에 어떤 영속적이고 의식적인 내부적 존재가 있다는 뜻은 아니었다.

그 사실을 인정한다면, 새로운 질문이 떠오른다. 왜 사람들은 그런 이야기를 지어내는가? 영속적이고 의식적인 자아가 존재하지 않는다면, 왜 사람들은 그것을 믿는가? 사람들이 거짓의 삶을 살게 된 이유는 무엇일까?

가장 먼저 떠오르는 설명은, 자아감이 우리 유전자의 복제에 유용하다는 해석이다. 크룩은 우리가 마키아벨리적 지능과 상호적 이타성을 사용하는 과정에서 자의식이 생겨났다고 주장한다.[1980] 타인에 대한 신뢰와 불신의 장부를 맞추는 데 필요했다는 것이다. 이와 비슷하지만 좀 더 이원론적인 입장을 취한 험프리는 의식을 가리켜 뇌를 관찰하는 내부의 눈이라고 말했다.[1986] 영장류가 갈수록 복잡한 사회를 발달시킴에 따라, 그들의 생존은 남들의 행동을 더욱 정교하게 예측하고 앞지르는 일에 좌우되기 시작했다. 험프리는 이른바 호모 사이콜로지쿠스가 그런 상황에서 쉽게 이겼을 것이라고 주장한다. 한 수컷이 경쟁자로부터 암컷을 훔치려 하거나, 먹이에서 정당한 몫 이상을 챙기려 한다고 상상해 보자. 경쟁자가 어떻게 나올지 예측할 수 있다면 도움이 될 것이다. 그리고 남의 행동을 예측하는 한 가지 방법은 자기 안의 사고 과정을 관찰하는 것이다. 그러니까 이런 이론들은 복잡한 사회생활 때문에 자아감이 생겼다고 주장한다. 상호성의 점수를 계산해 두기 위해서, 심리학자들이 오늘날 '마음의 이론theory of mind' 이라고 부르는 것을 발달시키기 위해서, 즉 남들도 나처럼 의도와 신념과 시점을 갖고 있음을 이해하기 위해서 말이다.

하지만 이것만으로는 마음의 이론이 왜 거짓된 내용인지 설명할 수 없다. 독립적이고 영속적인 자아라는 허구의 개념을 빚어내지 않고도 얼마든지 자신의 행동을 이해할 수 있지 않을까? 크룩과 험프리는 초기 호미니드가 스스로의 행동에 대한 정확한 모형을 가지면 유전적으로 유리했을 것이라고 주장한 뒤, 그로부터 곧장 비약해서, 그렇기 때문에 분리된 자아라는 개념이 생겼다고 말한다. 하지만 우리가 지금 이해하려고 노력하는 자아는 내 몸의(나아가 유추에 의해서 남들 몸의) 행동에 관한 모형 이상이다. 이것은 평생 지속되고, 무언가를 믿고, 수행하고, 원한다는 내부의 자아에 관한 거짓된 이야기이기도 하다.

사실 자기기만에는 여러 이점이 있다. 트리버스의 적응적 자기기만 이론에 따르면,[1985] 내 의도를 남에게 숨겨서 그들을 기만하려면 아예 나 자신도 모르게 숨겨두는 것이 최선이다. 하지만 이 이론은 중심적 자아의 발명을 설명하는 데는 도움이 못 된다. 한편 데닛은 우리가 '지향적 자세 the intentional stance'를 취한다고 설명했다.[1991] 그 말은 우리가 타인에게 (때로는 동물, 식물, 장난감, 컴퓨터에게도) 의도, 욕망, 신념 등이 있는 '것처럼' 행동한다는 뜻이다. 그렇게 행위자를 가정하는 것은 현실의 삶에서 필수불가결한 일이고, 그 덕분에 인간에게 새롭고 유용한 사고 도구가 생겼다는 것이 데닛의 주장이다. 하지만 여기에도 문제가 있다. 그 지향적 자세를 우리가 스스로에게 지나칠 만큼 철저하게 적용한다는 점이다. 우리는 '무해한 사용자 망상'에 지나치게 깊게 빠져 있다. 우리는 '내가 마치 의도와 신념과 욕망을 갖고 있는 것 같아'라고 말하지 않는다. '나는 정말 그래'라고 말한다. 정말로 마음의 이론이 진화적으로 유리하더라도, 혹은 지향적 자세가 현실적으로 유용하더라도, 그 때문에 거짓을 살게 된다는 것은 좀 지나치지 않은가? 내 생각을 수호하고, 내 신념을 남들에게 주장하고, 허구의 내적 자아에 엄청나게 신경을 쓴다는 것은 좀 지나치지 않은가?

우리가 복잡한 자아를 창조하고 보호하는 것은 그래야만 행복하기 때문인지도 모른다. 그러나 정말 그럴까? 돈, 존경, 명성을 얻는 것도 일종의 행복이긴 하나, 그 행복은 대체로 짧다. 부유한 생활보다는 자신의 능력에 맞는 일을 하는 삶이 더 행복하다는 말이 있다. 시카고의 심리학자 미하이 칙센트미하이는 예술가들이 자신을 잊고 일에 빠진 상태를 가리키는 충만한 '몰입flow'의 경험을 연구했다.[1990] 몰입은 아이들이 놀이를 할 때, 사람들이 대화에 푹 빠졌을 때, 스키를 타거나 등산을 하거나 골프를 칠 때, 사랑을 나눌 때 얻어진다. 이것은 모두 자의식의 상실을 통해 행복감을 느끼는 경우다.

당신은 무엇에서 행복을 느끼는가? 아니면 거꾸로 물어보자. 당신은 어떨 때 행복하지 않다고 느끼는가? 아마도 실망, 미래에 대한 두려움, 사랑하는 사람에 대한 걱정, 경제적 어려움, 당신을 좋아하지 않는 상대, 스트레스가 지나친 생활 때문일 것이다. 이 중에는 경험의 소유자로서의 자아 개념, 그리고 자의식을 가진 생물만 느낄 수 있는 것이 많다. 다른 동물들도 가령 기대했던 음식이 나오지 않거나 하면 실망을 드러낸다. 하지만 동물들은 실직으로 인한 깊은 실망감, 멍청한 사람으로 비치면 어쩌나 하는 두려움, 내가 신경 쓰는 사람이 나를 좋아하지 않을 때의 비참함은 느끼지 않는다. 인간의 절망감은 영속적인 자아 개념에서 비롯한 것이 많다. 자신의 자아는 사랑 받고, 성공하고, 존경 받고, 모든 일에 대해서 옳고, 행복해야 한다고 절실하게 바라기 때문이다.

어떤 전통들은 거짓된 자아감이야말로 온갖 번뇌의 원천이라고 본다. 특히 무아無我의 교리를 갖고 있는 불교에서 이런 생각이 두드러진다. 무아란 육신이 존재하지 않는다는 뜻이 아니고, 자아가 말 그대로 전혀 존재하지 않는다는 뜻도 아니다. 다만 자아는 일시적인 구성물이고, 자신에 관한 생각이나 이야기일 뿐이라는 뜻이다. 부처는 제자들에게 '행위는 존재하고 그 결과도 존재하지만, 행위를 행하는 인간은 존재하지 않는다'라는 유명한 설법을 남겼다.[파피트 1987] 우리는 자신에 대해 잘못된 개념을 갖고 있기 때문에 물질이나 지위나 힘을 더 많이 얻으면 행복해질 것이라고 착각하지만, 사실은 무언가를 갈구하고 남들을 거스르는 일이야말로 우리를 불행하게 만든다. 진정한 자신을 깨우치면, 모든 번뇌로부터 벗어날 수 있다. 괴로워하는 '내'가 존재하지 않는다는 것을 깨닫기 때문이다.

데닛의 견해와 불교의 견해는 이 대목에서 갈라진다. 자아를 일종의 이야기 내지는 망상으로 파악하는 점은 두 견해가 같지만, 데닛에게는 그것이 '무해한' 사용자 망상이고 어쩌면 삶을 도와줄지도 모르는 망상인 반면에, 불교에서는 그것이 고뇌의 근원이다. 어느 쪽이든 그것을 거짓으로 보긴 마찬가지다. 분명한 정체성, 긍정적인 자아상, 건전한 자존감이 심리적 건강에 결부된다는 것은 사실이지만, 그것도 다 긍정적인 자아감과 부정적인 자아감을 비교하는 이야기일 뿐이다. 자아감 자체를 가지는 것에 어떤 이득이 있느냐고 묻는다면, 답은 분명하지 않다.

자아 복합체

밈학은 자아를 바라보는 새로운 관점을 제공한다. 자아는 거대한 밈플렉스다. 아마 그 어떤 밈플렉스보다 교묘하고 침투성 강한 밈플렉스일 것이다. 나는 이것을 '자아 복합체selfplex (셀프플렉스)'라고 부르겠다. 자아 복합체는 우리의 모든 경험과 사고에 속속들이 침투해 있기 때문에, 우리는 그것의 정체가 실은 밈들의 덩어리일 뿐이라는 사실을 똑똑히 파악하기가 어렵다. 자아 복합체는 우리의 뇌가 그것을 구축하기에 알맞은 기계이기 때문에, 그리고 우리의 사회가 그것의 융성에 알맞은 선택 환경이기 때문에 생겨났다.

앞서 말했듯이, 밈플렉스는 상호 이득을 꾀하면서 하나로 뭉친 밈들의 집합이다. 밈플렉스 안의 밈들은 홀로 있을 때보다 집단의 일부로 있을 때 더 잘 생존한다. 일단 몇몇 밈들이 한데 뭉치면 그들은 곧 자기 조직적이고 자기 보호적인 구조를 형성한다. 그러고서는 자기 집단과 양립하는 밈은 기꺼이 환영하여 보호해 주고, 양립할 수 없는 밈은 배척한다. 순전히 정보적인 의미에서, 밈플렉스에게 나름의 경계 내지는 여과기가 있어서 그것으로 밈플렉스와 바깥세상이 나뉜다고 상상해도 좋다. 종교, 컬트, 이데올로기가 어떻게 밈플렉스로 작동하는지는 벌써 이야기했다. 지금은 자아가 어떻게 밈플렉스로 작동하는지를 생각해 보자.

두 밈을 상상하자. 하나는 점성술의 여러 비밀스러운 원리들에 관한 밈이다. 사자자리의 불 원소는 생명력과 힘을 뜻한다는 밈, 화성이 첫 번째 궁에 있으면 공격성을 암시한다는 밈, 화성의 통과는 성위가 합을 이루지 않는 이상 무시해야 한다는 밈 등이다. 다른 밈은 개인적 신념의 밈이다. '나는 사자자리의 불 원소가 …… 라고 믿어' 라는 밈이다. 최대한 많은 뇌와 책과 텔레비전 프로그램에 들어가려는 경쟁에서 둘 중 어느 쪽이 유리할까? 후자일 것이다. 한 조각의 정보는 특정 대화에서 의미가 있다거나 쓸모가 있을 때에만 전달된다. 그렇지 않다면 쉽게 잊혀진다. 반면에 사람들은 합리적인 이유가 없을 때라도 자신의 신념과 의견을 남에게 주장한다. 가끔은 남을 납득시키기 위해서 열렬하게 노력하기도 한다.

다른 예를 들어보자. 남녀의 능력 차이에 관한 견해를 생각해 보자. 추상적인 개념 자체는(혹은 독립된 밈은) 승리자가 되기 어렵다. 하지만 그것이 '나는 남자아이나 여자아이가 모든 면에서 똑같이 해낼 수 있다고 믿어' 라는 형태로 바뀌면, 그 문장 뒤에 있는 '자신' 에게 갑자기 어마어마한 무게가 실린다. '나' 는 마치 자신이 위협을 당한 듯이 그 견해를 위해 싸운다. 친구들과 논쟁하고, 기고문을 쓰고, 거리 행진에 나설지도 모른다. 밈은 '자아' 의 안식처 속에서 안전하다. 그 밈에 반대되는 증거가 뻔히 존재하는 경우라도 말이다. '내' 생각은 나로 하여금 생각을 보호하는 행동을 하게 만든다.

요컨대 밈은 개인의 자아 개념에 결부됨으로써 이득을 본다. 어떻게 그렇게 하느냐는 중요한 문제가 아니다. 강렬한 감정을 불러일으킬 수도 있고, 기존의 밈들과 잘 어울릴 수도 있고, 유능하고 매력적인 사람이 된다는 느낌을 갖게 할 수도 있다. 아무튼 자아와 결부되기만 하면, 다른 밈들보다 더 잘 살아갈 수 있다. 이 성공적인 밈은 더 자주 전달될 것이다. 따라서 우리가 자아를 고양시키는 그 밈을 쉽게 접할 것이고, 쉽게 감염될 것이다. 자아 복합체는 다 이런 식으로 강화된다.

우리가 자신이 전달하는 밈들을 다 찬성하거나 좋아해야 하는 것은 아니다. 어떻게든 그것이 우리에게 연루되면 그저 그만이다. 파스타를 먹는 것이든, '심슨 가족'을 보는 것이든, 재즈를 듣는 것이든, 단순히 음식을 먹고 음악을 듣는 밈으로 전달되는 게 아니라 '나는 이걸 좋아해', '나는 이걸 싫어해', '나는 이걸 못 견디겠어' 같은 명제로 전달되는 게 중요하다. 파이퍼는 '도킨스 자신이 성경의 "생존 기계"이자 성경에 담긴 밈들을 위한 "밈 둥지"가 됨으로써, 그가 아니면 성경을 읽지 않았을 사람들이 그 텍스트에 손을 대게 만든다'고 말했다.[파이퍼 1998] 도킨스는 그런 식으로 종교적 밈을 장려할 생각은 꿈에도 없었을 것이다. 하지만 종교에 대한 그의 강렬한 반응이 그런 결과를 낳은 것이다. 아무런 반응을 일으키지 않는 밈은 성적이 신통치 못한 반면에, 감정적 논쟁을 일으키는 밈은 보유자를 잘 자극해서 자신을 전달하게 만든다. 개인적 신념의 위치를 획득한 밈은 대단히 유리한 입장이다. 자아 안에 똬리를 튼 생각들, 즉 '내' 생각이나 '내' 의견이 된 밈들은 승리자다.

그리고 소유물이 있다. 밈이 없는 다른 동물들도 나름대로 소유물을 가지는 경우가 있다. 울새는 제 영역을 소유하고, 힘센 수컷은 암컷들로 구성된 하렘을 소유하며, 암사자는 사냥감을 소유한다. 사람의 소유물도 지위를 높여 주거나 유전적 이득을 담보하는 등 동물의 소유물과 비슷한 기능을 수행한다. 하지만 간과해선 안 될 큰 차이가 있다. 사람의 소유물은 그 육체에만 속하는 것이 아니라 신비로운 '자아'에도 속한다는 점이다. 당신이 소유하고 아끼는 무언가를 떠올려 보라. 잃어버린다면 서운할 듯한 무언가를 떠올려 보라. 그러고는 실제로 그것을 소유하는 주체가 무엇인지 스스로 물어보라. 당신의 몸이 소유한다고만 말해도 충분한가? 아니면 당신 내부의 의식적 자아가 소유한다고 말하고 싶은가? 나는 후자다. 왠지 조금 실망스럽긴 하지만, 나는 내 집과 내 정원, 내 자전거, 수천 권의 내 책, 내 컴퓨터, 내가 좋아하는 그림들에 의해 부분적으로나마 내가 정의된다는 것을 인정한다. 나는 그저 살아 있는 생물체인 것만은 아니다. 나는 이 모든 물건들이기도 하다. 그리고 이것들은 밈이 없었다면 존재하지 않았을 것들이고, '내'가 없다면 문제가 되지 않을 것들이다.

이런 상황 때문에 한 가지 흥미로운 결과가 빚어진다. 신념, 의견, 소유물, 개인적 취향 등이 거꾸로 그 뒤에 누군가 믿는 사람이나 소유하는 사람이 있다는 개념을 보강해 주는 것이다. 당신이 더 확고하게 한쪽 편을 들고, 무언가에 연루되고, 주장을 역설하고, 소유물을 보호하고, 강한 의견을 견지할수록, 그런 이야기를 하는 사람만이(즉 몸과 뇌만이) 존재하는 게 아니라 신념이라는 신비로운 것을 지닌 내적인 자아도 존재한다는 거짓된 생각이 강화된다. 자아는 밈들의 강력한 보호자이다. 우리가 몸담은 밈 사회가 갈수록 복잡해짐에 따라, 갈수록 더 많은 밈이 자아의 보호 안에 들려고 경쟁한다.

우리가 마주치는 밈의 수가 증가하는 추세이므로, 강력한 반응을 끌어내어 전달을 꾀하는 밈도 갈수록 많아진다. 판돈이 점차 커지는 형국이고, 밈들은 경쟁을 위해서 점점 더 도발적으로 변한다. 성공적으로 남들을 자극했던 밈들이 내게도 폭격을 가하게 되고, 우리의 스트레스 지수는 점차 높아진다. 우리는 점점 더 많은 지식과 의견과 신념을 얻고, 그 과정에서 모든 일의 중심에는 진정한 자아가 있다는 생각을 점점 더 확신한다.

어떤 의견을 '취하는' 주체로서의 '나'는 존재하지 않는다. '나는 남에게 친절해야 한다고 믿어'라고 말하는 몸이 있을 뿐이고, 남에게 친절하게 대하는(혹은 대하지 않는) 몸이 있을 뿐이다. 점성술에 관한 지식을 저장하고 그것에 관해 자주 이야기하는 성향을 지닌 뇌가 존재할 뿐, 그런 믿음을 '지닌' 자아가 추가로 존재하는 것은 아니다. 매일 요구르트를 먹는 생물학적 실체가 존재할 뿐, 요구르트를 좋아하는 자아가 추가로 내부에 존재하는 것은 아니다. 밈 세계가 복잡해질수록 자아들도 궤를 따른다. 사람들은 우리가 사회에서 제대로 기능하려면 마땅히 과학, 정치, 날씨, 관계에 대한 의견을 가져야 한다고들 말한다. 직장을 얻고, 가족을 꾸리고, 신문을 읽고, 여가를 즐겨야 한다고 한다. 밈이 끊임없이 폭격을 가함에 따라, 우리의 삶과 자아는 갈수록 스트레스를 느끼며 복잡해진다. 이것은 '붉은 여왕' 과정이다. 모두가 달리기 때문에 그저 같은 자리에 머물기 위해서라도 계속 달려야 하는 상황이고, 누구도 이득을 보는 사람은 없다. 나는 자아 복합체가 밈의 압력을 얼마나 더 버틸지, 언젠가 그것이 파열되거나 불안정해지거나 산산이 깨어지지나 않을지 걱정스럽다. 많은 현대인이 겪는 불행, 좌절, 심리학적 질병은 이런 현상을 보여 주는 것일지도 모른다. 요즘의 심리 치료는 일종의 밈 조작이라고도 할 수 있겠지만, 건전한 밈 원리들에 입각한 것은 아니다. 그것은 미래의 과제일 것이다.

결론적으로, 자아 복합체는 진실이거나 선하거나 아름답기 때문에 성공한 게 아니다. 그것이 우리 유전자를 돕기 때문도 아니고, 우리를 행복하게 만들기 때문도 아니다. 자아 복합체는 그 속에 든 밈들이 우리를 설득하여 (우리는 과도하게 확장된 가련한 물리적 체계일 뿐이다) 제 확산을 위해 일하도록 만들었기 때문에 성공했다. 이 얼마나 꾀바른 술수란 말인

가. 바로 이 때문에 우리가 거짓의 삶을 사는 것이고, 때로는 절망적일 만큼 불행하고 혼란스러운 삶을 사는 것이다. 밈들이 우리를 그렇게 만들었다. '자아'는 밈들의 복제를 돕기 때문에 생겼다.

제18장

우리는
밈머신이다

M E M E

우리는 인간의 몸과 뇌라는 물리적 기기를 통해 운영되는 거대한 밈플렉스다. 우리는 밈 머신이다. '뉴런 덩어리'가 아니라 '밈 덩어리'인 것이다. 또한 우리의 행동, 우리의 선택, 우리의 말은 생물학적 체계에 얹혀 굴러가는 밈플렉스들의 집합이라는 복잡한 구조의 결과다. 밈을 이해하지 못하면, 우리는 결코 우리 자신을 이해할 수 없다. 밈학은 새로운 삶의 방식이 가능하다는 전망을 열어 준다.

　우리는 우리 자신에 대한 혁신적인 개념을 갖게 되었다. 우리는 인간의 몸과 뇌라는 물리적 기기를 통해 운영되는 거대한 밈플렉스다. 우리는 밈 머신이다. 크릭은 틀렸다. 우리는 '뉴런 덩어리에 지나지 않는' 게 아니다. 우리는 밈 덩어리이기도 하다. 밈 덩어리를 이해하지 못한다면, 우리 자신도 결코 이해할 수 없을 것이다.

　사회생물학자들은 이 중요한 핵심을 놓쳤다. 그들은 인간의 행동을 과거의 유전적 선택에 비추어 설명함으로써 많은 업적을 이루었다. 다윈의 위대한 이론을 심리학에 적용한 셈이다. 하지만 그들은 유전자에만 집중했고, 사회의 중요성과 영향력을 간과했다. 그들은 다윈주의의 틀을 고수하기 위해서 모든 문화를 일종의 유전적 선택 환경으로 취급했고, 그 때문에 문화에도 나름의 진화 과정이 있으며 스스로 변화를 빚어낼 힘이 있다는 사실을 알아채지 못했다. 제2의 복제자 개념이 없다면, 사회생물학은 영원히 빈약한 채로 남을 것이다.

　대조적으로, 사회학자들은 오래 전부터 사회적 힘의 영향력을 알고 있었다. 카를 마르크스는 '사람의 의식이 존재를 규정하는 게 아니라, 거꾸로 사회적 존재가 의식을 규정한다'고 주장했다[1904]. 사회과학자들은 사람의 사회적 역할이나 그가 처한 배경에 따라 삶과 자아가 구성되는 과정을 연구한다. 하지만 그들은 그 과정의 진행을 설명할 때 진화 이론을 적용하지 않는다. 그들에게는 생물학적 세계와 사회적 세계는 전혀 다른 방식으로 설명되는 것이고, 계속 갈라져 있어야 하는 것이다. 그러나 우리가 인간을 자연선택의 산물인 동시에 밈 선택의 산물이라고 바라볼 때에야, 비로소 우리는 삶의 모든 측면을 하나의 이론적 틀에 끼워 넣을 수 있다.

사람의 본성에 관한 내 주장은 오해되기 십상인 내용이라, 나는 아주 조심스럽게 이야기를 풀어가고 싶다.

인간은 밈 머신인 동시에 자기 자신이다. 첫째, 객관적으로 우리는 살과 피를 지닌 개별 생물체들이다. 자연선택은 오랜 진화의 기간 동안 유전자와 밈 모두에 작용함으로써 우리의 몸과 뇌를 설계했다. 우리는 각각 독특한 존재이지만, 우리의 유전자들은 모두 과거의 생물들에게서 왔고, 우리가 계속 번식한다면 미래의 생물들에게도 전달될 것이다. 우리에게는 또한 언어 능력과 밈 환경이 있기 때문에, 우리는 각각 방대한 수의 밈들을 저장한 보관소이기도 하다. 밈들 중 일부는 단순한 낱낱의 정보로 저장되어 있고, 또 다른 일부는 밈플렉스로 조직되어 자아의 보호를 받는다. 우리의 밈들은 다른 사람들에게서 왔고, 우리가 계속 말하고 쓰고 소통한다면 또 다른 사람들에게도 전달될 것이다. 우리는 이 모든 복제자들의 임시적 집합이자 주어진 환경에서 그들이 모든 산물들의 임시적 집합이다.

더불어 우리에게는 스스로 생각하는 자아가 있다. 내적 자아 개념에 기반한 밈플렉스는 어떤 밈플렉스보다도 강력하다. 자아 복합체 각각은 한 사람의 일생이라는 비교적 짧은 기간 동안에 밈 진화 과정이 작동한 결과다. '나'는 자아 복합체 안에 성공적으로 편입된 밈들의 산물이다. 내가 그런 밈들을 갖게 된 까닭은 내 유전자가 내 뇌가 유독 그런 밈들을 잘 받아들이는 성향이기 때문일지도 모르고, 내 밈 환경에서 그 밈들이 다른 밈들에 비해 어떤 선택적 이점이 있기 때문일지도 모르고, 둘 다일지도 모른다. 우리의 망상적 자아는 밈 세계의 일부로서 그 안에서 성공적으로 경쟁하는 하나의 구성물이다. 자아 복합체는 내 몸을 통제하는 누군가가 내 내부에 존재한다는 거짓된 생각을 바탕에 깔고서, 일상적인 인간의 의식을 만들어 낸다.

우리의 행동, 우리의 선택, 우리의 말은 생물학적 체계에 얹혀 굴러가는 밈플렉스들의 집합이라는(강력한 자아 복합체도 포함된다) 복잡한 구조의 결과다. 이 모든 현상을 배후에서 추진하는 힘은 복제자의 복제력이다. 유전자가 다음 세대로 전달되려고 힘껏 노력하는 과정에서 생물학적 설계가 생겨나고, 밈이 다른 뇌나 책이나 사물로 전달되려고 힘껏 노력하는 과정에서 문화적 설계와 정신적 설계가 생겨난다. 뭔가 다른 설계력의 근원을 찾을 필요는 없다. 창조적인 '의식의 힘' 따위를 소환할 필요는 없다. 의식에는 아무 힘이 없기 때문이다. 자유의지 개념을 발명할 필요도 없다. 자유의지는 그것을 '소유하는' 자아와 마찬가지로 망상이기 때문이다. 끔찍한 생각으로 느껴질지도 모르지만, 나는 이것이 사실이라고 믿는다.

자유의지

벤저민은 오늘 아침을 콘플레이크로 먹기로 결정했다. 왜? 그는 인간적인 취향과 유전자 조성을 지닌 인간이라 아침에는 탄수화물에 끌리기 때문이고, 오늘 아침에는 평소보다 더 배가 고프기 때문이다. 그는 콘플레이크가 발명된 부유한 사회에 살고 있고, 그것을 살 돈이 있기 때문이다. 그가 포장지의 사진이나 광고에 긍정적으로 반응하기 때문이다. 밈과 유전자가 힘을 합쳐서 이런 환경에서 이런 행동을 빚어냈다. 그러나 우리가 벤저민에게 왜냐고 물으면, 그는 자신이 콘플레이크를 좋아하기 때문이라고 대답할 것이고, 오늘 그것을 먹기로 한 것은 의식적인 결정이었다고 대답할 것이다. 하지만 그의 설명은 아무것도 더 말해 주는 바가 없다. 그것은 벤저민이 사실을 놓고서 덧붙인 이야기일 뿐이다.

벤저민에게는 자유의지가 있는가 없는가? 우리는 먼저 '벤저민'이 정확하게 무엇을 가리키는가 하는 결정적인 질문을 물어야 한다. '벤저민'이 그의 몸과 뇌를 가리키는 것이라면, 분명히 벤저민이 선택한 것이 맞다. 사람은 늘 결정을 내린다. 개구리, 고양이, 심지어 로봇처럼, 사람도 계획과 욕구와 혐오가 있고, 그에 따라서 행동한다. 더 많은 밈을 획득할수록 더 똑똑한 일을 할 수 있고, 선택지의 범위도 넓어진다. 그러다 보니 무수한 선택지가 있는 상황, 혹은 소수의 선택지가 있는 상황, 혹은 아무런 선택지도 없는 상황에 처할 수 있다. 자, 우리가 보통 말하는 자유의지를 이렇게 설명하면 충분할까?

그렇지 않을 것이다. 왜냐하면 일반적인 자유의지 개념의 핵심에는 벤저민의 의식적 자아가 결정을 내렸다는 생각이 깔려 있기 때문이다. 우리가 자유의지를 말할 때는 '내'가 그것을 가졌다고 상상하지, 내 몸과 뇌가 그것을 가졌다고 상상하지 않는다. 자유의지는 '내'가 의식적으로, 자유롭게, 의도적으로 무언가를 하기로 결정하고 해내는 것이다. 한마디로, '내'가 행위자여야만 자유의지로 간주된다.

하지만 내가 지금까지 주장한 밈의 관점이 옳다면, 이것은 말이 안 되는 이야기다. 자유의지를 가진다는 그 자아는 거대한 밈플렉스를 구성하는 하나의 이야기일 뿐이고, 그것도 거짓된 이야기다. 밈의 관점에 따르면, 의식적이든 아니든 인간의 모든 행동은 밈과 유전자와 그들의 모든 산물이 복잡한 환경에서 복잡하게 상호작용함으로써 생겨난다. 자아가 행동을 개시한 것이 아니고, 자아가 의식을 '소유한' 것이 아니고, 자아가 의도를 '행한' 것이 아니다. 내 몸을 통제하고 내 의식을 소유하는 자아가 내 몸 안에 있다는 생각은 전혀 진실이 아니다. 이것이 거짓이기 때문에, 내 의식적 자아가 자유의지를 지닌다는 생각도 거짓이다.

데닛은 자유의지의 여러 형태를 설명하고, 그중 일부는 참작할 가치가 있다고 말했다.[1984] 데닛과 달리, 나는 '사용자 망상'이 무해하다고 생각하지 않는다. 나는 존재하지도 않는 자아를 상정하는 어떤 형태의 자유의지 개념도 원하지 않는다.

의식

내가 의식에 대해 대단한 이론을 제안할 것은 없다. 사실 의식이라는 용어 자체가 모순되는 여러 방식으로 쓰이기 때문에, 의식의 이론에 어떤 효용이 있는지조차 알기 어려운 상황이다. 그러나 나는 핑커와는 달리[1998] 시도 자체가 가망 없는 일이라고는 생각하지 않는다. 차머스와는 달리[1996] 이것이 여타 과학적 문제들과는 수준이 다른 '어려운 문제'라고도 생각하지 않는다. 나는 밈의 이론이 이 문제도 도와줄 수 있다고 생각한다.

첫째, 내가 말하는 의식은 주관성을 뜻한다. 현재의 나로 존재하는 것이 과연 어떤 것이냐 하는 내용이다(36쪽을 참고하라). 우리는 주관성이 어떻게 생성되는지 아직 모르지만, 이것이 매 순간의 뇌 활동에 결정적으로 의존하는 현상이라는 것은 알고 있다. 이런 식으로 볼 수도 있다. 특정 순간에 내 의식의 내용은 뇌 전체의 활동에 달려 있고, 누가 무엇을 한다는 내용으로 구성된 내부의 이야기에 달려 있다. 정상적인 의식 상태에서는 내 자아 복합체가 언어 같은 유용한 밈 구성물들을 사용해서 매우 정교하게 이야기를 지어내므로, 자아 복합체가 내 경험을 철저히 장악한다. 자아가 모든 일을 해낸다는 허구의 이야기 속에 모든 현상들이 잘 짜 맞춰지는 것이다. 하지만 내가 감동의 눈길로 산꼭대기를 바라볼 때나 창의적인 작업에 몰두할 때는, 자아 복합체가 나를 장악하지 못한다. 그래서 다른 의식 상태들이 수면에 떠오를 수 있게 되고, 그리하여 자의식이 없는 의식 상태도 가능해진다.

이 대목에서 내 의견은 데닛과 갈린다. 데닛은 '인간의 의식 자체가 거대한 밈 복합체(정확하게 말하면 밈이 뇌에 가한 영향들)'이라고 했다.^{데닛 1991} 그 말은 밈이 제공하는 온갖 사고 도구들에 더해서 '무해한 사용자 망상'과 자아 관련 밈들이 있기 때문에 의식이 가능하다는 뜻이고, 그것들이 없다면 '인간의 의식'은 멎을 것이라는 뜻이다. 반대로, 나는 사용자 망상이 의식을 흐리게 하고 왜곡시킨다고 본다. 자아 복합체가 일상적 의식을 제약하는 것은 사실이지만, 꼭 그래야 하는 것은 아니다. 다른 상태의 의식도 가능하다.

인공 의식이나 동물의 의식에 관한 논의가 이 지점에서 가능하다. 만약에 자아 복합체가 일상적인 인간의 의식을 전적으로 장악한다면, 자아 복합체를 지닌 체계만이 의식을 소유할 수 있을 것이다. 다른 동물들은 보통 모방 능력도 밈도 없으니, 그렇다면 그들은 인간과 비슷한 자의식을 가질 수 없다는 말이 된다. 하지만 그렇다고 박쥐로서의, 쥐로서의, 로봇으로서의 주관성이 존재할 가능성을 배제할 수는 없다.

둘째, 나는 의식이 아무것도 할 수 없다는 점을 강조하고 싶다. '현재의 나로 존재하는 것'이라는 주관성에는 어떤 현상을 일으킬 수 있는 힘이 없다. 그것은 인과적 행위자가 못 된다. 벤저민이 콘플레이크를 그릇에 부을 때 그에게 분명히 의식이 있었겠지만, 의식은 그 행동에서 어떤 역할도 수행하지 않는다. 의식은 그 사람이 된다는 것, 그 결정을 내린다는 것, 그 행동을 한다는 것, '내가 이 일을 하고 있어'라고 내부에서 속삭이는 밈플렉스가 있다는 것 때문에 생겨날 뿐이다. 벤저민은 '자신'이 의식적인 결정을 내리지 않으면 그 행동이 벌어지지 않는다고 생각할지도 모르겠지만, 나는 그가 틀렸다고 믿는다.

유전자와 밈을 비교하는 것을 비판하는 사람들 중, 생물학적 진화는 의식적으로 유도되지 않는 반면에 사회적 진화는 그렇다고 지적하는 사람들이 있다. 밈 이론의 지지자들 중에서도 간혹 그런 구분을 하는 사람들이 있다. 가령 '대부분의 문화적, 사회적 변이는 유전적 변이와는 달리 의식적으로 방향이 인도된다'고 말한다.^{런치맨 1998} 내 동료 닉 로즈는 그런 이론가들을 가리켜 '자아 중심적 선택주의자'라고 비판했다.[1998] 생물학에서라면 정향 진화론에 해당할 만한 잘못된 개념이라는 것이다. 진화를 인도하는 행위자가 전혀 필요 없다는 것이야말로 진화 이론의 요체다. 하물며 의식적인 인도자가 있을 필요는 더욱 없다. 물론 인간의 행동이 밈 선택에 영향을 미치지만, 인간에게 의식이 있기 때문은 아니다. 아주 무심하고 무의식적인 행동들도 아주 의식적인 행동들만큼이나 쉽게 모방된다. 문화적 변이와 사회적 변이는 복제자들과 그 환경에 의해 추진되는 것이지, 그것들과 분리된 의식에 의해 추진되는 게 아니다.

창조성

태머리스크는 과학책을 썼다. 이것은 그녀가 의식적으로 책을 저술했다는 말이 되지만, 다르게 볼 수도 있다. 태머리스크가 재능 있는 작가가 된 것은 그녀의 유전자들이 언어를 잘 다루는 뇌를 만들었기 때문이고, 고독한 작업을 좋아하는 심지 굳은 개인을 만들었기 때문이다. 그녀가 책을 가치 있게 여기고 그것에 대가를 지불하는 사회에 그녀가 태어났기 때문이고, 교육을 받던 중에 자신의 과학적 재능을 발견할 기회가 있었기 때문이며, 수년간 연구하고 생각한 끝에 오래된 것들을 조합하여 새로운 발상을 떠올렸기 때문이다. 책이 완성되자, 그것이 하나의 새로운 밈플렉스가 되었다. 생각하는 똑똑한 뇌 속에서 진행된 복잡한 과정을 통해 오래된 밈들이 변이했고, 새로운 조합이 탄생했다. 태머리스크에게 물어보면, 그녀는 자신이 책의 단어 하나하나를 의식적으로, 의도적으로 지어냈다고 대답할 것이다(자기도 대체 어떻게 해냈는지 모르겠다고 대답할 가능성도 상당히 높지만 말이다). 하지만 내게 묻는다면, 태머리스크의 삶을 놓고 경쟁을 벌이는 유전자들과 밈들이 협동해서 그 책을 탄생시켰다고 대답할 것이다.

창조성에 대한 이런 시각을 낯설게 느끼는 사람이 많을 것이다. 사람들과 의식에 관해 토론하다 보면 불쑥 창조성 주제가 언급될 때가 많은데, 창조성이 그만큼 의식의 힘을 잘 보여 주는 사례로 여겨지기 때문이다. 의식이 없다면 어떻게 우리가 훌륭한 음악과 인상적인 대성당과 감동적인 시와 놀라운 그림을 창조하겠는가? 사람들은 묻는다. 그러나 이런 시각은 자아와 의식이라는 거짓된 이론, 혹은 데닛이 말했던 데카르트 무대를(400쪽을 참고하라) 우리가 굳게 믿는다는 사실을 보여 줄 뿐이다. 내 머리 속에서 이런저런 지시를 내리는 어떤 존재를 나라고 믿는다면 창조적 행위야말로 행위자가 '나'라는 것을 증명하는 안성맞춤의 사례로 보일지도 모르지만, 앞서 보았듯이, 그런 자아 개념은 유효하지 않다. 내 안에서 작업을 수행하는 존재 같은 것은 없다. 내 안에는 밈 덩어리가 있을 뿐이다.

나는 창조성이 존재하지 않는다고 말하는 게 아니다. 세상에서는 언제나 새 책이 씌어지고, 새 기술이 발명되고, 새 정원이 설계되고, 새 영화가 제작된다. 하지만 그런 창조성을 생성하는 배후의 힘은 복제자들의 경쟁이지, 흔히 원인으로 지목되는 의식처럼 난데없이 마술적으로 등장하는 힘이 아니다. 생물계의 창조적 업적들이 모두 유전적 진화의 산물이듯이, 인간 문화의 창조적 업적들은 모두 밈 진화의 산물이다. 설계를 만들어 낼 수 있는 과정은 우리가 아는 한 복제 과정밖에 없고, 실제로 그것이 그 일을 해낸다. 여기에서도 의식적인 인간의 자아가 끼어들어 법석을 피울 필요는 없다.

물론 자아가 이 과정에 전혀 무관한 것은 아니다. 오히려 그 반대다. 자아 복합체는 뛰어난 조직력과 영속성을 자랑하는 강력한 밈 개체이기 때문에, 그것을 보유한 사람의 행동에 큰 영향을 미치고 그것과 접촉하는 다른 사람들에게도 두루 영향을 미친다. 하지만 창조성에 관한 한 자아는 득보다 실을 안겨줄 때가 많다. 창조적 행위는 자아가 거치적거리지 않는 무아의 상태, 자의식 상실의 상태일 때 더 잘 수행되곤 한다. 화가, 작가, 달리기 선수 등은 자의식 없이 자연스럽게 행동할 때 최선의 결과를 낳는다고 말하곤 한다. 자아가 영향을 미치기는 하지만, 의식적 창조성을 유발하는 존재로서 영향을 미치는 것은 아니다.

인간의 선견지명

사람만이 진정한 예측력을 갖고 있다는 주장이 있다. 생물계의 나머지 존재들은 그렇지 못하다는 것이다. 도킨스는 자연선택이 '눈먼 시계공'이라면 사람은 진짜 시계공이라고 말했다. '진정한 시계공은 선견지명이 있다. 그는 자신이 속으로 생각한 미래지향적 의도에 따라 톱니바퀴와 용수철을 설계하고, 부품들의 연결을 계획한다. 자연선택은…… 아무런 의도가 없다.' 도킨스 1986 나는 이런 구분은 틀렸다고 본다.

사람 시계공과 자연의 시계공이 다르다는 것은 부인할 수 없다. 인간은 밈이 있기 때문에, 톱니며 바퀴며 시간을 맞추는 일에 대해 생각할 수 있다. 인간은 밈이라는 마음의 도구를 사용해서 그렇게 한다. 반면에 동물들은 그러지 못한다. 하지만 인위적이든 자연적이든 설계의 바탕이 되는 과정은 본질적으로 같다는 것을 밈학이 우리에게 알려 주었다. 둘 다 선택으로써 설계를 생성해내는 진화 과정이고, 그런 과정의 산물은 흡사 미리 예측하고 것처럼 보인다.

플로트킨이 지적했듯이,[1993] 지식은(사람의 지식이든 동식물의 지식이든) 일종의 적응이다. 예측력도 마찬가지다. 수선화 구근은 다가오는 여름을 내다보고 쑥쑥 자라기 시작하는데, 이런 예측은 과거의 선택을 통해 생겨난 것이다. 고양이는 쥐가 어느 쪽으로 움직일지 예측하여 적당한 때에 덮칠 줄 아는데, 이런 행동 능력은 자연선택을 통해 생겨난 것이다. 두 생물 다 일종의 예측력을 갖고 있지만, 그들의 유전자에게 예측력이 있는 것은 아니다. 사람이 내일 할 일을 예측하거나 새로운 컴퓨터를 설계하는 것은 다른 생물들의 경우와는 뭔가 달라 보일지도 모른다. 그 차이가 아주 큰 것처럼 느껴질지도 모른다. 사람은 훨씬 더 똑똑한 뇌를 써서 예측하고, 예측 내용이 훨씬 더 복잡하고 정교하기 때문이다. 정확한 만조 시각이나 소행성과 지구의 충돌 시점까지 정확하게 예측해내기 때문이다. 하지만 이런 식의 선견지명도 선택을 통해 생겨났다. 사람의 경우에는 밈들에 대한 선택이라는 게 다를 뿐이다. '진정으로' 다른 종류의 선견지명을 지닌, 마술적이고 의식적인 마음 같은 것은 없다.

궁극의 반항

그렇다면 '지구에서 오직 우리만이 이기적 복제자들의 폭정에 대항할 수 있다'고 했던 도킨스의 주장은 어떻게 되는 것일까? 우리 안에 존재하는 무언가가 진화를 넘어서는 통제력을 쥘 수 있다는 이런 견해는 도킨스만의 것이 아니다.

칙센트미하이는 밈들이 그 양육자인 사람과는 무관하게 독립적으로 진화할 수 있다고 했다.[1993] 무기, 알코올, 약물에 관한 밈들은 사람에게 전혀 좋을 것이 없는데도 성공을 거둔다는 것이다. 그는 예술가가 예술을 창시하는 게 아니라 예술작품이 예술가를 매개로 삼아 진화하는 것이라고 말했다. 하지만 결론적으로 그는 우리가 의식적으로 삶을 통제해야 하고, 보다 조화로운 미래를 향하여 진화의 방향을 돌려야 한다고 설파했다. '우리는 자신의 마음, 욕망, 행동에 대한 통제력을 스스로 쥘 때에 주변 환경을 더욱 질서 있게 만들 수 있다. 유전자와 밈이 통제하게 놓아둔다면, 우리는 자기 자신이 될 기회를 놓치는 셈이다.' 칙센트미하이 1993

《마인드 바이러스》에서 브로디는 이렇게 일갈했다. '자신의 밈 프로그램 과정을 의식적으로 선택함으로써, 당신이 생각하는 인생 최고의 목적을 그것들이 더 잘 받들게 만들어야 한다.' 그는 이렇게도 말했다. '당신의 밈 프로그램들이 당신의 인생 목적을 지지할 것인가 방해할 것인가는

당신의 선택에 달렸다.' ^{브로디 1996}

하지만 이런 것은 도리어 책임을 회피하는 발언이다. 데닛의 말마따나 '생소하고 위험한 밈으로부터 자신을 보호하려고 애쓰는 "독립적인" 마음이 있다는 개념은 신화다.' ¹⁹⁹⁵ 그렇다면 누가 선택을 하는지 다시 물어야 할까? 밈학을 진지하게 받아들인다면, 선택을 하는 '나' 자체가 밈 구성물임을 인정해야 한다. '나'는 복잡한 밈 머신 안에 설치된 일군의 밈들로서, 항시 변화하는 유동적 구성물이다. 내가 내리는 선택은 내 유전적 과거와 밈 과거가 현재의 환경에서 빚어낸 산물일 뿐, 인생 목적을 '지닌' 별개의 자아가 그 자아를 밈들을 장악하여 결과가 아니다.

이것이 밈학의 힘이자 아름다움이다. 밈학은 인간의 삶, 언어, 창조성이 생물계의 설계를 빚어낸 힘과 다르지 않은 복제력에 의해 생겨났다는 것을 보여 준다. 복제자는 다르지만, 과정은 같다. 우리는 한때 생물학적 설계에 창조자가 필요하다고 생각했지만, 이제 자연선택이 홀로 모든 설계를 해낸다는 것을 알고 있다. 비슷한 식으로, 우리는 한때 인위적 설계에 인간 내부의 의식적 설계자가 필요하다고 생각했지만, 이제 밈 선택이 홀로 그 일을 해낸다는 것을 알게 되었다. 우리는 한때 설계에 선견지명과 계획이 필요하다고 생각했지만, 이제 자연선택이 마치 실제 존재하지 않는 계획에 따라 만들어진 듯한 생물체를 창조한다는 것을 알고 있다. 밈학을 진지하게 받아들인다면, 진화 과정에 끼어들어서 진행을 멈추거나 방향을 안내하는 별도의 영향력은 필요 없다는 것을 인정해야 한다. 그저 유전자와 밈이 끝없이 스스로를 복제하는 진화 과정이 있을 뿐, 그 과정을 바라보는 별도의 존재는 없다.

그러면 나는 어떻게 해야 할까? 나는 선택의 기로에 놓인다. 내가 얻은 과학적 지식에 따라 삶을 살아갈 방법을 결정해야 한다는 의무감이 든다. 하지만 나는 유전자, 표현형, 밈, 밈플렉스의 일시적 융합에 지나지 않는

데, 어떻게 선택을 할까? 선택 자체가 존재할 수 없는데, 어떻게 선택한단 말인가?

어떤 과학자들은 과학과 일상을 떨어뜨려 놓는 편을 선호한다. 주중에는 생물학자로 일하다가 일요일에는 교회에 가는 사람, 평생 물리학자로 일하면서도 죽어서 천국에 갈 것이라고 믿는 사람도 있다. 하지만 나는 내 과학과 내 생활방식을 분리시킬 수 없다. 내가 인간의 본성을 이해하려고 노력한 결과 의식적 자아는 존재하지 않는다는 결론에 다다랐다면, 나는 그런 식으로 살아야 한다. 그러지 않으면 내가 세운 인간 본성의 이론은 헛되고 생명력 없는 것에 불과하다. 하지만 어떻게 '내'가 존재하지 않는 것처럼 '내'가 살 수 있을까? 누가 무엇을 하기로 어떻게 선택한단 말인가?

한 가지 방법은 항상 현재의 순간에 집중하고, 떠오르는 생각들을 가만히 흘려보내는 것이다. 이런 식의 '잡초 뽑기'에는 대단한 집중력이 요구되지만, 그 효과는 아주 흥미롭다. 당신이 한 번에 몇 분 이상 집중할 수 있다면, 어느 순간에든 무언가를 관찰하는 자아는 존재하지 않는다는 것을 느끼게 될 것이다. 당신이 가만히 앉아서 창을 내다본다고 하자. 생각들이 잇달아 떠오를 테지만 모두 과거나 미래에 대한 생각들일 것이다. 그러니 그것들을 가만히 흘려보내고, 현재로 돌아오자. 마음에서 벌어지는 일을 가만히 관찰해 보자. 마음은 언어를 사용해서 대상들을 지칭하려고 할 테지만, 언어 또한 시간을 소요하는 것이고 진정으로 현재에만 속하는 것은 아니다. 그러니 그것들도 흘려보내자. 이 연습을 숱하게 반복하면, 세상이 달라져 보이기 시작한다. 일련의 사건이 발생한다는 생각 대신에 그저 변화만이 존재한다고 느껴지고, 그 광경을 목격하는 자아가 있다는 생각도 서서히 희미해진다.

또 다른 방법은 매사에 골고루 관심을 쏟는 것이다. 이것은 참 묘한 연습이다. 사물의 '실재성'이 희미해지고 매사가 변화로만 느껴지기 시작하며, 관심을 쏟는 주체가 누구냐 하는 질문도 망각하게 된다.^{블랙모어 1995}
이 연습을 해보면, 내가 나의 주의를 통제한다기보다는 바깥 사물들이 내 주의를 조작한다는 것을 알게 된다. 가만히 앉아서 매사에 골고루 주의를 쏟아 보면, 내 관심이 어떤 소리나 움직임에, 무엇보다도 난데없이 튀어나오는 듯한 숱한 생각에 끌려다닌다는 기분이 갈수록 강해진다. 밈들이 내 뇌의 정보 처리 자원을 확보하여 자신을 복제하기 위해서 결사적으로 다투고 있는 것이다. 내가 걱정하는 일, 내가 지지하는 의견, 내가 남에게 말하고 싶은 것, 혹은 말하지 않았으면 좋았을 텐데 하는 것, 이런 것들이 불쑥 등장해서 주의를 사로잡는다. 매사에 골고루 관심을 분배하는 연습은 밈들의 무장을 해제시키는 작업이다. 그러면 사실 내가 스스로 주의를 통제한 적은 한 번도 없었다는 것을 분명히 깨닫게 된다. 밈들이 나를 통제하고, 나를 것이다.

이런 식의 연습을 하면 허구의 자아가 흐릿해지기 시작한다. 지금 이 순간에만 집중하며 모든 것에 골고루 주의를 배분하면, 나와 내 주변 사이에 구분이 없어진다. '내'가 무언가를 원할 때, 무언가에 반응할 때, 무언가를 믿을 때, 무언가를 결정할 때, 그럴 때에야 갑자기 '내'가 다시 등장한다. 그저 가만히 존재하는 연습을 충분히 하면, 누구나 이 사실을 직접 경험할 수 있다.

이런 통찰은 밈학과 완벽하게 양립한다. 대부분의 사람들은 끊임없이 자아 복합체를 강화해간다. 주변에서 벌어지는 모든 일이 자아로 귀착되고, 모든 감각이 그것을 관찰하는 자아와 연관되며, 관심의 이동도 자아 탓이라고 하고, 결정은 자아가 내린 것이라고 묘사된다. 이런 일이 모두 자아 복합체를 재확인하고 지탱하는 역할을 하므로, 의식의 내용은 그 가운데 놓인 '나'라는 감각에 압도당한다. 내가 주도하고, 내가 책임지고,

내가 고통스럽다는 식이다. 한 곳에 집중하는 연습은 자아 복합체의 젖줄이 되는 과정들을 중단시키는 효과가 있다. 한편 모든 것으로 관심을 분산하는 훈련은 자아 관련 밈들이 주의를 사로잡는 것을 막아 준다. 오롯이 현재에만 존재하는 연습은 허구의 '내'가 과거와 미래에 대해 생각하는 것을 막아 준다. 이런 연습들은 우리가(즉 몸과 뇌와 밈들이) 거짓된 자아 복합체 개념을 떨구도록 도와준다. 의식은 더 공개적이고, 포괄적이고, 자의식 없는 방향으로 변화한다. 그것은 혼란한 상태에서 깨어나는 것과 비슷하다. 밈의 꿈에서 깨어나는 것이라고 말해도 좋을 것이다. ^{블랙모}

^{어 1999}

이런 집중력은 쉽게 얻어지지 않는다. 간혹 타고난 듯이 비교적 빠르게 익히는 사람도 있지만, 대부분의 사람들은 몇 년씩 훈련해야 한다. 동기가 없다는 것도 한 가지 문제다. 더 나은 삶의 방식이 있다는 이야기를 남에게서 들었다는 이유만으로 지속적인 훈련을 하기는 힘들다. 과학은 이 점에서 도움이 된다. 인간 본성을 과학적으로 이해하려고 노력한 결과 내적 자아, 영혼, 신성한 창조자, 내세 등을 의심하게 되었다면, 그 의심이 동기가 되어서 직접 자신의 경험을 살펴보겠다는 의욕이 생길지도 모른다. 거짓된 자아감이나 거짓된 희망 없이 살아보겠다는 의욕이 생길지도 모른다. 과학과 영성은 종종 배치되지만, 꼭 그런 것만도 아닌 셈이다.

나는 조용히 앉아서 몇 분간 집중하는 연습들만 이야기했는데, 삶 전체를 그런 식으로 살 수도 있을까? 나는 그렇다고 생각한다. 하지만 그 결과는 조금 심란할지도 모른다. 내 안의 '나', 자유의지, 의식적이고 의도적인 선택은 없다고 진심으로 믿는다면, 앞으로의 행동을 어떻게 결정할까? 답은 밈적 관점을 믿는 것이다. '내'가 개입하지 않아도 유전자 선택과 밈 선택이 행동을 결정해 주리라고 믿는 것이다. 진실한 방식으로 살아가려면, '나'는 손을 뗀 채 결정이 스스로 내려지도록 해야 한다.

방금 전에 나는 그 결과가 심란할 것이라고 말했다. 왜냐하면, '내'가 결정을 하든 말든 행동은 무조건 벌어진다는 것을 처음 경험하면 정말 기분이 묘하기 때문이다. 예전에 나는 두 갈래 길을 통해서 집으로 가곤 했다. 한쪽은 넓은 도로였고, 다른 쪽은 더 아름답지만 더 느린 좁은 길이었다. 차를 몰다가 갈림길에 다다르면 나는 결정을 내리지 못해서 마음이 반으로 갈리곤 했다. 어떻게 하지? 어느 길이 더 즐거울까? 어느 길이 최선일까? 어느 날 나는 '내'가 결정할 필요가 없다는 것을 불현듯 깨달았다. 나는 가만히 앉아서 주변에 관심을 기울였다. 신호가 바뀌었고, 내 발이 페달을 밟았고, 내 손이 기어를 바꾸었고, 선택이 내려졌다. 나는 돌담에 정면으로 부딪치거나 다른 차와 충돌하지 않았다. 그리고 어느 길로 가든 나는 다 좋았다. 시간이 갈수록 나는 많은 결정이 이런 식이라는 것을 알게 되었다. 나는 점점 더 많은 일을 알아서 결정되게 내버려두었고, 그러자 대단한 해방감이 느껴졌다.

우리는 무언가를 꼭 해야 한다고 애쓰거나 결정에 관해서 고민하지 않아도 된다. 당신이 욕조에 앉아 있는데 물이 점차 차가워진다고 하자. 지금 나갈까? 좀 더 물속에 웅크리고 있을까? 으음. 이것은 사소한 결정이지만, 아침에 침대에서 일어날까 말까 결정하는 것과 마찬가지로 일상의 분위기를 채색하는 결정이다. 선택의 주체가 되는 진정한 자아나 자유의지란 없다는 것을 안다면, 당신은 몸이 알아서 일어나거나 일어나지 않으리라는 것을 인식하는 데 그친다. 그리고 실제로 몸이 알아서 한다. 그것은 자기 통제력이나 의지력 덕분에 내가 결연하게 일어나는 것이 아니고, 허구의 자아를 몰아냄으로써 결정이 알아서 형성되도록 하는 것이다. 더 복잡한 결정이라도 마찬가지다. 내 뇌는 여러 가능성을 짚어 보고, 이 방식과 다른 방식을 따져 보고, 한쪽보다 다른 쪽의 편을 들겠지만, 이런 과정은 내 안의 무언가가 이런 일을 지시한다는 거짓된 개념이 없더라도 문제없이 진행된다. 과정이 스스로 일을 해내는 것처럼 보인다.

아마도 가장 다루기 어려운 대상은 우리의 욕망, 희망, 취향 등일 것이다. 그가 제시간에 온다면 내가 참 좋겠는데, 나는 이 시험을 꼭 통과해야 해, 나는 만수무강하면서 부유해지고 유명해지고 싶어, 나는 딸기 맛이 좋아. 이런 희망과 욕망은 내 안의 자아를 늘 행복하게 해줘야 한다는 개념에 바탕한 것이고, 이런 욕구가 등장할 때마다 자아 복합체가 강화된다. 따라서 욕구들을 가만히 맞아들이되 그것에 연루되기를 거부하는 것도 한 가지 방법이다. 자아가 존재하지 않는다면, 존재하지도 않는 누군가를 위해서 무언가를 희망하고 원한다는 건 무의미하다. 모든 욕구는 현재가 아니라 다른 순간을 위한 것이다. 그것에 안달복달하는 사람이 존재하지 않는다면 그것은 문제가 되지 않는다. 욕망 없이도 삶은 가능하다.

이런 삶의 방식은 언뜻 직관에 반하는 결과를 가져온다. 우리가 더욱 우유부단해지는 게 아니라 더욱 결단력 있게 되기 때문이다. 찬찬히 생각해 보면 이것은 그리 놀라운 일이 아니다. 밈의 관점에서 보면, 자아 복합체는 결정을 위해서, 혹은 당신의 행복을 위해서, 혹은 편안한 삶을 위해서 존재하는 게 아니다. 그것은 밈들의 확산을 위해서 존재한다. 그것이 허물어지면, 오히려 더 자연스럽고 적절한 행동이 가능해진다. 수많은 밈을 갖고서 현명하게 사고하는 뇌라면 자아 복합체가 없어도 얼마든지 건전한 결정을 내릴 수 있다. 자아 복합체는 도리어 그 상태를 망쳐버린다.

그렇다면 한 가지 무시무시한 생각이 고개를 든다. 내가 이 진실에 비추어 살아간다면, 즉 내 행동에 책임을 질 자아가 없이 살아간다면, 도덕성은 어떻게 될까? 이런 삶은 이기심과 사악함, 부도덕과 재앙을 낳는 공식이라고 말할 사람도 있을 것이다. 정말 그럴까? 오히려 이런 삶을 사는 사람은 자신의 욕구를 주변 세상과 주변 사람들에게 끈질기게 강요하지 않을 것이다. 그것만으로도 가히 혁명이다.

클랙스턴은 자아가 통제한다는 망상을 버린 결과를 이렇게 보고했다. '사람들은 자신이 더 나빠질 것이라고 겁을 낸다. 실제로는 그렇지 않지만, 근거 없는 걱정은 아니다. 통제에 대한 믿음을 다른 흔한 형태로 표현하면 …… 내가 "나 자신"을 통제할 수 있고 통제해야만 한다는 생각, 그러지 않으면 내 안의 야비한 욕망이 터져 나와서 내가 날뛰게 된다는 생각이다.' 다행스럽게도 이런 명제는 거짓이었다고 한다. '우려했던 소동은 벌어지지 않았다. 나는 본격적으로 강간과 약탈을 일삼지 않았으며, 재미로 노부인들을 때려눕히고 다니지도 않았다.' 클랙스턴 1986 대신에 죄의식, 수치심, 쑥스러움, 자신에 대한 번민, 실패의 두려움이 썰물처럼 빠져나갔고, 그는 예상과는 달리 더 좋은 이웃이 되었다.

사실 우리가 밈학이나 밈에 의한 이타성을 잘 이해했다면, 진작 이 점을 확신할 수 있었을 것이다. 내부의 자아는 밈플렉스에 불과하고 자아의 통제는 망상에 불과하므로, 허구를 사는 것이 진실을 인정하는 것보다 도덕적으로 우월하다고 할 수 없다. 하지만 자아가 정말로 밈플렉스이고 그것도 해체될 수 있는 밈플렉스라면, 그것이 사라진 자리에는 무엇이 남을까? 사람이라는 존재, 즉 몸, 뇌, 밈들이 남는다. 당시에 처한 환경과 그때그때 마주치는 밈들에 맞추어 행동하는 존재가 남는다. 우리의 도덕적 행동들은 많은 부분 유전자가 책임지고 있다. 유전자는 친족 선택, 상호적 이타성, 아이나 파트너나 친구에 대한 사랑을 만들어 냈다. 게다가 밈도 다른 종류의 나눔과 보살핌을 낳는다. 이런 행동들은 마음을 어지럽히는 자아 복합체가 있든 없든, 변함없이 잘 작동할 것이다.

사실 자아 복합체야말로 많은 괴로움을 낳는 범인이다. 자아 복합체는 속성상 자기 비난, 자기 의심, 탐욕, 분노, 온갖 파괴적 감정을 불러일으킨다. 자아 복합체가 없으면 자아의 미래를 걱정할 필요가 없다. 사람들이 나를 좋아할까, 내가 '옳은' 일을 한 걸까, 걱정할 필요가 없다. 걱정

의 대상인 '내'가 없기 때문이다. 자신에 대한 관심이 줄면, 우리는(물리
적 존재로서의 우리는) 자연히 남들에게 더 관심을 두게 된다. 연민과 공감
이 자연스럽게 따라온다. 허구의 자아에 관심을 쏟을 필요가 없다면, 남
들이 무엇을 필요로 하는지, 남들이 주어진 환경에서 어떻게 행동하는지
더 쉽게 알아차릴 수 있다. 진정한 도덕성은 어쩌면 거창하고 고귀한 행
위에 있는 게 아니라, 거짓된 자아 때문에 일상적으로 남에게 피해를 입
히는 행동을 그만두는 데 있는지도 모른다.

　밈학은 새로운 삶의 방식이 가능하다는 전망을 열어 준다. 우리는 보통
의 사람들처럼 살아갈 수도 있다. 영속적이고 의식적인 자아가 내 안에
존재하고, 그것이 내 행동을 통제하고 지시하며, 그것이 나를 나로 만들
어 준다는 망상을 유지한 채 살아갈 수도 있다. 그러나 우리는 다르게 살
수도 있다. 몸과 뇌와 밈들로 구성된 인간 존재로 살아갈 수도 있다. 복제
자들과 환경이 복잡하게 상호작용하는 과정으로서의 삶을 경험하며, 그
것만이 전부라는 사실을 자각하고 살 수도 있다. 그럴 때 우리는 이기적
자아 복합체의 희생자이기를 그만두는 것이다. 그제야 우리가 진정으로
자유로워지는 것인지도 모른다. 이기적 복제자들의 횡포에 반기를 들어
서가 아니다. 반항하는 사람이란 없다는 것을 알기 때문이다.

어느 책에 대해서든 옮긴이의 말은 사족을 면하면 다행이다. 그렇지만 이 책만큼 옮긴이의 말이 군더더기로 여겨지는 경우는 또 없었다.

주제인 밈에 대한 소개라면 리처드 도킨스가 쓴 추천사에 이미 잘 나와 있다. 도킨스는 밈 개념의 창시자다. 밈의 탄생 비화와 발전 과정에 대해 그보다 더 잘 안내할 수 있는 사람이 어디 있겠는가. 한편, 이 책이 출간된 이후 밈에 대한 논의가 어떻게 변했을까 묻지 않을 수 없는데, 그 점이라면 저자의 한국어판 서문이 짚어 주었다. 그러니 덧붙일 말이 있을 리 없지만, 용어에 대해서 한 마디쯤 적는 것은 괜찮겠다.

이 책에서는 '밈meme'을 그냥 밈이라고 옮겼다. 밈을 모방자, 문화자, 문화 유전자 등으로 번역하는 경우도 있는데, 그러면 다른 이론가들이 제안한 대안 용어와 헷갈리기 쉬워 문제다. 가령 '컬처젠'도 '문화 유전자'니까 말이다. 게다가 밈 관련 용어들은 책이 씌어진 당시는 물론이고 현재도 몹시 혼란스러운 상태다. 그래서 가급적 모든 용어를 원어에 가깝게

옮겼다. '밈플렉스'는 '밈 콤플렉스'를 줄인 말이라 '밈복합체'로 부를 수 있지만, 축약어임을 강조한 저자의 뜻을 조금이라도 더 살리고 싶어서 그냥 밈플렉스라고 표기한 식이다. 밈의 복제 우수성을 평가하는 기준인 충실도fidelity, 다산성fecundity, 긴 수명(장수)longevity처럼 원래 도킨스가 말했던 용어들은 《이기적 유전자》의 표현을 최대한 따랐다.

출간된 지 시간이 꽤 흘렀음에도 불구하고, 저자의 주장은 전혀 케케묵은 것으로 느껴지지 않는다. 인간과 사회 본성에 관한 저자의 통찰이 기본적으로 옳기 때문일 것이다. 예를 들어 저자는 모방이 인간의 결정적 성질이라고 주장하면서 언젠가 모방을 담당하는 구체적인 신경 상관물이 발견될지도 모른다고 말했는데, 2000년대 들어 실제로 '거울 뉴런'이라는 신경 조직이 그런 역할을 맡는다는 사실이 널리 확인되었다.

도저히 밈을 실체로 받아들이지는 못하겠다는 독자도 있을 것이다. 그렇더라도 밈과 유전자의 공진화 모형이 유용한 설명 도구라는 사실은 쉽게 인정할 것이다. 이른바 소셜 미디어와 소셜 네트워크가 번성하는 요즘의 커뮤니케이션 환경에서 이 도구는 더욱 빛을 발한다. 메시지의 내용과 형식을 두고서 정말로 경쟁과 선택이 벌어지는 듯한 어지러운 요즘 세상을 헤아리려 할 때, 밈은 요긴한 생각의 틀이 되어 준다. 폭주하는 밈 진화에 대한 처방은 각자 찾아야겠지만, 그 점에서도 저자의 제안이 좋은 길잡이가 될 듯하다.

2010 10월 김명남

Alexander, R. (1979). *Darwinism and Human Affairs*, Seattle, WA, University of Washington Press.

Allison, P. D. (1992). The cultural evolution of beneficent norms. *Social Forces*, 71, 279-301.

Ashby, R. (1960). *Design for a Brain*. New York, Wiley.

Baars, B. J. (1997). In the *Theatre of Consciousness: The Workspace of the Mind*. New York, Oxford University Press.

Bailey, L. W. and Yates, J. (eds.) (1996). *The Near-death Experience: A Reader*. New York/London, Routledge.

Baker, M. C. (1996). Depauperate meme pool of vocal signals in an island population of singing honeyeaters. *Animal Behaviour*, 51, 853-8.

Baker, R. R. (1996). *Sperm Wars: Infidelity, Sexual Conflict and other Bedroom Battles*. London, Fourth Estate. 로빈 베이커 《정자 전쟁》 이학사

Baker, R. R. and Bellis, M. A. (1994). *Human Sperm Competition: Copulation, Masturbation, and Infidelity*. London, Chapman and Hall.

Baldwin, J. M. (1896). A new factor in evolution. *American Naturalist*, 30, 441-51, 536-53.

Baldwin, J. M. (1909). *Darwin and the Humanities*, Baltimore, MD, Review Publishing.

Ball, J. A. (1984). Memes as replicators. *Ethology and Sociobiology*, 5, 145-61.

Bandura, A. and Walters, R. H. (1963). *Social Learning and Personality Development*, New

York, Holt, Rinehart & Winston.

Barkow, J. H., Cosmides, L. and Tooby, J. (eds.) (1992). *The Adapted Mind: Evolutionary Psychology and the Generation of Culture*. New York, Oxford University Press.

Barrett, S. and Jarvis, W. T. (eds.) (1993). *The Health Robbers: A Close Look at Quackery in America*. Buffalo, NY, Prometheus.

Bartlett, F. C. (1932). *Remembering: A Study in Experimental and Social Psychology*. Cambridge University Press.

Barton, R. A. and Dunbar, R. I. M. (1997). *Evolution of the social brain. In Machiavellian Intelligence: II. Extensions and Evaluations*, (ed. A. Whiten and R. W. Byrne), pp. 240-63. Cambridge University Press.

Basalla, G. (1988). *The Evolution of Technology*. Cambridge University Press. 조지 바살라 《기술의 진화》 까치글방

Batchelor, S. (1994). *The Awakening of the West: The Encounter of Buddhism and Western Culture*. London, HarperCollins.

Batson, C. D. (1995). *Prosocial motivation: Why do we help others? In Advanced Social Psychology*, (ed. A. Tesser), pp. 333-81. New York, McGraw-Hill.

Bauer, G. B. and Johnson, C. M. (1994). Trained motor imitation by bottlenose dolphins (Tursiops truncatus). *Perceptual and Motor Skills*, 79, 1307-15.

Benor, D. J. (1994). *Healing Research: Holistic Energy, Medicine and Spirituality*. Munich, Helix.

Benzon, W. (1996). *Culture as an evolutionary arena. Journal of Social and Evolutionary Systems*, 19, 321-62.

Berlin, B. and Kay, P. (1969). *Basic Color Terms: Their Universality and Evolution*, Berkeley, CA, University of California Press.

Bickerton, D. (1990). *Language and Species*. Chicago, IL, University of Chicago Press.

Bikhchandani, S., Hirshleifer, D. and Welch, I. (1992). A theory of fads, fashion, custom and cultural change as informational cascades. *Journal of Political Economy*, 100, 992-1026.

Blackmore, S. J. (1993). *Dying to Live: Science and the Near Death Experience*. Buffalo, NY, Prometheus.

Blackmore, S. J. (1995). Paying attention. *New Ch'an Forum*, No. 12, 9-15.

Blackmore, S. J. (1997). Probability misjudgment and belief in the paranormal: a newspaper survey. *British Journal of Psychology*, 88, 683-9.

Blackmore, S. J. (in press). *Waking from the Meme Dream. In The Psychology of Awakening: Buddhism, Science and Psychotherapy*, (ed. G. Watson, G. Claxton and S. Batchelor). Dorset, Prism.

Blackmore, S. J. and Troscianko, T. (1985). Belief in the paranormal: Probability judgments, illusory control, and the chance baseline shift. *British Journal of Psychology*, 76, 459-68.

Blackmore, S. J., Brelstaff, G., Nelson, K. and Troscianko, T. (1995). Is the richness of our visual world an illusion? Transsaccadic memory for complex scenes. *Perception*, 24, 1075-81.

Blakemore, C. and Greenfield, S. (eds.) (1987). *Mindwaves*. Oxford, Blackwell.

Bonner, J. T. (1980). *The Evolution of Culture in Animals*. Princeton, NJ, Princeton University Press.

Bowker, J. (1995). *Is God a Virus?* London, SPCK.

Boyd, R. and Richerson, P. J. (1985). *Culture and the Evolutionary Process*. Chicago, IL, University of Chicago Press. 로버트 보이드, 피터 J. 리처슨 《유전자만이 아니다》 이음

Boyd, R. and Richerson, P. J. (1990). Group selection among alternative evolutionary stable strategies. *Journal of Theoretical Biology*, 145, 331-42.

Brodie, R. (1996). *Virus of the Mind: The New Science of the Meme*. Seattle, WA. Integral Press. 리처드 브로디 《마인드 바이러스》 동연

Bucke, R. M. (1901). *Cosmic Consciousness: A Study in the Evolution of the Human Mind*. (London, Arkana, Penguin, 1991.)

Buss, D. M. (1994). *The Evolution of Desire: Strategies of Human Mating*. New York, Basic Books. 데이비드 버스 《욕망의 진화》 사이언스북스

Byrne, R. W. and Whiten, A. (eds.) (1988). *Machiavellian Intelligence: Social Expertise and the Evolution of Intellect in Monkeys, Apes and Humans*. Oxford University Press.

Call, J. and Tomasello, M. (1995). Use of social information in the problem solving of orangutans (Pongo pygmaeus) and human children (Homo sapiens). *Journal of Comparative Psychology*, 109, 308-20.

Calvin, W. (1987). The brain as a Darwin machine. *Nature*, 330, 33-44.

Calvin, W. (1996). *How Brain Think*, London, Phoenix. 윌리엄 캘빈 《생각의 탄생》 사이언스북스

Campbell, D. T. (1960). Blind variation and selective retention in creative thought as in other knowledge processes. *Psychological Reviews*, 67, 380-400.

Campbell, D. T. (1965). Variation and selective retention in sociocultural evolution. In *Social*

Change in Developing Areas: A reinterpretation of evolutionary theory(ed. H. R. Barringer, G. L. Blankesten and R. W. Mack), pp. 19-49. Cambridge, MA, Schenkman.

Campbell, D. T. (1974). Evolutionary epistemology. In *The Philosophy of Karl Popper*, Vol. 1, (ed. P. A. Schlipp), pp. 413-63. La Salle, IL, Open Court Publishing.

Campbell, D. T. (1975). On the conflicts between biological and social evolution and between psychology and moral tradition. *American Psychologist*, 30, 1103-26.

Carlson, N. R. (1993). *Psychology: The Science of Behavior*, (4th edn). Boston, MA, Allyn & Bacon.

Cavalli-Sforza, L. L. and Feldman, M. W. (1981). *Cultural Transmission and Evolution: A Quantitative Approach*. Princeton, NJ, Princeton University Press.

Chagnon, N. A. (1992). *Yanomamö*, (4th edn). New York, Harcourt Brace Jovanovich.

Chalmers, D. (1996). *The Conscious Mind*. Oxford University Press.

Cheney, D. L. and Seyfarth, R. M. (1990). The representation of social relations by monkeys. Cognition, 37, 167-96.

Churchland, P. S. (1998). Brainshy: Nonneural theories of conscious experience. In *Toward a Science of Consciousness: The Second Tucson Discussions and Debates*, (ed. S. R. Hameroff, A. W. Kaszniak and A. C. Scott), pp. 109-26. Cambridge, MA, MIT Press.

Churchland, P. S. and Sejnowski, T. J. (1992). *The Computational Brain*, Cambridge, MA, MIT Press.

Cialdini, R. B. (1994). *Influence: The Psychology of Persuasion*. New York, Morrow. 로버트 치알디니 《설득의 심리학》 21세기북스

Cialdini, R. B. (1995). The principles and techniques of social influence. In *Advanced Social Psychology*, (ed. A. Tesser), pp. 257-81. New York, McGrawHill.

Claxton, G. (ed.) (1986). *Beyond Therapy: The Impact of Eastern Religions on Psychological Theory and Practice*. London, Wisdom. (Dorset, Prism, 1996.)

Claxton, G. (1994). *Noises from the Darkroom*. London, Aquarian.

Cloak, F. T. (1975). Is a cultural ethology possible? *Human Ecology*, 3, 161-82.

Conlisk, J. (1980). Costly optimizers versus cheap imitators. *Journal of Economic Behavior and Organization*, 1, 275-93.

Crick, F. (1994). *The Astonishing Hypothesis: The Scientific Search for the Soul*. New York, Charles Scribner's Sons.

Cronin, H. (1991). *The Ant and the Peacock*. Cambridge University Press.

Crook, J. H. (1980). *The Evolution of Human Consciousness*. Oxford University Press.

Crook, J. H. (1989). Socioecological paradigms, evolution and history: perspectives for the 1990s. In *Comparative Socioecology*, (ed. V. Standen and R. A. Foley). Oxford, Blackwell.

Crook, J. H. (1995). Psychological processes in cultural and genetic coevolution. In *Survival and Religion: Biological Evolution and Cultural Change*, (ed. E. Jones and V. Reynolds), pp. 45-110. London, Wiley.

Csikszentmihalyi, M. (1990). *Flow: The Psychology of Optimal Experience*. New York, Harper & Row. 미하이 칙센트미하이 《몰입》 한울림

Damasio, A. (1994). *Descartes' Error: Emotion, Reason and the Human Brain*. New York, Putnam. 안토니오 다마지오 《데카르트의 오류》 중앙문화사

Darwin, C. (1859). *On the Origin of Species by Means of Natural Selection*. London, Murray. (London, Penguin, 1968). 찰스 다윈 《종의 기원》

Darwin, C. (1871). *The Descent of Man and Selection in Relation to Sex*. London, John Murray. 찰스 다윈 《인간의 유래》 한길사

Dawkins, R. (1976). *The Selfish Gene*. Oxford University Press. (Revised edition with additional material, 1989.) 리처드 도킨스 《이기적 유전자》 을유문화사

Dawkins, R. (1982). *The Extended Phenotype*. Oxford, Freeman. 리처드 도킨스 《확장된 표현형》 을유문화사

Dawkins, R. (1986). *The Blind Watchmaker*, Harlow, Essex, Longman. 리처드 도킨스 《눈먼 시계공》 사이언스북스

Dawkins, R. (1993). Viruses of the mind. In *Dennett and his Critics: Demystifying Mind*, (ed. B. Dahlbohm), pp. 13-27. Oxford, Blackwell.

Dawkins, R. (1994). Burying the vehicle. *Behavioral and Brain Sciences*, 17, 616-17.

Dawkins, R. (1996a). *Climbing Mount Improbable*. London, Penguin.

Dawkins, R. (1996b). Mind viruses. In *Ars Electronica Festival 1996: Memesis: The Future of Evolution* (ed. G. Stocker and C. Schöpf), pp. 40-7, Vienna, Springer.

Deacon, T. (1997). *The Symbolic Species: The Co-evolution of Language and the Human Brain*. London, Penguin.

Dean, G., Mather, A. and Kelly, I. W. (1996). Astrology. In *The Encyclopedia of the Paranormal*, (ed. G. Stein), pp. 47-99. Buffalo, New York, Prometheus.

Delius, J. (1989). Of mind memes and brain bugs, a natural history of culture. In *The Nature of Culture*. (ed. W. A. Koch), pp. 26-79. Bochum, Germany, Bochum Publications.

Dennett, D. (1978). *Brainstorms: Philosophical Essays on Mind and Psychology*. Montgomery, VT, Bradford Books.

Dennett, D. (1984). *Elbow Room: The Variation of Free Will Worth Wanting*. Cambridge, MA, Bradford Books.

Dennett, D. (1991). *Consciousness Explained*. Boston, MA, Little Brown.

Dennett, D. (1995). *Darwin's Dangerous Idea*. London, Penguin.

Dennett, D. (1997). *The evolution of evaluators*. Paper presented at the International School of Economic Research, Siena.

Dennett, D. (1998). Personal communication. (데닛이 나와의 개인적 대화에서 '밈 분수' 와 '밈 배수구' 용어를 제안했다.).

Descartes, R. (1641). *Discourse on Method and the Meditations*. (London, Penguin, 1968.) 르네 데카르트 《방법서설》

Diamond, J. (1997). *Guns, Germs and Steel*, London, Cape. 재러드 다이아몬드 《총, 균, 쇠》 문학사상사

Donald, M. (1991). *Origins of the Modern Mind: Three Stages in the Evolution of Culture and Cognition*. Cambridge, MA, Harvard University Press.

Donald, M. (1993). Précis of Origins of the modern mind: Three stages in the evolution of culture and cognition. *Behavioral and Brain Sciences*, 16, 727-91. (with commentaries by others.)

Dossey, L. (1993). *Healing Words: The Power of Prayer and the Practice of Medicine*. San Francisco, CA, HarperCollins. 래리 도시 《치료하는 기도》 바람

Dunbar, R. (1996). *Grooming, Gossip and the Evolution of Language*. London, Faber and Faber.

Durham, W. H. (1991). *Coevolution: Genes, Culture and Human Diversity*. Stanford, CA, Stanford University Press.

Du Preez, P. (1996). The evolution of altruism: A brief comment on Stern's 'Why do people sacrifice for their nations?' *Political Psychology*, 17, 563-7.

Edelman, G. M. (1989). *Neural Darwinism: The Theory of Neuronal Group Selection*. Oxford University Press.

Eisenberg, D. M., Kessler, R. C., Foster, C., Norlock, F. E., Calkins, D. R. and Delbanco, T. L. (1993), Unconventional medicine in the United States. *New England Journal of Medicine*, 328, 246-52.

Eagly, A. H. and Chaiken, S. (1984). Cognitive theories of persuasion, In *Advances in*

Experimental Social Psychology, Vol. 17, (ed. L. Berkowitz), pp. 267-359. New York, Academic Press.

Ernst, E. (1998). The rise and fall of complementary medicine. *Journal of the Royal Society of Medicine*, 91, 235-6.

Festinger, L. (1957). *A Theory of Cognitive Dissonance*. Stanford, CA, Stanford University Press.

Fisher, J. and Hinde, R. A. (1949). The opening of milk bottles by birds. *British Birds*, 42, 347-57.

Fisher, R. A. (1930). *The Genetical Theory of Natural Selection*. Oxford University Press.

Forer, B. R. (1949). The fallacy of personal validation: A classroom demonstration of gullibility. *Journal of Abnormal and Social Psychology*, 44, 118-23.

Freeman, D. (1996). *Margaret Mead and the Heretic: The Making and Unmaking of an Anthropological Myth*. London, Penguin.

Gabora, L. (1997). The origin and evolution of culture and creativity. *Journal of Memetics*, 1, http://www.cpm.mmu.ac.uk/jom-emit/1997/vol 1/gabora_l.html.

Galef, B. G. (1992). The question of animal culture. *Human Nature*, 3, 157-78.

Gallup, G. H. and Newport F. (1991). Belief in paranormal phenomena among adult Americans. *Skeptical Inquirer*, 15, 137-46.

Gatherer, D. (1997). The evolution of music—a comparison of Darwinian and dialectical methods. *Journal of Social and Evolutionary Systems*, 20, 75-93.

Gatherer, D. (1998). Meme pools, World 3, and Averroës's vision of immortality. *Zygon*, 33, 203-19.

Gould, S. J. (1979). Shades of Lamarck. *Natural History*, 88, 22-8.

Gould, S. J. (1991). *Bully for Brontosaurus*. New York, Norton.

Gould, S. J. (1996a). *Full House*. New York, Harmony Books. (Published in the UK as Life's Grandeur, London, Cape.) 스티븐 제이 굴드 《풀하우스》 사이언스북스

Gould, S. J. (1996b). BBC Radio 4. *Start the Week* Debate with S. Blackmore, S. Fry and O. Sacks, 11 November.

Gould S. J. and Lewontin, R. (1979). The spandrels of San Marco and the Panglossian paradigm: A critique of the adaptationist programme. *Proceedings of the Royal Society*, B205, 581-98.

Grant, G. (1990). Memetic lexicon. http://pespmc1.vub.ac.be/*memes.html.

Gregory, R. L. (1981). *Mind in Science: A History of Explanations in Psychology and Physics.* London, Weidenfeld & Nicholson.

Grosser, D., Polansky, N. and Lippitt, R. (1951). A laboratory study of behavioral contagion. *Human Relations*, 4, 115-42.

Hameroff, S. R. (1994). Quantum coherence in microtubules: A neural basis for emergent consciousness? *Journal of Consciousness Studies*, 1, 91-118.

Hamilton, W. D. (1963). The evolution of altruistic behavior, *American Naturalist*, 97, 354-6.

Hamilton, W. D. (1964). The genetical evolution of social behaviour: 1. *Journal of Theoretical Biology*, 7, 1-16.

Hamilton, W. D. (1996). Narrow Roads of Gene Land: 1. *The Evolution of Social Behavior.* Oxford, Freeman/Spektrum.

Hartung, J. (1995). Love thy neighbour: the evolution of in-group morality. *Skeptic*, 3:4, 86-99.

Harvey, P. H. and Krebs, J. R. (1990). Comparing brains. *Science*, 249, 140-6.

Heyes, C. M. (1993). Imitation, culture and cognition, *Animal Behaviour*, 46, 999-1010.

Heyes, C. M. and Galef, B. G. (ed.) (1996). *Social Learning in Animals: The Roots of Culture.* San Diego, CA, Academic Press.

Hofstadter, D. R. (1985). *Metamagical Themas: Questing for the Essence of Mind and Pattern.* New York, Basic Books.

Hull, D. L. (1982). The naked meme. In *Learning, Development and Culture*, (ed. H. C. Plotkin), pp. 273-327. London, Wiley.

Hull, D. L. (1988a). Interactors versus vehicles. In *The Role of Behaviour in Evolution*, (ed. H. C. Plotkin), pp. 19-50. Cambridge, MA, MIT Press.

Hull, D. L. (1988b). A mechanism and its metaphysic: an evolutionary account of the social and conceptual development of science. *Biology and Philosophy*, 3, 123-55.

Hume, D. (1938-40). *A Treatise of Human Nature.* Oxford. 데이비드 흄 《인간 본성에 관한 논고》

Humphrey, N. (1986). *The Inner Eye.* London, Faber and Faber. 니콜라스 험프리 《감정의 도서관》 이제이북스

Humphrey, N. (1995). *Soul Searching: Human Nature and Supernatural Belief.* London, Chatto & Windus.

Jacobs, D. M. (1993). *Secret Life: First hand accounts of UFO abductions.* London. Fourth Estate.

Jerison, H. J. (1973). *Evolution of the Brain and Intelligence.* New York, Academic Press.

Johnson, T. R. (1995). The significance of religion for aging well. *American Behavioral Scientist*, 39, 186-209.

Kauffman, S. (1995). *At Home in the Universe: The Search for Laws of Complexity*. Oxford University Press. 스튜어트 카우프먼 《혼돈의 가장자리》 사이언스북스

King, M., Speck, P. and Thomas, A. (1994). Spiritual and religious beliefs in acute illness—is this a feasible area for study? *Social Science and Medicine*, 39, 631-6.

Krings, M., Stone, A., Schmitz, R. W., Krainitzki, H., Stoneking, M. and Pääbo, S. (1997). Neanderthal DNA sequences and the origin of modern humans. *Cell*, 90, 19-30.

Langer, E. J. (1975). The illusion of control. *Journal of Personality and Social Psychology*, 32, 311-28.

Leakey, R. (1994). *The Origin of Humankind*. London, Weidenfeld & Nicolson. 리처드 리키 《인류의 기원》 사이언스북스

Levy, D. A. and Nail, P. R. (1993). Contagion: A theoretical and empirical review and reconceptualization. *Genetic, Social, and General Psychology Monographs*, 119, 235-84.

Libet, B. (1981). The experimental evidence of subjective referral of a sensory experience backwards in time. *Philosophy of Science*, 48, 182-97.

Libet, B. (1985). Unconscious cerebral initiative and the role of conscious will in voluntary action. *Behavioral and Brain Sciences*, 8, 529-39. (With commentaries 539-66, and BBS, 10, 318-21.)

Libet, B., Pearl, D. K., Morledge, D. E., Gleason, C. A., Hosobuchi, Y. and Barbaro, N. M. (1991). Control of the transition from sensory detection to sensory awareness in man by the duration of a thalamic stimulus: The cerebra 'time-on' factor. *Brain*, 114, 1731-57.

Lumsden, C. J. and Wilson, E. O. (1981). *Genes, Mind and Culture*. Cambridge, MA, Harvard University Press.

Lynch, A. (1991). Thought contagion as abstract evolution. *Journal of Ideas*, 2, 3-10.

Lynch, A. (1996). *Thought Contagion: How Belief Spreads through Society*. New York, Basic Books.

Lynch, A., Plunkett, G. M., Baker, A. J. and Jenkins, P. F. (1989). A model of cultural evolution of chaffinch song derived with the meme concept. *The American Naturalist*, 133, 634-53.

Machiavelli, N. (c.1514). *The Prince*. (London, Penguin, 1961, trans. G. Bull.) 니콜로 마키아벨리 《군주론》

Mack, J. E. (1994). *Abduction: Human encounters with aliens*. London, Simon & Schuster.

Mackay, C. (1841). *Extraordinary Popular Delusions and the Madness of Crowds*. (Reprinted, New York, Wiley, 1996.) 찰스 맥케이 《대중의 미망과 광기》 창해

Marsden, P. (1997). Crash contagion and the Death of Diana: Memetics as a new paradigm for understanding mass behaviour. Paper presented at the conference 'Death of Diana', University of Sussex, 14 November.

Marsden, P. (1998a). Memetics as a new paradigm for understanding and influencing customer behaviour. *Marketing Intelligence and Planning*, 16, 363-8.

Marsden, P. (1998b). *Operationalising memetics: suicide, the Werther Effect, and the work of David P. Phillips*. Paper presented at the Fifteenth International Congress on Cybernetics, Symposium on Memetics, Namur, August.

Marx, K. (1904). *A Contribution to the Critique of Political Economy*. Chicago, IL, Charles H. Kerr. 칼 마르크스 《정치경제학 비판》

Maynard Smith, J. (1996). Evolution—natural and artificial. In *The Philosophy of Artificial Life*, (ed. M. A. Boden), pp. 173-8. Oxford University Press.

Maynard Smith, J. and Szathm—ry, E. (1995). *The Major Transitions of Evolution*. Oxford, Freeman/Spektrum.

Mead, M. (1928). *Coming of Age in Samoa*. (London, Penguin, 1963.) 마거릿 미드 《사모아의 청소년》 한길사

Meltzoff, A. N. (1988). Imitation, objects, tools, and the rudiments of language in human ontogeny. *Human Evolution*, 3, 45-64.

Meltzoff, A. N. (1990). Towards a developmental cognitive science: the implications of cross-modal matching and imitation for the development of representation and memory in infancy. *Annals of the New York Academy of Science*, 608, 1-37.

Meltzoff, A. N. (1996). The human infant as imitative generalist: A 20-year progress report on infant imitation with implications for comparative psychology. In *Social Learning in Animals: The Roots of Culture*, (ed. C. M. Heyes and B. G. Galef), pp. 347-70, San Diego, CA, Academic Press.

Meltzoff, A. N. and Moore, M. K. (1977). Imitation of facial and manual gestures by human neonates. *Science*, 198, 75-8.

Mestel, R. (1995). Arts of seduction. *New Scientist*, 23/30 December, 28-31.

Midgley, M. (1994). Letter to the Editor. *New Scientist*, 12 February, 50.

Miller, G. (1993). Evolution of the Human Brain through Runaway Sexual Selection. PhD thesis, Stanford University Psychology Department.

Miller, G. (1998). How mate choice shaped human nature: A review of sexual selection and human evolution. In *Handbook of Evolutionary Psychology: Ideas, Issues, and Applications*(ed. C. Crawford and D. Krebs), pp. 87-129, Mahwah, NJ: Erlbaum.

Miller, N. E. and Dollard, J. (1941). *Social Learning and Imitation*. New Haven, CT, Yale University Press.

Mithen, S. (1996). *The Prehistory of the Mind*. London, Thames and Hudson. 스티븐 미슨 《마음의 역사》 영림카디널

Moghaddam, F. M., Taylor, D. M. and Wright, S. C. (1993). *Social Psychology in Cross-Cultural Perspective*. New York, Freeman.

Myers, F. W. H. (1903). *Human Personality and its Survival of Bodily Death*. London, Longmans, Green.

Osis, K. and Haraldsson, E. (1977). Deathbed observations by physicians and nurses: A cross-cultural survey. *Journal of the American Society for Psychical Research*, 71, 237-59.

Otero, C. P. (1990). The emergence of homo loquens and the laws of physics. *Behavioral and Brain Sciences*, 13, 747-50.

Parfit, D. (1987). Divided minds and the nature of persons. In *Mindwaves*, (ed. C. Blakemore and S. Greenfield), pp. 19-26. Oxford, Blackwell.

Penrose, R. (1994). *Shadows of the Mind: A Search for the Missing Science of Consciousness*. Oxford University Press.

Persinger, M. A. (1983) Religious and mystical experiences as artifacts of temporal lobe function: A general hypothesis. *Perceptual and Motor Skills*, 57, 1255-62.

Phillips, D. P. (1980). Airplane accidents, murder, and the mass media: Towards a theory of imitation and suggestion. *Social Forces*, 58, 1000-24.

Pinker, S. (1994). *The Language Instinct*. New York, Morrow. 스티븐 핀커 《언어 본능》 동녘사이언스

Pinker, S. (1998). *How the Mind Works*. London, Penguin. 스티븐 핀커 《마음은 어떻게 작동하는가》 소소

Pinker, S. and Bloom, P. (1990). Natural language and natural selection. *Behavioral and Brain Sciences*, 13, 707-84. (with commentaries by others.)

Plimer, I. (1994). *Telling Lies for God*. Milsons Point, NSW, Australia, Random House.

Plotkin, H. C. (ed.) (1982). *Learning, Development and Culture: Essays in Evolutionary*

Epistemology. Chichester, Wiley.

Plotkin, H. C. (1993). *Darwin Machines and the Nature of Knowledge*. London, Penguin.

Popper, K. R. (1972). *Objective Knowledge: An Evolutionary Approach*. Oxford University Press.

Popper, K. R. and Eccles, J. C. (1977). *The Self and its Brain: An Argument for Interactionism*. Berlin, Springer.

Provine, R. R. (1996). Contagious yawning and laughter: Significance for sensory feature detection, motor pattern generation, imitation, and the evolution of social behaviour. In *Social Learning in Animals: The Roots of Culture*, (ed. C. M. Heyes and B. G. Galef), pp. 179-208. San Diego, CA, Academic Press.

Pyper, H. S. (1998). The selfish text: the Bible and memetics. In *Biblical Studies and Cultural Studies*, (ed. J. C. Exum and S. D. Moore), pp. 70-90. Sherffield Academic Press.

Reiss, D. and McCowan, B. (1993). Spontaneous vocal mimicry and production by bottlenose dolphins (Tursiops truncates): Evidence for vocal learning. *Journal of Comparative Psychology*, 107, 301-12.

Richerson, P. J. and Boyd, R. (1989). The role of evolved predispositions in cultural evolution: Or, human sociobiology meets Pascal's wager. *Ethology and Sociobiolgy*, 10, 195-219.

Richerson, P. J. and Boyd, R. (1992). Cultural inheritance and evolutionary ecology. In *Evolutionary Ecology and Human Behaviour*, (ed. E. A. Smith and B. Winterhalder), pp. 61-92.Chicago, IL, Aldine de Gruyter.

Ridley, Mark (1996). *Evolution*, (2nd edn). Oxford, Blackwell.

Ridley, Matt (1993). *The Red Queen: Sex and the Evolution of Human Nature*. London, Viking. 매트 리들리 《붉은 여왕》 김영사

Ridley, Matt (1996). *The Origins of Virtue*. London, Viking. 매트 리들리 《이타적 유전자》 사이언스북스 .

Ring, K. (1992). *The Omega Project*. New York, Morrow.

Rose, N. J. (1997). Personal communication.

Rose, N. J. (1998). Controversies in meme theory. *Journal of Memetics: Evolutionary Models of Information Transmission*, 2, http://www.cpm.mmu.ac. uk/jomemit/1998/vol 2/rose_n.html.

Runciman, W. G. (1998). The selectionist paradigm and its implications for sociology. *Sociology*, 32, 163-88.

Sheils, D. (1978). A cross-cultural study of beliefs in out-of-the-body experiences. *Journal of the Society for Psychical Research*, 49, 697-741.

Sherry, D. F. and Galef, B. G. (1984). Cultural transmission without imitation: milk bottle opening by birds. *Animal Behaviour*, 32, 937-8.

Showalter, E. (1997). *Hystories: Hysterical Epidemics and Modern Culture*. New York, Columbia University Press.

Silver, L. M. (1998). *Remaking Eden: Cloning and Beyond in a Brave New World*. London, Weidenfeld & Nicolson. 리 실버 《리메이킹 에덴》 한승

Singh, D. (1993). Adaptive significance of female physical attractiveness: role of waist-to-hip ratio. *Journal of Personality and Social Psychology*, 65, 293-307.

Skinner, B. F. (1953). *Science and Human Behavior*. New York, Macmillan.

Spanos, N. P., Cross, P. A., Dickson, K., and DuBreuil, S. C. (1993). Close encounters: An examination of UFO experiences. *Journal of Abnormal Psychology*, 102, 624-32.

Speel, H.-C. (1995). *Memetics: On a conceptual framework for cultural evolution*. Paper presented at the symposium 'Einstein meets Magritte', Free University of Brussels, June.

Sperber, D. (1990). The epidemiology of beliefs. In *The Social Psychological Study of Widespread Beliefs*, (ed. C. Fraser and G. Gaskell), pp. 25-44. Oxford University Press.

Stein, G. (ed.) (1996). *The Encyclopedia of the Paranormal*. Buffalo, NY, Prometheus.

Strawson, G. (1997). The self. *Journal of Consciousness Studies*, 4, 405-28.

Symons, D. (1979). *The Evolution of Human Sexuality*. New York, Oxford University Press. 도널드 시먼스 《섹슈얼리티의 진화》 한길사

Thorndike, E. L. (1898). Animal intelligence: An experimental study of the associative processes in animals. *Psychological Review Monographs*, 2, No. 8.

Tomasello, M., Kruger, A. C. and Ratner, H. H. (1993). *Cultural learning. Behavioral and Brain Sciences*, 16, 495-552.

Tooby, J. and Cosmides, L. (1992). The psychological foundations of culture. In *The Adapted Mind: Evolutionary Psychology and the Generation of Cultures*, (ed. J. H. Barkow, L. Cosmides and J. Tooby), pp. 19-136. New York, Oxford University Press.

Toth, N. and Schick, K. (1993). Early stone industries and inferences regarding language and cognition. In *Tools, Language and Cognition in Human Evolution* (ed. K. Gibson and T. Ingold), pp. 346-62. Cambridge University Press.

Trivers, R. L. (1971). The evolution of reciprocal altruism. *Quarterly Review of Biology*, 46, 35-

56.

Trivers, R. L. (1972). Parental investment and sexual selection. In *Sexual Selection and the Descent of Man*, (ed. B. Campbell), pp. 136-79. Chicago, IL, Aldine de Gruyter.

Trivers, R. L. (1985). *Social Evolution. Menlo Park*, CA, Benjamin/Cummings.

Tudge, C. (1995). *The Day before Yesterday: Five Million Years of Human History*. London, Cape.

Turkle, S. (1995). *Life on the Screen: Identity in the Age of the Internet*. New York, Simon&Schuster. 셰리 터클 《스크린 위의 삶》 민음사

Ulett, G. (1992). *Beyond Yin and Yang: How Acupuncture Really Works*. St. Louis, MO, Warren H. Green.

Ulett, G. A., Han, S. and Han, J. (1998). Electroacupuncture: Mechanisms and clinical application. *Biological Psychiatry*, 44, 129-38.

Wagstaff, G. F. (1998). Equity, justice and altruism. *Current Psychology*, 17, 111-34.

Walker, A. and Shipman, P. (1996). *The Wisdom of Bones: In Search of Human Origins*. London, Weidenfeld & Nicolson.

Wallace, A. R. (1891). *Natural Selection and Tropical Nature: Essays on Descriptive and Theoretical Biology*. London, Macmillan.

Warraq, I. (1995). *Why I am not a Muslim*. Buffalo, NY, Prometheus.

Watson, J. D. (1968). *The Double Helix*. London, Weidenfeld & Nicolson. 제임스 왓슨《이중나선》 궁리

Whiten, A. and Byrne, R. W. (1997). *Machiavellian Intelligence: II. Extensions and Evaluations*. Cambridge University Press.

Whiten, A., Custance, D. M., Gomez, J.-C., Teixidor, P. and Bard, K. A. (1996). Imitative learning of artificial fruit processing in children (Homo sapiens) and chimpanzees (Pan troglodytes). *Journal of Comparative Psychology*, 110, 3-14.

Whiten, A. and Ham, R. (1992). On the nature and evolution of imitation in the animal kingdom: Reappraisal of a century of research. In *Advances in the Study of Behavior, Vol. 21*, (ed. P. J. B. Slater, J. S. Rosenblatt, C. Beer and M. Milinski), pp. 239-81. San Diego, CA, Academic Press.

Williams, G. C. (1966). *Adaptation and Natural Selection*. Princeton, NJ, Princeton University Press.

Wills, C. (1993). *The Runaway Brain: The Evolution of Human Uniqueness*. New York, Basic

Books.

Wilson, D. S. and Sober, E. (1994). Reintroducing group selection to the human behavioral sciences. *Behavioral and Brain Sciences*, 17, 585-654 (with commentaries by others.)

Wilson, E. O. (1978). *On Human Nature*. Cambridge, MA, Harvard University Press. 에드워드 윌슨 《인간 본성에 대하여》 사이언스북스

Wilson, I. (1987). *The After Death Experience*. London, Sidgwick & Jackson.

Wispé, L. G. and Thompson, J. N. (1976). The war between the words: biological versus social evolution and some related issues. *American Psychologist*, 31, 341-84.

Wright, D. (1998). *Translated terms as meme-products: The struggle for existence in Late Quing chemical terminologies*. Paper presented at the conference 'China and the West', Technical University of Berlin, August.

Wright, R. (1994). *The Moral Animal*. New York, Pantheon. 로버트 라이트 《도덕적 동물》 사이언스북스

Yando, R., Seitz, V., and Zigler, E. (1978). *Imitation: A Developmental Perspective*. New York, Wiley.

Young, J. Z. (1965). *A Model of the Brain*. Oxford, Clarendon.

Zentall, T. R. and Galef, B. G. (ed.) (1988). *Social Learning: Psychological and Biological Perspectives*. Hillsdale, NJ, Erlbaum.

밈

문화를 창조하는 새로운 복제자

초판 1쇄 발행 | 2010년 11월 4일
초판 2쇄 발행 | 2010년 11월 14일

지 은 이   수전 블랙모어
옮 긴 이   김명남
디 자 인   최선영 · 장혜림

펴 낸 곳   바다출판사
발 행 인   김인호
주   소   서울시 마포구 서교동 398-1 창평빌딩 3층
전   화   322-3885(편집), 322-3575(마케팅부)
팩   스   322-3858
E-mail   badabooks@gmail.com
홈페이지   www.badabooks.co.kr
출판등록일   1996년 5월 8일
등록번호   제 10-1288호

ISBN 978-89-5561-539-5   03180
* 「이 도서의 국립중앙도서관 출판시도서목록(CIP)은 e-CIP 홈페이지(http://www.nl.go.kr/ecip)에서 이
  용하실 수 있습니다.(CIP제어번호: CIP2010003265)」